Christoph Wulf · Shoko Suzuki · Jörg Zirfas · Ingrid Kellermann
Yoshitaka Inoue · Fumio Ono · Nanae Takenaka

Das Glück der Familie

D1930225

Christoph Wulf · Shoko Suzuki · Jörg Zirfas
Ingrid Kellermann · Yoshitaka Inoue
Fumio Ono · Nanae Takenaka

Das Glück der Familie

Ethnographische Studien in Deutschland und Japan

VS VERLAG

Bibliografische Information der Deutschen Nationalbibliothek
Die Deutsche Nationalbibliothek verzeichnet diese Publikation in der
Deutschen Nationalbibliografie; detaillierte bibliografische Daten sind im Internet über
<http://dnb.d-nb.de> abrufbar.

1. Auflage 2011

Alle Rechte vorbehalten
© VS Verlag für Sozialwissenschaften | Springer Fachmedien Wiesbaden GmbH 2011

Lektorat: Stefanie Laux

VS Verlag für Sozialwissenschaften ist eine Marke von Springer Fachmedien.
Springer Fachmedien ist Teil der Fachverlagsgruppe Springer Science+Business Media.
www.vs-verlag.de

Das Werk einschließlich aller seiner Teile ist urheberrechtlich geschützt. Jede Verwertung außerhalb der engen Grenzen des Urheberrechtsgesetzes ist ohne Zustimmung des Verlags unzulässig und strafbar. Das gilt insbesondere für Vervielfältigungen, Übersetzungen, Mikroverfilmungen und die Einspeicherung und Verarbeitung in elektronischen Systemen.

Die Wiedergabe von Gebrauchsnamen, Handelsnamen, Warenbezeichnungen usw. in diesem Werk berechtigt auch ohne besondere Kennzeichnung nicht zu der Annahme, dass solche Namen im Sinne der Warenzeichen- und Markenschutz-Gesetzgebung als frei zu betrachten wären und daher von jedermann benutzt werden dürften.

Umschlaggestaltung: KünkelLopka Medienentwicklung, Heidelberg
Gedruckt auf säurefreiem und chlorfrei gebleichtem Papier
Printed in Germany

ISBN 978-3-531-18152-3

Inhalt

Die Familie, das Glück und das Fest

Eine thematische und methodische Einleitung

Christoph Wulf, Shoko Suzuki und Jörg Zirfas

Ein glückliches Leben zu führen, ist Ziel aller Menschen. Was ist unter Glück zu verstehen? Wie hängen Familie und Glück zusammen? Wie führen Menschen ein glückliches Leben und welchen Beitrag liefert dazu die Familie? Die Zahl der Ratgeberbücher, Zeitschriftenartikel, Fernsehsendungen und Internetplattformen, in denen Antworten auf diese Fragen gesucht werden, ist unübersehbar geworden. Welche Rolle die Familie für das Wohlbefinden und Glück spielt, ist Thema unseres Buches.

Wir untersuchen nicht, was Glück ist, sondern fragen vorsichtiger, *wie* bringen Familien ihr Glück hervor. Wie ein glückliches und erfülltes Leben aussieht und wie es realisiert wird, gehört zu den zentralen Fragen der Religion und Philosophie, der Soziologie, Psychologie und Anthropologie. Die Antworten sind unterschiedlich, zum Teil widersprüchlich und oft so vielschichtig, dass sie nicht ohne den historischen und kulturellen Kontext begriffen werden können, in dem sie entstehen. Ziel der Untersuchung ist es, in sechs Fallstudien in Deutschland und Japan zu beschreiben und zu analysieren, wie Familien ihr Wohlbefinden und Glück erzeugen. In Übereinstimmung mit einer langen kulturanthropologischen Tradition erforschen wir dazu ein Familienritual, das uns gleichsam als Fenster in die eigene und die fremde Kultur dient (Morgenthaler/Hauri 2010; Baumann/Hauri 2008).

Mit jeweils drei deutsch-japanischen Forschungsteams untersuchen wir das Weihnachtsfest in drei deutschen Familien und das Neujahrsfest in drei japanischen Familien. Dabei wollen wir herausfinden, in welchen Formen diese Familien ihr wichtigstes Familienfest so begehen, dass ihre Mitglieder zufrieden und glücklich sind. Uns interessiert die Frage, welche Gemeinsamkeiten und welche Unterschiede sich in kulturell so unterschiedlichen Familien mit Hilfe kulturell gemischter Forschungsteams identifizieren lassen. Mit teilnehmenden und videogestützten Beobachtungen, mit Interviews und Gruppendiskussionen, mit Fotos und Filmen, mit historischen und kulturellen Analysen arbeiten wir die unterschiedlichen Inszenierungen und Aufführungen von Familienritualen heraus und zeigen, wie deren performativer Charakter zur

Erzeugung des Glücks der Familie an diesen Festtagen beiträgt. Es war nicht einfach, sechs Familien zu finden, die bereit waren, einem internationalen Forschungsteam Zugang zu ihrem intimen Familienfest zu gewähren und bei deren Auswahl die Kriterien eines *theoretical sampling* (Glaser/Strauss 1998) berücksichtigt werden konnten. Diese Familien gehören in das Milieu der gehobenen Mittelschicht, innerhalb derer die ausgewählten Familien ein breites Spektrum bieten. In unseren kulturell gemischten Teams kam es zu einer methodisch interessanten Überschneidung unterschiedlicher kultureller Perspektiven hinsichtlich der Wahrnehmung und Interpretation der Familienrituale. Dies führte zu einer neuen Form kommunikativer Validierung, die uns wegen der Vielschichtigkeit der Untersuchung und der damit verbundenen offenen Fragen vor zahlreiche methodische Probleme stellte.

Mit der Erforschung des Glücks in heterogenen Familien leistet unsere ethnographische Untersuchung auch einen Beitrag zur ethnographischen Erforschung von Emotionen. Durch unsere Forschungen in zwei sehr unterschiedlichen Kulturen untersuchen wir ein weites Spektrum kultureller Differenz, innerhalb dessen die Vielfalt der rituellen Hervorbringung familiären Glücks sehr deutlich wird. Im Bewusstsein dieser bis in die Tiefenstrukturen der Familie und ihrer Mitglieder reichenden Unterschiede lassen sich jedoch auch einige transkulturelle Elemente identifizieren, die zur Schaffung familiären Glücks an Festtagen beitragen. Zu diesen gehören das gemeinsame Essen, der Austausch von Geschenken, religiöse Praktiken, familiäre Erinnerungen und Narrationen sowie Formen ausgedehnten Beieinander- und Zusammenseins.

Die Wiederkehr des Glücks

Nach Jahren der Zurückhaltung in der Thematisierung des Glücks findet sich in jüngerer Zeit die Frage nach dem Glück als gutem, gelingendem oder zufriedenem Leben in ganz unterschiedlichen Disziplinen wieder. In der Pädagogik besinnt man sich mit dem Glück auf eine vergessene Dimension von Bildung und Erziehung (Riemen 1991; Oelkers 2001; Klika/Schubert 2003; Zeitschrift für Erziehungswissenschaft Heft 2, 2011, und Sonderheft 16, 2012); die Psychologie rückt im Kontext des Flow-Diskurses (Csikszentmihalyi 1992, 2000), der Positiven Psychologie und der Emotionsforschung Fragen des Wohlbefindens und der Lebenszufriedenheit stärker in den Mittelpunkt (Argyle 2001; Bucher 2009); die Soziologie thematisiert das Glück der Erlebnisgesellschaften (Schulze 1999); in den Gesundheitswissenschaften intensiviert sich die Erforschung der

„Künstlichen Paradiese" von Psychopharmaka und Glücksspielen (Bellebaum/Barheier 1997); die Hirnforschung nimmt sich der neuronalen Freude- und Glücksempfindungen an; die Wirtschaftswissenschaften erforschen die ökonomischen Bedingungen und Effekte des Wohlstandes und der Zufriedenheit (Bellebaum/Schaaff/Zinn 1999) und die Politikwissenschaften die Einflüsse verschiedener Herrschafts- und Sozialstrukturen (Wohlfahrtsstaat) auf die Qualität des Wohlbefindens und des angenehmen Lebens (Bellebaum/Braun/Groß 1998); die Kulturwissenschaften gehen auf kulturelle Hintergründe und Symboliken des Glücks in verschiedenen Kulturen dieser Erde ein (Bellebaum 1994; Böhme 2010). Schließlich soll auch noch an folgende über den deutschen Sprachraum hinaus wirkende Institutionen erinnert werden: das Institut für Glücksforschung in Valendar (1990), das Institut für experimentelle Glücksforschung (am IFEG: Institut für europäische Glücksforschung) in Wien (2002), die Etablierung des Journals of Happiness Studies (2000) und die Veröffentlichungen der World Database of Happiness in Rotterdam, die seit 1984 über Glücksforschungen und über Strukturen und Entwicklungen des nationalen und sozialen Glücks weltweit informieren.

In den letzten Jahren hat also die Glücksforschung in Deutschland und Japan einen beträchtlichen Auftrieb erlebt. Das hat unter anderem damit zu tun, dass in einer säkularisierten Moderne Glück und Heil immer weniger vom Jenseits und immer mehr im Diesseits erwartet und eingeklagt werden. Wenn sich Glück in einer beschränkten Lebenszeit zu verwirklichen hat, dann sollten verlässliche Parameter dafür angegeben werden können, wie Glück in der Endlichkeit geschaffen, stabilisiert und verbessert werden kann. Für diese Perspektive sind nicht nur die geisteswissenschaftlichen Interpretationen, sondern zunehmend auch naturwissenschaftliche Forschungen erforderlich, die Aufklärung darüber versprechen, wie Menschen Glück empfinden, einschätzen, begründen und hervorbringen können.

So haben William Tov und Ed Diener eine der wichtigen global angelegten Studien durchgeführt, in der sie *„Culture and Subjective Well-Being"* (SWB) in mehr als 65 Ländern untersuchten (Tov/Diener 2007). Ihr Ziel ist es, herauszuarbeiten, wie unterschiedliche Kulturen die Vorstellungen und Erfahrungen des Glücks beeinflussen und ob sich Unterschiede darin zeigen lassen, welche Kulturen welche Elemente des Wohlbefindens beeinflussen. Auch wollten sie herausfinden, ob Menschen auf Erfahrungen des Sich-Wohl-Fühlens unterschiedlich reagieren. Untersucht wurden angenehme und unangenehme Erfahrungen und deren Einfluss auf Lebenszufriedenheit und Lebensqualität. Dabei fand man in der Struktur des „subjektiven Wohlfühlens" einige annähernd universelle Merkmale. So waren angenehme und unangenehme

Emotionen und Emotionen der Lebenszufriedenheit fast allen Menschen in der Welt bekannte Emotionen. Zugleich wurde nachgewiesen, dass kulturelle Normen wesentlich dazu beitragen, dass Gefühle als angenehm bzw. unangenehm erlebt werden. In vielen Kulturen berichten die Menschen, dass sie glücklich, in wenigen jedoch nur, dass sie sehr glücklich seien. Hierfür scheint es biologische, evolutionäre, ökonomische, soziale und kulturelle Gründe zu geben. Trotz erheblicher Unterschiede im Erleben von Glück zwischen den Angehörigen der verschiedenen Kulturen scheinen die weitgehend universellen Übereinstimmungen einen Grund auch in den materiellen Lebensbedingungen zu haben, ohne dass diese allein ausreichende Bedingungen für menschliches Wohlbefinden und Glück darstellen.

Wendet man sich in der empirischen Glücksforschung nunmehr den Kultur- und Sozialwissenschaften zu, so fällt ins Auge, dass von den gewöhnlich eingesetzten Verfahren wie Befragung, Beobachtung und Inhaltsanalyse vor allem die Befragung dominiert. Vor dem Hintergrund der These, dass Glück in der Moderne radikal individualisiert und pluralisiert wurde und vor dem ethnographischen Hintergrund der Vermeidung der bloß subjektiven Zuschreibung einer Glücksvorstellung durch den Forscher liegt die Perspektive nahe, dass Glück dasjenige ist, was der Einzelne dafür hält. Und diese Perspektive, auch das erscheint plausibel, lässt sich am ehesten durch Interviewmethoden erfragen. Hierbei wurden in jüngster Zeit mit teilweise sehr differenzierten und sehr aufwendigen Interviews, die zum Teil auch in Längsschnittstudien eingesetzt wurden, eine Fülle von glücksbezogenen Daten erhoben und interpretiert. Ob man aber mit dieser Methode das Glück des Einzelnen wirklich erfassen kann, ist fraglicher denn je. Denn dass auch diese Forschungsperspektive nicht frei von Verzerrungen ist, liegt auf der Hand. Die momentane Verfasstheit des Forschers und des Befragten, die aktuelle Befragungssituation, die Auswahl der Fragen selbst, die Art und Weise der Befragung, die motivationale und sozio-kulturelle Ausgangslage, unehrliche Antworten, die die kulturell oder sozial erwünschten Leitbilder des Glücks propagieren, Ausdrucksmöglichkeiten oder Ausdrucksfähigkeiten lassen an einer objektiven Erfassung von Glück Zweifel aufkommen. Zumal dann, wenn man Glück als ein Hochgefühl versteht, das sich in einer bestimmten Konstellation einstellt, kann man davon ausgehen, dass Glück letztlich nicht erfassbar ist.

Nichtsdestotrotz erscheint eine ethnographische Erforschung sinnvoll. Auch wenn eine völlig objektive, völlig reliable und völlig valide Forschung auf diesem Gebiet kaum möglich ist, erfahren die Wissenschaften etwas über das empfundene und vorgestellte Glück der Menschen. Dabei wird Glück nicht nur rein individuell betrachtet und empfunden, sondern auch im Bereich der

Glücksvorstellungen und -emotionen sind je nach Kultur bestimmte „Grundtypen" nachweisbar (Braun 2002, S. 48). Zudem werden diese Grundtypen von der geisteswissenschaftlichen Thematisierung des Glücks nicht unbeeinflusst gelassen. Die ethnographische Forschung geht davon aus, dass die eudämonistische Populärkultur und die Glücksvorstellungen im Alltag der Menschen von philosophischen, religiösen etc. Perspektiven her verstanden werden können, weil diese stark von jenen abhängig sind (Gödtel 2002).

Das Glück der Kinder

Wenn man das Glück der Familie untersucht, so stößt man in einem ersten Zugang auf viele Forschungen, die das Kinderglück thematisieren. In allen Umfragen, die in Deutschland zum Thema Kinderglück in den letzten Jahren stattgefunden haben, findet man, neben vielen unterschiedlichen Erkenntnissen, immer wieder zwei Ergebnisse: 1. Kinder sind glückliche Menschen und 2. zu diesem Kinderglück trägt vor allem die Familie bei.

So zeigte sich, z. B. bei einer in Salzburg (Österreich) durchgeführten Erhebung von Kindern (N = 1319), deren Altersdurchschnitt 11 Jahre betrug, folgendes Bild: Kein Kind hielt sein bisheriges Leben für „traurig", nur 1 % für eher traurig, 6 % für nicht so glücklich, 39 % für glücklich und 54 % sogar für sehr glücklich; je älter die Kinder desto weniger glücklich schätzen sie sich ein; besonders stark fällt die eudämonistische Bilanz vom 13. Lebensjahr an. Insgesamt fühlen sich Kinder an Grundschulen glücklicher als Kinder auf Gymnasien; diese wiederum sind glücklicher als Hauptschüler (Bucher 2008).

Eine vom Zweiten Deutschen Fernsehen durchgeführte Umfrage bei 1200 Kindern im Alter von 6 bis 13 Jahren kam 2007 zu einem ähnlichen Ergebnis: Hier schätzten 40 % aller Kinder ihre Kindheit als „total glücklich" ein, 44 % als glücklich und lediglich 14 % als weder glücklich noch unglücklich. Auch hier wurde bilanziert, dass die Glücksbilanz mit dem Alter abnimmt (ZDF 2008). Sind bei den 6-Jährigen 57 % total glücklich, so sinkt diese Quote bei den 13-Jährigen auf 25 %.

Fragt man nun nach den Glücksursachen, so wird die überragende Rolle der Familie für das kindliche Glück deutlich. Etwa ein Drittel dieses Glücks resultiert aus einem guten Familienklima, in dem Platz ist für Lob und Anerkennung; weitere wichtige familiäre Glücksfaktoren sind der Platz in der Wohnung, der Kindern zum Spielen zur Verfügung steht und wo sie nicht gestört werden, das gemeinsame Leben mit beiden Elternteilen und die gemeinsamen familialen Aktivitäten. Besonders wichtig für das Glück der Kinder ist also das gute Familienklima, eine durch Liebe, Anerkennung und Unterstützung geprägte Atmosphäre, wozu auch gehört, dass die Eltern nicht getrennt leben. Auch das Gesamtbudget der Familie schlägt zu Buche: Bei den Einkommensgruppen unter 1500 € fiel die Glücksbilanz weniger gut aus als in den Vergleichsgruppen.

Die Familie bildet die Grundlage für das Glück der Kinder, das diese in Aktivitäten mit Freundinnen und Freunden, mit Lesen und Hobbys, im Verein und Spiel oder auch mit Computer und Fernsehen erleben können. Das Geschlecht, die soziale Schicht, die Wohnumgebung, das eigene Zimmer und selbst die Höhe des Taschengeldes sind für das Kinderglück nicht besonders relevant. Ebenso wenig wichtig ist es für das Glück der Kinder, ob sie Einzelkinder oder sogenannte Schlüsselkinder sind, oder ob die Mutter zuhause auf sie wartet. Ingesamt konnte der kulturkritische Diskurs eines „Untergangs der Familie" in diesen Untersuchungen in Deutschland nicht bestätigt werden, denn 83 % aller Kinder haben keine Einelternkindheit (und 87 % aller Kinder haben keine Einzelkindheit). Kurz: In der Moderne scheint sich ein Traum der Aufklärung, nämlich die Beglückung der Gesellschaft bzw. der Menschheit, für die Kinder zu bewahrheiten. Doch – wie verhält es sich mit dem Glück der Eltern oder der Großeltern und wie mit dem familiären Glück?

Historische und kulturelle Hintergründe

Seit den Anfängen der europäischen und der japanischen Kultur gibt es Vorstellungen von einem glücklichen Leben. Menschen streben nach Glück, auch wenn sie wissen, dass Glück nur in begrenztem Maße erreichbar ist (Zirfas 1993; Paragrana 2009). Mit dieser Einsicht geht Skepsis hinsichtlich der Möglichkeiten einer „Technologie des Glücks" einher. Es gibt keine kausale Regelhaftigkeit in der Herstellung des Glücks, in dem Sinne, dass ein bestimmtes Verhalten zu dem erwünschten glücklichen Ergebnis führt. Man kann nicht davon ausgehen, dass bestimmte Verhaltensweisen die Menschen mit Sicherheit glücklich machen. Eher schon gilt die negative Relation, d. h. wenn menschliches Verhalten mit Gewalt, Unfreiheit und Manipulation verbunden ist, dann kann man erwarten, dass Menschen unzufrieden und unglücklich sind. Angesichts dieser Situation gilt es die Voraussetzungen für ein glückliches Leben in sozialer und materieller Hinsicht zu begreifen. Dazu gehört aber auch die Bildung der Glücksfähigkeit der Menschen. Durch die Vermittlung intellektueller, schöpferischer, sozialer und lebenspraktischer Fähigkeiten entsteht die Möglichkeit der Selbstbildung des Glücks (Lauster 2004).

Die Frage nach Glück entsteht in einem historischen und kulturellen Kontext. Dieser bestimmt die Art und Weise, wie sie gestellt und wie sie beantwortet wird (Thomä 2003; Schmid 2004; Thielen/Thiel 2007). Die skizzierten Verfahren der Erforschung des Familien- und Kinderglücks gehen davon aus, dass es sich beim Glück um unterschiedliche miteinander verbundene Emotionen handelt. Sie werden dadurch untersucht, dass Menschen danach befragt werden, was sie unter Glück verstehen. Durch dieses Verfahren erfährt man viel über die Glücksvorstellungen und Glückspraktiken unserer Zeit. Um den spezifischen Charakter dieser Form der Erforschung besser zu begreifen, wird in einer kurzen historischen Rückblende an Glücksvorstellungen aus früheren Zeiten erinnert, die uns bis heute beeinflussen.

Wie unterschiedlich Glück verstanden werden kann, zeigt die Vielfalt der in den europäischen Kulturen und in Japan entstandenen Begriffe, deren semantische und kontextuelle Rekonstruktion eine eigene, hier nicht zu leistende Analyse erfordert. Die Begriffe tragen dazu bei, die Vielfalt der relevanten Aspekte sichtbar zu machen. Im Mittelhochdeutschen bedeutet *gelücke* den guten Ausgang einer Handlung bzw. eines Geschehens. Mit dem Begriff *fortuna* und seinen Veränderungen in den romanischen Sprachen wird noch heute die Seite des Glücks bezeichnet, die Menschen zufällt und für die sie nicht verantwortlich sind. Im Unterschied dazu bezeichnet *beatitudo* das Glücklichsein, zu dem Menschen durchaus etwas beitragen können. Diese Seite betont z. B. auch die Rede davon, dass „jeder seines Glückes Schmied" sei, also für sein Glück selbst die Verantwortung trage. Bereits im Griechischen findet sich die entsprechende Unterscheidung zwischen der *eutychia*, dem den Menschen „zugeteilten" Glück, und der *eudaimonia*, dem Glücklichsein, an dessen Erzeugung die Menschen mitwirken können. Auch in anderen europäischen Sprachen findet sich diese Differenzierung. So ist im Englischen die Rede von *luck* und von *happiness*, im Französischen von *chance* bzw. *bonheur*. In der amerikanischen Verfassung wird *pursuit of happiness* ausdrücklich als Menschenrecht genannt (Lauster 2004).

Für Sokrates besteht das glückliche Leben, die *Eudaimonia*, in einer vernunftbegründeten tugendhaften Lebensführung, in deren Rahmen es besser ist, Unrecht zu erleiden als Unrecht zu tun. Für Platon wird ein glückliches Leben dadurch möglich, dass der Mensch die Ideen schaut und in der Lage ist, das Gute und Schöne, die *Kalokagathia* als die Einheit von Gutem, Schönem und Gerechtem zu realisieren. Wenig später entwickelt Aristoteles ein Stufenmodell des Glücks, in dem die *Glückseligkeit* den anderen menschlichen Strebungen wie Ehre, Lust, Vernunft übergeordnet wird. Bei den Epikureern ist es die *Ataraxia*, die Unerschütterlichkeit, bei den Stoikern die *Apatheia*, die

Leidenschaftslosigkeit, die die entscheidenden Bedingungen eines glücklichen Lebens sind (Horn 1998; Hoyer 2007). Seneca formuliert die Möglichkeiten eines glücklichen Lebens wie folgt: „Wer die Einsicht besitzt, ist auch maßvoll; wer maßvoll ist, ist auch gleichmütig; wer gleichmütig ist, lässt sich nicht aus der Ruhe bringen; wer sich nicht aus der Ruhe bringen lässt, ist ohne Kummer; wer ohne Kummer ist, ist glücklich: also ist der Einsichtige glücklich, und die Einsicht reicht aus für ein glückliches Leben!" (Epistulae morales 85, 2).

Im Mittelalter wird ein glückliches Leben nur unter Bezug auf Gott und die göttliche Ordnung der Welt möglich. Entscheidend ist der Glaube an Gott und die Liebe zu den Menschen. Aus diesen Haltungen entstehen die guten Taten. Gelingen diese, ist ein gottgefälliges und damit glückliches Leben möglich. Antike und christliche Traditionen beeinflussen die Glücksvorstellungen der Neuzeit. Für Jeremy Bentham, den Begründer des Utilitarismus, ist das Ziel der gesellschaftlichen Entwicklung das „größte Glück der größten Zahl", das zum allgemeinen Nutzen mithilfe von Gesetzen zu sichern ist. Für Kant leitet der kategorische Imperativ das Handeln der Menschen so an, dass sie es vermeiden können, andere Menschen unglücklich zu machen. In dieser Engführung von Moral und Glück hat man verschiedentlich ein Element der Glücksfeindlichkeit gesehen.

Glück als Emotion in zentralen gesellschaftlichen Bereichen

Heute sind es weniger philosophische als vielmehr psychologische und psychotherapeutische Diskurse, die die Glücksdiskurse bestimmen, in denen *Glück vor allem als Emotion* bestimmt wird, für die Freude, Erfolg und Befriedigung von Bedürfnissen zentrale Komponenten sind. Glück bezeichnet hier Wohlbefinden, *well-being*. Diese Wende zu einem Verständnis von *Glück als Emotion* geht einher mit der Zunahme der Bedeutung der Emotionen und dem Anspruch auf ein glückliches Leben. In vielen gesellschaftlichen Bereichen ist Glück zu einem zentralen Anliegen geworden; die folgenden Bereiche sollen daher in exemplarischer Absicht kurz skizziert werden: Medien, Gender, Wirtschaft und Politik, Bildung und Psychotherapie. Dabei gehen wir davon aus, dass diese gesellschaftlichen Bereiche unmittelbare Auswirkungen auf die familiären Glücksvorstellungen und Praktiken der Familien haben.

Medien

In den neuen Medien werden einstmals intime, auf die Privatsphäre beschränkte Emotionen wie die Emotionen des Glücks und des Unglücks öffentlich inszeniert und aufgeführt. Besonders auffällig ist die Inszenierung und Aufführung der Suche nach Glück und der Abwehr von Unglück in *Talkshows*, im *Reality TV* oder in Sendungen wie *Deutschland sucht den Superstar*, in denen Menschen in Situationen des Glücks, der Enttäuschung, Kränkung und Eifersucht Millionen Zuschauern gezeigt werden (Bignell 2000; Hill 2005). Dadurch, dass Menschen ihre intimen Glücks- und Unglücksemotionen öffentlich darstellen und dabei von anderen gesehen werden, scheinen sie eine Intensivierung ihrer Emotionen zu erleben. Durch die theatrale Aufführung dieser Emotionen im sozialen Netz des Web 2.0 (Second Life, You Tube, Twitter, Facebook), in dem der User zu einem Prosumer oder gar Produser wird, werden Emotionen verdinglicht und modelliert, so dass Rückwirkungen auf ihre Qualität, ihre Darstellung und ihr Erleben die Folge sind. Viele Teilnehmer an diesen medialen Prozessen werden dazu angeregt, Emotionen des Glücks anzustreben, die sie oft noch nicht empfinden, die sie jedoch gerne erleben würden.

Gender

Von Liebes- und Partnerbeziehungen wird in hohem Maße erwartet, dass sie zum Glück beitragen. Mit der Bedeutungszunahme von Emotionen im Leben der Individuen wächst auch deren Erwartung, einen wesentlichen Teil ihres Lebensglückes in ihren Paarbeziehungen finden zu können. Das Eintreten bzw. das Ausbleiben von Glücksgefühlen in Partnerbeziehungen ist der entscheidende Maßstab für die Beurteilung ihres Wertes geworden. Dass die Fokussierung dieser Perspektiven viele Beziehungen überfordert, ist offensichtlich. Wenn Paare in ihren Beziehungen nicht das erwartete Glück finden, geraten diese Verhältnisse in Gefahr, beendet und durch neue ersetzt zu werden. Die hohen Trennungs- und Scheidungsziffern sind ein Beleg dafür, dass viele Menschen ihre Beziehungen auflösen, wenn sie das erhoffte Glück im Anderen nicht finden. Welche Glückserwartungen haben Frauen und Männer und gleichgeschlechtliche Partner aneinander? Gibt es gender-spezifische Weisen der Glückserwartung und Formen der Glückserzeugung? Wie verbinden junge Männer und Frauen Emotionen des Glücks, die ihnen gemeinsam sind, mit Emotionen, in denen sie sich voneinander unterscheiden? Viele traditionelle genderspezifische Merkmale in den Glücksgefühlen von Frauen und Männern haben ihre Trennschärfe und Eindeutigkeit verloren. An ihre Stelle tritt die Suche nach neuen gleichwertigen und zugleich genderdifferenten Ausdrucksformen des Glücks.

Wirtschaft und Politik

Bei vielen Menschen ist Glück eng mit Konsum verbunden. Dass sie sich „etwas leisten können", ist für sie ein wichtiges Element des Glücks. Konsum garantiert Macht über die Dinge; er ermöglicht materielle Fülle und Wohlergehen. Auch auf die Arbeit beziehen sich viele Glückserwartungen. Inwieweit sie realisierbar sind, hängt unter anderem von der emotionalen Intelligenz und Kompetenz der Menschen ab. In den kapitalistisch organisierten Gesellschaften durchdringt die Kommerzialisierung des Glücks und der Glückserwartungen die meisten Bereiche beruflicher und außerberuflicher Interaktion und Kommunikation (Gobé 2001; Martin et al. 2003). Auch die Politik ist mit den Glückserwartungen der Menschen konfrontiert. In demokratischen Gesellschaften steht sie unter dem Anspruch, möglichst vielen Menschen gerechte Lebensbedingungen zu sichern und ihnen damit wichtige Voraussetzungen für ein glückliches Leben zu schaffen (Furedi 2005; Illouz 2006).

Bildung und Psychotherapie

Wichtige Voraussetzungen, ein glückliches Leben zu führen, werden in der Familie geschaffen und in den Bildungsinstitutionen weiter entwickelt. Beide Institutionen bemühen sich darum, der jungen Generation emotionale Kompetenzen zu vermitteln, die sie dazu befähigen, mit anderen Menschen glücklich zusammen zu leben. Für die meisten Menschen sind die Möglichkeiten, ein glückliches Leben zu führen, an eine gelingende Kommunikation und Interaktion mit anderen Menschen gebunden. Daher ist Glücklichsein eine Kompetenz, die in sozialen Praktiken entwickelt wird. Sie umfasst nicht nur emotionale Anpassung, sondern auch die Fähigkeit, auf Distanz zu gehen, Kritik zu formulieren und Konflikte auszutragen (Schubert 1992; Zirfas 1993, 2003; Elschenbroich 1996, 1996a; Shimada 2007a, 2007b).

In vielen Fällen, in denen Menschen nicht in der Lage sind, ein glückliches Leben zu führen, kommt der psychotherapeutischen Arbeit wachsende Bedeutung zu. Was im Hinblick auf die Glücksfähigkeit im Entwicklungsprozess nicht gelungen ist, soll hier „nachgearbeitet" und korrigiert werden. In diesem Prozess sollen negative Auswirkungen korrigiert werden, die mit der Modernisierung der Gesellschaft, der Auflösung traditioneller Familienbindungen und der wachsenden Individualisierung zusammenhängen. Angesichts der vor allem in den urbanen Zonen vielschichtiger werdenden gesellschaftlichen und sozialen Verhältnisse bedarf es einer verstärkten Aufmerksamkeit und Sorge der Menschen für ihr emotionales Wohlbefinden. Die Sorge für das Wohlbefinden und Glück der Menschen wird in den modernen Gesellschaften zu einer Voraussetzung der Qualität individuellen und gemeinschaftlichen Lebens (Greenberg 1997; v. Scheve 2009).

Strukturelemente des Glücks

In Japan und Deutschland gibt es unterschiedliche Vorstellungen vom Glück. Mit diesen gehen auch Unterschiede in den sozialen und kulturellen Praktiken der Hervorbringung des Glücks einher. Diese Praktiken sind ein wichtiger Teil des immateriellen kulturellen Erbes. Sie und die mit ihnen verbundenen Emotionen und Vorstellungen spielen bei der Herausbildung, Bewahrung und Veränderung kultureller Identität eine erhebliche Rolle. Diese Praktiken, mit denen Familien ihr familiäres Glück schaffen, tragen zugleich dazu bei, eine kulturelle Identität hervorzubringen, die in Japan und Deutschland sehr unterschiedlich ist. Mit kultureller Identität wird hier eine Verbindung von Merkmalen bezeichnet, durch die sich Individuen und Gruppen von anderen unterscheiden lassen. Innerhalb dieser Merkmale spielt das weite Spektrum der Symbolisierungen und Praktiken eine wichtige Rolle.

Angesichts der durch die Globalisierung bedingten Tendenz zur Homogenisierung und Uniformierung der Welt wurde im letzten Jahrzehnt immer stärker die Bedeutung der Diversität mit dem Ziel der Erhaltung und Förderung kultureller Identität betont. In den beiden UNESCO-Konventionen über die *Erhaltung des immateriellen kulturellen Erbes* von 2003 und über den *Schutz und die Förderung der Vielfalt kultureller Ausdrucksformen* von 2005 kommt diese Entwicklung deutlich zum Ausdruck (UNESCO 2003, 2005). Beide Konventionen wurden von der überwältigenden Mehrheit der internationalen Staatengemeinschaft verabschiedet. Angesichts der vereinheitlichenden Tendenz der Globalisierung betonen sie die Notwendigkeit kultureller Differenz und Identität (Wulf 2005b; 2006). Zu den wichtigsten Formen des immateriellen kulturellen Erbes gehören Rituale. Unter ihnen spielen familiäre Alltags- und Festrituale eine zentrale Rolle. Sie tragen dazu bei, Gefühle der Gemeinsamkeit und Kohärenz und damit familiäres Wohlbefinden und Glück zu erzeugen. Dadurch haben sie einen wichtigen Einfluss auf die kulturelle Identität der Familienmitglieder. Bei unserer Untersuchung familiärer Festrituale, an Weihnachten in Deutschland und am Neujahrsfest in Japan, wird dies deutlich. Hier lässt sich zeigen, wie familiäre Rituale dazu beitragen, eine soziale und kulturelle Identität der Familienmitglieder zu entwickeln. In den Inszenierungen der deutschen und der japanischen Familienrituale wird deutlich, wie ähnlich und zugleich unterschiedlich die Praktiken sind, mit denen das Wohlbefinden und Glück der Familie hervorgebracht wird. In exemplarischer Absicht werden hier fünf Strukturelemente beschrieben, die bei der Gestaltung der zum immateriellen kulturellen Erbe gehörenden Rituale, der Erzeugung von Emotionen des Glücks und der Herausbildung kultureller Identität eine zentrale Rolle spielen.

Sprache und Imagination

Neuere Emotionsforschungen haben deutlich gemacht, wie wichtig es aus kulturwissenschaftlicher Perspektive ist, Emotionen des Glücks nicht zu ontologisieren. Emotionen sind keine isolierbaren Substanzen, sondern stets mit anderen Merkmalen des Menschen verbunden. In vielen Fällen trägt die Sprache dazu bei, dass Emotionen des Glücks entstehen und empfunden werden können. Ein Beispiel dafür ist die Rhetorik der romantischen Liebe. Ohne sie hätten sich diese Liebesvorstellungen und die mit ihnen verbundenen Glückserwartungen nicht entwickeln können. Wenn es in einer Kultur einen Begriff gibt, mit dem ein bestimmter Aspekt des Glücks bezeichnet wird, so ist es wahrscheinlich, dass sich auch Ausdrucksformen dieser Emotion in dieser Kultur nachweisen lassen. Fehlt dieses Wort in einer anderen Kultur, so ist es wahrscheinlich auch schwer, den mit diesem Wort bezeichneten Aspekt des Glücks zu identifizieren. Das japanische *amae* ist dafür ein Beispiel. Versucht man den mit diesem Wort bezeichneten Aspekt der Liebe und des Glücks zu beschreiben, so könnte man sagen: „von der Liebe eines anderen abhängen" oder „sich der Süße des anderen ausliefern". In der deutschen Sprache und im europäischen Imaginären gibt es keine Bezeichnung für diesen Aspekt der Liebe und des Glücks. Um jedoch die japanische Mentalität zu verstehen, ist dieses ins Deutsche unübersetzbare Wort von zentraler Bedeutung (Suzuki/Wulf 2012). Die Frage ist nun, wie weit die mit diesem Wort bezeichnete Emotion des Glücks und der Liebe und die ihr entsprechende Ausdrucksform von Menschen anderer Kulturen verstanden werden kann. Hier sind mehrere Antworten möglich. Eine geht davon aus, dass diese Emotion mit Hilfe sprachlicher Beschreibungen auch von Menschen anderer Kulturen verstanden werden kann. Eine andere Position weist darauf hin, dass dies nur unzulänglich möglich ist, bedarf es doch nicht nur der Sprachkenntnis, sondern auch der mit diesem Wort bezeichneten inkorporierten Vorstellungen, emotionalen Beziehungen und performativen Handlungen. Während die erste Position eher die Ähnlichkeit in der emotionalen Ausstattung der Menschen betont, verweist die zweite Position auf kaum überwindbare kulturelle Unterschiede.

Das Fließen von Emotionen

Viele Emotionen des Glücks entstehen in Interaktionen mit anderen Menschen, in der rituellen Kommunikation zwischen ihnen und im mimetischen Selbstbezug. Sie lassen sich als fließend beschreiben. Eine solche Charakterisierung impliziert, dass sich Emotionen des Glücks in den Praktiken des alltäglichen Lebens verändern. Sie überlagern sich mit früheren emotionalen Erlebnissen und bilden Ensembles von Emotionen. In diesem Prozess werden emotionale Dispositionen selegiert und aktualisiert. Ein besonderes Merkmal menschlicher Emotionalität besteht darin, dass sie durch länger anhaltende Stimmungen beeinflusst wird. Diese Stimmungen haben Einfluss darauf, wie Emotionen „getönt" sind. „Die Welt des Glücklichen ist eine andere als die des Unglücklichen" (Wittgenstein). Emotionen bestimmen unsere Beziehungen zu anderen Menschen und zur uns umgebenden Welt. Sie sind evaluativ, d.h. sie bewerten die uns widerfahrenden Ereignisse und lassen uns nach dieser Bewertung handeln. Die emotionale Bewertung von Handlungen anderer Menschen vollzieht sich häufig unbewusst oder halbbewusst und ist dem Bewusstsein nur eingeschränkt zugänglich. Diese bewertende Seite der Emotionen unterstützt uns dabei, uns in der Welt und gegenüber anderen Menschen zu orientieren. Sie hilft uns, Unterscheidungen zu treffen und den Sinn sozialer Situationen, Handlungen und Zusammenhänge zu begreifen. Ihre energetische Seite befähigt Individuen und Gemeinschaften, Sinn, Bedeutung und Identität auszubilden (Le Breton 1998; Wulf/Kamper 2002; Wulff 2007; Greco/Stenner 2008; Harding/Pribram 2009; Paragrana 2010a, 2010b; Wulf 2010, 2011; Hahn 2010a, 2010b).

Körperlichkeit und Performativität

Akzentuiert man den performativen Charakter der Erzeugung des Glücks, so findet eine Aufmerksamkeitsverlagerung statt. Das Interesse richtet sich weniger darauf, wie Glücksvorstellungen zu verstehen und zu interpretieren sind, als vielmehr zu begreifen, *wie* Menschen die verschiedenen Gefühle des Glücks ausdrücken, darstellen, modifizieren und kontrollieren. In diesem Fall kommt es darauf an, den Prozess zu untersuchen, in dem das Glücklichsein inszeniert und aufgeführt wird. Damit geraten die Formen des körperlichen Ausdrucks von Emotionen ins Zentrum der Aufmerksamkeit (Ekman u.a. 1982). *Körperlichkeit, Habitualisierung* und *Dramaturgie der Emotionen* werden wichtig. In diesem Zusammenhang sind Rituale und Gesten von erheblicher Bedeutung (Wulf/Zirfas 2004a, 2004b, 2007; Wulf/Fischer-Lichte 2010). Diese Perspektivenveränderung steht auch mit Entwicklungen im Zusammenhang, die dazu geführt haben, moderne Gesellschaften als *Inszenierungsgesellschaften* zu bezeichnen, in denen der Lebensraum der Menschen zu einem „kleinen Theater" wird, in dem sie ihr Selbst und ihre Rolle in der Gemeinschaft kontinuierlich zur Schau stellen und vermarkten.

Mimetische Prozesse

Glückliche Menschen machen häufig auch andere Menschen glücklich. Ein Grund dafür liegt in den mimetischen Prozessen, in denen sich Menschen einander anähneln. Wie beim Lachen erfolgt auch bei den Emotionen des Glücks eine sinnliche Übertragung, in der unser Körper von der Freude und dem Glück anderer Menschen angesteckt wird. Ohne uns dessen bewusst zu sein, ähneln wir uns den Körperbewegungen und mimischen Ausdrucksformen an. Wir werden zu einem Resonanzkörper der Glücksemotionen anderer Menschen. Ihr Glück affiziert uns und unsere Affekte verstärken deren Emotionen. Durch eine Anähnlichung an die Emotionen des Glücks anderer Menschen können wir selbst glücklich werden, und zwar so, dass wir nicht glücklich wie die anderen, sondern in unserer eigenen Weise glücklich sind. Wir spiegeln anderen Menschen ihr Glück und intensivieren ihre Emotionen. Wir nehmen die performative Konkretisierung des Glücks wahr und lernen die Praktiken, mit denen wir es inszenieren, aufführen und an spätere Generationen weitergeben (Gebauer/Wulf 1992, 1998, 2003; Suzuki/Wulf 2007; Paragrana 2010a; Wulf 2005a).

Rituale

In allen menschlichen Gesellschaften tragen Rituale dazu bei, Emotionen zu intensivieren, zu steuern und zu kontrollieren (Michaels 1999, 2007; Wulf/Zirfas 2004a, 2004b; Michaels/Wulf 2011). Sie führen die beteiligten Menschen dazu, sich aufeinander zu beziehen. Für die Erzeugung familiären Glücks sind sie von zentraler Bedeutung. Ihre Performativität schafft soziale Formen des Glücks. In diesem Prozess spielen die Bewegungen des Körpers eine wichtige Rolle. In einem gemeinsamen Handeln schaffen sie soziale Emotionen der Nähe, der Zuneigung und des Vertrauens. Die Dynamik der familialen Rituale bewirkt, dass eine rituelle Handlung keine bloße Kopie einer früheren Handlung ist. Rituale sind zwar einander ähnlich, doch sie erzeugen unter Bezug auf Vorausgegangenes auch neue Praktiken. Wenn dies nicht der Fall ist, verlieren sie ihre Lebendigkeit und verkommen zu Stereotypen. Rituale sind soziale Praktiken, in denen Menschen lernen, wie sie familiäre Inszenierungen und Aufführungen schaffen können, die andere Menschen und sie selbst glücklich machen. Im rituellen Handeln erwerben alle Beteiligten das dazu erforderliche praktische Wissen (Wulf et al. 2001, 2004, 2007, 2010, 2011).

Gesten
Im Rahmen von Ritualen spielen Gesten eine wichtige Rolle. Gesten sind Handlungen wie z. B. die Darreichung eines Opfers in einem sakralen Ritual vor einem buddhistischen Familienaltar. Auch das Läuten eines Glöckchens zum Anfang der Bescherung am Heiligen Abend lässt sich als eine aussagekräftige Geste im Weihnachtsritual begreifen. In Familienritualen sind Gesten in hohem Maße performativ; sie werden mimetisch gelernt. Gesten sind Bewegungen des Körpers. Sie erzeugen, stellen dar und strukturieren den Fluss der Emotionen. In ihrer Inszenierung und Aufführung verdichtet sich häufig die Bedeutung eines Rituals. Gesten tragen dazu bei, das Soziale zu schaffen und die familiäre Kommunikation und Interaktion zu steuern. Sie machen etwas sichtbar, was ohne sie nicht in Erscheinung träte. Gesten sind spontan, ludisch und gestalten Übergänge. Sie sind unauflösbar mit Sprache, Denken und Imagination verbunden. Ihnen kommt eine große Bedeutung zu für die Entstehung geteilter Aufmerksamkeit und die menschliche Kommunikation und Kooperation (Tomasello 2009). Gesten können zur Herstellung und Darstellung von Emotionen des Wohlbefindens und Glücks beitragen (Wulf/Fischer-Lichte 2010; Wulf u. a. 2011).

Zur Ethnographie des Glücks

Für eine Einschätzung und Bewertung der Forschungsergebnisse unserer ethnographischen Untersuchung zum Glück der Familien in Festritualen sind einige Aspekte wichtig.

Unsere Untersuchung fokussiert das Glück der Familie als Gemeinschaft und Institution. Glück „muss etwas anderes besagen, wenn das Leben so richtig anfängt, oder wenn es schon wieder aufhört. Umfang, Intensität und Dauer des Glücks ändern sich von Generation zu Generation" (Hettlage 2002, S. 133). Auch nach unserer Auffassung haben wir es beim Familienglück einerseits mit unterschiedlichen generativen Perspektiven auf Glück zu tun, die andererseits aber in Verbindung stehen mit den gesellschaftlich-institutionellen Diskursen über das Familienglück und dem konkreten, auf Erfahrungen von familiärer Gemeinschaftlichkeit basierenden Glück der jeweiligen Familien. Hinzu kommt eine geschlechtsspezifische Differenzierung zwischen den Emotionen des Glücks bei Jungen und Mädchen bzw. Männer und Frauen.

Der Schwerpunkt unserer Untersuchungen liegt auf der Frage nach der Form, d. h. der performativen und rituellen Gestaltung des Glücks. Familiäres Glück wird wesentlich durch Rituale hervorgebracht, stabilisiert und erneuert.

Insofern fokussieren die folgenden Studien den *modus operandi* des familiären Glücks. Während der jeweiligen Familienfeste wird bei Familien untersucht, welches Glück sie in ihren Festen erwarten, wie die Mitglieder der Familie familiales Glück inszenieren, wie sie Situationen familialen Glücks durch ihr soziales Handeln schaffen und wie sie schließlich Glück erfahren und verstehen. Zugleich wird herausgearbeitet, welche Interaktionen die verschiedenen Familienmitglieder vollziehen und welche Glückseffekte diese auf der sozialen sowie auf der persönlichen Ebene haben.

Um diese Forschungsperspektive zu realisieren, wird im Unterschied zu den quantitativen oder qualitativen Interviewmethoden eine Erweiterung und Neufokussierung des Methodenspektrums vorgenommen. Bei den qualitativen Interviews, die sowohl episodischen als auch narrativen Charakter haben, stehen Inhalte, Formen, Bedingungen und Ziele familiären Glücks im Mittelpunkt; sie werden daher vor allem als Gruppeninterviews durchgeführt. Zudem werden ethnographische Daten durch teilnehmende Beobachtung (und beobachtende Teilnahme), durch Foto- und Videographien sowie durch informelle Gespräche mit den Familienmitgliedern ergänzt (Bohnsack 2009). Wir gehen davon aus, dass die Komplexität des familiären Glücks mit seinen Traditionen, Entwicklungen, aktuellen Inszenierungsformen, generativen Perspektiven und symbolischen Bezügen nur durch eine Kombination von visuellen, verbalen und textuellen Daten erfasst werden kann.

Ob man Glück wirklich beobachten kann, stellt in diesem Kontext wohl die schwierigste Frage dar. Zwar kann man intuitiv davon ausgehen, dass es Indikatoren des Glücks gibt, die einem in einer spezifischen Kultur Beheimateten Anzeichen dafür liefern, ob jemand glücklich ist bzw. sich glücklich fühlt (Formen des Lachens, mimische und gestische Ausdrucksformen, verbale Äußerungen, körperliche Praktiken etc.). Doch mit völliger Zuverlässigkeit wird man keinem Menschen und keiner Situation das Attribut glücklich zuschreiben können. Ist dieser Bias zwischen den Daten (der Beobachtung, des Interviews, der schriftlichen oder bildlichen Bearbeitung) des Glücks und seinen wissenschaftlichen Verstehens- und Interpretationsformen nicht auch ein triviales Argument gegen eine Beobachtung des Glücks? Wann immer man sich in einem zu untersuchenden Feld bewegt, verzerrt man die Daten. Wann immer man Daten interpretiert, besteht die Gefahr, sie falsch zu verstehen. Zur Bearbeitung des ersten Problems hat die Ethnographie die Strategie der Triangulierung auf Datenebene entwickelt; zur Bewältigung des zweiten hat sie die kollektive Interpretationsleistung und diverse, methodisch kontrollierte Forschungsmethoden entwickelt. Dass auch beide methodischen Kompensationen keine unverfälschten, objektiven, reliablen und validen Ergebnisse zeitigen, wird nur für denjenigen eine Schwierigkeit darstellen, der glaubt, Alltagssituationen des Glücks gleichsam unter Laborbedingungen erforschen zu können. Ethnographische Glücksforschung ist ohne die Gefahr der Verzerrung nicht möglich. Gerade als Zugang zur gelebten Praxis bleibt sie aber unverzichtbar. Die prinzipielle Unlösbarkeit des Problems hat schon Aristoteles gesehen, wenn er schreibt: „Wir werden uns aber mit demjenigen Grade von Bestimmtheit begnügen müssen, der dem gegebenen Stoffe entspricht" (Aristoteles 1984, S. 56, 1094a).

Um aber die Komplexität familialen Glücks dennoch handhabbar zu machen, haben wir diese ethnographische Forschung auf ein Familienritual beschränkt. Nicht nur in Erziehungs- und Familienratgebern wird immer wieder die Bedeutung von Ritualen für das kindliche und familiäre Glück hervorgehoben. Auch in historisch-kultureller Perspektive sind bestimmte Familienrituale wie Familienessen, Urlaub, Geburtstag, (Freizeit-)Aktivitäten und Weihnachten für das familiäre Glück zentral. Daher dienen nach unserer Auffassung Familienrituale nicht nur dazu, die Zusammengehörigkeit und Gemeinsamkeit der Familienmitglieder zu bestätigen, die Integration und Solidarität der Einzelnen sichtbar zu machen, Werte und Traditionen anzuzeigen und zu vermitteln, einen gemeinsamen Handlungsrahmen zu erzeugen oder auch Identitäten, Rollen und Fähigkeiten herauszubilden – sie dienen auch der performativen Erzeugung familiären Glücks (Audehm/Wulf/Zirfas 2007; Wulf 2011).

Mit der Fokussierung familiärer Rituale als Fenster, durch die sich die Hervorbringung und Inszenierung des Glücks in Familien beobachten lässt, geht die Frage nach der „heimlichen familiären Pädagogik" des Glücks einher. Wie in vielen Studien zur Ethnographie des Alltags immer wieder dokumentiert, reflektieren Menschen kaum darüber, *wie* sie ihren Alltag oder ihre Rituale gestalten und welche (praktischen oder symbolischen) Voraussetzungen, Implikationen und Entwicklungen ihre Gestaltungen haben. In diesem Sinne lässt sich postulieren, dass Familien (mehr oder weniger unbewusst) in Ritualen eudämonistischen Strategien der Gestaltung einer glücklichen Familie folgen. Über die Umsetzung dieser Strategien wird man aber kaum in quantitativen, sondern allenfalls in qualitativen Studien etwas aussagen können, die die Aussagen der Familie über ihr Glück mit der von ihr gelebten Wirklichkeit des Glücks kontrastieren. Familiäres Glück wird so nicht nur auf einer konstativen, sondern vor allem auf einer performativen Ebene in den Blick genommen. Entscheidend erscheint, *wie* die Familie ihre institutionelle und individuelle Vorstellung des Glücks in Ritualen in Szene setzt.

Eine Besonderheit unserer Forschungen liegt in ihrer internationalen Ausrichtung. Die ethnographische Felduntersuchung ist durch drei deutsch-japanische Teams in drei deutschen und drei japanischen Familien durchgeführt worden. Da Weihnachten *das* Familienfest in Deutschland und Neujahr *das* Familienfest in Japan ist, hat die Untersuchung der drei deutschen Familien am 24. bis 26. Dezember 2008 in Berlin und die der japanischen Familien am 31. Dezember 2008 und am 1. Januar 2009 in Kyoto und Umgebung stattgefunden. Diese (einzigartige) Konstellation bietet zum einen die Möglichkeit, durch wechselseitige ethnographische Be- und Entfremdungsprozesse die rituellen Inszenierungsformen und symbolischen Verweisungszusammenhänge des familialen Glücks intensiver und differenzierter interpretieren zu können. Andererseits bietet diese Form der Ethnographie die Möglichkeit, kulturvergleichende Konstanten und Differenzen der jeweiligen Glückskonstellation auszumachen. Der inter- und transkulturelle Austausch wird hier als Methode der ethnographischen Forschung von Familienritualen erprobt. Dadurch werden die Möglichkeiten der Triangulation von Daten, Methoden und Interpretationsfolien noch um die der kulturell je unterschiedlichen wissenschaftlichen Perspektiven und Traditionen der beteiligten Forscher erweitert. So können abschließend in einem methodisch kontrollierten Vergleich die Gemeinsamkeiten und Unterschiede der Glücksvorstellungen und des Glücks als Inszenierung und soziale Handlung in Familien in Deutschland und Japan erarbeitet werden. Ob und inwieweit sich Glück dabei als kulturrelatives Phänomen oder als transkulturelle Universalie zeigt, ist eine durchaus offene Frage (Kitayama/Cohen 2007).

Methodische Überlegungen

Wer einmal die Gelegenheit hat, in einer ihm fremden Kultur Rituale zu untersuchen, wird zunächst nur wenig verstehen. Man spürt oder erfährt, dass man die Situation nicht angemessen erfassen und begreifen, noch sich angemessen verhalten und interagieren kann. Der Versuch zu verstehen bricht sich immer wieder intersubjektiv an der Irreziprozität der Perspektiven und objektbezogen an der Inkongruenz unterschiedlicher kultureller Relevanzsysteme.

Man könnte aus dieser Perspektive sogar einen Beitrag zur Theorie des Rituals entwickeln, der unter Ritualen jene Handlungszusammenhänge versteht, die ein Außenstehender nicht begreifen kann. Ein solcher Beobachter kann sein Verstehen des Rituals lediglich an Äußerlichkeiten wie Raum- und Zeitstrukturen, beobachtbarem Verhalten etc. festmachen, ohne zu den subjektiven, objektiven oder gemeinschaftsbezogenen Sinndimensionen durchstoßen zu können. Das heißt, die Unverständlichkeit von rituellen Abläufen bezieht sich weniger auf die performative als vielmehr eher auf die symbolische Ebene. Da aber Rituale performative Symboliken sind, kann man als Außenstehender eine spezifische und entscheidende Dimension des Rituellen nicht in den Blick bekommen.

Als „fremd" erscheinen uns Rituale, Menschen oder Kulturen dann, wenn sie eine spezifische Entzogenheit aufweisen. Das bedeutet, dass Fremdheit keinen ontologischen, sondern einen relationalen Status hat. Diese Entzogenheit kann sowohl Stress und Angst auslösen als auch Faszination und Euphorie, geht aber immer mit einem mehr oder weniger grundsätzlichen Nichtverstehen und Nichtverstehenkönnen einher. Um mit dieser Situation des Entzugs umzugehen, sie praktisch zu bewältigen, psychisch zu verarbeiten und wissenschaftlich zu rekonstruieren, braucht es nicht nur viele Informationen über zahlreiche Gegebenheiten, sondern vor allem auch ein Gespür, ein Fingerspitzengefühl für die besonderen (habituellen) Wertigkeiten des Fremden. Dieses Gefühl entwickelt sich erst in einem längeren, kognitiven wie leiblichen Erfahrungs- und Lernprozess mit dem jeweiligen Fremden und erreicht – je nach Fremdheitscharakter der Kultur – nie die Selbstverständlichkeit des kulturell Vertrauten.

Zu Recht hebt man im Kontext einer Ethnographie der eigenen Kultur auf die Notwendigkeit einer Befremdung des Eigenen ab, da nur so Sachverhalte eines (scheinbar) bekannten und vertrauten Lebens auch wissenschaftlich erkannt und erforscht werden können (Hirschauer/Amman 1997). Im Kontext einer Ethnographie des Fremden müssen Verfahren der Entfremdung gefunden werden, um überhaupt einen Zugang zu den diversen Bedeutungsdimensionen von Lebensformen, Institutionen und Werten fremder Kulturen zu erhalten. Ein Verfahren der Entfremdung ist der kulturelle Vergleich.

Dabei kann man zunächst an einige (längst bekannte) hermeneutische Einsichten erinnern. So wissen wir seit den hermeneutischen Arbeiten von Schleiermacher, dass es ein vollständiges und eindeutiges Verstehen des Anderen nicht gibt, ja, dass jedes Verstehen immer auch ein Nichtverstehen ist bzw. dass das Nichtverstehen für das Verstehen konstitutiv ist. Verstehen ist immer eine Annahme. Und wir können daher sagen, dass eine vollständige Übersetzung von einer Kultur in die andere von vornherein zum Scheitern verurteilt ist, denn man findet sich im kulturellen Übersetzungsprozess lediglich auf einer jeweils anderen Stufe des hermeneutischen Zirkels wieder. Zugleich wissen wir, dass der Versuch des Verstehens sowohl Vertrautheit (Eigenes) wie Unvertrautheit (Fremdes) impliziert: Wäre mir alles vertraut, so müsste ich es nicht verstehen (wollen), wäre mir alles vollkommen unvertraut, so könnte ich es nicht verstehen (wollen). Sodann lässt sich die Differenz zwischen dem Verstehen des Fremden und dem Verstehen des Fremdverstehens thematisieren: Beim letzteren geht es u. a. darum, die ideologischen und ethnozentrischen Selbsttäuschungen, die Fremdheit durch binäre Schematisierungen und Fixierungen erst herzustellen und zu mystifizieren, zu thematisieren und aufzulösen. Ganz besonders wichtig ist der Sachverhalt, dass wir uns selbst nur dann verstehen (können), wenn wir den Umweg über den Fremden bzw. das Fremde gehen: Für Selbstverstehen ist Fremdverständnis konstitutiv. Das bedeutet aber auch, dass es durchaus sinnvoll sein kann – um des Eigenverstehens, aber auch um des Fremdverstehens willen –, die Fremdheit des anderen stark zu betonen: Erst dann ergeben sich bedeutsame Unterschiede und Gemeinsamkeiten. Und schließlich gilt für Japan: „Es kann nicht genug betont werden, dass schon das kürzeste Gespräch mit einem Menschen aus Japan in *dessen* Muttersprache oder ein Blick in die kleinste japanische Dorfbuchhandlung uns unmissverständlich zeigt, dass wir niemals auch nur annähernd Japan ‚verstehen' können; dafür sind Menge und Dichte an Wissen und Information, an denen ein Individuum in Japan teilgehabt hat, viel zu groß" (Ackermann 2006, S. 92f., Anm. 7).

Jede Untersuchung ist – egal auf welcher Grundlage, mit welcher Intention, in welcher Form und mit welchem Inhalt – ein Vergleich. Wenn ich etwas über A herausfinden möchte, setze ich es in Beziehung zu B und konstatiere Identitäten, Differenzen, Ähnlichkeiten und Abweichungen. Vergleiche beruhen auf einer Anähnlichung bzw. einem Ähnlichmachen. Das gilt unbewusst für den Alltag und im höheren Maße für die wissenschaftliche Ethnographie, in der der Vergleich selbst methodisch kontrolliert erfolgen muss, damit er die Kriterien der Objektivität, Reliabilität und Validität erfüllt. Ob man für den Vergleich von Kulturen ein *tertium* findet, das von den Ausgangskulturen gleich weit „entfernt" ist, uns sozusagen beide Kulturen in einer „Horizontverschmelzung" (Gadamer) miteinander vermittelt, ist wahrscheinlich eine müßige Frage, da die Beantwortung dieses Sachverhaltes nur von einem noch weiteren Horizont entschieden werden kann – so dass wir in dieser Perspektive in einen unendlichen Regress geraten (Detienne 2000).

Eine Möglichkeit, die Fremdheitsrelation zu thematisieren, besteht also darin, dass man wie üblich in der Ethnographie mit Vergleichen operiert. Diese Vergleiche können auf verschiedenen inhaltlichen und methodischen Ebenen angesiedelt sein: Man kann diachrone oder synchrone Vergleiche eines (rituellen) Ereignisses oder eines rituellen Ablaufes vornehmen, kann diverse ethnographische Materialien miteinander vergleichen (Protokollaufzeichnungen, Videos, Bilder, Interviews, Artefakte etc.), man kann verschiedene rekonstruktive Verfahren (dokumentarische Methode, objektive Hermeneutik etc.) ins Spiel bringen oder auch diverse hermeneutische Verfahren verwenden (Konversationsanalyse, Diskursanalyse, Inhaltsanalysen, psychoanalytische Interpretationen etc.) und man kann schließlich das fremde Geschehen vor dem Hintergrund eigener bekannter ähnlicher Rituale zu begreifen suchen. Allerdings gibt es mitunter, und vor allem in den Erstkontakten mit einer fremden Kultur, eine grundsätzliche Fremdheit, die sich nicht auflösen lässt. Es bleiben die Fragen, wie man überhaupt einen Zugang zu dieser Kultur gewinnen kann, wie man diese angemessen beschreiben kann und wie eine adäquate Interpretation möglich ist.

Sinnvoller erscheint es daher, die jeweilige Perspektive anzugeben, aus der heraus man den Kulturvergleich vornimmt. Hierzu können verschiedene methodologische Blickwinkel (ohne Rücksicht auf Vollständigkeit) eingenommen werden (Dreher/Stegmaier 2007). Klammern wir normalisierende und stereotypisierende Verfahren der Fixierung des Fremden auf dem Boden des Eigenen als ethnographisch nicht mehr haltbare Positionen aus, so lässt sich in einem ersten Schritt eine *konstruktivistische* Perspektive einnehmen, die die fremde Kultur als fremd festhält, indem sie nichts darüber aussagt, was diese Kultur ihrem Wesen nach ist, sondern lediglich beschreibt und analysiert, wie sie konstruiert und bewältigt wird; eine *psychoanalytische* Perspektive rückt die Identifizierungs-, Übertragungs- und Projektionsprozesse sowie Emotionen, Wünsche und Bedürfnisse in den Blick, die in der Begegnung von Kulturen stattfinden; ein *phänomenologischer* Blickwinkel fokussiert eine vorsprachliche, leibliche und sinnliche Ebene, auf der Empfindungen, Wahrnehmungen und Eindrücke des Fremden auf ihren Fremdheitscharakter hin analysiert werden; eine *anthropologische* Perspektive geht von universellen Phänomenen des Essens, Trinkens, Wohnens, Sprechens etc. aus und liefert eine Beschreibung und Analyse dieser Phänomene; eine *Übersetzungsperspektive* versucht schließlich Übergänge zwischen den Kulturen herzustellen, indem man sich (jahrelang) mit den Lebensformen, der Sprache und den symbolischen Dimensionen, aber auch mit den Irrationalismen einer Kultur vertraut macht und langsam in sie „eintaucht“ *(going native)*, oftmals noch unterstützt durch kulturvertraute Co-Interpreten, die wichtige Informationen und Interpretationen für das Fremdverstehen liefern.

Für diese Vergleichsperspektiven sind zwei Momente entscheidend. Im ersten erkennt man, warum die Perspektive der Normalisierung ethnographisch unhaltbar geworden ist: In allen ernsthaften ethnographischen Perspektiven des Vergleichs ist ein Prozess zu beobachten, der Eigen- und Fremdbilder in einem performativen Prozess dynamisch verhandelt. Das Verstehen des Fremden bedingt einerseits Prozesse eines weiteren Nicht-Verstehens und damit einer weiteren Befremdung durch die fremde Kultur, bedingt andererseits aber auch ein Selbstverstehen wie eine Selbstbefremdung, die durch den Kulturkontakt zustande kommt. Indem das Fremde mir vertrauter wird, wird es gleichzeitig fremder, und wie ich mir selbst im Kulturkontakt vertrauter werde, werde ich mir gleichzeitig fremder. Das bedeutet, dass jede ethnographische Forschung von Belang nicht nur, die Entfremdungs-, sondern auch die Befremdungsprozesse mit zu thematisieren hat. Genau diese Perspektive leistet der Normalisierungsvergleich nicht.

Man erkennt nun andererseits noch eine wichtige Differenz, diejenige zwischen der emischen und der etischen Ebene. Einen Zugang zur *etischen*, nicht bedeutungsunterscheidenden Ebene von fremden Kulturen lässt sich in Erfahrungen von fremden Kulturen quasi beiläufig gewinnen; einen Zugang zur *emischen*, zur distinktiven, symbolischen und metaphorischen Ebene aber bleibt dem Forschenden zunächst verwehrt. Um mit diesem Problem umzugehen, kann man einerseits auf Zeit setzen und sich durch Erfahrungen, Kommunikation und Studien mit der zunächst fremden Kultur sukzessive vertraut machen; oder man kann auf kulturelle Dolmetscher zurückgreifen, die dem Forschenden die Bedeutungsgehalte der Kultur erschließen helfen.

Diese Differenzen radikalisieren sich für deutsche Forscher im Bezug auf die japanische Kultur, bei der es aussichtslos erscheint, die grundsätzliche Fremdheit über semiotische Prozesse aufzulösen, d.h. etwa über Wörterbücher die Bedeutungen von Sachverhalten zu erforschen und zu erklären. Japan, so könnte man formulieren, erfährt man nicht primär hermeneutisch, sondern leiblich, mit allen angenehmen und unangenehmen Aspekten, die in solche Begegnungen involviert sind. Gerade weil man nur unzureichend versteht, ist man auf seine Körperlichkeit zurückverwiesen, die in den Interaktionen mit Japanern immer wieder durchschlägt. Insofern nimmt man Japaner auch nicht primär unter semiotischen, sondern unter körperlichen Gesichtspunkten wahr. Rituale als Zugänge zu fremden Kulturen bzw. zu Japan zu gebrauchen, erscheint daher fruchtbar, denn dieser Zugang kann zunächst die Sinndimension zugunsten von Körperlichkeit bzw. von körperlichen Interaktionsmustern hintanstellen. Man wird (als Forscher) in Japan buchstäblich auf die eigene Leiblichkeit und das eigene Handeln zurückgeworfen, das nur sehr begrenzt mit dem japanischen Handeln kompatibel erscheint.

Die für die Studie leitende Perspektive ist daher zunächst die des *Performativen* – kombiniert mit den durch die Co-Interpreten der jeweils anderen Kultur gewonnenen Einsichten, die dann die symbolische Ebene aufschließen. Das Performative eignet sich deshalb für eine ethnographische Herangehensweise, weil es sich zunächst auf das Geschehen selbst und nicht auf die ihm impliziten Deutungs- und Referenzrahmen konzentriert. Man könnte daher die Konjunktur des Performativen in den Geistes- und Kulturwissenschaften im letzten Jahrzehnt in Europa auch daran festmachen, dass die ethnographische Unübersichtlichkeit zugenommen hat, d.h. es immer schwieriger wird, die sich ausdifferenzierenden sozialen und kulturellen Symbol- und Metaphern-Systeme mit ihren synchronen und diachronen Verweisungszusammenhängen noch zureichend darstellen und rekonstruieren zu können.

Das Performative, das weniger das Tiefer- bzw. Dahinterliegende als das phänomenale Geschehen, weniger die Struktur und die Funktionen als den Prozess, weniger den Text oder das Symbol als eben die Herstellung von Wirklichkeit fokussiert, bietet somit einen ersten phänomenalen Zugang zur Wirklichkeit. Denn die Perspektive des Performativen rückt die Inszenierungs- und Aufführungspraktiken sozialen bzw. pädagogischen Handelns, deren wirklichkeitskonstitutive Prozesse sowie den Zusammenhang von körperlichem und sprachlichem Handeln, Macht und Kreativität in den Mittelpunkt (Wulf/Göhlich/Zirfas 2001; Wulf/Zirfas 2007). Damit „fehlt" dem performativen Blickwinkel die Tiefe der Repräsentationalität, und er beantwortet (primär) nicht die Fragen nach dem stellvertretenden, vergegenwärtigenden, latenten Sinn. Performative Wirklichkeiten sind „flache Wirklichkeiten", da sie sich primär auf das Geschehen und dessen Wirkungen konzentrieren, und es sind „reiche Wirklichkeiten", insofern sie das Geschehen in Erscheinung treten lassen. Performative Betrachtungen zielen auf eine neue Form der Phänomenologie, in der die Dinge und das Geschehen in ihrem konkreten In-Erscheinung-Treten wahrgenommen werden.

Der performative Blickwinkel gewinnt an Wirklichkeit, insofern er Prozesse der Interaktion und dramaturgische Sprach- und Handlungsvollzüge, Körperlichkeit und Materialität von sozialen und kulturellen Situationen und Prozessen, oder auch Rahmungen, Szenerien, mimetische Zirkulationsformen, kulturelle Präsentationspraktiken und Darstellungssituationen in den Blick rückt. Der Begriff des Performativen macht deutlich, dass es – in der ethnographischen Forschung – darauf ankommt, soziale Situationen und Prozesse als Folge von Inszenierungen und Aufführungen zu begreifen, will man nicht vorschnell die vielfältigen Erscheinungen und Eindrücke auf deren Bedeutungen „reduzieren". Wenn dies geschieht, stehen deren Qualität und das „Wie" ihrer Inszenierung und Aufführung im Mittelpunkt, und die Ethnographie dient deren Entfaltung. Man könnte in diesem Sinne den performativen Blickwinkel als dezidiert ethnographischen verstehen, der zunächst sehr genau beschreibt, *was wo wie wann* passiert, ohne zu klären, *warum* und *wozu* diese Handlungen „eigentlich" dienen.

Der Co-Interpret in seiner Funktion als Vertrauter der zu untersuchenden Fremdkultur dient im Anschluss an eine performative Betrachtungsweise als Übersetzer der emischen, symbolischen Ebene. Insofern propagieren wir für das kulturelle Fremdverstehen ein zweistufiges Verfahren: Im Anschluss an eine performative Darstellung des Rituals wird gemeinsam mit dem Co-Interpreten die performative Dimension des Rituals als Text geordneter Sinnzusammenhänge gelesen, in dem nicht nur manifeste Bedeutungen, sondern auch latente historisch-kulturelle sowie soziale und pädagogische Verweisungen enthalten sind, die über das Material hinausgehen. Da eine Wirklichkeit nie vollständig hermeneutisch erfasst werden kann, konzentriert sich die symbolische Analyse auf einzelne hermeneutische Bedeutungselemente, die sich in der gemeinsamen Interpretation der jeweiligen rituellen Praktiken als zentral herausgestellt haben. Damit wird nicht unterstellt, dass die Interpretation der rituellen Praxis „tatsächlich" die Innenperspektive der Beteiligen in einem authentischen Sinn zu rekonstruieren in der Lage ist noch dass die symbolische Analyse in eine letztgültige Exegese aller Sinnschichten und Verweisungszusammenhänge führen kann. Eine letztgültige Sinninterpretation erscheint angesichts der „Krise der Repräsentation" (Berg/Fuchs 1993), angesichts der doppelten Historizität der wissenschaftlichen Forschung – mit Bezug auf die Gegenstände wie die Betrachtungsweisen – und angesichts der reziproken Unübersetzbarkeit von Kulturen nicht auf eine Manifestation letztlich objektiver Sinnzusammenhänge verweisen zu können.

In einer „dichten Beschreibung" (Geertz 1995) des Weihnachtsfestes und des Neujahresfestes soll im Folgenden vor allem die spezifische familiäre Praxis des Feierns, der *modus operandi festi*, im Singen, Beschenken und in der ästhetischen Gestaltung zum Thema werden. Dazu sollen zum einen als Vergleichshorizonte die familiären Praxen der Familien in Deutschland und Japan herangezogen werden, als auch die – im weitesten Sinne – historisch-, sozial- und kulturwissenschaftlichen Theorien, die sich auf die in Frage kommenden Aspekte von Weihnachten, Ritualen, Generationenbeziehungen etc. beziehen. Es ist das „Wie" dieser Praxis, das diesen Abend in dieser Familie zu einem einzigartigen macht.

Dieser methodologische Zugang schließt an kulturwissenschaftliche Überlegungen an, die den performativen Stil von Alltagspraktiken in den Blick nehmen (Wulf/Göhlich/Zirfas 2001). Für eine ethnographisch angelegte Forschung bietet sich eine Analytik kultureller, performativer Aufführungsstile besonders an. Unter (dem familiären) Stil wird im Folgenden die beobachtbare individuelle und soziale, kohärente (Selbst-)Präsentation (der Familie) verstanden: Im Stil kommt die Zugehörigkeit zu einer Gruppe, eine spezifische Lebensform oder ein besonderer Habitus zum Ausdruck. „Ein Stil ist Teil eines umfassenden Systems von Zeichen, Symbolen und Verweisungen für soziale Orientierung: Er ist Ausdruck, Instrument und Ergebnis sozialer Orientierung" (Soeffner 1992, S. 76). In der Stilisierung geht es um die wie auch immer bewusste ästhetische Überhöhung des Alltäglichen (Soeffner), die eine homogene Figuration oder Gestalt herausbildet. Mit dieser ästhetischen Homogenisierung geht der Stil als performatives und distinguierendes Medium einher: Man zeigt, wer man ist, wie man gesehen werden möchte und von wem man sich unterscheiden will. Stile sind ebenso sozial vermittelt wie individuell bzw. milieuspezifisch ausgestaltet.

Die verwendeten Stilelemente beziehen ihre symbolische Bedeutung und ihre Kraft der Vergemeinschaftung einerseits aus dem Umstand, dass es der Gruppe im gemeinsamen Stil möglich wird, ihre Werte und Normen wiederzuerkennen. Der Stil objektiviert das Selbstbild der Gruppe und stellt dieses nach außen hin dar. Damit definieren Stile Außengrenzen von Gruppen, insofern sie Expressivität und Symbolik der Selbstbilder enthalten und performativ zur Geltung bringen sowie Eigenheiten und Alteritäten festlegen. Der Stil bezieht sich sowohl auf „passive", symbolische Aspekte (wie Kleidung, Objekte und Musik), als auch auf Aktivitäten und Handlungspraktiken; beide Momente bilden insgesamt ein Stilensemble. Unter dem systemischen Blickwinkel entwickeln sich Stilbildungsprozesse andererseits nie nur innerhalb einer Gruppe, sondern immer auch in Auseinandersetzung mit der Umwelt der Gruppe. Stildarstellungen haben in diesem Sinne die Funktion, die Grenze der Gruppe gegenüber den Anderen eindeutiger zu definieren, markantere Differenzierungen herauszuarbeiten, das Selbstbild der Gruppe zu stabilisieren, das Fremdbild prägnanter festzulegen und die Reaktionen auf die Gruppe genauer vorhersagbar zu machen. Der Stil stellt eine Möglichkeit dar, einen bedeutungsvollen Unterschied – einen Unterschied, der Unterschiede macht – darzustellen. Betont werden muss einerseits die relative Offenheit der Stilbildungs- und Aneignungsprozesse, die über die Habitualisierung als totaler Lebenszusammenhang bis hin zu Auflösung in einen kommerziellen Massenstil reichen können, und ggf. die bedeutende Rolle der stilistischen Widersprüche, die vor allem von Subkulturen dazu benutzt werden, die herrschende Kultur in Frage zu stellen und zu revidieren. Stile sind homologe Einheiten, die durchgängig geordnet sind, präsentieren sie doch für ihre Mitglieder eine symbolische Stimmigkeit, indem sie die Werte und Normen einer Gruppe mit ihren Lebenspraxen in einen kohärenten Zusammenhang bringen (vgl. Liebau/Zirfas 2004).

Mit dem performativen Blickwinkel auf den je spezifischen Stil der Familie ist natürlich die metaphorische und symbolische Hermeneutik der Szenerien nicht überflüssig geworden. Versteht man Kultur bzw. kulturelle Alltags- und Festhandlungen als eine „Montage von Texten" (Geertz 1995, S. 253), so betont man die den damit zu verknüpfenden symbolischen Kommentar; fokussiert man (daneben) die Ebene der tatsächlich stattfindenden Aufführung, ihre körperliche Inszenierung und ihre kreative und produktive Wirklichkeitsgestaltung, so pointiert man eine phänomenal-performative Lesart. Insofern sollen in der „Lektüre" des Weihnachts- und Neujahrsfestes beide Blickwinkel eine Rolle spielen: der symbolische Kommentar, der die Repräsentationen der Szenerie herauszuarbeiten und zu verstehen sucht, und die performative Darstellung, die die Prozesse der Interaktion und die (dramaturgischen) Handlungsvollzüge sowie Körperlichkeit und Materialität von Gemeinschaften und Interaktionsprozessen in den Mittelpunkt rückt.

Zur Gliederung des Buches

Im ersten Teil unserer Studie untersuchen wir das Weihnachtsfest in drei deutschen Familien in Berlin. Alle Familien gehören der Mittelschicht bzw. der oberen Mittelschicht an. Im Fall der ersten Familie wird das Weihnachtsfest so vollzogen, wie es sich die Familie wünscht und seit langem praktiziert. Die zweite Familie ist eine sogenannte Patchworkfamilie, in der die Frau und der Mann neben dem gemeinsamen neugeborenen Kind bereits Kinder aus der ersten Ehe haben. Das Weihnachtsfest soll hier der Annäherung der aus unterschiedlichen Familien stammenden Familienmitglieder dienen. Im dritten Fall überlagert die schwere Erkrankung eines Familienmitglieds das Fest und führt zu einem unvorhergesehenen Abbruch der teilnehmenden Beobachtung. Im Folgenden wurden alle Namen der Familienmitglieder anonymisiert.

Im Zentrum des Beitrags von *Shoko Suzuki* und *Christoph Wulf* steht das Weihnachtsfest einer sechsköpfigen Familie in Berlin-Tegel. Auffällig ist hier die Freude, die alle Familienmitglieder daran haben, sich wechselseitig zu beschenken. Das Schenken dient dazu, eine Situation zu erzeugen, in der die Mitglieder der Familie ihre Zuneigung füreinander zum Ausdruck bringen können. Es entsteht eine durch das Glück des Schenkens konstituierte Gemeinschaft, deren Mitglieder ihre Familie als wesentlichen Bestandteil ihres Lebensglücks begreifen. Vorbereitet wird dieser familiäre Austausch durch einen Besuch im Weihnachtsgottesdienst der naheliegenden Kirche: Eingebettet ist der Austausch der Geschenke in die Verlesung mehrerer Formen der

Weihnachtsgeschichte, deren Botschaft so in immer wieder neuer Gestalt den Mitgliedern der Familie vermittelt wird.

In einer frisch gegründeten *Patchworkfamilie* wollen die Eltern ihre Kinder in ihr Glück integrieren und durch den gemeinsamen Hausstand eine familiale Gemeinschaft etablieren. Mit Hilfe der Gestaltung des ersten gemeinsamen Weihnachtsfestes soll ein gemeinsamer Erfahrungs- und Erinnerungsraum konstituiert werden. *Ingrid Kellermann, Fumio Ono* und *Hachiro Iwai* untersuchen, wie die Familie diesen besonderen Tag gestaltet und welche Rolle der Besuch des Weihnachtsmannes bei der „Inszenierung des Glücks" spielt. Seine Funktion liegt nicht in der überzeugenden „Als-Ob"-Inszenierung für die adoleszenten Kinder des Vaters, die Töchter der Mutter oder gar für das gemeinsame Neugeborene. Vielmehr stellt er eine Mittlerrolle für alle Beteiligten dar, mit der er eine Brücke zwischen zwei unterschiedlichen Familienkonstellationen schlagen soll. Dabei bietet der formalisierte Ablauf Vertrautheit und Sicherheit im Handeln, während der gestalterische Spielraum die weniger eingespielten Umgangsformen und ihre Bedeutungen offenbart. Mit ihrem wechselseitigen Engagement und ihren rituellen Praktiken entwirft die Familie das Bild einer glücklichen Familie, die sie erst noch werden will.

In der dritten deutschen Familie, die *Jörg Zirfas* und *Noriko Iwai* untersuchen, werden schließlich die Dimensionen der Sinnlichkeit und der Besinnlichkeit am Heiligen Abend in einer katholischen Familie sichtbar. Die aus vier Personen bestehende Familie – Vater und Mutter, ihre erwachsene Tochter sowie deren Freund – gestaltet das Weihnachtsfest in einer sehr dichten, feierlichen Atmosphäre, die durch das gemeinsame Singen und Beschenken ebenso hervorgebracht wird wie durch die festliche Gestaltung des Wohnzimmers oder die rituelle Eröffnung des Abends, die im Gästezimmer stattfindet. Da die Großmutter an diesem Abend schwer erkrankt ist und daher der Beistand der Familie erforderlich wird, wurde die Beobachtung nach dem ersten Teil der Bescherung abgebrochen. Soviel aber wurde in der Beobachtung und auch durch das Interview deutlich: Das familiäre Glück der Familie besteht in einem (impliziten) gemeinsamen Sich-Beschenken und Sich-Besinnen auf die familiären ästhetischen, körperlichen und religiösen Grundlagen. Dabei kommt immer wieder eine Bezugnahme zur Religion ins Spiel: beim gemeinsamen Singen, bei Erzählungen über die Herkunftsfamilien oder bei der Diskussion der Bedeutung von Weihnachten für die Familie selbst. Durch das Hervorbringen einer sinnlichen Stimmung, die mit viel Liebe für das Detail einhergeht, erzeugt die Familie zugleich eine religiöse, besinnliche Atmosphäre. Für Sinn- und Körperlichkeiten, für Innehalten und Transzendieren, für Sinnliches und Besinnliches bildet Weihnachten eine ausgezeichnete rituelle Gelegenheit. Es wird deutlich, dass familiäres Glück ein Glück der Kleinigkeiten ist, das eine „große" religiöse Basis braucht.

Wie in Deutschland das Weihnachtsfest, so ist in Japan das Neujahrsfest *das* zentrale Familienfest, an dem die Familien ihr Glück inszenieren. In der Studie von *Shoko Suzuki* und *Christoph Wulf* wird das Neujahrsfest in einer eher traditionellen japanischen Familie in einem Dorf in der Nähe von Kyoto untersucht. Der Jahreswechsel wird im Haus der Großeltern Oda mit deren Kindern und Enkeln gemeinsam gefeiert; Großeltern und Eltern sind Lehrer. Zur Familie gehören nicht nur die Großmutter und der Großvater, der noch immer im Dorf die Familie repräsentiert, sondern auch die Ahnen, deren Grab am Nachmittag des Silvestertages von den Familienmitgliedern besucht wird. Ein Zentrum des Neujahrfestes machen die schintoistischen und buddhistischen Rituale aus, die den Ablauf des Familienfestes strukturieren. Einige dieser religiösen Praktiken werden vor dem Hausaltar der Familie, andere zusammen mit der Dorfgemeinschaft in den Schreinen und Tempeln des Ortes durchgeführt. Ein weiteres Zentrum des Festes besteht in dem gemeinsamen Essen, insbesondere der für den Neujahrsmorgen vorbereiteten hochsymbolischen Speisen, mit denen das neue Jahr gefeiert wird. Die Zeit zwischen den religiösen Praktiken, der Vorbereitung und Einnahme der Speisen verbringt die Familie gemeinsam. Die Eltern und Großeltern spielen mit den Kindern und erfreuen sich an der gemeinsam verbrachten Zeit.

Nicht weit von dieser Familie entfernt lebt in einem traditionellen Vier-Generationen-Haushalt in einem kleinen Dorf in West-Japan die Familie, die *Ingrid Kellermann* und *Fumio Ono* untersuchen. Auch hier wird erforscht, wie die Familie das Fest zum Jahreswechsel gestaltet und welche Formen und Bedeutungen von Glück die Beteiligten inszenieren. Der Übergang vom alten ins neue Jahr bietet in Japan eine Möglichkeit, auf das Glück im neuen Jahr Einfluss zu nehmen. Besondere Praktiken machen es möglich, alte Sorgen symbolisch hinter sich zu lassen und mit gereinigtem Geist neu zu beginnen. Als Quelle des Glücks spielt die Familie eine zentrale Rolle; deshalb ist auch der zweite Sohn mit seiner Familie angereist. Die Kinder tragen die Hoffnungen eines glücklichen Lebens und erhalten infolgedessen die ungeteilte Aufmerksamkeit der Erwachsenen. Das Verhältnis der Generationen ist durch wechselseitige Verantwortung füreinander geprägt. Heiliges und Profanes stehen bei der Inszenierung des Jahresübergangs in einem dynamischen Wechselverhältnis zueinander und geben Aufschluss über eine sozio-kulturelle Ausprägungsform familialen Glücks.

In unserer dritten Studie verbringen *Jörg* und *Ulrike Zirfas* sowie *Yoshitaka Inoue* und *Nanae Takenaka* den Silvesterabend und den Neujahrstag gemeinsam mit einer Familie in zwei Großstädten (Osaka, Kyoto). Am ersten Abend findet das Fest in einer Dreigenerationenfamilie statt, bestehend aus den Großeltern mütterlicherseits, den Eltern und ihren noch kleinen Töchtern sowie zwei kleinen Chihuahuas. Am zweiten Tag feiert die Familie mit den beiden Großeltern und mit einer Schwester der Mutter und ihrem Sohn im Haus des Vaters väterlicherseits. In dieser Studie werden verschiedene Szenarien fokussiert: das gemeinsame Spielen und Essen, der Besuch am Schrein, die Bedeutung der Hunde für die Familie. Wenn Glück etwas mit Vermittlungsprozessen zu tun hat, dann drückt es sich nicht nur in physischen Bewegungen aus, sondern zeigt sich auch in bestimmten Situationen. Verschiedene Mediatoren dienen der Familie als Interaktions- und Kommunikationsmittel für das familiäre Glück, wie die Kinder, die Hunde, das Essen und Trinken oder die japanische Kalligraphie. Am „langweiligen" Neujahrstag, wenn die Familie zusammen ist und nichts Bestimmtes tut, entspannen die verschiedenen Spiele der Kinder die Erwachsenen und so wird ein „Gefühl von Glück" erzeugt. Dieses Glück, das die ganze Familie umfasst und integriert, ist ein unscheinbares Glück. Familiäres Glück erscheint als ein homöostatisches Gleichgewicht von Kräften, Energien, Haltungen und Handlungen. Das familiäre Glück entsteht in den Fugen des harmonischen Zusammenlebens, das ein Netz von komplementären Bezügen des Empfangens und Gewährens entwirft, welches sich wiederum zu einem geschlossenen Kreis verdichtet. Es geht als Resultat aus einer passiv-aktiven Praxis des gemeinschaftlichen Lebens hervor.

Im Schlussteil unserer Studie untersuchen wir fünf transkulturelle Elemente des Familienglücks, die sich im Verlauf unserer Forschungen als besonders wichtig herausgestellt haben. Es handelt sich um: Essen, Schenken, religiöse Praktiken, familiäre Erinnerungen und Narrationen sowie Formen des Beieinander- und Zusammenseins. In jeweils kurzen Skizzen wird dargelegt, wie diese Elemente für die Inszenierung des Glücks der Familie konstitutiv sind. Den Schluss unserer Studie bildet ein Glossar, das den deutschen Lesern behilflich sein soll, den kulturellen Hintergrund der japanischen Familienrituale und Gesten besser zu verstehen.

Weihnachten in Deutschland

Einleitung

Weihnachten ist im christlichen Abendland heute *das* Fest der Familie. Betrachtet man dieses Fest kulturhistorisch, so ist es in seiner modernen, in Deutschland praktizierten Form eine kulturelle Leistung des Bürgertums aus dem 19. Jahrhundert, das den Heiligen Abend zu einem Familienfest mit Geschenken für die Kinder im Gedenken an den Geburtstag Christi entwickelte (Weber-Kellermann 1987). Dass Weihnachten, historisch betrachtet, erst im Kontext der bürgerlichen Familie des 19. Jahrhunderts seine überragende Bedeutung für die Familie erhalten hat, ist im Folgenden weniger von Belang als die Tatsache, dass die Familie ein heiliges Ritual, eine heilige Szenerie braucht, die symbolisch ihre glückliche oder geglückte Einheit darstellt – und dieses Ritual ist in Deutschland Weihnachten (Zirfas 2004a, S. 38ff.).

Vor diesem historischen und systematischen Hintergrund wird aus der Perspektive der Sozialwissenschaften eine ritualtheoretische Sicht auf die Familie zugrunde gelegt, in der Familien alltägliche wie festliche Rituale brauchen, in denen sie sich selbst, d.h. ihr Dasein, ihren Wert, ihre Perspektiven und Traditionen bestätigen und erneuern. Deshalb lassen sich, solange es Familien gibt, auch Rituale nicht abschaffen (Audehm/Zirfas 2001; Wulf 2011). Für Familie sind bestimmte Feste bedeutsam, weil sich in ihnen – wie auch in alltäglichen Ritualen, dort aber nicht so bewusst – die Familie als solche inszeniert. Dass mit diesen Inszenierungen auch bestimmte Vorstellungen einer gelungenen oder geglückten Familie einhergehen, kann zumindest als plausibel gelten. Denn in bedeutsamen familiären Ritualen werden nicht nur Interaktionsmodelle *von* einer, sondern auch solche *für* eine Familie inszeniert. Und in diesem normativen familiären Modell sollte sich auch die Vorstellung einer geglückten Familie wiederfinden lassen. Warum sich ein Zusammenhang zwischen der Familie und Weihnachten nicht nur in einem kulturhistorischen und ritualistischen Sinne, sondern auch in einem *funktionalen* Bezug auf das Glück der Familien herstellen lässt, bildet eine zentrale Fragestellung der folgenden Fallstudien.

So kann man in einem ersten Zugang dem Weihnachtsfest verschiedene Funktionen zuschreiben: *liminale*, durch eine Abschließung gegenüber außen und eine Konzentration auf das Innen der Familie, *zeitlich-räumliche*, durch die Gestaltung eines außerordentlichen Rahmens und besonderer Ordnungen, *soziale,* durch die Erneuerung oder Etablierung einer neuen gemeinsamen Identität, *kulturelle,* durch die Verschwendung im Schenken und Essen im Fest gegenüber der Leistung und Arbeit im Alltag, *körperliche,* durch eine besondere Nähe und Emotionalität und *subjektive,* durch eine spezifische Ausgestaltung des Abends (Zirfas 2004c).

Gehen wir von der rituell-heiligen Bedeutung von Weihnachten für die Familie aus, so zeigt sich, dass am Beginn des 3. Jahrtausends für immerhin noch 70 % der Deutschen das Weihnachtsfest „heilig" ist (Naumann 2001). Deshalb gibt es rund um Weihnachten auch eine ausgeklügelte Ordnung von Mikroritualen wie Plätzchen backen, Geschenke kaufen und einpacken, einen Bummel über den Weihnachtsmarkt, den Hausputz, das abgeschlossene Wohnzimmer, die Besorgung des Weihnachtsbaums und seine Beschmückung, die Bescherung, das Abendessen, das gemeinsame Spielen und Fernsehen, die Besuche bei Verwandten und Freunden. Dieser ausdifferenzierte Kanon von Regeln, Gewohnheiten, rituellen Gebräuchen und „uralten" Traditionen existiert deshalb, weil die Familie sich immer wieder eines unangreifbaren, heiligen Rahmens versichern muss.

Dieser heilige Rahmen wird an Weihnachten inszeniert. Dabei lässt sich unter dem Heiligen die Vorstellung einer spezifischen Form von transzendenter Wirksamkeit und Mächtigkeit verstehen, die sich auf Gegenstände, Handlungen, Schrift, Menschen und Gemeinschaften bezieht und die mit Empfindungen der Ehrfurcht und Scheu sowie mit einem Kodex von Regeln, Normen und Tabus umgeben ist (Kamper/Wulf 1987; Wulf/Macha/Liebau 2004). Das Heilige ist das ungemein bedeutsame Andere, das der Ordnung von Welt zugrunde liegt und ihr einen Sinn verschafft. Dementsprechend kann das Heilige religiös sein, etwa ein über den Wolken wohnender Gott, gleichwohl aber auch höchst irdisch verstanden werden. Das Geld kann ebenso heilig sein wie das Auto oder der Garten, die Familie kann einem heilig sein, das Wochenende oder eben auch Weihnachten. Vom Heiligen erwarten die Menschen Glück, Zufriedenheit und Sorglosigkeit, wissen oder ahnen zumindest, dass es ihnen auch seine Gunst entziehen kann, und sie somit unglücklich zurückbleiben. Eine die Untersuchungen leitende These lautet somit, dass Weihnachten ein Fest der und für die Familie ist, weil sie ihre besondere, d.h. ihre spezifische heilige rituelle Form inszeniert, in der sie ihr familiäres Glück intendiert.

Weihnachten ist nun deshalb ein Fest, weil die einzelnen Familienmitglieder unter dem Baum versammelt werden, was die Isolierung der Einzelnen untereinander ausschließt. „Das Fest ist Gemeinsamkeit und ist die Darstellung der Gemeinsamkeit in ihrer vollendeten Form" (Gadamer 1995, S. 52). Im

Abstand zum Alltag feiert sich die Familie im Weihnachtsfest, indem sie dieses gemeinsam begeht. Festliche Familienrituale sollen vor allem die charakteristischen Merkmale familiärer Gemeinschaftlichkeit wie Einheit, Zusammenhalt, Intimität, Gemeinsamkeit, Solidarität und Integration in besonderer Weise darstellen, gewährleisten und fördern. So finden sie oftmals auf einer ganz besonderen „Familienbühne" statt. Diese aber ist sakrosankt und paradox zugleich: Sakrosankt ist sie, weil natürlich nichts geändert werden darf, will man nicht riskieren, dass das Fest zur Tragödie der Familie wird, daher die detaillierte Planung, Vorbereitung und Durchführung von Weihnachten. Denn Weihnachten ist das Fest *der* Familie, weil es über Orte, Zeiten und Personen hinweg einen rituell abgesicherten Bestand von Erfahrungen „heilig" spricht, der das Glück der Familie verbürgen soll.

Das Weihnachtsfest ist aber auch eine paradoxe Inszenierung. Es versucht, eine kontingente Ordnung als mythisch und natürlich darzustellen, denn „immer schon" wurde das Wohnzimmer abgeschlossen und kam das Christkind auf verschlungenen Pfaden ins Haus. Es versucht, durchaus widersprüchliche symbolische und emotionale Welten in einem Handlungsschema zu integrieren, denn das, was sich Kinder unter Weihnachten vorstellen und wünschen, ist selten deckungsgleich mit dem, was die Eltern oder die Großeltern erwarten.

Paradox ist es aber noch in einem zweiten Sinne: Weihnachten ist ein Fest der Generationen, ein Fest der Generativität. Hier wird zelebriert, dass die Familie zusammengehört; und diese Zusammengehörigkeit wird mit einem heiligen Index versehen. Und das Weihnachtsritual praktiziert zudem die Gemeinschaft der Gleichen in einer asymmetrischen Konzeption, denn immer noch, jedenfalls bis hin zum Jugendalter, arrangieren die Eltern die Feier für die Kinder, und immer noch schenken Eltern ihren Kindern mehr als umgekehrt – obwohl sie gerne gegenüber kleineren Kindern behaupten, dass alle Geschenke letztlich unerklärbaren Ursprungs sind. Doch genau in diesen Paradoxa liegt der Clou von Weihnachten, gilt doch, dass nur die Paradoxie unbedingt ist: *Credo quia absurdum*. Weihnachten ist also ein paradoxes familiäres Fest und deshalb unwiderlegbar. Es negiert die Möglichkeit, dass alles auch ganz anders sein könnte, und präsentiert höchste Gültigkeit, weil es die Bedingungen seiner eigenen Möglichkeit nicht mehr offen legt. Die Kontingenz des Weihnachtsfests verweist so – ein weiteres Paradox – auf dessen Notwendigkeit.

Wenn Weihnachten aber heilig und paradox zugleich ist, und wenn Weihnachten zudem das Fest der Familie ist, so liegt der Schluss nahe, dass auch die Familie heilig und paradox zugleich ist. Auch hier herrscht gelegentlich die

Einigkeit, von der man nicht weiß, wie sie letztlich zustande kommt. Denn die Familie ist immer auch das, was sie nicht ist, nämlich die gute heile Welt, der sichere Hafen und der Ort der absoluten Geborgenheit. Das zeigt sich gerade im Weihnachtsfest, das diese Hoffnungen und Versprechungen in einem stabilen, heiligen, rituellen Rahmen aufheben möchte, in dem es keine Enttäuschungen und kein Fehlverhalten geben darf. Denn die modernen Familien sind für Sinn und Heil selbst verantwortlich. Stellte sich ehedem das Heilige in der sogenannten „Heiligen Familie" als Familie selbst dar, so verleiht sich die Familie heute selbst den Heiligenschein. Familien „verwenden" religiöse Symbole in diesem Sinne immer dann, wenn es um einen reflexiven Sinnstiftungsprozess geht, der sie selbst als Familie betrifft. Religiöse Motive werden so zu einem Arsenal von teilweise inkonsistenten und diffusen Handlungspraktiken und Einstellungen, mittels derer man sich der Familie als Gemeinschaft versichert (vgl. Zirfas 2004b).

Wenn also die Familiarität wohl immer weniger durch ein von der Amtskirche vorgegebenes Ritual gesichert, sondern durch die Handlungen der Familienmitglieder wechselseitig hervorgebracht wird, die das als heilig rechtfertigen, worauf sie rekurrieren, gerät der Baum in den Mittelpunkt der Diskussion. Der Baum ist das Symbol für Weihnachten schlechthin. Während er in grauer Vorzeit dazu diente, zur Wintersonnenwende die Götter der Sonne und der Fruchtbarkeit zu beschwören und die langen und finsteren Winternächte aufzuhellen, hat er heute die Funktion, die Familie selbst zu beschwören und diese mit einem Glanz zu versehen. Die Lichterbüsche der heidnischen Ahnen haben sich also über den christlichen Baum des Mittelalters zur familiären Tanne der Postmoderne gewandelt. Feierte man ehedem Kraft und Leben, dann die Geburt des Erlösers, so heute den Fortbestand der prekären Spezies Familie.

Der Weihnachtsbaum ist daher heute nicht nur ein wichtiges, sondern auch ein notwendiges Requisit für Weihnachten, ohne dass es in einem tiefergehenden Sinn hinreichend für die weihnachtliche Familienatmosphäre wäre. Der Weihnachtsbaum gehört, bewusst oder unbewusst, zur Ausgestaltung des Weihnachtsfestes als bürgerliches Fest und als Kinderfest. (Und auffallend gehört er heute zu einem der wenigen weltweiten Symbole.) Symbolisiert der Baum für die Familie Lebendigkeit, Häuslichkeit, Intimität und Abschließung nach außen (denn das „Außen", die Natur, ist mit dem Baum im „Innen" des Wohnzimmers etabliert), so symbolisiert er zum anderen das Beschenken der Kinder: In diesem Sinne liegen Weihnachtsgeschenke oftmals am oder unter dem Baum. Der Baum symbolisiert damit „das Wunschbild von der glücklichen Familiengemeinsamkeit" (Weber-Kellermann 1987), die sich durch ihren betont emotionalen, kommutativen und kommunikativen Charakter auszeichnet. Denn für ein Fest, dessen Essenz in der Nicht-Isolierung voneinander besteht, ist der weihnachtliche *worst possible case* die vollständige Differenz zwischen den Familienmitgliedern – es gibt einander nichts mehr zu sagen, Sinn und Glück werden nicht mehr vermittelt. Während der familiale Streit indirekt noch eine deviante Form von Kommunikation darstellt, kommuniziert man hier nur noch die Nicht-Kommunizierbarkeit. Der Weihnachtsbaum signalisiert vielmehr den positiven Gegenentwurf, das – im wahrsten Sinne des Wortes – Außerordentliche: eine *glückliche* Familie.

Vom Glück des Schenkens

Shoko Suzuki und Christoph Wulf

Ankunft und Begrüßung

Als wir uns am Nachmittag des 24. Dezembers dem Haus der Familie Schultz in Konrads Höhe in einem Wohnviertel von Tegel nähern, hat es leicht zu regnen begonnen. Unsere kleine Gruppe besteht aus drei Japanern und einem Deutschen, *Shoko Suzuki* und ihrer Assistentin *Seiko Kikuzawa*, einem erfahrenen Fotografen und Filmemacher *Yoichiro Yasui* und *Christoph Wulf*. Wir fahren durch den Tegeler Forst, sodann an zahlreichen Einfamilienhäusern vorbei, bis wir in die Straße gelangen, in der die Doppelhaushälfte der Familie liegt. Die Familie besteht aus den beiden Eltern, Mutter Frauke (evangelisch) und Vater Ingo (katholisch), sowie vier Kindern (evangelisch). Wir werden schon erwartet und erst von der Mutter und dann vom Vater freundlich begrüßt. Wir überreichen einen Blumenstrauß aus gelbroten Rosen und Schleierkraut und bedanken uns für die uns freundlich gewährte Möglichkeit, das Weihnachtsfest mit der Familie verbringen zu können. Wir werden ins Haus hinein gebeten, legen unsere Mäntel ab, richten unsere Aufnahmegeräte ein. Neugierig kommen nun die vier Kinder aus ihren Zimmern in den beiden oben gelegenen Stockwerken. Sie werden uns vorgestellt. Thorsten ist zwölf, Thorben ist fünfzehn, Justine ist achtzehn und Kevin ist zwanzig Jahre alt. Bis auf Kevin, der gerade seine Rettungsdienstausbildung abgeschlossen hat und auf einen Studienplatz für Medizin wartet, gehen alle in unterschiedliche Klassen auf einem in der Nähe in Tegel gelegenen Gymnasium. Mutter Frauke ist Physiotherapeutin; wegen ihrer Kinder und des Familienlebens übt sie ihren Beruf nicht mehr aus. Vater Ingo ist Jurist und arbeitet als höherer Beamter in einer mittleren Stadt am Rande Berlins. Wir stellen uns vor und übergeben unsere Geschenke, die anerkennend unter den Weihnachtsbaum gelegt werden. Dann nehmen wir auf der Sitzecke vor dem Weihnachtsbaum Platz. Auf die Frage, was wir erwarten würden, antworten wir der Familie, sie möge uns möglichst wenig beachten und ihr Weihnachtsfest wie stets feiern.

Die Familie setzt sich an den runden Tisch neben das Klavier und beginnt Kaffee zu trinken und munter zu plaudern. Im Hintergrund hören wir eine CD mit bekannten Weihnachtsliedern. Auf dem Kaffeetisch steht ein Adventskranz, dessen vier Kerzen angezündet sind. Die Familie trinkt Tee und Kaffee und isst Kuchen. Kevin erzählt, wie er ein Jahr in Neuseeland und Australien verbracht hat und sich heute noch freut, dass er sich während dieser Zeit ein Auto gekauft hat, das er am Ende seines Aufenthalts ohne Verlust wieder verkaufen konnte. Aus dem Gespräch geht hervor, dass die Familie das Weihnachtsfest im vorigen Jahr nicht in Berlin, sondern in Neuseeland verbracht hatte. Vater Ingo erzählt, dass er gerade im *SPIEGEL* ein Foto von einem Surfer über einem gewaltigen Wal gesehen hat, der Gott sei Dank nicht aufgetaucht sei. An dem sich munter bewegenden Gespräch nehmen alle teil. Jeder, der etwas sagen möchte, bringt sich in das Gespräch ein, das zwischen den Familienmitgliedern hin und her fließt. Wir haben den Eindruck, dass es bei diesem Gespräch weniger auf die geäußerten Inhalte als vielmehr auf die beim Sprechen erzeugten Bezugnahmen zwischen den Familienmitgliedern ankommt. Hierin liegt der alle verbindende Charakter des miteinander Sprechens, das offensichtlich als lustvoll empfunden wird. Auch von Weihnachten, damals in Neuseeland und heute hier in Berlin, vom bevorstehenden Gottesdienst und den bereitliegenden Geschenken ist die Rede. Nach einer halben Stunde ist es an der Zeit, zum Weihnachtsgottesdienst aufzubrechen. Mutter und Kevin lassen die anderen vorgehen; sie bleiben zurück, um die Geschenke in das Zimmer zu bringen und unter den Weihnachtsbaum zu legen. Als Mutter Frauke und Kevin die Geschenke für jedes Familienmitglied geordnet unter den Baum legen, erzählen sie, dass sie früher eine Ausrede benötigt hätten, um zu begründen, warum sie nicht gleichzeitig mit den anderen zur Kirche gehen

Abbildung 1 Adventskranz

Abbildung 2 Krippe

Abbildung 3 Holzschmuck

Abbildung 4 Weihnachtsbaum

wollten. Die Kinder sollten noch möglichst lange glauben, dass das Christkind bzw. der Weihnachtsmann während des Gottesdienstes die Geschenke in ihr Haus brachte.

In der Zwischenzeit haben wir Zeit, uns das Zimmer anzuschauen. Am Eingang vor der Kommode steht die Weihnachtskrippe, auf die der Blick beim Betreten des Raumes fällt. Auch ein Adventskranz mit einem bunten Teller steht hier.

Links geht es zu den Räumen in den beiden oberen Stockwerken. Rechts stehen der runde Tisch mit den sechs Stühlen, daneben das Klavier und ein CD-Spieler. Von diesem werden während der Geschenkübergabe und des Abendessens Weihnachtslieder erklingen. Für diese Stunden des Jahres verwandeln die vertrauten Weihnachtslieder das Wohnzimmer in einen sakralen Raum, verstärkt durch die von allen Familienmitgliedern von Zeit zu Zeit mitgesungenen Lieder. Gegenüber dem Tisch befindet sich in einer Nische die Sitzecke mit dem Weihnachtsbaum und den unter ihm liegenden Geschenken. Der Tannenbaum ist mit roten Kugeln, Holzschmuck, roten Bändern und einer elektrischen Lichterkette dekoriert. Er ist das sakrale Zentrum des Wohnraums und der familialen Glücksinszenierung am Weihnachtsabend.

Weihnachtsgottesdienst

Schließlich gehen wir mit Mutter Frauke und Kevin zu der wenige Minuten entfernt gelegenen evangelischen Kirche, in der die anderen Familienmitglieder uns einen Platz freigehalten haben. Vor der Kirche werden Unterschriften für ein Volksbegehren gesammelt, mit dem sich die evangelische und die ka-

Abbildung 5 Evangelische Kirche

tholische Kirche für die Wahlfreiheit der Eltern zwischen Religion und Ethik als Unterrichtsfach einsetzen und mit dem sie verhindern wollen, dass ein obligatorischer Ethikunterricht zur Verdrängung des in Berlin freiwilligen Religionsunterrichts aus der Schule führt.

Die Kirche ist ein moderner Bau, dessen Inneres, sieht man von einigen Sitzmöglichkeiten im angrenzenden, zur Kirche geöffneten Gemeinderaum ab, bis auf den letzten Platz besetzt ist. Der Altarraum ist mit vier großen, die Stirnwand bedeckenden transparenten Bildern der Weihnachtsgeschichte geschmückt, hinter denen Lichter brennen, so dass die Bilder wie Kirchenfenster die Hauptszenen der Weihnachtsgeschichte erscheinen lassen. Es handelt sich um die Verkündigung der Geburt Christi an die Hirten auf dem Felde, die Anbetung des Kindes durch die Heiligen Drei Könige, Maria und Joseph mit dem Christkind und das Kind in der Krippe im Stall zu Bethlehem.

Als die Glocken geläutet werden, geht der Pfarrer zum Altar. Nach einem kurzen Orgelspiel begrüßt er die Gemeinde, gedenkt der Abwesenden und Kranken und erbittet Gottes Segen für die Festgemeinde, die anschließend „Es ist ein Ros entsprungen" singt. Sodann wird wie in jedem Jahr die Weihnachtsgeschichte nach dem Apostel Lukas verlesen. Im Anschluss daran singt die Gemeinde „Vom Himmel hoch, da komm ich her". Es folgt die Predigt, die den Stern, der nur mit dem Herzen zu sehen ist, in den Mittelpunkt stellt, der wie Gott leuchtet und wie seine Liebe wärmt. Es folgt eine Interpretation der drei Jesu von den heiligen Königen dargebrachten Geschenke, in der das Gold mit Würde, Ehre und Anerkennung, der Weihrauch mit der zu Gott aufsteigenden Seele und die Myrre mit Ermutigung und Heilung gleichgesetzt werden. Ein Orgelspiel und weitere von der ganzen Gemeinde gesungene Weihnachtslieder erklingen. Sodann wird angekündigt, dass die Kollekte des heutigen Abends im Rahmen von „Brot für die Welt" dazu diene, das Schicksal von Kindersoldaten in Leone zu verbessern. An diese Ansage schließen an die Fürbitte durch den Pfarrer und das von allen gemeinsam gesprochene „Vaterunser". Nach dem gemeinsamen Gesang von „Stille Nacht, heilige Nacht" spricht der Pfarrer den Segen; sodann erklingt der den Gottesdienst abschließende Gesang von „O du fröhliche". Vor der Kirche wünschen sich die Gemeindemitglieder ein „fröhliches und gesegnetes Weihnachtsfest". Allmählich gehen sodann alle in ihre Wohnungen und Häuser zurück.

Die Bescherung

In ihrem Haus angekommen, lässt sich Familie Schultz vor dem Weihnachtsbaum auf der Sitzecke und dem Sessel nieder. Da der Platz für sechs Personen eigentlich nicht ausreicht, drängen sich alle dicht aneinander, nehmen sich wechselseitig auf den Schoss und genießen offensichtlich die durch das enge körperliche Beisammensein entstehende Nähe. Aus den vielen Einzelkörpern bildet sich durch die Verschlingungen ihrer Glieder ein einziger Familienkörper. Justine spielt Weihnachtslieder auf dem Klavier; Thorsten weigert sich beharrlich, dies ebenfalls zu tun. Auch die neckend vorgebrachten Drohungen seiner Geschwister, er bekäme bei der Fortsetzung seiner Weigerung keine Weihnachtsgeschenke, bringen ihn nicht von seinem Entschluss ab. Schließlich löst der Vater die Situation auf, indem er unmissverständlich darauf hinweist, Weihnachten sei ein Fest der Toleranz, und wenn Thorsten nicht vorspielen wolle, dann müsse er es auch nicht. „Ich finde, wir sollten an Weihnachten auch tolerant sein und wer halt nicht möchte, der will halt nicht. Ich spiel ja auch nicht vor."

Die Bescherung wird damit eingeleitet, dass Mutter Frauke allen dicht gedrängt vor dem Weihnachtsbaum sitzenden Kindern und ihrem Mann noch einmal die Weihnachtsgeschichte „Wie Jesus auf die Welt kam" in der Berliner Mundart vorliest. Bei der Ankündigung dieser Geschichte klatschen alle zustimmend. Offensichtlich gehört es zur Familientradition, sich diese „Modernisierung" der Weihnachtsgeschichte anzuhören. Es ist die gleiche Geschichte, die der Apostel Lukas erzählt, doch wirkt sie durch die Berliner Mundart so

Abbildung 6 Familie Schultz vor dem Weihnachtsbaum

verschieden, dass alle genau zuhören müssen, um sie wiederzuerkennen und zu verstehen.

> Jott schickte seen Engel Jabriel nach Nazareth, ne Stadt in Jaliläa. Hier lebte n Meechen, dit hieß Maria, un die war valobt mit n Mann, der Josef hieß. Der Engel kam in Marias Stube un sachte: „Ick jrüsse dir, Maria, du Hochbejnadete. Jott hat dir unta all den Frauen ausjesucht, weila dir besondas in seen Herz jeschlossn hat." Maria war aschrockn üba den Jruß un überlechte, war dit bedeutn sollte. Da sachte der Engel zu se: „Nu hab ma keene Angst! Du hast Jnade bei Jott jefundn un wirst schwanga werdn, un dit wird n Sohn, dem du den Namen Jesus jebm sollst. Diesa Jesus wird ma janz wat Jroßet tun und wird Sohn det Höchsten jenannt werdn. Jott wird ihm den Thron seiner Ahnen Davids jebm, un er wird Könich übat Haus Jakob bis in alle Ewichkeit, un seene Herrschaft wird nie uffhörn!" Maria sachte zu dem Engel: „Nee, also weeßte, wie solln dit jehn? Wo ick doch noch nie mit n Mann so dichte zesamm war, det ick n Kind kriejn könnt." (26:22–27:28, CD 24.12.)

In dieser Form ist die Geschichte nicht mehr ernst und feierlich, sondern komisch und heiter. Sie ist verfremdet. Doch hört man gerade an den Stellen, an denen man sich des Lächelns nicht erwehren kann, die zugrunde liegende Weihnachtsgeschichte von der Geburt des Kindes mit, das die Menschen durch sein freiwillig übernommenes Leiden erlösen wird. Die in der Berliner Mundart vorgetragenen Worte machen den Subtext des Evangeliums in neuer Weise erfahrbar. Diese gemeinsam gehörte Geschichte bereitet die die nun folgende Bescherung vor, die das Zentrum der familialen Weihnachtsinszenierung ist. Dazu wird nun auch der CD-Player mit den vertrauten Weihnachtliedern wieder eingeschaltet.

Die Bescherung dauert länger als zwei Stunden. Da jedes der sechs Familienmitglieder von den anderen Familienmitgliedern ein Geschenk und die Kinder von den Eltern mehrere Geschenke erhalten, zu denen auch noch die Geschenke der Großeltern kommen, werden sehr viele Geschenke ausgetauscht. Diese Bescherung wird von allen als höchst intensiv und lustvoll erlebt. Kevin erhält diesmal als das älteste Kind der Familie als erster ein Geschenk. Es ist eine DVD mit dem Film „Der Club der toten Dichter". Vor den Augen aller packt er sie aus. Neugierig warten alle darauf zu sehen, was dies denn für ein Geschenk ist. Von mehreren Seiten wird das Geschenk kommentiert. „Die wolltest Du ja haben", „cool", „den Film möchte ich auch sehen". Auch die drei anderen Kinder nehmen die CD in die Hand und betrachten sie. Die Überreichung dieses Geschenks und die diese Handlung begleitenden Kommentare machen deutlich: Nicht nur Kevin, sondern die ganze Familie wird mit dieser CD beschenkt. Durch die Zuwendung der Aufmerksamkeit aller wird das Geschenk Teil der familiären Gemeinschaft. Zwar gehört es dem ältesten Sohn, doch sind alle anderen an dem Prozess des Schenkens und Beschenktwerdens beteiligt. Diese Vergemeinschaftung entsteht dadurch, dass sich alle Familienmitglieder mit dem Beschenkten identifizieren. Jeder nimmt für einen Moment den Platz des Anderen ein und freut sich mit ihm. Bei dem Geschenk geht es weniger um den materiellen Wert als vielmehr um die dem Beschenkten von den Familienmitgliedern entgegengebrachte Aufmerksamkeitszuwendung und Auszeichnung.

Als nächstes überreicht der Vater im Auftrag der Großeltern deren Enkeln je 50 Euro, mit denen sie sich etwas Schönes kaufen sollen. Dann ist Justine an der Reihe. Sie erhält ein graues „Top", das sie sofort anzieht. Hier reichen die Kommentare von der Anerkennung der Farbe und des Schnitts bis hin zur Frage, ob denn ein solches „Top" noch „in" sei.

> „Och, das ist aber süß!" (Mutter)
> „Ich würd ma so sagen, grau ist nicht mehr so die up-to-date Farbe." (Vater)
> „Ich hab drei graue Jacken. Und du hast … Papa, du weißt schon, dass du nen grauen Pulli anhast, ne?" (Thorsten) (35:50–36:10, CD 24.12.)

Wie schon bei Kevin wiederholt sich die Identifikation aller mit Justine und die damit einhergehende Vergemeinschaftung des Geschenks. In der Zwischenzeit hat sich Thorsten von seiner Schwester, an die gedrängt er bisher gesessen hatte, gelöst und sich vor seine Mutter gesetzt, an deren Beine er sich mit dem Rücken lehnt und die ihre Arme um ihn legt. Nun erhält die Mutter ein Geschenk, einen Terminplaner, dessen Nützlichkeit sie dadurch bestätigt, dass sie darauf hinweist, dass sie in letzter Zeit häufig Mühe habe, Termine zu erinnern. Dem stimmen die Kinder spontan zu. Einer verweist auf die prinzipielle Schwierigkeit, sich so viele Termine merken zu müssen. Alle finden das Geschenk sinnvoll und erkennen seinen Wert an.

So wichtig der Wechsel der Beschenkten ist, in dieser Situation, in der sich alle Familienmitglieder vor dem Weihnachtsbaum dicht aneinander drängen, sind alle so eng miteinander verbunden, dass in jedem Einzelfall auch alle anderen zugleich beschenkt werden. Zwischen den Mitgliedern der Familie findet ein reger Austausch von Gefühlen statt, der von den Geschenken und den sie begleitenden Kommentaren initiiert wird. Selbst in den Augenblicken, in denen sich die Geschwister bei der Übergabe der Geschenke necken, spürt der Beobachter den Energie- und Sympathiefluss zwischen allen Mitgliedern der Familie. In diesem familialen Arrangement mögen sie sich: dicht beieinander, jeder mit der Möglichkeit, sich zu bewegen, Abstand zu nehmen, um sich dann wieder annähern zu können. Jeder ist sich der Zuneigung des anderen sicher, unabhängig davon, wie sich dieser im Augenblick verhält. An der sich im Austausch von Worten und Gefühlen ausdrückenden Zuneigung wird sich nichts ändern. Sie bildet den Hintergrund und das Medium der familialen Kommunikation, in dem sich alle bewegen. Jedes Familienmitglied empfindet diese Situation in seiner eigenen Weise; zugleich erlebt jeder sich existentiell mit den anderen verbunden als Teil der Familie. Im Fluss der Kommunikation und der Gefühle spürt jedes Familienmitglied diese aus der miteinander geteilten Lebenswelt stammende Gemeinsamkeit. Alle teilen die Intention, den heutigen Abend als ein Fest der Familie zur Freude aller zu gestalten, und alle kooperieren, um die erwünschte emotionale Intensität der familialen Inszenierung zu schaffen. In der am nächsten Tag veranstalteten Diskussion bestätigen alle Familienmitglieder diese Beobachtung und Einschätzung.

Nachdem jeder sein erstes Geschenk erhalten hat, beginnt die Reihe des Beschenktwerdens wieder von neuem. Nach dem zweiten Geschenkzyklus erhebt sich der Vater, geht in die Küche und bietet jedem ein Glas Wasser an. Dann liest er halblaut etwas aus einem ihm von seinen Kindern geschenkten humorvollen Langenscheidtbuch über Worte und Verhalten vor Gericht. Besonders gefällt ihm der lateinische Spruch: *Judices non calculant*, Richter rechnen nicht. Besondere Aufmerksamkeit erhält ein Geschenk für die Mutter, das die Kinder noch aus einem anderen Zimmer holen müssen und dessen Form auf ein Bild hindeutet. Groß ist das Erstaunen, als sich das Geschenk als eine für den Eingang bestimmte Fußmatte mit der Inschrift „Hotel Mama“ entpuppt. Über dieses Geschenk freut sich die Mutter besonders. Sie fühlt sich und ihr Engagement für die Familie bestätigt und anerkannt. Dementsprechend umfangreich sind die Kommentare aller Familienmitglieder, die die kontinuierliche Anwesenheit der Mutter und ihre Fürsorge hervorheben und vor der ganzen Familie anerkennen. Vater Ingo bringt auf den Punkt, was alle empfinden; „Mutti ist nun glücklich“.

> „Also, des is des beste Geschenk. Ey des is super. (lacht) Dankeschön … das trifft es so.“ (Mutter)
> „Und es sieht auch ganz schön edel aus.“ (Justine)
> „Sieht sehr edel aus.“ (Mutter)
> „Aber wo soll die hin?“ (Mutter)
> „Na, vor die Tür“ (Thorben)
> „Ja, die darf nach draußen?“ (Mutter)
> „Hotel Mama, dass alle Bescheid wissen.“ (Vater)
> „Die is ja zum Piepen.“ (Mutter)
> „Mutti is jetzt glücklich. Um mal auf des Thema zu kommen“ (Vater)
> „Ja, das ist wirklich süß. Na, dass ihr das eben auch so seht. Das freut mich.“ (Mutter)
> (16:00–16:58 CD 24.12.)

Ein wenig später erhält der Vater einen von seinen vier Kindern angefertigten Adventskalender, in dem sich in jedem „Fenster“ ein Bild der Kinder befindet. Damit greifen die Kinder eine Geschenkidee auf, die sie schon früher mit anderen Bildern realisiert hatten und die auf eine Tradition in der Familie der Mutter zurückgeht. In der Familie Schultz führte diese dazu, dass in jedem Jahr ein Adventskalender mit Bildern der kleinen Kinder der Weihnachtskrippe gegenüber aufgehängt wurde. Dadurch wurde eine symbolische Entsprechung zwischen der Geburt Christi und der Heiligen Familie mit der Familie Schultz und der Geburt ihrer Kinder hergestellt. Auch dieses Geschenk an den Vater löst große Freude aus, bei den Kindern, die es hergestellt haben, und beim Vater, der in ihm einen Beweis der intensiven Zuneigung seiner Kinder sieht. In diesem Zusammenhang tauschen sich die Kinder intensiv darüber aus, ob sie nicht ihren Eltern im nächsten Jahr einen Fußabtreter mit der Aufschrift „Hotel Mappa“ (aus Mama und Papa gebildetes Wort) schenken sollten.

Thorsten erhält ein kleines, auf den ersten Blick unscheinbares Geschenk, das sich nach dem Auspacken jedoch als „sehr teuer“ herausstellt: eine neue

Gameboy Karte. Sie wird mit den Worten „cool", „super" in Empfang genommen. Thorstens Freude an seinem Gameboy ist allen Familienmitgliedern nur zu gut bekannt. Ein wenig später erhält Thorben eine Lederjacke, die er ein wenig verschämt vor allen Familienmitgliedern anprobiert und die intensiv kommentiert wird. „Thorben – der Halbstarke". Oh, Oh. „Dreh Dich mal um". „Stark". „Ist sie zu groß?" „Nein." „Ist sie von H&M?" „Stark." „Locker, lang und lässig." Mit diesem Kleidungsstück, das Thorben mit seiner Mutter zusammen ausgesucht hat, signalisiert er allen: „Ich bin kein Kind mehr". Mit der Begutachtung der Jacke durch die anderen Familienmitglieder geht die Anerkennung von Thorbens veränderter Situation einher. Thorben ist auf dem Weg, ein junger Mann zu werden. Die Anerkennung dieser Veränderung erfolgt mittels der ostentativen Wertschätzung seiner Lederjacke.

Bei den Interaktionen zwischen den eng gedrängt beieinander sitzenden Kindern und Eltern fallen uns einige mit der Situation verbundene Gesten auf, die im Verlauf der Bescherung des Öfteren wiederholt werden und die mit den in dieser Situation artikulierten Emotionen in enger Verbindung stehen. Häufig werden Geschenke von einem Familienmitglied, das nicht unbedingt der Schenkende sein muss, an ein anderes gereicht. In der vor allem am Anfang der Bescherung häufigen Geste des Ein-Geschenk-Gebens kommt zum Ausdruck, dass der Beschenkte nicht nur von einer Person, sondern von allen Familienmitgliedern das Geschenk erhält. Da die Geschenke kunstvoll eingepackt sind, weiß der Beschenkte noch nicht, was er bekommt. Dieses Nicht-Wissen erzeugt eine Spannung, die erst durch das Enthüllen des Geschenks aufgelöst wird. Zwar weiß keiner zunächst, was er von den anderen erhält, doch kann er prinzipiell sicher sein, dass die Gabe Freude machen soll. Erst wenn sie ausgepackt ist, sehen der Beschenkte und die anderen Familienmitglieder, worin das Geschenk besteht und können sich seiner erfreuen. Häufig wird dieser Freude mit Worten oder Lautgesten wie „cool" oder „super" Ausdruck verliehen. Oft wird das Geschenk zum Betrachten weitergereicht. Damit wird eine Geste vollzogen, die den Anderen ebenfalls Anteil an der Gabe einräumt. Als habe sie ihm gegolten, so kann jedes Familienmitglied das Geschenk betrachten und seine Angemessenheit für den Beschenkten kommentieren. Wird das Geschenk abermals weiter gereicht, so wird weiteren Familienmitgliedern Anteil an ihm gegeben. Übergabe, Auspacken und Weiterreichen der Geschenke sind Gesten, in denen sich Überraschung und Aufmerksamkeit, Anerkennung und Anteilnahme ausdrücken. Diese Gesten des Schenkens und Weiterreichens der Geschenke tragen wesentlich dazu bei, Gefühle der Geborgenheit, der Verbundenheit und des Glücks auszudrücken und in ihnen die familiale Gemeinschaft zu erleben. Dies geschieht umso mehr, als diese von Worten begleiteten Gesten häufig mit körperlichen, Sympathie und Nähe ausdrückenden Berührungen zwischen Geschwistern und Eltern verbunden sind.

Immer wieder tauchen in diesen Gesprächen bei der Bescherung Erinnerungen an das letzte Weihnachtsfest auf, das die Familie in Neuseeland verbracht hatte. Dort war alles anders; es war heiß und nicht so feierlich wie zuhause; überall bunte Lichter, keine „richtige" Stimmung. Weihnachten bot nicht den „Lichtblick", den es in Deutschland inmitten der kalten und unfreundlichen Jahreszeit gewährt. So sehr es allen dort gefallen hatte, Weihnachten ist ein Fest für zuhause, das alle Familienmitglieder so wie sie es gewöhnt sind feiern möchten und das nicht in den Sommer und nach Neuseeland passt. Der allen Familienmitgliedern präsente Vergleich mit der Weihnachtsfeier im vorherigen Jahr führt zur Intensivierung des Erlebens dieses Weihnachtsfests, das an das Zuhause der Familie gebunden ist und das die Familie seit Jahren in ähnlicher Weise verbringt und bei dem sie keine Veränderung haben will. Umso mehr freuen sich alle Familienmitglieder, wenn wie sie in diesem Jahr Weihnachten zusammen feiern können.

Da die Geschenke gemeinsam angeschaut, kommentiert, begutachtet werden und dazu dienen, ein intensives beglückendes Gemeinschaftsgefühl zu erzeugen, zeigt sich keine Rivalität und kein Neid zwischen den Geschwistern. Diese Gefühle entstehen nicht einmal dann, wenn die Geschenke einen ungleichen materiellen Wert haben. Da nicht nur die Eltern die Kinder, sondern auch die Eltern einander beschenken, reist die Kette der Geschenke nicht ab. Zu diesen gehören auch Kleidungsstücke, die in jedem Fall hätten gekauft werden müssen, also Winterhandschuhe, Schals, Socken und Unterhosen. Beiläufig erläutert die Mutter, sie habe sich entschlossen, den Kauf einiger erforderlicher Kleidungsstücke bis Weihnachten aufzuschieben, um sie als Geschenke zu verteilen, weil alle dann daran mehr Freude hätten.

Mit einigen kurzen Bemerkungen distanziert sich nun der Vater vom Geschehen, indem er darauf hinweist, dass er eigentlich kein Freund so vieler materieller Geschenke sei. Wenn er allein lebte, würde er das alles für sich nicht machen, zumal es so viel Not und Elend in anderen Regionen der Welt gäbe, zu deren Verringerung man mehr beitragen müsste. Mit diesen kritisch gemeinten Worten bestätigt der Vater noch einmal unsere Wahrnehmung, dass es bei der Bescherung in dieser Familie nicht in erster Linie auf den materiellen Wert der Geschenke ankommt, sondern es vielmehr darum geht, mit ihrer Hilfe Momente gesteigerten Gemeinschaftslebens zu erzeugen.

Freude machen unseren Gastgebern auch die Geschenke aus Japan. Thorsten besteht darauf, diese Geschenke aufmachen zu dürfen, „weil ich der Jüngste bin". Besonderes Interesse ruft das Origami-Geschenk hervor. Kevin

Abbildung 7 Gefaltete Origami-Figuren

Abbildung 8 Betrachten der Geschenke

macht sich sofort daran, eine Figur zu falten. Dabei erläutert er, dass ihm eine Japanerin in Neuseeland gezeigt habe, wie man einen Vogel faltet. Zwei seiner Geschwister versuchen sich ebenfalls daran. Offensichtlich sind sie sehr angetan, mit Seiko zusammen eine Figur zu falten. Wiederholt drücken sie ihr Erstaunen darüber aus, welch ein wundervolles Werk entstehen könne, wie schwer es jedoch herzustellen sei, obwohl das Ergebnis so einfach aussehe. Bei diesem Geschenk entsteht ein Moment des Erstaunens, der Faszination über seinen fremden, die eigene Geschicklichkeit herausfordernden Charakter.

Im Verlauf des Abends erhält jedes Kind wenigstens zehn Geschenke, so dass insgesamt etwa siebzig Geschenke ausgetauscht werden. Allmählich stellt sich bei allen Familienmitgliedern Erschöpfung ein. Man kann den Geschenken nicht mehr die gleiche Aufmerksamkeit und Begeisterung entgegenbringen. Auch die Dichte und Intensität der Interaktionen lässt nach. Die Mutter löst die Situation auf, indem sie erklärt, sie gehe jetzt in die Küche, um das Essen vorzubereiten. Die anderen mögen doch aufräumen, d. h. vor allem die Berge von Geschenkpapier aufsammeln und wegbringen.

Das Abendessen

Nach einigen Minuten ist das Abendessen vorbereitet. Alle helfen, den Tisch zu decken, den Salat fertig zu machen und das Geschirr aufzudecken. Da die Hälfte der Familie Vegetarier ist, gibt es ein Käse-Fondue. Im Hintergrund ist Weihnachtsmusik zu hören. Alle mit Ausnahme des Jüngsten stoßen mit Wein an und wünschen sich noch einmal „Frohe Weihnacht". Die Mutter betont wie schön es sei, dass alle Mitglieder der Familie zusammen sind. Am Tisch wird das Essen herumgereicht. Jeder taucht Brot in den heißen Käse; dazu wird Salat gegessen. Man erinnert sich an frühere Weihnachtsfeste. Einmal waren Vater und Mutter krank, ein anderes Mal eines der Kinder. Das Gespräch geht zurück zum Gottesdienst. Die Predigt des Pfarrers gefiel allen. Sie war kurz und ausdrucksvoll. Sodann wird darüber gesprochen, ob es richtig sei, Unterschriften am Weihnachtsabend für eine Abstimmung zu sammeln, mit der die Kirchen die Wahl zwischen Religion und Ethik verhindern wollen, fürchten sie doch, dass die meisten Familien Religion abwählen und nicht von der Möglichkeit Gebrauch machen würden, Ethik und Religion zu wählen. Dafür ist Vater Ingo, der für eine „maximale Beschulung" eintritt. Zugleich betont er, dass man sich nicht nur im Mainstream bewegen dürfe und Mut zu abweichenden Auffassungen haben müsse.

Morgen Mittag will die Familie die Großeltern, die in Berlin wohnenden Eltern des Vaters, besuchen. Gegen Abend kämen Kevins Freundin und Justines neuer Freund zu Besuch. Am zweiten Feiertag gehen die Eltern dann mit Freunden Gänse essen. Die Mutter drückt ihre Erleichterung darüber aus, dass alle Vorbereitungen des Weihnachtfestes so gut gelungen sind und dass sie nach zwei vergeblichen Versuchen noch die passenden Baguettes gefunden hatte. Auch ist sie froh darüber, dass alle das Fest gesund zusammen feiern

Abbildung 9 Familie Schultz beim gemeinsamen Abendessen

können. Bei einer ihr bekannten Familie sei der Mann noch nicht fünfzigjährig im letzten Jahr gestorben und bei einer anderen haben sich die Eltern getrennt. Die Frau sei eine Nymphomanin und habe kontinuierlich mit anderen Männern sexuelle Beziehungen gehabt.

Nach dem Essen räumen alle das Geschirr ab. Dann setzen sich alle wieder an den Tisch. Der Vater liest eine dritte Version der Weihnachtsgeschichte vor, wie sie heute in der Zeitung stehen könnte, im Stil einer Meldung der Deutschen Presse Agentur verfasst. Darin heißt es: Ein Schreiner aus Nazareth sei mit einer minderjährigen Mutter und einem Baby in einem Stall aufgegriffen worden. Ein besorgter Bürger habe Anzeige erstattet. Polizei und Jugendamt ermittelten. Maria, die junge, eben erst vierzehnjährige Mutter, sei in eine Anstalt eingewiesen worden; sie sei geistig verwirrt; sie behauptet, sie sei noch Jungfrau und habe das Kind von Gott empfangen. In der Klinik wird ihr Geisteszustand behandelt; man hofft, sie nach erfolgreicher Behandlung wieder entlassen zu können. Bei der Familie seien drei Fremde aus einem fernen Land gewesen, die Gold und Drogen bei sich hatten, sich aber nicht ausweisen konnten. Auch sie habe man festgenommen; sie säßen in Abschiebehaft. Anfänglich hätten einige Männer, die behaupteten, von einem großen Mann mit Flügeln den Auftrag erhalten zu haben, die junge Familie zu besuchen, die Polizei bei ihrer Arbeit behindert … Als die Geschichte zu Ende ist, klatschen alle. Allmählich löst sich nun die Tischgemeinschaft auf. Da Thorben in der jungen Gemeinde aktiv ist, wird er noch einmal heute Nacht zur Mitternachtsvesper in die Kirche gehen. Wir werden verabschiedet und verabreden uns für morgen früh zu einem Gespräch mit der Familie über ihre Vorstellungen vom Glück.

Die Inszenierung von Sakralität

Der sakrale Charakter des Weihnachtsfestes wird in der Familie Schultz durch zahlreiche Handlungen hergestellt und ist in einer Reihe von Veränderungen des Alltags sichtbar. Die Handlungen beginnen schon in der vorweihnachtlichen Zeit. Zu ihnen gehören der Kauf der Weihnachtsgeschenke, das Versenden von Paketen und Karten an die mit der Familie verbundenen Menschen, der Kauf und das Schmücken des Weihnachtsbaums, der Einkauf und die Vorbereitung des Essens. Mit diesen das Weihnachtsfest vorbereitenden Handlungen erfolgen eine Antizipation und eine allmähliche Einstimmung auf das Fest.

Auswahl und Kauf der Geschenke

In Deutschland beginnt die Weihnachtszeit nicht erst am Heiligen Abend. Die Vorbereitungszeit für die Bescherung beginnt schon im November. Zu entscheiden, was man zu Weihnachten schenkt, ist nicht einfach. In jedem Jahr eine gute Geschenkidee zu haben, ist ein hoher Anspruch. Etwas Geeignetes für alle Familienmitglieder zu finden, ist nicht einfach. Besonders schwierig kann dies bei dem Lebenspartner sein, dem man im Laufe der Jahre schon viele Geschenke gemacht hat. Da sich bei Kindern Bedürfnis und Geschmack schneller ändern, ist es noch leichter, gute Geschenke für sie zu finden. Wenn es gelingt, ein Geschenk zu ersinnen, das dem Anderen Freude macht, ist dies Ausdruck davon, dass man sich versteht und Zuneigung und Liebe zu dem Anderen empfindet.

Als die Kinder der Familie Schultz noch klein waren, glaubten sie, das Christkind bringe die Geschenke. Später wussten sie, dass dies nicht so war, sondern dass die Eltern die Geschenke kaufen und überreichen. Einige Zeit lang war diese Situation für den neunjährigen Thorsten nicht leicht. Einerseits hatte er erfahren, dass Christkind und Weihnachtsmann nicht existieren; andererseits wollte er den Glauben an beide nicht so schnell aufgeben. Schließlich waren seit früher Kindheit beide für ihn mit dem Weihnachtsfest verbunden. Thorsten geriet in einen Konflikt zwischen seinen mit Weihnachten verbundenen Fantasien und der Wirklichkeit des Weihnachtsfestes. Die aus der religiösen Bedeutung des Weihnachtsfestes stammenden Fantasien schaffen seinen besonderen Charakter, an dem die Familie auf jeden Fall festhalten will.

Bei der sechsköpfigen Familie Schultz, in der jeder jeden beschenkt, werden sehr viele Geschenke unter dem Weihnachtsbaum geöffnet. Es dauert länger als zwei Stunden, sie auszupacken. Jeder, der ein Geschenk aufmacht, bringt seine Überraschung und Freude zum Ausdruck. Jeder Beschenkte lobt die gute Idee und den guten Geschmack der Schenkenden. Da es keinen alltäglichen Kontakt zwischen den Großeltern und ihren Enkeln gibt, ist es für die Großeltern besonders schwierig, die Wünsche und den Geschmack ihrer Enkel zu kennen. Deshalb schenken sie die DVDs und Bücher, die ihnen ihre Kinder für ihre Enkel empfehlen, oder sie machen Geldgeschenke, mit denen sich die Kinder etwas aussuchen, das ihnen gefällt. Manchmal geht Mutter Frauke mit ihren Kindern zusammen in Geschäfte, um Geschenke zu finden, die den Wünschen der Kinder entsprechen. „Daher gab es auch kein nicht gefallendes Geschenk", beteuerte Mutter Frauke.

Die Verpackung von Geschenken
Auch mit der Verpackung kann man zeigen, dass man sich Mühe gegeben hat, den Anderen zu erfreuen. Zum Akt des Schenkens gehört eine Verpackungsästhetik. Die Verpackung steigert die Spannung beim Auspacken. Für den japanischen Beobachter ist es überraschend, dass in der deutschen Familie das Geschenk so schnell von dem Geschenkpapier „befreit" wird, dass das Papier dabei zerrissen und in „Papiermüll" verwandelt wird. Im Allgemeinen werden in Japan Geschenke nicht vor dem Schenkenden ausgepackt. Stattdessen werden sie später in Abwesenheit des Schenkenden in aller Ruhe aufgemacht. In Japan bedankt man sich für ein Geschenk zweimal: einmal bei der Übergabe des Geschenks und einmal nach dem Auspacken des Geschenks.

Die Verwandlung des Hauses
Im Rahmen des Weihnachtsfestes findet eine Umgestaltung des Hauses statt, durch die es in einen sakralen Raum verwandelt wird. Sichtbar wird diese Veränderung bereits am Eingang des Hauses, vor dem ein Baum mit elektrischen Lichtern ausgestattet wurde, die während der Adventszeit den ganzen Abend lang brennen. Im Inneren des Hauses macht der geschmückte und erleuchtete Weihnachtsbaum deutlich, dass die Familie in einer besonderen Zeit des Jahres lebt. Er trägt dazu bei, das Wohnzimmer in einen sakralen Raum zu verwandeln. Die Krippe mit dem Jesuskind, den Hirten und den Heiligen aus dem Morgenland verstärkt diese Verwandlung. Auch die auf dem Adventskranz brennenden Kerzen, der Adventskalender mit den Fotos der kleinen Kinder sowie die von ihnen damals gemalten Weihnachtsbilder verändern den Raum und seine Atmosphäre nachhaltig. Die vertrauten Weihnachtslieder verwandeln das Wohnzimmer in einen sakralen Klangraum, dessen Besonderheit auch durch die unter dem Weihnachtsbaum liegenden Geschenke verstärkt wird.

Alle Familienmitglieder erinnern sich an frühere Weihnachtsfeste und schaffen mit ihren Erzählungen den besonderen Charakter dieses Heiligen Abends. Mit ihren Erinnerungen, in deren Rahmen von Ähnlichkeiten und Unterschieden die Rede ist, stimmen sich alle auf den heutigen Abend ein. Durch die wiederholte Erzählung der Weihnachtsgeschichte, das Singen der Weihnachtslieder und die kollektiven Erinnerungen der Familie entsteht ein andächtiger „Stimmungsraum" mit einer weihnachtlichen Vorstellungswelt, in die alle Familienmitglieder eintauchen. Religiöse Emotionen und mimetisch geteilte Gefühle fließen zwischen den Familienmitgliedern. Der Tausch der Geschenke und das gemeinsame Essen verstärken die Intensität familiären Glücks.

Bescherung

Während der Bescherung sitzen die Familienmitglieder eng in die Sitzecke am Weihnachtsbaum gedrängt. Ihre Körper berühren sich: Angezogene Beine befinden sich neben ausgestreckten Armen, Hüften neben hochgezogenen Knien, Köpfe an den Schultern der Geschwister. Vor dem Weihnachtsbaum drängt sich einer an den anderen. Manche sitzen auf der Couch, andere auf dem Boden, an die Beine der Geschwister gedrückt, wieder andere balancieren auf der Lehne der Couch. Die ineinander verschlungenen Körper der Familienmitglieder füllen die Nische vor dem Weihnachtsbaum. Ein kollektiver Körper entsteht, dessen Dynamik aus den Bewegungen während der Bescherung entsteht. Zu einem wesentlichen Teil ist die Bescherung ein körperliches Geschehen. Das Geben und Nehmen der Geschenke wird mit vielen Gesten und Kommentaren begleitet. Dabei spielt die körperliche Nähe eine wichtige Rolle. Eltern und Kindern berühren sich und drücken dadurch einander Freude und Dank aus. Besonders zwischen Mutter Frauke und ihren Kindern oszillieren Gesten des Ausdrucks von Emotionen. Im Schenken erfolgt eine körperliche Bewegung zum Körper des Anderen hin, die zu sinnlicher Nähe, festlicher Freude, Intimität und zu Gefühlen der Zusammengehörigkeit führt. Beim Tasten und Berühren werden die Geschenke und die anderen Familienmitglieder unmittelbar empfunden. Mehrfach ertastetet und streichelt Mutter Frauke ihre Geschenke, als ob sie sie mithilfe des Tastsinns besser erspüren und inkorporieren könnte. In diesen Gesten wechselseitigen Sich-körperlich-Beschenkens erzeugt die Familie Schultz eine besondere Form eines kollektiven Familienkörpers.

Für das Verständnis der Bescherung sind *sakrale, anthropologische* und *ökonomische Aspekte* wichtig. Der sakrale Aspekt ergibt sich daraus, dass am Weihnachtstag Gott den Menschen seinen Sohn geschenkt hat, damit dieser sie erlöse. Die Menschwerdung Gottes ist ein Geschenk für die Menschen. Dieser Akt schafft den heiligen Charakter des Weihnachtsfestes, an den sich die Christen bei jedem Weihnachtsfest erinnern. Die Geschenke, die die Menschen an diesem Tag austauschen, erinnern an das große Geschenk Gottes und wiederholen es *in nuce*. Sie sollen den Menschen helfen, sich zu freuen und Gott und einander dankbar zu sein. Der *anthropologische Aspekt* ergibt sich daraus, dass jede Geburt eines Kindes ein Geschenk ist, das es der Menschheit ermöglicht, weiter zu existieren. Am Weihnachtstag wird die Entstehung neuen Lebens und seine Aufnahme in die Gemeinschaft gefeiert. Die Geburt jedes neuen Menschen ist ein Wunder, dessen enigmatischer Charakter in der Weihnachtsgeschichte dargestellt und ausgedrückt wird (Wulf u. a. 2008; Wulf/Hänsch/Brumlik 2008). Bei den meisten Menschen spielt heute der *ökonomische*

Aspekt eine wichtige Rolle. Eine große Industrie hat sich entwickelt, die immer wieder neue Bedürfnisse und Wünsche erzeugt, um sie sodann befriedigen zu können. Weihnachten wird zu einem Fest der Geschenke, deren ökonomischer Wert immer wichtiger wird. Eine Weihnachtsökonomie ist entstanden, deren Dominanz die sakrale und die anthropologische Dimension in den Hintergrund zu drängen droht.

Bruch und Spiel im Ritual

Mitten bei der Bescherung äußert Justine plötzlich für alle vernehmlich, eigentlich sei es doch gar nicht mehr nötig, so zu tun, als werde man durch die Geschenke überrascht. Für einen Moment wird allen deutlich, dass das Ritual des Schenkens auch die Inszenierung einer Fiktion beinhaltet. Jeder versteht sofort, was gemeint ist, und tut dennoch sogleich so, als ob er die Äußerung nicht gehört habe. Der ludische Charakter des Weihnachtsrituals, der auch einen Teil der Atmosphäre ausmacht, wird offensichtlich. Alle spielen in der Inszenierung des Weihnachtsrituals mit. Doch es wird auch deutlich: Man kann sich von ihm distanzieren. Die Grenzziehung zwischen sich auf das Ritual einlassen und sich von ihm distanzieren ist nicht stabil und kann jederzeit verschoben werden. Bei dieser Inszenierung ist jedes Familienmitglied Regisseur, Akteur und Zuschauer zugleich. Damit Emotionen der Zusammengehörigkeit entstehen, müssen Eltern und Kinder an das *rituelle Handlungsspiel* Weihnachten glauben, sich darauf einlassen, und die dadurch resultierenden Handlungen und Gesten vollziehen. Mit der Kommerzialisierung von Weihnachten verliert die religiöse Bedeutung des Festes und der Geschenke den Sinn, so dass das Schenken in Gefahr gerät, zum Warentausch zu werden. Um dies zu vermeiden, lassen sich die Familienmitglieder auf den weihnachtlichen Charakter des Rituals des Schenkens ein, übernehmen ihre Rolle, erfreuen sich aneinander und leisten familiäre „Emotionsarbeit".

Zur Genese einer Familienkultur

Mit dem Weihnachtsfest feiert die Familie nicht nur die Geburt Christi, sondern auch sich selbst als Familie, in deren Zentrum die Geburt der Kinder und das gemeinsame Leben stehen. Die Geburt ihrer Kinder sehen die Eltern Schultz in einem (mimetischen) Bezug zur Geburt Christi. Wie sich die Menschwerdung Gottes in der Geburt Christi vollzieht, entsteht mit der Geburt jedes Kindes menschliches Leben. In der Heiligkeit der Geburt Christi findet die Heiligkeit der Geburt menschlichen Lebens ihren Ausdruck (Kamper/Wulf 1987; Wulf et al. 2004; Zirfas 2004b). Im Weihnachtsfest fallen die Menschwerdung Gottes und die Sakralität der Familie zusammen.

Im Laufe dieses Weihnachtsabends kommt es also zu einer Überlagerung zwischen der „heiligen Familie" und der „Familie Schultz". Im Besuch des Weihnachtsgottesdienstes und im Vernehmen der Weihnachtsgeschichte nach dem Lukasevangelium findet sie ihren Ausdruck. Wieder nach Hause zurückgekehrt, wird diese Überlagerung noch einmal dadurch verstärkt, dass vor der Bescherung die Weihnachtsgeschichte in der allen vertrauten Berliner Mundart noch ein weiteres Mal verlesen wird. Nach dem Abendessen geschieht dies noch ein drittes Mal. Dadurch erleben die Familienmitglieder, dass sich die Menschwerdung Gottes in sehr unterschiedlichen Formen vollziehen kann. In der diesjährigen Inszenierung des Weihnachtsfestes verbindet die dreimalige Verlesung der Weihnachtsgeschichte die zentralen Szenen des Weihnachtsrituals, den *Weihnachtsgottesdienst*, die *Bescherung* und das *Abendessen*, und trägt so zur Entstehung der rituellen Sakralität bei.

Im Verlauf der Weihnachtsfestes werden drei für die Bildung der Familie Schultz wichtige Aspekte sichtbar. Der eine besteht in Unterschieden im familiären Wissen zwischen Mutter Frauke und Vater Ingo. Diese Unterschiede manifestieren sich in den in den Herkunftsfamilien erworbenen unterschiedlichen Normen, Schemata und Erinnerungsbildern und beeinflussen die Gestaltung des Weihnachtsfests. Der zweite Aspekt besteht darin, dass die Familie Schultz diese beiden Familientraditionen verbinden und zu einer eigenen familiären Identität weiterentwickeln muss, die sich in der Gemeinsamkeit der Inszenierung und Aufführung des Weihnachtsfestes ausdrückt und darstellt. Der dritte Aspekt, der vor allem von Mutter Frauke vorweggenommen wird, der aber im Imaginären der ganzen Familie präsent ist, besteht in der Antizipation eines veränderten Familienfestes, wenn die Kinder aus dem Haus gegangen sind und eigene Familien gegründet haben.

Die Familie der Mutter Frauke stammt aus Hessen und ist im Vergleich zu der Familie, aus der ihr Mann stammt, weniger religiös. Frau Schultz hat Erinnerungen an Weihnachtsfeste in ihrer Kindheit, bei denen es ein großes Weihnachtsessen und viele Geschenke gab. Dass sich ihre Eltern, als Mutter Frauke noch klein war, scheiden ließen, ist für Frau Schultz noch heute schmerzlich. In den damit verbundenen Erinnerungen liegt für sie ein Grund für ihre Sehnsucht nach einer Situation, in der alle Familienmitglieder beisammen sind und sich an ihrer Gemeinschaft erfreuen. Das Erleben der Gemeinsamkeit gibt Mutter Frauke Sicherheit und vermittelt ihr die Gewissheit, dass es der Familie gut geht. In ihrer Vorstellung bietet das Weihnachtsfest eine Chance für das Erleben intensiven familiären Glücks. Im Vergleich zu Mutter Frauke stammt Vater Ingo aus einer stärker religiös geprägten katholischen Familie, in der das Weihnachtsessen einfacher, die Geschenke nicht so im Vordergrund und die

Gestaltung des Festes weniger anspruchsvoll waren. Beide Familientraditionen hatten Einfluss auf das Alltagsleben der Familie Schultz und mussten zu neuen rituellen Inszenierungen und Aufführungen zusammengeführt werden. Dies war nicht immer einfach und manchmal durchaus auch konfliktreich. Solange die Kinder klein waren, dominierten die Rituale, Schemata und Werte der Mutter und ihrer Herkunftsfamilie. Obwohl Vater Ingo an Geschenken und einer entsprechenden Inszenierung des Weihnachtsfestes weniger interessiert ist, akzeptierte er die unterschiedlichen Bedürfnisse seiner Frau und seiner Kinder. Denn auch ihm machte es viel Freude, bei solchen Gelegenheiten seine Familie dicht beieinander zu haben. Allmählich ändert sich die Situation; die Kinder werden größer und haben eigene Freunde und Partner. Dies weckt in Mutter Frauke die Sorge, dass in absehbarer Zeit nicht mehr alle Kinder mit ihren Eltern am Heiligen Abend beisammen sein werden. Auch die älteren Kinder scheinen zu ahnen, dass sich eines Tages diese Situation verändern wird. Noch sind sie bereit, an diesem Abend die Rolle von Kindern zu spielen, der sie mit Ausnahme des zwölfjährigen Thorsten schon entwachsen sind. Dadurch möchten sie ihrer Mutter eine Freude machen. Diese Sehnsucht ihrer Mutter nach der Situation der Familie mit kleinen Kindern drückt sich auch darin aus, dass ein Adventskalender mit den Fotos der Kinder, den der Vater vor zehn Jahren zu seinem Geburtstag erhalten hatte, zu jedem Weihnachtsfest hervorgeholt und aufgehängt wird. Es ist, als wollten sich alle an die Situation erinnern, in der die Eltern noch jung und die Kinder noch klein waren und die das Fundament ihrer familiären Gemeinschaft ist.

Familienglück

Am ersten Weihnachtstag treffen wir uns morgens wieder mit der Familie. Heute wollen wir ein Gespräch darüber führen, worin die Familienmitglieder ihr familiales Glück sehen. Damit wollen wir unsere Eindrücke vom Heiligen Abend ergänzen. Wir möchten nicht nur beobachten, wie die Familie ihr Glück an diesem Tag inszeniert und aufführt, sondern wir möchten auch erfahren, worin die Familienmitglieder ihr Glück sehen. Wir möchten verstehen, welche Aspekte ihnen wichtig sind, wie sie sie gewichten und wie sie über ihr Glück sprechen.

Glück an Weihnachten

Wir sitzen am Esstisch, zunächst mit den Eltern allein; später gesellen sich auch die Kinder hinzu. Den Einstieg in das Gespräch bildet die Bescherung am gestrigen Abend. Die Eltern bringen zum Ausdruck, dass ihnen die große Zahl der Geschenke und ihre zentrale Rolle am gestrigen Abend ein wenig peinlich sei. Insbesondere der Vater äußert sein Missbehagen und weist darauf hin, dass es sich hierbei eher um die Familientradition seiner Frau handle, mit der er sich allerdings seit langem abgefunden habe. Anfangs beschenkten die Eltern der Mutter ihre Enkel überreich. Da die Kinder nun älter sind und nicht mehr an Christkind und Weihnachtsmann glauben, haben Geschenke, insbesondere die der Großeltern, an Bedeutung verloren. Heute macht es den Kindern viel Freude, in der vorweihnachtlichen Zeit mit der Mutter zusammen Geschenke auszusuchen. Selbst wenn man bereits weiß, welches Geschenk man erhält, es vielleicht sogar ausgesucht hat, kann man sich in dem besonderen Arrangement der weihnachtlichen Bescherung dennoch von dem Geschenk überraschen lassen und sich an ihm erfreuen. Dazu nimmt man lediglich die Einstellung ein, die die anderen Familienmitglieder von einem erwarten, drängt damit nicht Vereinbares zur Seite und verhält sich so, wie es das Handlungsspiel Bescherung erfordert (Hüppauf/Wulf 2006).

Die Eltern betonen, dass ihnen der Adventskalender mit den Bildern ihrer Kinder, den sie in jedem Jahr geschenkt erhalten, am meisten Freude macht. Obwohl die Kinder eigentlich aus dem Alter heraus sind, bestehen sie darauf, von den Eltern einen Adventskalender zu erhalten. Alle Familienmitglieder wissen, dass es ein Spiel ist, spielen es mit und haben Freude an seinem *Als-ob*. Zustimmend begeben sich die adoleszenten Kinder in die Situation, in der sie als kleine Kinder waren, und erleben diese Verwandlung als lustvoll (Bilstein/Winzen/Wulf 2005).

Angeregt durch eine Nachfrage betont Mutter Frauke, dass sie in jedem Jahr versucht, den durch die zusätzlichen Anforderungen bedingten *vorweihnachtlichen Stress* zu reduzieren, den sie mit dem besinnlichen Charakter des Weihnachtsfestes für unvereinbar hält. Doch auch diesmal sei es ihr nicht gelungen. Sie hatte fast alle Geschenke zu kaufen und viele Pakete und Weihnachtskarten an Verwandte und Freunde zu schicken. Allerdings betreibe ihre Familie mit dem Essen nur einen geringen Aufwand. Die Familienmitglieder, von denen die Hälfte Vegetarier seien, hätten keinen Wunsch nach aufwendigen Mahlzeiten an den Weihnachtstagen.

Für Mutter Frauke ist Weihnachten ein *Lichtblick* in der dunklen Zeit des Jahres. Dies spürte sie besonders im letzten Jahr, als die ganze Familie Weihnachten im sommerlichen Neuseeland verbracht hatte und sich die feierliche Atmosphäre, an die die Familie gewöhnt ist, in diesen Tagen nicht einstellte. Weihnachten ist für alle Familienmitglieder ein Fest, das den Alltag in der

Winterzeit, an dem jeder wie ein „Hamster im Rad" läuft, unterbricht und dem auch daher besondere Bedeutung zukommt.

> „Und auch dieser Stress, den man vorneweg hat, bringt etwas Abwechslung in dieses triste, frühwinterliche Wetter. Naja und dann freut man sich, wenn dann endlich Weihnachten ist und dann hat man diese Ruhe. Das empfinde ich dieses Jahr als besonders intensiv. Vorher dieses, wie so'n Hamster im Rädchen, jeden Tag ist viel zu tun, viel zu tun. Hach, und jetzt ist Heilig Abend und jetzt kann man nichts mehr tun, weil alles gelaufen ist." (15:51–16:16 CD vom 25.12.)

Vater Ingo betont, dass er sich aus dem ganzen Weihnachtsrummel ausklinke; er besorge im Allgemeinen lediglich die Geschenke im Internet, für die eine Kreditkarte erforderlich sei. Wenn es nach ihm ginge, würde er auf Geschenke und selbst auf den Weihnachtsbaum verzichten. Wegen der Kinder sei dies natürlich nicht möglich. Für sie gehören Geschenke zum Fest und damit sei er auch einverstanden.

> „Mir is des auch viel zu viel. An Geschenken, wie das so überbelastet wird mit den ganzen, erwarteten, äh … ja, gefühlsmäßigem Drumherum, des is mir eigentlich viel zu viel. Ich finde, da wird etwas aufgebauscht, zu einem Tag und dann sollen da alle fröhlich sein. Das missfällt mir eigentlich ein bisschen. Andererseits, man beugt sich dem, weil die Kinder ja auf sowas stehen. Und auch auf die Geschenke und dieses ganze Brimborium. Aber mir persönlich, also wenn ich alleine leben würde, ich hätte keinen Weihnachtsbaum und würde da eigentlich gar nicht so viel machen." (05:24–06:08 CD 25.12.)

In diesem Jahr haben die großen Kinder zum ersten Mal den Weihnachtsbaum selbst gekauft. Damit haben sie eine Aufgabe übernommen, die bis dahin ihr Vater innehatte. Die Kinder haben diesmal den Baum sogar aufgestellt und geschmückt. Im Unterschied zum Besorgen der Geschenke und zur Zubereitung des Essens, für die Mutter Frauke zuständig ist, fielen bislang die mit dem Weihnachtbaum zusammenhängenden Aufgaben in die Zuständigkeit von Vater Ingo. Von dieser Aufgabe befreit, übernahm Vater Ingo es in diesem Jahr zum ersten Mal, einen Rundbrief mit einem Bericht über die wichtigsten Familienereignisse des Jahres an alle Freunde und Bekannte zu schreiben.

Glück im Familienalltag

Nicht nur beim Weihnachtsfest, sondern auch im Familienalltag bemühen sich die Eltern Schultz darum, ihren Kindern alles zu ermöglichen, was für deren

Leben wichtig ist, und sie glücklich zu machen. Dafür sind auch die materiellen Bedingungen wichtig, die die Erfüllung ihrer und ihrer Kinder Wünsche möglich machen. Sodann ist es vor allem die tägliche Betreuung der Kinder durch ihre Mutter, die beide Eltern für wichtig halten. Um sich der Betreuung der Kinder zu widmen, hatte Mutter Frauke – anfangs sogar gegen ihre Überzeugung – ihre Arbeit als Physiotherapeutin aufgegeben. Diese Entscheidung, die erst die umfangreiche Betreuung ihrer Kinder möglich machte, wird von Vater Ingo nachhaltig unterstützt, dessen Beruf es ihm erlaubt, häufig zu Hause zu arbeiten. Spontan weist Vater Ingo daraufhin, dass die Kinder im alltäglichen Leben eine *all inclusive-Betreuung* erhielten. „Es gibt die all inclusive und die XXL all inclusive Betreuung“(20:58–21:05 CD 25.12.).

Beiden Eltern ist es besonders wichtig, dass ihre Kinder an jedem Tag ein warmes Mittagessen bekommen und dass sich einer von ihnen um sie kümmert. So bringt die Mutter jedes Kind zur Tür und verabschiedet es individuell. Auch öffnet sie jedem Kind, auch wenn dieses längst einen Türschlüssel hat, die Tür, wenn es aus der Schule zurückkommt.

> „Schlüssel is n Fremdwort für unsere Kinder. Die kommen und klingeln. Mit 20 immer noch, weil sie es so schön finden, dass ich an die Tür komme und aufmache. Aber das mach ich auch ganz bewusst, weil ich denke, ja .. dass sie das glücklich macht, um das nochmal aufzugreifen. Also, dass sie das einfach auch stark macht.“ (23:16–23:34 CD 25.12.)

Kürzlich stand Mutter Frauke mehrere Wochen lang jeden Morgen um 4.30 auf, um einem ihrer Söhne während seiner Praktikumszeit das Frühstück zu machen und ihn gestärkt in den Tag zu entlassen. Kinder brauchten zu jedem Zeitpunkt Unterschiedliches, das sich nicht immer voraussagen lässt und auch von Kind zu Kind verschieden ist. Ihre Kinder, so Mutter Frauke, könnten sich glücklich schätzen, dass sie so ziemlich alles mitmache.

In den letzten zwanzig Jahren sahen die Eltern Schultz ihre Lebensaufgabe darin, sich ganz ihren Kindern zu widmen.

> „Also das war so unser Anliegen und da waren wir uns beide einig, dass es einfach wichtig ist, dass wir uns voll und ganz den Kindern widmen. Ich würde sagen, das ist seit den letzten 20 Jahren unsere Lebensaufgabe.“ (Mutter)
> „Ja, aber so verflüssigen tun wir uns auch wieder nicht für die Kinder, ich meine, wir haben ja auch noch ne Lebensberechtigung … diese Rundumbetreuung … geht ja zurück und da machen wir auch für uns wieder was. Jetzt hört sich das so an, als

wären wir hier Mutter Courage und Mutter Theresa in einem. Also das geht ja nun auch wieder nich." (Vater) (24:11–25:05 CD 25.12.)

Vater Ingo betont, dass bei allem Engagement für die Kinder es auch sehr wichtig ist, dass die Eltern Zeit füreinander haben. Mit zunehmender Selbständigkeit der Kinder ergäben sich hier wieder bessere Möglichkeiten. Ein Beispiel für diese gemeinsame Zeit an Weihnachten sei, dass sie seit Jahren an jedem zweiten Weihnachtstag mit Freunden zu einem Gänseessen ausgehen. Nach Auffassung beider Eltern ist es auch wichtig, sich als Familie von Zeit zu Zeit etwas Besonderes zu leisten. Die Familienreise zur Weihnachtszeit nach Neuseeland und Australien ist dafür ein Beispiel. Solche gemeinsamen Erlebnisse sind für die Intensität der familiären Gemeinschaft von zentraler Bedeutung.

Glück der Kinder

Die Frage, was Kinder in der Familie glücklich macht, greifen die Kinder auf, die sich in der Zwischenzeit zu uns an den Esstisch gesetzt haben. Zunächst beziehen sie sich darauf, was ihnen am Weihnachtsfest am besten gefällt. Es sind die Geschenke, für die man zuvor *„schoppen"* gehen konnte. Außerdem kann an diesen Tagen jeder so lange schlafen, wie er es will. Morgens frühstückt man gemeinsam; es gibt keinen Zeitdruck; man hat Zeit mit- und füreinander.

Der älteste Sohn Kevin, der ein Jahr lang in Neuseeland gelebt hatte, weitet dann die Frage über den aktuellen Anlass hinaus aus und meint: „Ich find auch ... das hört sich vielleicht ein bisschen doof an, dieses Familienleben find ich eigentlich auch ganz schön." Dann weist er darauf hin, dass einem etwas fehle, wenn man allein ist und kein anderer da ist, auf den man sich beziehen und mit dem man reden kann. Besonders fehlen einem die Geschwister, mit denen man sich so schön „kappeln" kann.

Alle Kinder schätzen besonders, dass Mutter Frauke sie erwartet, wenn sie aus der Schule kommen, und es mittags dann ein leckeres Essen gibt „... und wenn man nach Hause kommt ist halt auch immer jemand da und man kommt sich nicht so alleine vor. Das finde ich auch sehr schön." Doch es sind nicht nur die Eltern und die anderen Geschwister, die die Kinder glücklich machen; manchmal sind es auch Gegenstände oder eigene Erfolg bringende Handlungen, die glücklich machen. Für das Wohlbefinden des jüngsten Sohns Thorsten sind z. B. sein *Gameboy* und sein Erfolg beim Fußball wichtig. Der Vater erinnert daran, wie sehr sich Thorsten freute, als er endlich seinen im Flugzeug vergessenen *Gameboy* zurückbekam. Die Geschwister betonen, dass Thorsten dreimal in der Woche Fußballspielen trainiere und so gut spiele, dass er vielleicht sogar eine Fußballkarriere vor sich habe.

Glück in der Zukunft der Kinder
Für die älteren Kinder ist der Übergang ins Studium und die Vorbereitung auf den Beruf ein wichtiges Thema. Kevin beklagt sich, dass er keinen Studienplatz in der Medizin bekam. Mit einer einjährigen Ausbildung als Rettungssanitäter will er sich im Sommersemester noch einmal um einen Studienplatz bewerben. Gelingt es wieder nicht, will er Politikwissenschaft studieren. Eine Alternative ist das Studium an einer Privatuniversität, das jedoch sehr kostspielig ist. Kevin beklagt sich darüber, dass es in öffentlichen Institutionen oft heiße: Bei gleicher Qualifikation würden Frauen oder Behinderte vorgezogen. Für junge Männer läge hier heute oft das Problem einer *gender*bedingten Benachteiligung.

Justine macht in einem Jahr Abitur. Sie möchte Wirtschaftsingenieurin werden und zum Studium nach Möglichkeit in Berlin bleiben. Auf jeden Fall ist sie entschlossen, ein naturwissenschaftliches Studium zu wählen. Da es in diesem Bereich weniger Frauen gibt, werden diese bevorzugt, so dass sich Justine eine gute Chance auf einen Studienplatz in Berlin ausrechnet. Nach einigen Zögern fügt sie sodann hinzu: Um glücklich sein zu können, müsse man auch bereit sein, manchmal Negatives in Kauf zu nehmen. Dazu gehören z. B. beunruhigende Zukunftsängste. In ihrem Fall sei es weniger die Angst, keine Arbeit zu finden, als vielmehr die Sorge, sich für ein Studium und eine Arbeit zu entscheiden, die ihr später nicht die erhoffte Freude machen. In einer solchen Situation helfe es nicht einmal, viel Geld zu verdienen. Auf die Frage, welche Vorstellungen Justine im Hinblick auf eine eigene Familie habe, weist sie darauf hin, dass heute zwar alle behaupten, Frauen und Männer seien gleichberechtigt, doch verdienen Männer im Durchschnitt erheblich mehr Geld, was auch Einfluss darauf habe, wie sie ihre spätere Familienkonstellation gestalten könne.

Kevin zitiert nun ein Stereotyp, von dem er jedoch sagt, dass es leider oft der Realität entspräche. Die Frau sei für die Familie da, der Mann müsse beruflichen Erfolg haben und möglichst viel Geld verdienen. Die Mutter erinnert daran, dass es auch in ihrer Familie so ist. Als junge Frau wollte sie weiter arbeiten, doch schließlich verdiente ihr Mann wesentlich mehr und sie brauchten das Geld. Also entschieden sich Vater Ingo und Mutter Frauke gemeinsam für eine traditionelle Arbeitsteilung, in deren Rahmen Mutter Frauke zu Hause blieb und sich in erster Linie um die Kinder kümmerte. Noch heute ist sie mit dieser Entscheidung zufrieden.

> „Also eigentlich wollte ich das gar nicht [traditionelle Arbeitsteilung]. Ich komm aus ner Familie da ist das *genauso*. Noch viel extremer. Und ich wollte das immer *nich* so, ich wollte auch berufstätig bleiben. Und jetzt hoff ich aber, dass ich das nicht an meine Tochter genauso weitergebe. Andererseits bin ich zufrieden mit meinem Leben, also warum sollte ich's nich so weitergeben." (6:40–7:01 CD 25.12.)

Das Gespräch berührt nun die Frage, welche Bedeutung Geld für das Glück habe. Um ein gutes Leben zu führen, brauche man zwar Geld; doch Geld, so wichtig es sei, um sich Bedürfnisse erfüllen zu können, biete allein keine Gewähr für ein glückliches Leben.

> „Ich mein, Kohle, gut. Aber irgendwann, wenn man die Kohle – also Geld – genug hat, dann ist das aber auch kein Glück mehr. Okay, ich kann mir alles kaufen, das befriedigt irgendwo. Aber Glück ist das doch nicht." (Vater)
> „Okay, aber wenn du ne schöne Reise machst oder sowas. Dann ist das so'n Mittel, was dir zum Glück verhilft." (Thorben) (40:21–40:46 CD 25.12.)

In der Folge verständigen sich Eltern und Kinder sogar darüber, dass man nicht immer glücklich sein könne. Dies zu erwarten sei ein zu hoher Anspruch und eine Überforderungen der Möglichkeiten des Lebens.

Glück der Eltern

Auf die Frage, wann man sich glücklich fühle, antwortet Mutter: „Mit der Familie zusammen frühstücken, zusammen sein, miteinander sprechen, alles zu teilen, was den Alltag ausmacht." Wenn es den Kindern gut geht, so die Mutter, ist sie glücklich. Die entscheidenden Voraussetzungen für ein glückliches Leben sind jedoch Gesundheit und eine gelingende Partnerschaft. Darüber hinaus braucht man Freunde und genügend Geld. Der Vater ergänzt und erinnert an kleinere, doch durchaus beglückende Dinge wie einen Internetanschluss, einen *Gameboy* oder ein Mofa, mit dem er sich in seiner Jugend ohne Anstrengung fortbewegen konnte. „Wenn man alles hat, macht einen nichts mehr glücklich", so der Vater. Er ist glücklich, weil alle Kinder sich zur Familie zugehörig fühlen, keines sich ausgeschlossen habe, und es schließlich auch keine größeren Konflikte gäbe. Das Gefühl, zueinander zu gehören sei keine Selbstverständlichkeit und finde sich auch nicht in allen Familien. Beide Eltern betonen, wie glücklich sie sind, dass es in ihrer Familie keine Drogenprobleme gibt.

Auf die Frage, *wie die Kinder ihre Eltern glücklich machen*, antworten diese sehr klar: Sie machen ihre Eltern glücklich, wenn sie mit ihnen zusammen spazieren oder ins Museum gehen. Für ihre Eltern ist es wichtig, dass sie einfach da sind, das von der Mutter zubereitete Essen schätzen und sich nicht zu wild miteinander streiten. Außerdem sind ihre Eltern glücklich, wenn sie Interesse für die Welt und andere Menschen zeigen und Erfolg in der Schule haben. Wenn die Eltern dazu beigetragen haben, dass sie Erfolg haben, dann freuen sie sich darüber besonders.

> „Ja, ich denk halt, auch unser schulischer Erfolg zum Beispiel [macht sie glücklich], der ja schon vorhanden ist." (Justine)
>
> „Vor allem der schulische Erfolg, wenn ihr was beigesteuert habt. Uns abgefragt habt zum Beispiel. Wenn wir dann ne gute Note schreiben, dann seid ihr auch stolz." (Thorsten)
>
> „Oder wenn wir irgendwas im Haushalt machen oder so. Wenn mal ein anderer kocht" (Justine) „oder Brötchen holt" (Thorsten). (34:41–36:20 CD 25.12.)

Eltern fühlen sich auch dadurch glücklich, dass sich ihre Kinder an gemeinsame Erlebnisse wie die Reise nach Australien erinnern. Auch sollen sich die Kinder gut benehmen; doch sollen sie auch keine „Weicheier" sein. Schließlich wird von ihnen erwartet, dass sie einkaufen, beim Haushalt, bei Problemen mit dem Internet und beim Wechseln von Glühbirnen helfen. Entscheidend ist jedoch für die Eltern, dass sie als Kinder da sind und mit ihnen gemeinsam Zeit verbringen.

Glück ist immer gefährdet. Es kann wie bei einer Freundin, bei der der Vater mit fünfzig Jahren starb, Todesfälle geben, die dazu führen können, dass „Kinder abdriften". Auch schwere Krankheiten und Unfälle mit bleibenden Behinderungen, die man Gottseidank in der Familie nicht gehabt habe, können das Glück einer Familie gefährden und nachhaltig beeinträchtigen. Von ein wenig Liebeskummer abgesehen, habe man in der Familie wirklich Glück gehabt.

In Japan, so Frau Suzuki, tragen die Kinder zum Glück ihrer Eltern auch dadurch bei, dass sie bereit sind, ihre *alten Eltern zu betreuen*. Meistens fällt diese Aufgabe den Töchtern oder den Schwiegertöchtern zu. Die Eltern Schultz sind sich einig, sie würden Vater Ingos in Berlin lebende Eltern nicht pflegen; doch würden sie sich um ihre Betreuung kümmern und sie regelmäßig besuchen. Vater Ingo erzählt, dass seine Eltern seine Großeltern in der Familie gepflegt hätten, dies jedoch zu erheblichen Spannungen in der Ehe seiner Eltern geführt habe. Ihre eigenen, nicht in Berlin wohnenden Eltern würde Mutter Frauke auch nicht pflegen; doch würde sie für ihre Pflege sorgen. Vater Ingo begründet diese Haltung damit, dass Eltern auch Zeit und Muße für ihr eigenes Leben haben müssen. Wenn man sich intensiv um seine Kinder kümmere, bliebe keine Zeit und Kraft mehr für die Pflege der eigenen Eltern.

Eltern zu sein, sei nicht immer leicht: Man muss jedem Kind das geben, was es im Augenblick braucht, und das kann von Kind zu Kind unterschiedlich sein. Wichtig ist es, Rivalität und Eifersucht zwischen den Kindern aufzufangen und auszugleichen. Dazu muss man ihnen und sich von Zeit zu Zeit vergegenwärtigen, wie glücklich sie alle in ihrer Familie miteinander leben.

Das Weihnachtsfest als Brückenschlag

Ingrid Kellermann und Fumio Ono
unter Mitarbeit von Hachiro Iwai

> *„Happiness is not one thing; it means different things in different places, different societies, and different cultural contexts."*
> (Matthew/Izquierdo 2009, S. 1)

Die Weihnachtszeit in diesem Jahr ist eine ganz besondere Zeit für die Familie Robbert/Lessing. Und dies nicht nur, weil das gemeinsame Kind, Tochter Maja, am 13.12., kurz vor dem Fest, geboren ist. Sondern auch, weil die Eltern erst seit zwei Monaten in dem Haus von Herrn Robbert zusammen wohnen und alle Anwesenden, Erwachsene und Kinder, den Heiligabend erstmalig im Kreise der neuen Patchworkfamilie feiern – und noch dazu mit uns, einem deutsch-japanischen Forscherteam, dem sie Zutritt zur weihnachtlich-familiären Privatsphäre gewähren.

Rainer Robbert, 43 Jahre, und Jelena Lessing, 42 Jahre, haben sich vor einem knappen Jahr kennengelernt, beide waren zu diesem Zeitpunkt bereits Ein-Eltern-Familien[1] mit jeweils zwei Kindern. Die Kinder von Rainer Robbert, die vierzehnjährige Lisa und der zwölfjährige Malte, wohnen im vierzehntägigen Wechsel bei ihrem Vater bzw. ihrer Mutter. Auf eigenen Wunsch verteilen sie die „Elternzeit", d. h. die Zeit, die sie mit einem Elternteil verbringen, gleichmäßig auf beide Eltern. Die Kinder bewohnen im oberen Stockwerk des Hauses je ein eigenes Zimmer.

Jelena Lessings neunjährige Tochter Marie Kristina, genannt Tina, lebt bei ihrer Mutter und hat ebenfalls ein eigenes Zimmer im Haus. Die neunzehnjährige Tochter Franziska wohnte bis zum Umzug mit Mutter und Schwester in einem Haushalt und lebt jetzt in einer eigenen kleinen Mietwohnung. Sie ist heute zu Besuch.

Das Haus, das Herr Robbert vor 15 Jahren gebaut hat, befindet sich in einer ruhigen Seitenstraße in einem Randbezirk im Osten Berlins. Wie die anderen hier stehenden Einfamilienhäuser betritt man es durch einen Vorgarten. Im Erdgeschoss befinden sich die Küche und das Wohnzimmer mit dem angrenzenden Wintergarten, der einen Blick in den Garten freigibt. Die drei Kinder-

Abbildung 1 Wohnzimmer

Abbildung 2 Wohnzimmer

zimmer, das Bad und das Schlafzimmer der Eltern sind auf die beiden oberen Stockwerke verteilt.

Als wir gegen 15 Uhr ankommen, ziehen wir uns im schmalen Raum des Flurs die Schuhe aus und werden von Vater Rainer ins Wohnzimmer geführt, das mit dem Wintergarten das (Aktions-)Zentrum des heutigen Tages darstellt. Wie Jelena Lessing berichtet, war der von uns angekündigte Besuch Anlass dafür, kurz vor dem Fest endlich die letzten Umzugskisten aus dem Wohnzimmer wegzuräumen. Das Arrangement ist nun weihnachtlich-atmosphärisch gestaltet; Sitzgelegenheiten sind um den geschmückten Weihnachtsbaum herum angeordnet, unter dem einige ansprechend verpackte Geschenke liegen. Kerzendekorationen auf Anrichte und Fensterbrettern sowie ein Tannengesteck auf dem Tisch im Wintergarten strahlen eine festliche Gemütlichkeit aus, die vom leisen Klang der Weihnachts-CD untermalt wird. Während wir unsere Kameras positionieren und Gastgeschenke unter den Weihnachtsbaum legen, wird die Kaffeetafel im Wintergarten gedeckt.

Aufbruch in die Zukunft

Die Weihnachtszeit liegt für die Familie Robbert/Lessing inmitten einer biographischen Umbruchphase, die mit der Gründung eines gemeinsamen Hausstandes und der Geburt des Kindes externen und internen Strukturveränderungen unterworfen ist, d.h. das bisherige Beziehungsgefüge der Ein-Eltern-Familien befindet sich durch die Erweiterung der Familie und die damit einhergehenden gruppendynamischen Prozesse im Wandel. Demzufolge stellt der Heiligabend nicht nur ein kulturell begründetes Familienritual dar, sondern kann als „Ritual der Instituierung“[2] betrachtet werden, mit dessen Hilfe die Beteiligten eine Wirklichkeit hervorbringen, die ihnen bedeutet, was sie erst noch werden wollen: eine Familiengemeinschaft. Dieser Prozess findet im alltäglichen Miteinander auf mehreren Ebenen statt und spiegelt sich auch am Heiligabend wider. Mit dem Blick auf die inszenatorische Gestaltung und auf die performative, wirklichkeitserzeugende Kraft der Aufführung werden im Folgenden rituelle Praktiken in der Familie Robbert/Lessing rekonstruiert und interpretiert[3].

Die dramaturgische Inszenierung[4] des Heiligen Abends teilt sich in drei Hauptsequenzen, die sich auch formal-strukturell durch Raumwechsel und atmosphärische Qualität unterscheiden: (1) den *Auftakt* im Wintergarten bei Kaffee, Saft und Kuchen, (2) den dramaturgischen Höhepunkt der *Bescherung* durch den Weihnachtsmann im Wohnzimmer mit dem anschließenden *Auspacken der Geschenke* und (3) den *Ausklang* beim Abendessen mit Würstchen, Bouletten und Kartoffelsalat, der wiederum im Wintergarten stattfindet. Besonderes Augenmerk liegt auf dem dramaturgischen Höhepunkt des Weihnachtsmannauftritts, da dieser Teil des Weihnachtsfestes eine spezifische interaktive Dichte aufweist.

Auftakt im Wintergarten

Die Familie versammelt sich gegen 15.10 Uhr um den Tisch, der fast den gesamten, rundum verglasten Wintergarten ausfüllt. Von hier aus schaut man direkt in den grünen Garten. In der Mitte des Tisches leuchten vier nebeneinander stehende Kerzen aus einem Tannengesteck. Aus dem Wohnzimmer klingt leise die Weihnachtsmusik. Während die Mutter Getränke einschenkt, liest Tina Weihnachtspost vor und öffnet dann einen großen Briefumschlag der Geburtsklinik Majas. Sie zieht eine Fotomappe mit unterschiedlichen Großaufnahmen des Babys hervor. Tina hält sie hoch und zeigt sie herum. Eines der Fotos, auf dem Maja mit einem Teddy abgebildet ist, findet Mutter Jelena besonders niedlich, weil es so wirkt, als würde Maja das Ohr des Teddys greifen. Tina hält eine Großaufnahme Majas in die Kamera. Während Mutter Jelena sich wundert, dass Maja auf den Fotos ganz anders aussieht als jetzt, holt sie weitere Fotos und Visitenkarten mit Passbild und den Geburtsdaten des Babys aus dem Umschlag. Tina freut sich am meisten über die Visitenkarten, weil sie sich diese „gewünscht" hatte, wie sie erklärt. Sie nimmt sie gleich an sich und liest Geburtszeit, -größe und -gewicht Majas vor, bevor sie sie in die Kamera und in der Runde herumzeigt.

Die Mutter schaut verträumt in den Garten und sinniert: „Stell dir mal vor, das [wäre] heute ein bisschen kälter und es schneit – und es schneit – und es schneit und dann wäre das so richtig schön von der Stimmung her."[5] Vater Rainer greift das Gedankenbild auf und fragt, ob schon jemand den Weihnachtsmann gesichtet hätte. Mutter Jelena, auf das Spiel einsteigend, gibt vor, gesehen zu haben, wie er auf dem Schlitten vorbeifuhr. Kurz darauf verlässt sie den Wintergarten, gefolgt von Tina, die das schreiende Baby auf dem Arm hält. Vater Rainer frotzelt mit Franziska weiter. Er fragt sie mit spaßhafter Intonation, ob sie denn artig gewesen sei und ein Gedicht gelernt habe und was sie sich vom Weihnachtsmann wünsche. Franziska antwortet ebenso scherzhaft, dass sie artig gewesen sei, aber kein Gedicht gelernt habe, weil sie „auch nichts" brauche. Tina kommt zurück ins Zimmer. Sie wird sogleich von Vater Rainer in das Gespräch mit einbezogen. Er unterstellt ihr neckend, angesichts des bevorstehenden Besuchs vom Weihnachtsmann aufgeregt zu sein. Als Tina dies abstreitet, fragt er ironisch, warum sie dann keinen Kuchen gegessen habe. Sie begründet es damit, dass sie keinen Hunger habe.

Vater Rainer erzählt Franziska vom Weihnachtsbaumkauf am Vortag, der für Mutter Jelenas Empfinden terminlich zu kurzfristig angesetzt war. Da die Auswahl an schönen Bäumen zu diesem Zeitpunkt tatsächlich nicht mehr allzu groß ist, sei er froh gewesen, einen wie den im Wohnzimmer stehenden noch gefunden zu haben. Auf dem Weg zur Kasse habe ein Mädchen auf seinen Baum gezeigt und dabei zum Vater gesagt: „Oh, das ist ja ein schöner Tannenbaum, den möchte ich auch haben!" Die Szene sei für ihn ein „kleiner Aufhänger" gewesen, eine Bestätigung seines Kaufes für den Fall, dass der Baum Jelenas Ansprüchen nicht genügen würde. Glücklicherweise habe er ihr aber gefallen. Franziska will wissen, wann der Baum geschmückt worden sei. Vater Rainer holt aus und schildert anschaulich, wie er am heutigen Morgen die Lichterkette am Baum angebracht habe und die Kinder ihn anschließend zusammen geschmückt hätten. Jelena habe er davon abgehalten, sich am Schmücken zu beteiligen, da sie seiner Meinung nach zu kritisch sei und Einfluss darauf nehmen wolle, wie welche Kugel hängen solle. Er fragt bei Malte nach, ob Jelena sich viel eingemischt habe. Dieser verneint und erzählt, dass er die Kugeln in die „leeren Stellen" gehängt habe, damit sie gleichmäßig verteilt sind. Vater Rainer bemerkt dazu, dass Jelena seiner Ansicht nach „immer zu genaue Vorstellungen" davon habe, wie die Dinge laufen sollten. Abschließend schwächt er seine Kritik nachsichtig lachend ab: „Sie hat es ja eingesehen. Aber das steckt eben drin. Na ja, so ist es."

Lisa und Tina verlassen den Raum. Als Franziska beginnt, den Tisch abzuräumen, fragt Malte nach, was als nächstes geschehen würde. Franziska lacht belustigt auf und wiederholt: „Was machen wir als nächstes? Programmpunkt: Aufräumen." Vater Rainer scherzt, dass ein 500-Meter-Lauf „auf dem Programm" stehe. Malte kontert grinsend: „Ich dachte, noch eine Null dran", woraufhin sein Vater ironisch bemerkt, dass der 5000-Meter-Lauf danach käme. Jetzt steht auch Malte auf und hilft beim Abräumen des Tisches. Es ist 15.40 Uhr. Im Wohnzimmer beginnt das Warten auf den Weihnachtsmann.

Einstimmung auf die neue Familie
Die Weihnachtsfeier findet in zwei kontrastiv zum Alltag gestalteten Räumen statt, im Wohnzimmer und dem daran anschließenden Wintergarten. Beiden räumlich-materiellen Arrangements ist eine Bedeutungsdimension immanent, die aufgrund ihrer atmosphärischen Dichte sinnlich-ästhetisch erfahrbar ist (vgl. Hauskeller 1995). Sie strahlen in unterschiedlicher Weise eine weihnachtliche Atmosphäre aus, die durch die leise Hintergrundmusik klanglich abgerundet wird. Mit dem gedeckten Kaffeetisch ist das festliche Setting im Wintergarten auf die emotionale Einstimmung der Beteiligten ausgerichtet, die Vorfreude auf die Bescherung und das gemeinsame Feiern evozieren soll. Die Gestaltung impliziert die Aufforderung an die Beteiligten, zu einem harmonischen Ablauf beizutragen. Die Mitglieder der Familie bemühen sich entsprechend um einen gemeinsamen Verständigungsraum, der verbindende Inhalte zum Thema macht. Mit den ersten Fotos des Neugeborenen können alle Beteiligten auf eine wenn auch sehr junge Familiengeschichte rekurrieren und sich über individuelle und kollektive Erinnerungen austauschen. Das darauffolgende Gesprächsthema „Weihnachten" knüpft an standardisierte Elemente an, mit deren Hilfe die Beteiligten emotional eventuell belastende Erinnerungen aus einem anderen Familienkontext aussparen.

In diesem Sinne greifen die Beteiligten auch im Interview auf kulturell generalisierte Erfahrungen und kollektiv geteilte Erinnerungen zurück. Wie Lisa den japanischen Kollegen erzählt, stellt sich die Weihnachtsstimmung ab Anfang Dezember ein, „wenn es kälter wird" und der Weihnachtskalender den Beginn der Vorweihnachtszeit verkündet. Zur Einstimmung auf Weihnachten gehört zudem das Plätzchenbacken. Laut Vater Rainer haben Lisa, Malte und Tina diese Aufgabe in diesem Jahr übernommen, „da haben wir mal alle Kinder zusammen in der Küche gehabt. […] Also, auch die Kinder sind je nach Alter beteiligt" (79–81). Mutter Jelena illustriert die Adventszeit träumerisch:

Mutter Jelena: Am ersten Advent wird ein Lichtlein angezündet, immer am Adventssonntag im Dezember, und am zweiten das zweite Lichtlein, das ist dann so,

dann steigert sich die Spannung. Dann sind die Weihnachtsmärkte auf, dann ist auch so eine Stimmung überall. Also, da weiß man, jetzt ist gleich Weihnachten.
Vater Rainer: Man sieht in den Fenstern überall Lichter, die Lichterketten […] oder Weihnachtsmänner, Schneemänner.
Mutter Jelena: Die Geschäfte sind voll, es werden Weihnachtsgeschenke gekauft.
Vater Rainer: Weihnachtsmusik ist in den Geschäften zu hören. (160–173)[6]

Die Familienmitglieder „überspielen" die unterschiedlichen Erinnerungen an vergangene Feste mit den aktuellen Erlebnissen. Sie vermeiden Bereiche, die Disharmonie hervorrufen könnten – z. B. werden durch den Gebrauch des neutralisierenden Personalpronomens „man" die biographischen Erlebnisse ausgeklammert – und betonen Verbindendes. Vater Rainer führt die weniger eingespielten Abläufe wie das Besorgen und Schmücken des Baumes nachsichtig lachend auf einen noch nicht eingespielten Familienhabitus zurück, das wird von Mutter Jelena im Interview bestätigt:

Mutter Jelena: Ist mir auch manchmal ganz schön schwer gefallen, nichts so zu planen, wie es sonst halt immer so genau nach Schema, wie es ebenso viele Jahre immer so war. […] Dann hab ich gedacht, das wird er schon machen, er wird schon den Weihnachtsbaum eben einen Tag vorher besorgen. […] Er wird auch einen bestimmt noch bekommen. Aber für mich war das einfach unvorstellbar eigentlich, ich hab ihn zwei Wochen vorher oder eine Woche vorher geholt. Aber er hat ganz viel rankommen lassen und […] es hat ja funktioniert. (702–715)

Die Ambivalenz, die Mutter Jelena im Interview zum Ausdruck bringt, hängt mit dem reflexiven Moment zusammen, das im neuen Familienkontext der rituellen Wirkkraft entgegensteht; denn sie entfaltet sich über „automatisierte" Abläufe (Wulf 2010a; 2009). Einerseits gibt der *äußere Rahmen* eine Ordnung vor, die Sicherheit verleiht und an der sich alle orientieren können. Andererseits bietet die *innere Gestaltung* variable Spielräume, die im vertrauten Kontext jenseits expliziter Überlegungen gefüllt werden und das Fest für diese Familie so prekär machen. Den Beteiligten fehlen die gemeinsame Erfahrung und das praktische Wissen mit- und übereinander, das Familienleben hat noch keine habitualisierte *Form*. Wie im Verlauf des Nachmittags und auch im weiteren Verlauf deutlich wird, versucht Vater Rainer, diese Unsicherheit „wegzulachen", während Mutter Jelena mehrmals den Raum verlässt, wenn die atmosphärische Dichte besonders intensiv ist.[7]

Der Weihnachtsmann kommt

Lisa und Tina sitzen im Wohnzimmer und blättern die Texte der Weihnachtslieder durch, eine aus zusammengehefteten Kopien bestehende Sammlung. Sie beginnen, einstimmig „Jingle Bells" zu singen. Dabei werden sie vom Klingeln des Telefons unterbrochen, zu dem Tina gleich hinläuft. Als sie wiederkommt, stellen sich die beiden Mädchen winkend und lächelnd vor die Kamera und fangen an zu tanzen. Dann gehen sie aus dem Raum.

Im Wohnzimmer hält sich jetzt keiner mehr auf; leise Weihnachtsmusik ertönt aus dem CD-Player. Vater Rainer kommt herein und erklärt, dass sich die Kinder in ihre Zimmer zurückgezogen haben und die Eltern jetzt noch einige Geschenke unter den Weihnachtsbaum legen würden, bevor dann „der Weihnachtsmann kommt". Gleich darauf betritt Mutter Jelena den Raum und legt Geschenke dekorativ unter den Baum. Die Eltern unterhalten sich gedämpft, während sie die Sitzgelegenheiten gleichmäßig nebeneinander rücken.

Es ist 16.20 Uhr, als Vater Rainer ruft: „Oh, oh! Alle Kinder runter!" Die Kinder kommen die Treppe hinuntergelaufen, als der Weihnachtsmann durch die Haustür tritt. Unter seiner Weihnachtsmannkapuze schauen eine weiße, gelockte Perücke und ein langer, weißer Bart hervor. Passend dazu trägt er weiße Handschuhe, hält in der einen Hand eine Rute, in der anderen eine prall gefüllte Sporttasche. Den Kindern folgend begeben sich alle ins Wohnzimmer. Auf dem Weg dorthin fragt der Weihnachtsmann: „Wart ihr denn alle artig?" Nach dem laut ausgerufenen „Ja" von Tina meint er: „Na, dann kann man ja dieses Haus betreten." Im Wohnzimmer steht die Familie erwartungsvoll um ihn herum, als er mit tiefer, verstellter Stimme das Gedicht rezitiert „Von drauß' vom Walde komm ich her. Ich muss euch sagen, heut' weihnachtet's sehr. All, überall auf den Tannenspitzen sah ich goldene Lichtlein blitzen." Tina wirft ein: „Oh schön." „Und hoch oben vom Himmelstor schaut heute

Abbildung 3 Das Weihnachtsspiel beginnt

Abbildung 4 „Von drauß' vom Walde komm' ich her!"

mit frohen Augen das Christkind hervor.“ Tina lacht. Der Weihnachtsmann klingelt mit einem kleinen Porzellanglöckchen, um anzukündigen: „Wer bis zu Weihnachten artig war, bekommt Geschenke. Aber bevor er Geschenke bekommt, muss ich erst mal sehen, ob ihr ein Gedicht aufsagen könnt oder ob wir gemeinsam ein Lied singen können; denn heute ist Weihnachten.“ Tina will wissen: „Müssen wir das?“ und erhält sogleich zur Antwort: „Ja“, ansonsten gibt's die Rute und ich spute mich gleich zu den nächsten artigen Kindern.“ Darauf lacht Vater Rainer vernehmlich, während Tina schnell antwortet: „Nein, nein, nein, nein, nein.“ Sodann schlägt der Weihnachtsmann vor, erst einmal gemeinsam „ein Lied“ zu singen. Vater Rainer holt das Keyboard aus dem Hintergrund hervor; die Familienmitglieder verteilen sich derweil auf den vorhandenen Sitzgelegenheiten.[8] Er stellt es vor dem Weihnachtsmann auf, der die Handschuhe zum Keyboardspielen abstreift und die Rute auf der am Boden stehenden Sporttasche ablegt mit der Bemerkung: „Ich hoffe, ich brauche sie nicht.“ Tina antwortet sogleich: „Nein, nein.“ Der Weihnachtsmann fragt nach: „Meinst du? Na, dann ist gut.“ Wieder klingelt er mit dem Glöckchen, das „überall am Weihnachtsabend erklingt und alle Kinder am Klang erkennen.“ Nun fordert er Lisa auf, ein Lied zu singen. Sie möchte nicht allein vorsingen, sondern lieber eine Geschichte vorlesen. Dennoch macht sie einen Vorschlag und der Weihnachtsmann stimmt nun für die ganze Familie „Jingle Bells“ an und alle singen mit. Es folgt ein kurzer Applaus, bevor er klarstellt:

Abbildung 5 Weihnachtsmann und Sitzordnung

„Mit einem Lied gibt sich der Weihnachtsmann nicht zufrieden." Er nimmt den neben Lisa sitzenden Malte mit der Aufforderung an die Reihe, den nächsten Liedtitel zu nennen. Malte hat aber keine Idee für ein Lied, da er „ein Gedicht" gelernt hat. Auch Tina, die er danach anspricht, fällt kein Lied ein. Daraufhin übernimmt er selbst die Initiative für den weiteren Verlauf und lässt nacheinander folgend „Alle Jahre wieder", „Kling, Glöckchen, Klingeling" und „Leise rieselt der Schnee" auf dem Keyboard anklingen und die Familie singt gemeinsam. Am Ende lobt er: „Na, das war doch gut und selbst die Mutti hat fleißig mitgesungen, das ist ja was Erfreuliches. Ja, wollt ihr noch eins singen? Oder nachher zum Abschied?" Franziska antwortet schnell: „Zum Abschied."

Der Auftritt des Weihnachtsmannes

In der dargestellten Szene bietet die Wartezeit Kindern und Eltern die Möglichkeit, sich kurzzeitig aus der Situation zurückzuziehen. Lisa und Tina bleiben dennoch einen Moment im Wohnzimmer und stimmen sich fröhlich singend und tanzend auf das Kommende ein, bevor das Telefonklingeln ihr synchrones Zusammenspiel beendet und sie hinausgehen. Die stille, besinnliche Atmosphäre im Wohnzimmer wirkt weiter. Sie wird durch die leise anheimelnde Geschäftigkeit der Eltern mit Spannung aufgeladen, die auf einen baldigen Beginn der Zeremonie hindeutet.

> **Vater Rainer:** Jeder hat sich darauf gefreut auf den Weihnachtsmann, weil er eben einfach dazu gehört und weil man dann zum Beispiel die Sache mit dem gemeinsamen Liedersingen mit dem Keyboard [...] Das war natürlich was Besonderes gewesen [...] Die Kinder haben auch schon im Vorfeld gefragt, Papa, du machst doch den Weihnachtsmann [...] Insofern, so eine gewisse Heimlichkeit und Aufregung, obwohl die Kinder größer sind, ist immer noch gegeben. (306–312)

Wie hier im Interview wird der Besuch des Weihnachtsmannes als etwas Außeralltägliches verhandelt, der im gemeinsamen Erleben für eine besondere atmosphärische Dichte sorgt sowie eine positive Erwartungshaltung erzeugt.

Der Weihnachtsmann ist seit gut zwei Jahrhunderten ein Gabenbringer, der die hierarchische Erwachsenen-Kind-Konstellation versinnbildlicht und als „helfende Erziehungsinstanz" stereotype Vorstellungen über den Erziehungsauftrag spielerisch in Szene setzt (vgl. Eberspächer 2002). Seine pädagogisierende Haltung enthält zahlreiche symbolische Implikationen, wie z. B. die Rute als Strafinstrument oder den Sack voller Geschenke als Belohnung für „gutes", d. h. den jeweiligen pädagogischen Diskursen entsprechendes Verhalten. Während früher die Aufgabe des Kindes darin bestand, die über das Jahr entwickelten Tugenden am Weihnachtstag unter Beweis zu stellen, oblag dem Weihnachtsmann die Bewertung des Erfolges bzw. Misserfolges. Im Laufe der Zeit haben diese Bedeutungsinhalte an Ernsthaftigkeit und Strenge verloren; es gibt keine Strafen, keine Schläge mit der Rute und keinen Geschenkeentzug mehr. Erhalten geblieben ist jedoch das Prinzip des Gabentausches (vgl. ebd.). Zwar wird von den Kindern immer noch kein großer materieller Gegenwert zu den Geschenken erwartet; jedoch müssen sie – wie damals – eine altersentsprechende Leistung erbringen, ein Lied singen oder ein Gedicht aufsagen. Selbst wenn alle das Spiel durchschauen, enthält die Dramaturgie des Weihnachtsmann-Auftritts auch heute noch Elemente der Magie und ist damit auf die Erzeugung von Gefühlen der Ambivalenz zwischen Faszination und Furcht angelegt (vgl. ebd.). Vater Rainer erinnert sich an seine eigene Kindheit:

> **Vater Rainer:** Bei mir kam auch immer der Weihnachtsmann. Also, wo ich ganz jung gewesen bin, kann ich mich natürlich nicht mehr daran erinnern, aber ich habe die Fotos dann hinterher gesehen, dass ich dann viel geweint habe, weil der große Weihnachtsmann mit seinem Bart, hm, ist ja immer so eine Gestalt, die viel Ehrfurcht hervorbringt, weil er nun seinen großen roten Mantel an hat und den Rauschebart. Ist eine Respektperson, die ist groß und als Kind ist man ja klein und guckt hoch und fühlt – uh [er lacht]. Da hat man dann schon ein bisschen Respekt und Angst davor. [...] Und letztendlich, dann ist man froh, wenn der Weihnachtsmann dann wieder weg ist und dann ist die große Erleichterung, der Weihnachtsmann ist weg und dann ist nur noch Freude auf die Geschenke, die einen erwarten. (269–280)

Für die Familie Robbert/Lessing stellt der Auftritt des Weihnachtsmannes den Höhepunkt der weihnachtlichen Veranstaltung dar und bringt als ein Element des Weihnachtsrituals in verdichteter Weise die Funktion von Ritualen und ihre Doppelstruktur zum Vorschein. Denn er macht den *Als-Ob*-Charakter evident, mit dem reflexiv eine Differenz gesetzt wird zwischen den „gespielten" Interaktionen und dem Sinn, den sie repräsentieren (vgl. Bateson 1985: 244). Alle wissen, dass dies ein Spiel ist, bei dem die Kommunikation nicht das bedeutet, was sie außerhalb des Rahmens „Auftritt des Weihnachtsmannes" bedeuten würde. Der sonst mehr unbewusste Darstellungsmodus der Familienmitglieder wird in diesem Rahmen transformiert und zu einem Teil der Inszenierung. Dabei bieten die variablen Elemente des rituellen Spiels Raum für Kreativität, die durch ihre ludischen Komponenten der Situation den Ernst der Sache nehmen können. So konstituieren die Beteiligten innerhalb der rituellen Strukturen performativ einen für sie passenden Rahmen (Gebauer/Wulf 1998).

Das Wohnzimmer stellt die Bühne für dieses rituelle Spiel dar. Mit seinem weihnachtlich-festlichen Arrangement hebt es sich deutlich von dem im Wintergarten ab. Der erleuchtete Weihnachtsbaum wird zum integralen Element der räumlich-materiellen (An)Ordnung[9] der Gegenstände. Dabei bilden die Sitzgelegenheiten, entgegen dem alltäglichen Gebrauch, einen Halbkreis an der äußeren Begrenzung des Raums. In der Mitte steht eine Freifläche zur Verfügung, während dem Halbkreis gegenüber ein großer Sessel für den Weihnachtsmann bereitsteht. Etwas dunkler geworden, spenden jetzt Kunstkerzen und Teelichte Helligkeit. Bunt verpackte Geschenke unter dem Weihnachtsbaum erhöhen die erwartungsvoll-gespannte Stimmung, die durch den leisen Klang der Weihnachts-CD gerahmt wird. Die Intensivierung der atmosphärischen Qualität verweist auf die zentrale Bedeutung des rituellen Abschnitts.

Der „Szenenwechsel" wird mit dem Eintritt des Weihnachtsmannes ins Wohnzimmer eingeleitet, bei dem die Beteiligten die indexikalische Rahmung als Spiel performativ hervorbringen. Sie bildet als metakommunikative Mitteilung den Verständigungshintergrund, vor dem sie wissen, wie sie sich zu verhalten haben und was von ihnen erwartet wird (vgl. Bateson 1985, S. 241ff.; Goffman 1977, S. 52ff., 224ff.). Die Regie über den Verlauf und die Verteilung der Geschenke wird innerhalb dieser Rahmung formal auf die Figur des Weihnachtsmannes übertragen und suspendiert die Eltern zumindest teilweise von der Verantwortung für ein Gelingen.

Ganz in der pädagogischen Tradition stellt sich der Weihnachtsmann auch in der Familie Robbert/Lessing als Gabenbringer vor. Dass er derjenige ist, der die vermeintliche Verfügungsmacht über die Geschenke innehat, macht er sogleich in seiner kleinen Ansprache deutlich, in der er für den Erhalt einer Gabe die Bedingung einer Leistungspräsentation stellt. Die neunjährige Tina ist diejenige, die zwischen Spiel und Ernst nicht eindeutig zu differenzieren vermag. Ihrer Nachfrage, ob man etwas leisten „muss", liegt ein ernst gemeintes Motiv zugrunde, wie wir später sehen werden. Und auf die Drohung des Weihnachtsmannes mit der Rute lässt sie sich zu einem beschwörenden, halb spaßig, halb ernstgemeinten repetitiv gesprochenen „nein" verleiten.

Mit Hilfe des gemeinsamen Singens, das der Weihnachtsmann als Zentralfigur initiiert und Keyboard spielend begleitet, konstituiert sich die Familie als Gemeinschaft, die sich auf einen Gleich-Klang eintaktet. Gemeinsam bringen die Beteiligten performativ die Basis für ein konsensuelles Miteinander hervor. Der von außen kommende Weihnachtsmann „normalisiert"[10] die Beteiligten als Mitglieder einer Familie, als zusammengehöriges Beziehungsgefüge von

Vater, Mutter und Kindern, deren Rollenzuschreibungen im Sinne ritueller Wirklichkeitskonstituierung geklärt sind. Vor dieser Ordnung wird Glück inszeniert, das auf der gemeinsamen Ebene eines innerfamilialen Kooperations- und Solidaritätsverhältnisses beruht (vgl. Nave-Herz 2009: 15).

Im lobenden Fazit über die gelungene Einstimmung bringt der Weihnachtsmann jedoch das Prekäre der Situation zum Ausdruck, indem er explizit auf die (überraschend?) affirmative Mitwirkung Mutter Jelenas verweist und damit die Bedeutsamkeit des Ereignisses herausstellt. Den performativen Gehalt seiner Äußerung bekräftigt Mutter Jelena später im Interview:

> **Mutter Jelena:** Für mich war es schon sehr emotional, weil ich auch mit meinen Gedanken ganz viel in den letzten Jahren war. Das hat sich dann so praktisch wie so ein Film abgespielt. Und dann jetzt das Neue, was ganz anders war als ich es bisher so kannte. Ich war auch aufgeregt vorher, wie es sein wird. Aber es war eigentlich, na ja, richtig gut. (522–526) [...] Dass wir dann zusammen waren und das, was es dann einfach auch so ausgestrahlt hat. Es war schön, dass wir alle zusammen waren, auch wenn viele Dinge nicht so perfekt waren, wie ich es mir vorgestellt habe. (721–723)

Die Beschreibung enthält eine anschauliche Darstellung ihres Erlebens, die auf einer tieferliegenden Sinnebene die Funktionsweise von Ritualen verdeutlicht: Innere Bilder und vertraute Erfahrungen verschmelzen zu einem emotional besetzten Erinnerungsbild, das auf dem praktischen Wissen der Beteiligten beruht und als *Vor-Bild* Vorstellungen entwirft und zukünftige Erwartungen evoziert (Wulf 2005a, S. 120ff.). Im neuen Familienkontext müssen die bisherigen Erfahrungen (um)geformt und der neuen Situation angepasst werden. Man kann sich nicht mehr, wie gewohnt, dem Fluss des Geschehens überlassen, neue Wege sind noch nicht habitualisiert. Die mit diesem Prozess einhergehende reflexive Auseinandersetzung aber wirkt der Funktionsweise des Rituals entgegen und schwächt seine konstitutive Kraft. Deshalb lässt die atmosphärische Dichte an diesem Weihnachtstag zumindest für Mutter Jelena zuweilen an Intensität vermissen, da viele Dinge „nicht so perfekt", d.h. vertraut sind, wie Mutter Jelena es kennt. Es stellt sich die Frage, was für Mutter Jelena „perfekt" bedeutet und ob ein perfekter Ablauf sie tatsächlich glücklich machen würde. Spiegelt diese Aussage nicht eher ihren Wunsch nach einer glücklichen „heilen Welt" wider?

Bescherung

Der Weihnachtsmann stellt das Keyboard beiseite, um sich auf den für ihn bereit stehenden Sessel vor die Familie zu setzen. Er zieht seine weißen Handschuhe wieder an und beugt sich ein wenig zu Lisa: „Und nun, Lisa, du hast mir erzählt, du hast eine schöne Weihnachtsgeschichte." Lisa schlägt ihr Buch auf und liest eine Geschichte vom Heiligen Abend vor. Auch in der Erzählung sorgen das Glöckchen für Spannung und das gemeinsame Liedersingen für die feierliche Atmosphäre. Alle Familienmitglieder hören aufmerksam zu. Der Weihnachtsmann lobt Lisa und eröffnet die Bescherungszeremonie mit den Worten: „Weil du so schön vorgelesen hast, wollen wir doch mal sehen, ob ich auch für dich ein Geschenk in der Tasche habe." Dabei nimmt er das Glöckchen hoch und hält es klingelnd an sein Ohr: „Ja, müsste was drin sein, sagt die Glocke." Nun greift er in die am Boden stehende Sporttasche und zieht langsam das erste Geschenk heraus. Er dreht und wendet es nach einem Hinweis für den Namen des zu Beschenkenden. Vater Rainer kommt ihm zu Hilfe und liest den Namen auf dem unscheinbar aufgeklebten Etikett vor: Jelena – offensichtlich nicht das für Lisa angekündigte Geschenk. Der Weihnachtsmann improvisiert: „Ich glaube – ich glaube, diese Jelena, die muss zuerst beschenkt werden. Die hat dir nämlich, lieber Vater, ein Christkind – fast auf den Tag geschenkt. Es fehlen nur elf Tage, wenn ich das richtig rechnen kann." Und an die Mutter gerichtet fährt er fort: „Liebe Jelena, ich gratuliere dir ganz, ganz herzlich zu dem großen Ereignis und wünsche euch alles, alles Gute."

Als der Weihnachtsmann ihr das Geschenk überreicht, bedankt sie sich. Spontan fügt sie hinzu: „Ich hab' aber auch einen Wunsch noch, Weihnachtsmann. Kannst du sie mal auf den Arm nehmen? Ich möchte ein Foto haben von euch beiden." Sie erhebt sich und reicht dem Weihnachtsmann das Baby. Er nimmt es auf seinen Arm, schaut die kleine Maja an und sagt zustimmend: „Ja, das hab ich schon öfter gemacht." Franziska steht mit ihrem Fotoapparat auf und stellt sich zu Vater Rainer und den Forschern und sagt: „Weihnachtsmann, du musst jetzt mal in die Kamera gucken", was von einem allgemeinen Auflachen begleitet wird, da er mit dem Baby auf dem Arm weiter zu den Kindern spricht: „Vor dem Bart haben sich früher die meisten Kinder gefürchtet. Aber ihr heute doch nicht mehr, nicht?" Endlich dreht er sich den aufblitzenden Foto-Kameras zu. Enthusiastisch fordert Mutter Jelena auf: „Kommt, Kinder, wir stellen uns alle rundherum". Es wird gelacht und gescherzt, als sie sich aufstellen. Mehrmals blitzen die Kameras, um die Szene festzuhalten. Letztlich nimmt Mutter Jelena mit einem „Danke, Weihnachtsmann" das Baby zu sich und alle setzen sich wieder.

Abbildung 6 Weihnachtsmann mit Mutter und Kindern

Dimensionen von Glück
In der Ausgestaltung dieser Szene konstituieren die Beteiligten performativ einen Zukunftsentwurf, der drei Dimensionen des Glücks in verdichteter Weise zur Darstellung bringt.[11] Das *reale Glück* zeigt sich in der Liebe der Eltern zueinander und der Geburt des gemeinsamen Kindes. Es verkörpert den Traum von einer andauernden (Ver-)Bindung, einer hoffnungsvollen Zukunft. Die *symbolische Dimension des Glücks* ist als Teil des kulturellen Erbes im christlichen Glauben verankert. Damit verweist das Weihnachtsfest auch jenseits religiöser Fragestellungen auf die Geburt Jesu, die Geburt der „Heiligen Familie". Sie symbolisiert nicht nur die (Glaubens-)Gemeinschaft der Christen, sondern im weiteren Sinne auch den Wert der idealtypischen Familie als kleinste soziale Einheit und Ort der Geborgenheit. Auch wenn die Familie Robbert/Lessing sich selbst als nicht sehr religiös bezeichnet und keinen Gottesdienst besucht, integriert der Weihnachtsmann die symbolische Dimension in seinen Auftritt, indem er das Neugeborene „Christkind" nennt. Schließlich manifestiert sich die *imaginäre Dimension* von Glück in der spontanen, fröhlichen Inszenierung des gemeinsamen Fotos, das den Wunsch nach einer harmonischen Patchworkfamilie abbildet.

Fotoshooting
Lisa ist die erste, die vor dem Weihnachtsmann „bestehen" muss. Auf ihrem Sessel sitzend, übernimmt sie während des Vorlesens der Geschichte die exponierte Stellung einer Akteurin. Ebenso wie die aufmerksamen Zuhörer trägt

sie zu einem harmonischen Ablauf bei. Ganz im Sinne des pädagogischen Repräsentanten bewertet der Weihnachtsmann Lisas Leistung dann auch öffentlich mit einem Lob. Da er nicht das antizipierte Geschenk für Lisa aus der Tasche zieht, modifiziert er seine Spieltaktik mittels Wortwahl und Prosodie und stellt die zufällige Reihenfolge als orakelhafte Vorhersehung dar. Er fügt dem Spielverlauf auf diese Weise eine magische Komponente hinzu.

In einem ständig zirkulierenden Rollenwechsel zwischen Weihnachtsmann und Familienmitgliedern wird die Spannung der Bescherungszeremonie aufrechterhalten. Die Reziprozität der Aufführung ist Teil der Inszenierung, die Beteiligten können sich nicht allein in die Beobachterposition zurückziehen. Im Sinne der *autopoietischen Feedback-Schleife* wird die Rahmung von den Handelnden selbst hervorgebracht, der Ablauf durch die spontanen Reaktionen der Handelnden beeinflusst (Fischer-Lichte 2004, S. 82). Auf diese Weise werden die Mitglieder zu aktiven Miterzeugern, die „in unterschiedlichem Ausmaß und in unterschiedlicher Weise an der Gestaltung der Aufführung mitwirken" (ebd.). Der Rollenwechsel zwischen den Beteiligten lässt sich am Beispiel des „Fotoshootings" veranschaulichen. Die Bescherung erweckt in Mutter Jelena das Bedürfnis nach einer bleibenden Erinnerung, das sie spontan zur (mit) gestaltenden Akteurin macht. Die Aufführung transformiert zum „social event" (ebd., S. 64), bei dem der Weihnachtsmann als Protagonist und „Glücksbringer" das Neugeborene im Arm hält. Die atmosphärische Aufladung im Bühnenraum intensiviert sich noch durch die Personengruppierung um den Weihnachtsmann und die Blitzlichter der Kameras, die die „glückliche Familie" fotografisch konservieren.

Über die individuelle Erinnerung hinaus dienen Fotos als Familiengedächtnis dazu, die schönen Momente dem Augenblick des Vergänglichen zu entreißen, sie zu speichern und aufzubewahren und das „zusammengestellte" Glück jederzeit präsent machen zu können.[12] Gemeinsame Erlebnisse können als „vergegenwärtigte Vergangenheit" (Hahn 2010a, S. 19) erinnert werden und auf diese Weise emotionale Erfahrungen wachrufen.

Das Spiel geht weiter

Der Weihnachtsmann fährt mit der Bescherung fort: „Na, dann wollen wir mal schauen, was die Tasche alles noch in sich birgt." Diesmal kommt ein Geschenk zum Vorschein, das Vater Rainer anhand des Namensetiketts als eines „für Maja" identifiziert. Einstimmig ertönt ein entzücktes „ohhh". Der Weihnachtsmann fasst das choral zum Ausdruck gebrachte Gefühl in Worte: „Sagt mal, das ist ja wie ein Zufall – ich greife in die Tasche und erst die Mutti und anschließend gleich das Neugeborene ..." Lächelnd nimmt Mutter Jelena das Geschenk für das Baby in Empfang. Das nächste Geschenk ist für Lisa. Als Vater Rainer ihren Namen vorliest, ruft er noch einmal ins Gedächtnis, dass Lisa diejenige sei, die „so schön die Geschichte vorgelesen" hat und fügt hinzu, dass sie sich das Geschenk „wirklich verdient hat". Diese Aussage wiederholend überreicht der Weihnachtsmann Lisa das Geschenk. Betont bedächtig holt er das nächste Geschenk aus der Tasche. Es ist für Malte. Bevor er es aber bekommt, erinnert ihn der Weihnachtsmann daran, dass er ein Gedicht aufsagen wollte und fordert ihn auf: „Na, dann komm' mal her zu mir. Im Stehen spricht sich das viel schöner." Der Weihnachtsmann legt ermunternd die Hand auf Maltes Schulter: „Na, dann will ich mir das Gedicht mal anhören". Nachdem er es vorgetragen hat, bekommt Malte vom Weihnachtsmann sein Geschenk überreicht, das er sich „wirklich verdient" hat. Gleich darauf zieht der Weihnachtsmann wieder ein Geschenk für Malte hervor. Vater Rainer findet lachend eine Erklärung für die unerwartete Gunst, zwei Geschenke hintereinander zu erhalten: „... weil er eben so ein schönes Gedicht aufgesagt hat". Und beim folgenden Geschenk, dessen Namensschild er vorliest, verkündet er: „Die Maja. Was Kleines kann ja nur für unsere Jüngste sein. Die schläft ja so schön, lieber Weihnachtsmann. Die ist ja ganz artig und braucht kein Gedicht aufzusagen." Der Weihnachtsmann bestätigt: „Ich muss auch sagen. So ganz frisch auf der Erde und schon so reich beschenkt. Mama, ist das nicht schön, wie die Menschen schon an dieses kleine Wesen denken?" Danach holt der Weihnachtsmann ein „weiches" Geschenk aus der Tasche, auf dem der Name Lisa steht, gefolgt von einem „kleinen, weichen" für Maja. Tina wirft ein: „Boah, ich geh jetzt." Vater Rainer lacht, Franziska trällert „dilididi" und lacht ihre Schwester an. Der Weihnachtsmann weist Tina halb scherzend zurecht: „Die Tasche macht das, nicht ich. Ich greife nur rein." Sie antwortet prompt mit „okay", während der Weihnachtsmann mit geheimnisumwobener Stimme konkretisiert: „Da siehst du mal, was da für geheimnisvolle Kräfte drin walten. Ja, ja." Wieder lacht Vater Rainer und Franziska zwickt ihrer jüngeren Schwester liebevoll lächelnd ins Bein.

Rahmenbruch

Auch bei dem zweiten Geschenk, das dem Neugeborenen gilt, spielt das magische Element eine Rolle, das „wie ein Zufall" Einfluss auf die Geschenkeverteilung hat. In das Bild geheimnisvoller Magie fügt sich dann Lisa als nächste zu Beschenkende wunderbar ein. Die Synchronisation der Akteure dokumentiert einen Familienhabitus der „Vater-Familie", der auf das implizite Wissen eines gemeinsamen Erfahrungshorizonts rekurriert und „fließend" in Szene gesetzt werden kann. Die Geschwister haben sich gut auf ihre Rolle vorbereitet und wirken in der exponierten Stellung vor dem Publikum entspannt, sie beteiligen sich aktiv am Gelingen der Aufführung. Demgegenüber fügt sich Tinas Verhalten nicht in den Fluss der Aufführung ein, es droht sogar aus dem Rahmen des Spiels zu brechen. Ihre Geduld wird durch die wiederholte Bescherung der anderen Familienmitglieder auf eine harte Probe gestellt, während sie selbst auf ein Geschenk warten muss. Neu in die Familie gekommen, verfügt sie als Jüngste über keinerlei praktisches Wissen über den Verlauf. Tina agiert in dem Moment nicht mehr vor dem Verständnishintergrund des Spiels; für sie wird die emotional erlebte „Ungerechtigkeit" zu Ernst. Ihre emotionale Reaktion weist auf eine irrationale Angst hin, übergangen zu werden. Vater Rainer und Franziska versuchen Tinas Unmut in Heiterkeit zu transformieren, um sie ins Spiel zurück zu holen. Denn das Glück, das die Familienmitglieder aufführen, wird durch Tinas „Un-Glück" gefährdet. In dem Bemühen um die Integration Tinas zeigt sich, dass die Beteiligten Glück auch über das „Glücklichmachen" jedes Einzelnen herstellen. Dafür stellen die Familienmitglieder performativ Zusammenhalt gegenüber dem Weihnachtsmann her. Während dieser Tinas „Un-Glück" tiefsinnig auf die „geheimnisvollen Kräfte" in der Tasche zurückführt, die scheinbar unberechenbaren Einfluss ausüben, relativiert Vater Rainer diese Aussage durch Lachen und Franziska kennzeichnet durch liebevoll-schwesterliches Zwicken performativ den Bedeutungssinn der Situation als Spiel. Diese Geste stellt gleichsam eine nonverbale Aufforderung zur Geduld dar. Die integrative Intention ihrer Handlung deutet auf den gemeinsamen Erfahrungshorizont der Schwestern, aufgrund dessen sie über körperlich-nonverbale Signale stillschweigende Botschaften austauschen.

Endlich ist Tina an der Reihe!

Der Weihnachtsmann hantiert ostentativ suchend in seiner Sporttasche herum, um dann bedächtig ein Geschenk hervorzuholen. Vater Rainer buchstabiert: T-I-N-A. Tina ruft freudig aus: „Oh, Tina" und streckt ihren Arm hoch, um wie in der Schule aufzuzeigen. Vater Rainer wiederholt ironisch-erstaunt: „Ach, Tina?", und die Familienmitglieder stimmen in das gemeinsame Lachen der beiden mit ein. Bevor der Weihnachtsmann jedoch das Geschenk an Tina überreicht, wiegt er es demonstrativ in seinen Händen: „Fasst sich ganz schön schwer an. – Liebe Tina, ich möchte was hören!" Vater Rainer lacht in ihre

Richtung. Tina lehnt sich an Franziska, beide lächeln den Weihnachtsmann an, während Tina Franziskas Hand ergreift, als sie fragt: „Kann ich mit meiner Schwester zusammen machen?" Franziska antwortet schnell: „Ich mach gleich auch mit – vielleicht?" Der Weihnachtsmann stimmt gedehnt zu: „Gut, das nennt man dann Teamwork. Gut, hab' ich nichts dagegen."

Hand in Hand stehen die beiden Schwestern auf, um einen Kinderreim „Lieber guter Weihnachtsmann, schau mich nicht so böse an! Stecke deine Rute ein, wir woll'n auch immer artig sein!" rhythmisch aufzusagen. Die beiden Schwestern setzen sich lachend wieder auf die Plätze. Der Weihnachtsmann beginnt: „Ja, also ..." Rainer ruft dazwischen: „Gut!" Daraufhin ergänzt der Weihnachtsmann: „Gut. Dann kannst du das auch für das schöne Aufsagen erst mal erhalten." Tina nimmt das Geschenk mit einem „Danke" entgegen und ihre Mutter flüstert ihr zu: „Na siehst du! War doch gar nicht so schlimm!"

Tinas „Prüfung"

Erst als Tina den Sinn der Buchstaben erfasst, die der Vater artikuliert, realisiert sie, erfreut ihren Namen aussprechend, dass das Geschenk ihr gilt. Sogleich kehrt auch ihre fröhlich gespannte Stimmung zurück. In der ironischen Wiederholung von Tinas Namen führt Vater Rainer auf einer tieferen Sinnebene Tinas Angst des Übersehenwerdens *ad absurdum*. Sein Lachen dient als Vergemeinschaftungspraxis dazu, Disharmonie zu überspielen, um eine glückliche Stimmung wieder herzustellen bzw. zu erzeugen. Auch die anderen Familienmitglieder lenken harmonisierend ein und markieren damit die gemeinsame Rekonstitution des Spielrahmens nach dem Bruch durch Tinas verärgerten

Abbildung 7 Tina sagt ein Gedicht auf

Einwurf. Auf diesem Verständnishintergrund fährt der Weihnachtsmann mit seiner Aufführung fort. Sein Hinweis auf das „schwer wiegende" Geschenk steigert die Spannung und versinnbildlicht gleichsam Tinas Konflikt, der aus der inszenatorisch konzipierten Verknüpfung zwischen Leistungserwartung und Beschenktwerden resultiert. Sie zeigt sich befangen in Hinblick auf die von allen erwartete *Selbst-Präsentation* und öffentliche Bewertung. Deshalb ergreift sie hilfesuchend die Hand ihrer Schwester Franziska, um beim Weihnachtsmann deren Unterstützung zu erbitten. Mit ihrer Frage, ob sie mit Franziska „zusammen machen" kann, bietet sie ihm eine Lösungsmöglichkeit für ihr Problem an. Noch bevor der Weihnachtsmann einwilligen oder ablehnen kann, tritt Franziska ihrer Schwester zur Seite. Ihr Zwischenruf bringt den schwesterlichen Beistand performativ zur Darstellung, wenngleich Franziskas fragendes „vielleicht?" am Ende ganz im *Spielsinn*[13] dem Weihnachtsmann die offizielle Entscheidung überlässt. Die körperliche und konsensuelle Synchronisation der Schwestern verweist auf Vertrautheit im Umgang miteinander, aus der geschwisterlicher Zusammenhalt erwachsen ist. Der Kinderreim, den die Schwestern im „Rampenlicht", Hand in Hand eng beieinander stehend aufsagen, unterbietet Tinas Leistungspotential. In seiner Funktion als pädagogischer Repräsentant setzt der Weihnachtsmann deshalb an, Tinas *Spieleinsatz* der Vorführung zu beanstanden. Vater Rainer, bedacht auf einen möglichst reibungslosen Ablauf, unterbricht den pädagogischen Akt, um selbst die wirklichkeitserzeugende Bewertung vorzunehmen und die *Spielrichtung* im Sinne Tinas zu beeinflussen – denn den impliziten *Spielregeln* zufolge hat sie mit ihrer Leistung ein Geschenk „verdient".

Sowohl aus Tinas Verhalten als auch aus der informellen Bemerkung von Mutter Jelena geht hervor, dass Tina sich tatsächlich einem hohen Erwartungsdruck ausgesetzt fühlte, den sie schließlich mit der Unterstützung aller Familienmitglieder konstruktiv handhaben konnte. Wie schon zuvor, führt die Patchworkfamilie internen Zusammenhalt gegenüber dem Weihnachtsmann auf.

Immer werden die anderen beschenkt!

Weiter geht es mit der Bescherung, Mutter Jelena ist wieder an der Reihe. Tina bemerkt: „Oh, ey, du kriegst ja schon wieder ein Geschenk." Darauf folgt ein Geschenk für Maja, das, wie Vater Rainer feststellt, fast wie ein Schneeball aussieht. Der Weihnachtsmann lässt Tina die Verpackung fühlen und drücken und erklärt, dass darin sicher „etwas zum Greifen" für das Baby ist. Tina gibt ihm Recht. Nun holt der Weihnachtsmann nacheinander gleich zwei Geschenke aus der Tasche: „Ach, Himmel, das ist schw-, da nehm' ich erst mal das Leichte hier." Tina ruft: „Das ist für Franzi, bestimmt." Dies stellt sich als Irrtum heraus, denn Jelena und Maja erhalten die Gaben. Bei der Übergabe an die Mutter wirft Tina ein: „Meine Schwester hat aber noch gar nichts bekommen." Ihr unsicheres Lachen wird von Franziskas und Rainers Lachen überstimmt. Nachdem Malte und abermals Maja beschenkt werden, ruft Tina: „Oh, ey, jetzt reicht's aber!" Der Vater bemerkt: „Die Kleinste ist heute die Größte." Der Weihnachtsmann reicht ihr eines der kleinen Geschenke und meint: „Ja, ich weiß, was da drin ist, das eine ist der linke und das andere der rechte Strumpf." Tina antwortet: „Ja, das stimmt." Nun ist die Tasche geleert und es geht mit dem Verteilen der Geschenke unter dem Weihnachtsbaum weiter.

Differenzbearbeitung

Tina drückt ihre Verärgerung in Hinblick auf die ungleichgewichtige Geschenkeverteilung deutlich aus. Der Weihnachtsmann lässt sie daraufhin fühlend an der Geschenkübergabe teilhaben. Sein Hinweis auf den Verpackungsinhalt soll die scheinbare Fülle der Geschenke für das Baby in ein angemessenes Verhältnis setzen und die Menge der Zuwendungen relativieren. Tinas kritische Haltung bezüglich der von ihr empfundenen Vernachlässigung bei der Bescherung projiziert sie nun auf ihre große Schwester Franziska, die „noch nichts bekommen" hat. Und obgleich Franziska Tinas Beschwerde an den Weihnachtsmann lachend abwehrt, droht Tina mit ihrer emotionalen Erregung ein weiteres Mal aus dem Rahmen zu fallen. Erst die Modifikation des Spielverlaufs, die mit der Verteilung der unter dem Weihnachtsbaum liegenden Geschenke realisiert wird, löst bei Tina einen Teil ihrer Anspannung. Die Geschenke liegen jetzt offen unter dem Weihnachtsbaum und können unabhängig von „geheimnisvollen Kräften" verteilt werden.

Unter dem Weihnachtsbaum

Malte und schließlich auch Tina helfen dem Weihnachtsmann bei der Bescherung der restlichen Geschenke. Nach einer knappen Stunde sind alle Geschenke übergeben; auch vor Franziska und Tina haben sich eine Reihe von bunten Verpackungen angesammelt. Die Geschenke aus Japan bleiben auf Vater Rainers Vorschlag unter dem Baum liegen, um sie dann später zusammen auspacken und bewundern zu können.

Gemeinsam singen alle zum Abschluss „Oh, du fröhliche, oh, du selige Weihnachtszeit“, das der Weihnachtsmann wie zu Beginn auf dem Keyboard begleitet. Schließlich verabschiedet er sich mit den Worten: „Ich wünsche euch noch ein gesegnetes Weihnachtsfest. Ich freue mich, dass ich bei euch sein durfte. Und wenn's gut geht, kann man ja nächstes Jahr noch einmal drüber reden, nicht?“ Der Vater erwidert: „Jawoll, Weihnachtsmann. Du hast uns viel Freude bereitet. Es gab nur Geschenke, keine Rute. Da wollen wir dich nächstes Jahr gerne wieder erwarten.“ Alle winken dem Weihnachtsmann zu und begleitet von Rainer, Tina, Franziska und Malte wird er an der Tür entlassen.

Verteilen von Glück
Im mimetischen Bezug auf Maltes Mitwirkung bei der Bescherung ergreift Tina Eigeninitiative, eine aktive Rolle bei der Geschenkeverteilung zu übernehmen. Ohne Rahmenbruch schafft sie es diesmal, ihre innere emotionale Anspannung während der Bescherungszeremonie zu transformieren. Sie wechselt ihre Position von der Zuschauerin, vom passiven *Hin-Nehmen-Müssen*, zur Akteurin, zum aktiven *Mit-Gestalten-Können*. Tina bringt sich konstruktiv in die Aufführung mit ein, indem sie ihre Handlungen auf die Beteiligten abstimmt. Auf einer tieferen Sinnebene nutzt sie die Modifizierung des formalen Ablaufs der Bescherung, um sich selbst in die Patchworkfamilie zu integrieren. Das Verschenken von „Glück(sgefühlen)“ und ihre aktive Teilhabe am Geschehen wirken auf ihre emotionale Verfassung zurück. Sie transformiert ihre Stimmung, indem sie heiter und fröhlich „mitspielt“.

Auspacken der Geschenke

Die Eltern sind nun nicht mehr im Wohnzimmer. Von rechts nach links sitzen Lisa, Malte, Franziska und Tina nebeneinander. Die Kinder fragen sich, wo die Erwachsenen sind. Keiner weiß es. Daraufhin entscheidet Tina: „Okay, ich pack jetzt einfach mal aus. Und: Auf die Plätze – Fertig – Los!“ Während die Kinder beginnen, ihre Geschenke auszupacken, stellt Malte die Weihnachtsmusik wieder an. Lisa und Malte packen unterschiedliche Computer-Programme aus, die sie sich gegenseitig zeigen. Lisa entfernt vorsichtig das Geschenkpapier eines großen Geschenks. Es kommt ein Karton hervor, in dem sich diverse Ein-Euro-Artikel befinden, verschiedene Halsketten und andere Kleinigkeiten. Malte zeigt seiner Schwester die neue Sporttasche. Er holt einen Softball

Abbildung 8 Die Sorgenpüppchen

Abbildung 9 Geschenke auspacken

daraus hervor, den er in den Händen knetet und dessen Geruch er „komisch" findet; er lässt Lisa daran riechen.

Franziska schaut ihrer Schwester zu, wie sie das Geschenkpapier aufreißt und eine kleine Handtasche hervorholt. Sie legt sie beiseite und will schon das nächste Geschenk auspacken, als Franziska sie streng zurechtweist: „Guckst du die dir erst mal richtig an." Tina nimmt das Täschchen wieder auf, betrachtet es lächelnd und sagt „schön". Franziska erklärt ihr, dass die Tasche aus Guatemala sei und „Sorgenpüppchen" enthielte, denen man seine Sorgen erzählen könne. Sie liest aus der Anweisung vor, dass man sie über Nacht unter das Kopfkissen legen solle, damit am nächsten Morgen alle Sorgen weg seien. Tina bedankt sich überschwänglich mit einem Kuss und einer Umarmung bei ihrer Schwester, steht auf und schaut interessiert in Lisas Geschenke-Karton.

Franziska, die mit dem Auspacken ihrer Geschenke auf die Mutter warten will, packt ein japanisches Gastgeschenk aus: ein Anleitungsbuch für Origami. Tina enthüllt die entsprechenden Faltblätter. Beide freuen sich schon darauf, Origami-Figuren zu falten.

Die Geschwister unter sich

Kreativ lösen die Kinder den Freiraum, der durch die Abwesenheit der Eltern entsteht, indem sie sich dem Auspacken der Geschenke zuwenden. Durch die Anordnung der Sitzgelegenheiten und der körperlichen Zuwendung zueinander konstituieren die beiden Geschwisterpaare zwei unterschiedliche Räume, in denen sie das Auspacken der Geschenke synchronisieren, d.h. ihre (Re)Aktionen aufeinander beziehen. Während Tina und Malte gleichberechtigt interagieren, reglementiert Franziska ihre Schwester erzieherisch, da Tina mehr am zügigen Auspacken denn am Inhalt interessiert zu sein scheint. Die Beachtung, die Tina ihrer Schwester daraufhin schenkt, gilt eher Franziskas Erwartungshaltung, ihr Aufmerksamkeit zu schenken, als dem Inhalt ihrer Erklärung. Denn in dem demonstrativ in Szene gesetzten Dank an ihre Schwester und der anschließenden Zuwendung zu Lisas Geschenkekarton bringt sie eine fröhlich-neugierige Haltung zur Darstellung, mit der sie zeigt, dass der feierliche Kontext des Weihnachtsfestes keinen Raum für „Sorgenpüppchen" lässt.

Frohe Weihnachten!

Vater Rainer kommt ins Wohnzimmer und erklärt, dass Mutter Jelena das Baby füttert und gleich nachkommt. Er unterhält sich mit den japanischen Kollegen, während die Kinder weitere Geschenke auspacken. Tina nimmt ein Gastgeschenk unter dem Weihnachtsbaum hervor, aus dem sie eine Box mit japanischen Schriftzeichen auswickelt. Sie gibt sie zum Öffnen weiter an Franziska. Malte, Lisa und Vater Rainer werden darauf aufmerksam und alle rätseln, was darin enthalten sein könnte. Malte fragt auf Englisch bei den japanischen Forschern nach. „Japanese cookies" verstehen alle und Tina will sofort davon kosten. Franziska verteilt die in einzelne kleine Zellophan-Tütchen verpackten Kekse an die Kinder. Tina reißt ihres als erste auf, steckt sich eines in den Mund und meint: „Hm, schmeckt."

Endlich kehrt Mutter Jelena zurück ins Wohnzimmer. Bevor sie sich jedoch den Geschenken widmet, möchte sie erst einmal mit allen „anstoßen" und verteilt alkoholfreien „Kindersekt" und Sekt. Alle Familienmitglieder und die Forscher stehen auf und stoßen an, um sich „frohe Weihnachten" und „cheers" zu wünschen.

Die Gastgeschenke aus Japan erwecken allgemeines Interesse. Vater Rainer enthüllt zunächst ein geschmackvoll verpacktes Paket aus dem japanischen Kaufhaus Takashimaya, wie Fumio Ono erläutert. Die darin enthaltenen Untersetzer mit japanischen Motiven sind für Gläser und Tassen und werden bewundernd herumgereicht. Franziska meint: „Also, Mutti, wenn du sie nicht haben willst, nehm' ich sie", und löst damit ein vergnügliches Lachen aus. In einem anderen Geschenk befinden sich japanische Reiskuchen, dreieckförmige Süßigkeiten. Die Familienmitglieder rätseln, welche Zutaten darin enthalten sein könnten. Fumio Ono schaut in seinem Wörterbuch nach und übersetzt die Hauptkomponenten mit „Meerlattich". Lisa steht auf, um sich das Wort

Abbildung 10 Japanese cookies mit (Kinder-)Sekt

anzuschauen. Als der japanische Kollege darauf hinweist, dass es sich um eine Meerespflanze handelt, fällt Franziska ein, dass die Blätter um Sushis herumgewickelt werden, was die japanischen Kollegen erfreut bestätigen.

Herstellung von Gemeinsamkeit

Mit seiner Rückkehr ins Wohnzimmer wendet sich Vater Rainer den japanischen Gästen zu. Gegenüber den Kindern bringt dieser Akt sein Einverständnis mit ihrer Eigeninitiative des Geschenkeauspackens zum Ausdruck, insofern er ihren Aktionen keine weitere Bedeutung zumisst. Im Gegensatz dazu sorgt Mutter Jelena mit ihrem Eintreten für eine Unterbrechung der Tätigkeiten, da sie mit Sekt auf die Gemeinschaft[14] der Patchworkfamilie anstoßen will. Auf diese Weise bündelt sie kurzfristig die Aufmerksamkeit auf die anwesenden Personen und intensiviert die weihnachtliche Atmosphäre der Harmonie. Gleichsam konstituiert sich die Familie als Einheit in Differenz zu den deutsch-japanischen Forschern als Gästen, die für einen Moment herzlich zur Teilhabe eingeladen werden, um sich dann wieder in die Beobachterposition zurückziehen.

Die original japanischen Geschenke haben eine integrative Funktion, denn sie finden bei der ganzen Familie positiven Anklang und schaffen mit Vertrautem und Fremdem gemeinsame Themenbereiche. Betrachten, Befühlen, Rätseln, Probieren sowie das Interesse am Außeralltäglichen, die Suche nach Verständigungsmöglichkeiten verändern die „transmodalen" Qualitäten der Atmosphäre und involvieren alle Familienmitglieder gleichermaßen (Hauskeller 1995, S. 53).

Der Weihnachtsmann war Herr Krüger!

Jelena packt langsam und bedächtig ihre Geschenke aus, zwischendrin hält sie damit inne und wendet sich ihren Töchtern zu, um das eine oder andere Geschenk zu kommentieren. Vater Rainer erinnert sie von Zeit zu Zeit liebevoll aber bestimmt daran, ihre eigenen Geschenke nicht zu vergessen. Als Mutter Jelena „nur mal kurz rausgeht", kommentiert Vater Rainer: „Das ist Mutti, immer hibbelig." Nach einer Weile fragt er sich, wo sie denn bleibt, „sie hat die meisten Geschenke und kommt einfach nicht her." Endlich kommt sie wieder und nimmt das nächste Geschenk in die Hand. Währenddessen spielt Malte mit seinem Softball, bis Tina ihn auffordert, ihn zu ihr zu werfen, um ihn dann weiter an Vater Rainer zu werfen. Dieser drängt Mutter Jelena abermals, „die nächsten Sachen" auszupacken.

Auf Vater Rainers Bitte reicht Franziska ihrer Mutter ein größeres Geschenk. Tina meint dazu: „Ach ja, das hat der Rainer eingepackt, das hab' ich gesehen." Vater Rainer fragt ungläubig: „Ja?" Tina bestätigt: „Ja." Er aber kontert: „Das hat alles der Weihnachtsmann gemacht." Daraufhin antwortet Tina: „Nein. – Ach ja, und der Weihnachtsmann war Herr Krüger." Vater Rainer antwortet: „Der Weihnachtsmann war der Weihnachtsmann." Tina nickt allwissend. Lisa bemerkt, dass der Weihnachtsmann eine ganz ähnliche Stimme hatte.

Abschließend liest Jelena eine rührende Liebes-Ode vor, die Vater Rainer für sie geschrieben hat, Tina klatscht. Jelena hat nun alle Geschenke ausgepackt und fragt Lisa, ob sie die Kiste mit den Kleinigkeiten ausgepackt hat und Malte, ob er seine Sporttasche ausgepackt hat. Sie lässt ihren Blick darüber schweifen, fragt alle nach ihrer Zufriedenheit und lobt das eine oder das andere, bevor sie mit Vater Rainer den weiteren Ablauf bespricht.

Synchronisation der Familie

Die zeitliche Verzögerung und die zeremonielle Art des Auspackens von Mutter Jelena sowie die Hinwendung zu ihren Töchtern fokussiert die allgemeine Aufmerksamkeit auf die Mutter-Familie und weniger auf gemeinsame Berei-

Abbildung 11 Liebes-Ode an die Mutter

che. Um eine familiale Synchronisation möglichst schnell wieder herzustellen, drängt Vater Rainer deshalb auf eine zügigere Abwicklung dieses Teils der Bescherung. Die intensive Beschäftigung mit den Geschenken steht der Etablierung eines kollektiven Erlebnisses entgegen, da sie auf das informelle Verhältnis zwischen Mutter und Töchtern ausgerichtet ist.

Dies ändert sich in dem Moment, als Tina durch das Wiedererkennen eines Geschenks mit Vater Rainer in eine reflexive Auseinandersetzung bezüglich des Weihnachtsmannes tritt. Während Vater Rainer im *Als-Ob*-Spielmodus bleibt, argumentiert Tina auf der realen Sinnebene und teilt stolz mit, dass sie den Weihnachtsmann als Herrn Krüger erkannt hat. Die unterschiedlichen Sinnebenen lassen einen Rest Unsicherheit zwischen Glauben und Wissen bestehen, da Tina erst dabei ist, die *Ent-Täuschung* durch den Weihnachtsmann zu erfassen. Dies wird später im Interview deutlich:

> **Mutter Jelena:** Bei dir ist das doch so, dass du wirklich bis letztes Jahr an den Weihnachtsmann geglaubt hast.
> **Tina:** Jetzt nicht mehr.
> **Mutter Jelena:** Na ja, aber zum Beispiel mit dem Nikolaus [...] da war ja auch die Frage, dieses Jahr, bist du das? Oder kommt da wirklich jemand? (319–324)

Lisa ist letztlich die einzige, die Tina bestätigend zur Seite tritt und Zusammenhalt mit ihrer Stiefschwester zum Ausdruck bringt.

Die ausdauernde Beschäftigung mit den Geschenken von Mutter Jelena endet mit dem Vorlesen der Liebes-Ode von Vater Rainer. Damit wird schlussendlich noch einmal die ganze Familie in die Liebe der Eltern mit einbezogen. Ganz im Sinne einer idealtypischen Familie wird durch Mutter Jelenas abschließende Zuwendung zu den Kindern der Familienkonsens wieder hergestellt und performativ der Rahmen einer glücklichen und liebevollen „Eltern-Kinder-Beziehung" konstituiert, bevor es mit der weiteren Planung weitergeht.

Ausklang beim Abendessen

Um 18:15 Uhr kündigt Mutter Jelena an, dass sie Würstchen, Bouletten und Kartoffelsalat für das gemeinsame Abendessen vorbereitet. Dabei räumt sie das auf dem Boden liegende und zum Teil auseinandergerissene Geschenkpapier in eine Plastiktüte. Tina und Franziska gehen aus dem Wohnzimmer. Vater Rainer fordert Lisa und Malte auf, beim Aufräumen mitzuhelfen. Eine halbe Stunde später ist der Tisch im Wintergarten fertig dekoriert, auf dem Tannengesteck leuchten die Kerzen und Musik klingt leise aus dem Hintergrund. Lisa und Malte sitzen schon am Tisch, als sich die Familie zum Abendessen versammelt.

Wir sind eingeladen, mitzuessen und man rückt näher, damit alle Personen Platz haben. Die japanischen Gäste drücken ihr Erstaunen über das einfache Essen zu einem festlichen Anlass wie diesem aus. Vater Rainer erklärt, dass es sich um ein traditionelles Weihnachtsessen am Heiligabend handelt, das zugunsten des familialen Zusammenseins wenig aufwändig zubereitet wer-

Abbildung 12 Bild von der Abendtafel

den kann. Von den Eltern wird Erleichterung über das Gelingen des Nachmittags, von den Kindern Zufriedenheit über die Geschenke geäußert. Franziskas Freund wollte eigentlich auch zum Abendessen kommen, er verspätet sich aber und kommt erst an, als wir unsere Kameras einpacken und gehen.

Erster Rückblick

Mit dem gemeinsamen Abendessen endet der „offizielle" Teil des Heiligen Abend. Der Szenenwechsel in den Wintergarten zeigt an, dass der Höhepunkt der Inszenierung vorbei ist. Am Tisch versichert sich die Familie mit einem positiven Fazit ihrer selbst und bekräftigt damit die neue Gemeinschaft. Mit der von allen Mitgliedern performativ hervorgebrachten Familienidentität kann die Familie jetzt auch den Raum öffnen für Außenstehende wie die Forscher und Franziskas Freund.

Während die Eltern in der Retrospektive glücklich über den atmosphärischen *Gleich-Klang* sind, der zum Gelingen des Festes beigetragen hat und weiter nachhallt, ist das Weihnachtsfest für die Kinder bereits Teil einer schönen Erinnerung, mit der sie sich auf den Jahreswechsel einstimmen.

> **Vater Rainer:** Dann sind Sie gegangen, die Kinder sind auf die Zimmer gegangen und ich hab dann im Stuhl gesessen, Musik [gehört] und ahhh! Fertig! Geschenke ausgepackt alle, dann ist man erleichtert, aber auch froh, […] wenn es gelungen ist […] dass alles so geklappt hat, dass es schön gewesen ist. (399–402)
> **Mutter Jelena:** Also, bei mir kommt das dann so hinterher […], dass ich das so genießen kann (452–453)
> **Malte:** Na ja, man ist traurig, dass Weihnachten vorbei ist, weil … Man hat sich ja vorher auf die Geschenke und das Ganze gefreut, auf das Fest, und jetzt ist es halt vorbei. Auf der anderen Seite freut man sich auch auf Silvester. (426–428)
> **Lisa:** Ja, ich war froh über die Geschenke, die ich gekriegt habe und ich freu mich eigentlich, dass jetzt Silvester ist. (432–433)
> **Tina:** Ich finde es schade, dass Weihnachten vorbei ist, aber ich freu mich auch aufs neue Jahr. (436–437)

Die Aussagen der Beteiligten machen deutlich, dass Glück sich im Moment des Erlebens eher nebenbei, als ästhetischer Zustand offenbart, in dem man sich entspannt und gelöst fühlen kann, befreit von der Hektik des Alltags. Die rituellen Praktiken des Weihnachtsfestes verbunden mit der atmosphärischen Dichte bieten Möglichkeitsbedingungen für glückliche Momente, die erst im

Nachhinein oder mit dem Blick auf die Zukunft als solche wahrgenommen werden.

Die Patchworkfamilie im Glück? – Ein Resümee

Die Familie Robbert/Lessing gehört zu den rund 14 % der Familien in Deutschland, die aufgrund von Trennung/Scheidung der Elternpaare[15] bisher als „Vater"- bzw. „Mutter-Familie" gelebt haben (Nave-Herz 2009, S. 15). Durch die neue Partnerschaft des jeweiligen Elternteils werden die Beteiligten zu einer (Stief-)Familie. Mit der Umorganisation der Lebensumstände verändert sich die gruppendynamische Struktur. Dies wird auch von den Eltern der Familie Robbert/Lessing so wahrgenommen:

> **Vater Rainer:** Das ist schon so, dass jeder natürlich so seine Wege hat, die er erst mal gewohnt ist, und das geht für uns ja darum, da einen gemeinsamen Weg zu finden. Das ist schon sehr unterschiedlich.
> **Mutter Jelena:** Also, wir sind noch dabei. (693–697)
> **Mutter Jelena:** So dieses Perfekte ist es halt auch noch nicht. Das kann aber auch noch nicht sein nach zwei Monaten. Das dauert länger, dass auch die Kinder sich, dass wir alle zusammen[wachsen]. (731–734)

Dieser Konstituierungsprozess findet in den sozialen Praktiken des Alltags statt und zeigt sich in verdichteter Weise auch im Ritual der Weihnachtsfeier, insbesondere während des Weihnachtsmannauftritts. Sowohl im gestalterischen Arrangement als auch in der rituellen Inszenierung und Aufführung ebenso wie im Interview am darauffolgenden Tag bringen die Beteiligten spezifische bedeutungskonstituierende Sinnformen hervor, die symbolisch vielschichtig und aufgrund ihres „performativen Flusses [...] zur kreativen Modifizierung fähig" sind (Turner 1995, S. 131). Ihnen ist eine „paradigmatische Funktion" inhärent (ebd.): Als *Modell von* Familie rekurrieren die Akteure auf unterschiedliche familiale Erfahrungsräume, die im Körpergedächtnis verankert sind. Im aktuellen Vollzug der Aufführung werden intra- und interfamiliale[16] Familienhabitus, deren Übereinstimmungen und Differenzen sichtbar. Gleichsam konstituieren die Akteure als *Modell für* Familie antizipierend einen Entwurf für einen zukunftsfähigen gemeinsamen Erfahrungsraum, den aneinander adaptierten Habitus einer Patchworkfamilie. Die in den Praktiken aufgeführten Bedeutungen des konsensuellen Miteinanders bzw. der Differenzbearbeitung nehmen vorweg, was sie bewirken sollen: Zusammenhalt in der Patchworkfamilie.

Ein kurzer Rückblick auf den Heiligabend soll dies verdeutlichen. Mit dem Weihnachtsmann versammelt sich die ganze Familie im Wohnzimmer. Die Familienmitglieder bringen dabei performativ eine Raumordnung hervor, die sich von dem eher zwanglosen Miteinander im Wintergarten unterscheidet. Der Weihnachtsbaum mit den darunter liegenden Geschenken ist integraler Bestandteil dieses Settings, das aus zwei bedeutungstragenden Halbkreisen, einer Bühne und dem Auditorium, besteht. Mit der Sitzordnung der Zuschauer konstituieren die Familienmitglieder einen Halbkreis, dem gegenüber sich die Bühne mit dem Sessel des Weihnachtsmannes befindet.

Analog zur Familiensituation besteht der Zuschauerraum aus zwei „zusammengesetzten“ Segmenten, der Mutter-Familie und der Vater-Familie. Mutter Jelena mit dem Baby auf dem Arm und Vater Rainer sitzen jeweils am äußeren Rand, während Franziska vis-à-vis zum Weihnachtsmann sitzt. Die Erwachsenen bilden somit die senkrecht zueinander stehenden Achsen des Kreises, in den die Kinder eingeschlossen sind. Da für das neue innerfamiliäre Beziehungsgefüge noch keine habitualisierten „Selbstverständlichkeiten“ zur Verfügung stehen, (ver)sammeln sich die Beteiligten zunächst in den ihnen bekannten Konstellationen, um im Schutz des vertrauten Familien-Raums ihren Erfahrungshorizont zu erweitern. Die Erwachsenen, einschließlich Franziska, bilden dabei nicht nur räumlich-materiell, sondern auch sinnbildlich die Achsen, um die sich die Aushandlungsprozesse an diesem Tag drehen. So sind es am Kaffeetisch Vater Rainer und Franziska, die anhand ausgewählter Themenbereiche die Unterhaltung im Fluss halten, ohne dass die noch nicht gefestigte Familien-Einheit bedroht würde. Mutter Jelena dagegen wirkt eher zurückhaltend mit, auch verlässt sie von Zeit zu Zeit die Feierlichkeiten. Die ihr zugeschriebene Aufgabe besteht überwiegend in der Versorgung des Babys und der formal-strukturellen Gestaltung des Weihnachtsfestes. Sie stellt ihr *Spiel-Räume* zum Rückzug bereit, die sie auch nutzt. Präsenz und Absenz wechseln einander ab und könnten ein Hinweis auf ihren Umgang mit ambivalenten Gefühlen und Differenzerfahrungen sein. Die diskursive Auseinandersetzung mit der neuen Situation im Interview weist Analogien zu dieser These auf:

> **Mutter Jelena:** Mit diesem Begriff „glücklich“, das sind wir schon, aber, das können wir vielleicht in einem Jahr oder so sagen. Da sind auch noch Dinge, die noch nicht so ganz harmonisch sind und das kann man jetzt auch nicht einfach so wegwischen. Sicher, der Heiligabend war, das kann man eigentlich schon sagen,

Abbildung 13 Familieninterview

glücklich, aber [...] Ich glaube auch gerade, die Tina, die ist auf der einen Seite sehr glücklich über dieses Weihnachten hier und über ihre Schwester [...] aber auf der anderen Seite noch sehr an dem Alten hängend und ihre Schwester fehlt ihr und unser Haus und unser altes Zuhause, das ist alles noch sehr, sehr frisch [...] wir brauchen, glaube ich, da alle noch ein bisschen, dass es ruhiger wird, dass es einfach, ja, Alltag, der ist noch gar nicht richtig bei uns. (898–907)

Mutter Jelena beschreibt die aktuelle Phase der Angliederung an die neue Familiensituation als ausgesprochen sensibel und emotional und bezieht die darauf bezogenen Adaptionskonflikte eher implizit auch auf sich selbst. Sie projiziert sie explizit auf ihre Tochter Tina. Bei der Betrachtung ihrer Performanz am Heiligabend validiert sich Mutter Jelenas Einschätzung. Sie selbst ist nicht konstant „dabei" und Tinas Passungsschwierigkeiten werden anhand der Aushandlungsprozesse mit dem Weihnachtsmann erkennbar. Kooperations- und Solidaritätsverhältnisse müssen teilweise neu ausgehandelt bzw. erst instituiert werden, um die Positionen der Beteiligten im Beziehungsgefüge der Familie zu festigen und auch emotionale Sicherheit zu gewinnen.

Lisa und Malte, Vater Rainers Kinder, finden sich demgegenüber anscheinend „spielend" in die Situation ein, sie sind in Anwesenheit ebenso wie in Abwesenheit der Erwachsenen weniger in Aushandlungsprozesse involviert als Tina. Die Begründung hierfür reflektiert Vater Rainer im Interview:

Vater Rainer: Ich denke, auch für die Kinder ist es so, dass die das gar nicht so mitbekommen, weil die erst mal sehr in ihrem Alltag drinstecken. [...] Dann ist es ja auch so, bei meinen Kindern zumindest, dass die ja im unterschiedlichen Rhythmus bei mir beziehungsweise bei der Mama dann halt wohnen. Das kommt auch noch hinzu, dass die ja nicht immer hier sind [...] weil die ja in ihrem Alltag so gefangen sind und dann eben noch die unterschiedlichen Wohnorte dazukommen, so dass das dann für die wahrscheinlich nicht ganz so einschneidend ist wie für uns. (741–753)

Vater Rainer spielt bei der Integration der Beteiligten eine prominente Rolle. Im Verlauf des Festes ist er derjenige Erwachsene, der durch körperliche Präsenz und implizite bzw. explizite inhaltlich-thematische Regieanweisungen sein Bemühen um konsensuelles Miteinander und positive Erlebnisse für alle Beteiligten zur Darstellung bringt. In valider Weise bestätigen auch die prädominanten Redebeiträge im Interview seinen aktiven Beitrag zur Gestaltung des Familienlebens, mit dem positive Erfahrungen und angenehme Erinnerungen verbunden sein und disharmonische Klänge relativiert werden sollen:

Vater Rainer: Also, [...] Heiligabend fand ich sehr schön, hat mir sehr gefallen, weil nun alle dabei waren. Haben ja auch alle mitgemacht und das hat mir schon sehr gefallen. Ansonsten, wenn wir alle zusammen am Tisch sitzen, wie heute beim Frühstück, dann finde ich das auch sehr schön. Manchmal in der Woche hat sich das allerdings dann nicht so ergeben [...] das ist schon so, dass noch was zusammenwachsen muss, aber das hat ja noch Zeit. (875–883)

Wege zum Glück

Rituale und rituelle Praktiken haben in dieser Zeit der Neugestaltung von Familienleben eine wichtige Funktion. Rituale dienen dazu, Erinnerungen zu inszenieren, die als innere Vorstellungsbilder und emotionale Ereignisse im Körpergedächtnis des Einzelnen gespeichert werden (Wulf 2005a, S. 113ff., 2009, S. 261ff.). Ihr standardisierter Ablauf gibt den Rahmen vor, innerhalb dessen man sich harmonisch verständigen kann. Die konstanten und strukturgebenden Elemente dienen der Orientierung und Sicherheit. Die variablen Elemente dagegen eröffnen Möglichkeiten zur Veränderung, Modifikation und Innovation. Wie man in der Familie Robbert/Lessing beobachten konnte, bieten rituelle Elemente der Inszenierung und Aufführung mit ihrem *Als-Ob*-Charakter einen geschützten Raum für die Konstituierung eines Wir-Gefühls und die Bearbeitung von Differenzen. Die mit ihnen verbundenen sozialen Praktiken haben eine wirklichkeitskonstituierende Kraft. Sie sind performativ, denn sie erzeugen, was sie bedeuten. Mit ihnen inszeniert und konserviert die Patchworkfamilie neue, eigene Erinnerungsräume.

An diesem ersten Heiligabend in der neuen Familie geht es weniger darum, sich als „glückliche Familie" zu inszenieren, denn sich als Familie zusammenzufinden, die mit Hilfe ritueller Elemente eine minimale „eudämonistische Ordnung" etabliert, in der harmonische Verständigung möglich ist und alle Mitglieder integriert werden.

> **Mutter Jelena:** Glück war eigentlich, dass Maja im Bauch war […] weil ich jemanden gefunden habe, der mich sehr, sehr liebt. Dass da jemand ist, der einem total viel Geborgenheit gibt und – ja – Nähe, Zärtlichkeit, Liebe. Das ist schon mal ganz, ganz viel Glück. […] Das kann man einfach nicht beschreiben. […] und auch mit den Kindern zusammen sein oder mit der Familie. Das sind auch ganz oft Momente, die einem so ganz viel bedeuten – Glück. (620–630)
>
> **Vater Rainer:** Ich freue mich jeden Tag, wenn ich Jelena sehe, weil sie so eine Süße ist. Dann ist das Leben ja schon von alleine schön. Wenn ich dann nach Hause komme von der Arbeit und jetzt ist natürlich eine besonders schöne Zeit […]. (597–604). Und dann ist das natürlich sehr schön, wenn wir hier die Zeit zusammen verbringen können mit dem Baby […] Wenn man sieht, wie es aufwächst und wie es größer wird […] Die Kinder bedeuten viel Glück. Wenn ich zum Beispiel bei meinen Kindern, die sind in Sportvereinen, und wenn ich da zugucke. (612–615)

Als Ritual der Angliederung an einen neuen Lebensabschnitt kann der Weihnachtsabend im aktuellen Vollzug den Grundstein legen für sinnlich-ästhetische Erfahrungen mit der Gemeinschaft und als Entwurf für eine gemeinsame Zukunft – die zukünftige Geschichte der Familie.

Anmerkungen

1 Nave-Herz definiert den Begriff Familie aus soziologischer Perspektive und spricht von „Ein-Eltern-Familie" bzw. „Mutter-Familie" und „Vater-Familie", wenn es durch Trennung oder Scheidung der Eltern zu einem Wechsel in der Familienform kommt. In unterschiedlichen Familienbildungsprozessen kann eine neue Elternfamilie gegründet werden, die durch Stiefeltern- bzw. Stiefgeschwisterschaft gekennzeichnet ist (Nave-Herz 2009, S. 17). Diese Elternfamilie wird im Folgenden als Patchworkfamilie bezeichnet, da der Begriff nicht nur die Eltern als konstitutive Elemente des Systems mit aufnimmt, sondern auch die unterschiedlichen Beziehungen zwischen den Kindern und den Eltern sowie der Eltern bzw. Kinder untereinander mit einbezieht.

2 Der Veränderungsprozess, den die Familie dabei durchläuft, stellt aus ritualtheoretischer Perspektive einen Übergang dar, der mit einer Statusänderung einhergeht (vgl. van Gennep 1999). Die daraus resultierende Notwendigkeit der (Neu)Formung des sozialen Beziehungsgefüges wird durch Rituale begleitet, die den Veränderungsprozess steuern, strukturieren und Krisen abschwächen sollen (ebd.; Turner 1995). Pierre Bourdieu misst dem Akt der Instituierung eine besondere Bedeutung zu, da durch ihn sowohl der Gruppe als auch dem Individuum entsprechende Attribuierungen zugewiesen werden, die zugleich eine Abgrenzung der Gruppe nach außen hin darstellen (2006, S. 111).

3 Zur Performativität des Sozialen vgl. Wulf 2009, S. 241 ff.

4 Fischer-Lichte unterscheidet zwischen Inszenierung (Plan, Konzeption) und Aufführung (aktueller Vollzug). Inszenierung bezieht sich auf den vorab geplanten Verlauf, das szenische Arrangement, die Rollendefinitionen und anderes. Die Aufführung kann von der geplanten Inszenierung abweichen, da sie durch das Zusammenwirken der Akteure jedes Mal neu und einzigartig hervorgebracht wird (Fischer-Lichte 2004, S. 82; vgl. auch Wulf/Fischer-Lichte 2010).

5 Sämtliche Redeanteile sind umgangssprachliche Originalzitate der Beteiligten, die den videographierten Daten entnommen sind. Somit erheben sie keinen Anspruch auf schriftsprachliche Korrektheit.

6 Die Zeilenangaben sind dem Interview-Transkript entnommen und kennzeichnen die Position im Gesprächsverlauf. Auslassungen im Redefluss [...], Informationen, wie z.B. [er lacht] und Redepausen „– " werden entsprechend den dargestellten Zeichen visualisiert.

7 Für hilfreiche Anmerkungen und konstruktive Hinweise sind wir Christoph Wulf und Jörg Zirfas zu Dank verpflichtet.

8 Mutter Jelena sitzt mit dem Baby auf dem Arm auf einem Kindersessel gleich neben dem Weihnachtsbaum, daneben auf dem Hocker ihre Tochter Tina und neben dieser sitzt Franziska, während Malte und daneben Lisa auf den nebenstehenden Sesseln Platz genommen haben. Rainer bildet auf einem Stuhl den Abschluss. Der Weihnachtsmann schließt den Kreis stehend zwischen Rainer und dem Weihnachtsbaum.

9 Martina Löw verwendet diese Schreibweise, um den Prozess des Anordnens gleichermaßen zu erfassen wie die strukturierende Ordnung, die damit hervorgebracht wird (2001, S. 166).

10 Nach außen hin als „normale" Familie erscheinend, unterscheidet sich die Lebensform der Patchworkfamilien dennoch in vielfältiger Weise von anderen Familienformen. Nave-Herz zufolge gibt es dennoch kaum wissenschaftliche Untersuchungen zu Stieffamilien (Nave-Herz 2009, S. 111).

11 Vgl. Zirfas 2004b, S. 175 ff. Für die Ideen in diesem Abschnitt danken wir Jörg Zirfas.

12 Während das *Gedächtnis* Hahn zufolge Wahrnehmungen als „sinnhafte Erlebnisse" speichert, die unvollständig und kulturell geprägt sind (2010a, S. 18), bezeichnet er die *Erinnerung* als die aktuelle „bewusste Thematisierung von Gedächtnisinhalten" (ebd.). Zum Unterschied zwischen Gedächtnis und Erinnerung sowie zur „Inszenierung der Erinnerung" vgl. auch Hahn 2010a, S. 17 ff.

13 Vgl. auch Bourdieu 1987, S. 122: „Mit ihrer Teilnahme [am Spiel, d. A.] lassen sie sich auf das ein, um was es bei diesem Spiel geht (also die illusio im Sinne von Spieleinsatz, Spielergebnis, Spielinteresse, Anerkennung der Spielvoraussetzungen – doxa)".

14 Gemeinschaft bezeichnet die gefühlsmäßige Zugehörigkeit zu einer Gruppe, die sich auf der Basis von Vertrauen und seelischer Verbundenheit zusammenfindet. Der Einzelne stimmt mit den Ideen und Bedingungen der Gemeinschaft überein (vgl. Hillmann 2007,

S. 271). Dies gilt zunächst für die Eltern, die anlässlich des diesjährigen Weihnachtsfests versuchen, auch die Kinder für die Gemeinschaft der Patchworkfamilie zu gewinnen.

15 Information vom Statistischen Bundesamt Deutschland (2008): http://www.destatis.de/jetspeed/portal/search/results.psml.

16 Da es sich bei der Patchworkfamilie um zwei Ein-Eltern-Familien handelt, gibt es gemeinsame, auf einem impliziten Wissensschatz beruhende Erfahrungsräume in der jeweiligen Mutter- als auch Vater-Familie, die hier als „intrafamiliär" bezeichnet werden. Der „interfamiliäre" Erfahrungsraum, der sich auf die neue Familienform bezieht, hat weniger habitualisierte Bereiche und muss infolgedessen häufiger kommunikativ bearbeitet werden.

Beschenken und Besinnen

Der Heilige Abend in einer katholischen Familie

Jörg Zirfas
unter Mitwirkung von Noriko Iwai[1]

Der ethnographische Zugang

Wir kommen gegen 17.20 Uhr bei unserer Familie an. Wir – das sind: Noriko Iwai, die am Research Center for Japanese General Social Surveys in Osaka Familiensoziologie betreibt, Yoshitaka Innoue, der in der klinischen Psychologie der Kyoto University tätig ist und dort promoviert, und ich. Es ist der Abend des 24. 12. 2008, in Deutschland „Heiligabend" genannt. Unsere Familie lebt in einem östlichen, am Rande Berlins liegenden Bezirk, der vor allem durch seine Einfamilienhäuser und gelegentlich immer noch, doch zunehmend weniger, durch Wochenendhäuser gekennzeichnet ist. Es ist dunkel, auf den Straßen herrscht kein Verkehr, ein paar Menschen sind zu Fuß unterwegs. Das Haus unserer Familie liegt in einer der hier üblichen Kopfsteinpflasterstraßen, die durch eine gewisse Großzügigkeit gekennzeichnet sind, obwohl die baulichen Mängel durchaus in die Augen fallen. Von der Straße aus ist das Haus selbst nicht einzusehen, es liegt im hinteren Teil des Gartens. Auf unser Klingeln hin gehen wir an der Garage vorbei, werfen einen kurzen Blick in den erleuchteten, mit Lichterketten geschmückten Garten und die Terrasse des Hauses und betreten dieses schließlich durch die Eingangstür, die auf der der Straße entgegen gesetzten Seite des Hauses liegt. Begrüßt werden wir von Fr. Rausch, einer 48-jährigen Frau mit Lehramtsstudium, die seit ein paar Jahren in einem Ministerium als Sachbearbeiterin tätig ist, ihrem Mann, 54 Jahre alt, der ebenso Lehramt studiert hat und zu dieser Zeit keiner Erwerbsarbeit nachgeht, und ihrer Tochter, 17 Jahre, die noch die Schule besucht. Die Familie ist katholisch, kommt ursprünglich aus dem Westteil Berlins und ist vor 16 Jahren in den Ostteil der Stadt umgezogen. Etwas später kommt der Freund der Tochter, 21 Jahre, der z. Zt. seinen Militärdienst ableistet. Alle sind festlich gekleidet.

Die Familie macht sich zunächst mit den japanischen Forschern im Flur bekannt. Wir sind ein wenig zu früh, was die Hausherrin mir auch gleich noch im Flur ein wenig verschwiegen mitteilt, da der Freund der Tochter noch nicht anwesend ist, woraufhin ich ihr entgegne, dass wir gerne noch unsere mitgebrachte Technik (Videokamera) aufbauen wollten, bevor das Familienfest beginnen wird. Als dann aber, wie gerufen, der Freund der Tochter erscheint, kann der Heilige Abend beginnen. Für den Ablauf dieses Abends bedeutsamer ist allerdings die mir schon im Flur mitgeteilte Information, dass die Mutter von Frau Rausch sich nach einem kürzlich erlittenen Schlaganfall wiederum in einer kritischen Lage befindet. Da die Familie im Laufe des Abends keinen telefonischen Kontakt zu ihrer Großmutter herstellen kann, bricht sie die Untersuchung nach etwa 50 Minuten ab, stellt den extra für die Forscher angemachten Ofen mit der Ente aus, und fährt quer durch Berlin zu ihr; die Großmutter wird noch am späten Abend in ein Krankenhaus eingeliefert.

Die folgenden Ausführungen beschränken sich daher auf diese 50 Minuten, die allerdings von der Familie selbst in einem zwei Tage später stattfindenden Interview als die bedeutsamsten Teile des Abends hervorgehoben werden, da in ihnen vor allem der religiöse Bezug von Weihnachten eine besondere Rolle spielt. Grundlage für die Beschreibung und Interpretation dieses Abends bildet folgendes Material:

1. Eigene Notizen, die in teilnehmender Beobachtung gewonnen wurden;
2. 87 Photos, die Noriko Iwai aufgenommen hat;
3. Ein Videomitschnitt, der die 50 Minuten im Wohnzimmer dokumentiert;
4. Ein (68 Minuten dauerndes) Familieninterview, das am Mittag des 26.12.2008 zusammen mit der Familie und den Forschern durchgeführt wurde;
5. Notizen von Noriko Iwai (Notes on Christmas in Germany and Japan).

Wenn wegen der Krankheit der Großmutter auch nicht der gesamte Verlauf des Abends protokolliert werden konnte, so lässt doch das Material durchaus Schlüsse über die Glücksvorstellungen sowie über das gelebte und inszenierte Glück in der Familie zu.

In den Vorgesprächen zu diesem Abend wurde seitens der Familie betont, dass es ihr an Weihnachten vor allem darum ging, das Fest schön machen zu wollen, harmonisch, traditionell und gemütlich: Der Begriff des Glücks fällt in diesen Zusammenhängen nicht. Glück ist an Weihnachten eine implizite Kategorie, die durch andere Begrifflichkeiten zum Ausdruck gebracht zu werden scheint. Von Weihnachten erwartet man nicht den großen Überschwang an Gefühlen noch die glückliche Fügung oder Wendung; weder bringt man es in Verbindung mit bestimmten Glück verbürgenden Haltungen oder Handlungen, noch mit berechnenden (utilitaristischen) Glückstatistiken, sondern eher mit der Idee eines gelingenden Abends. Überhaupt scheint, und darauf wird von der Familie im Interview hingewiesen, Glück ein „zu großer" Begriff zu sein, der für ganz besondere Momente steht und daher nicht ein ganzes Fest lang Gültigkeit beanspruchen kann. Im Gelingen des Abends, in seiner Schönheit, einem guten Gefühl, einer entspannten Atmosphäre oder im entspannten Miteinander wird das Glück allerdings implizit mit genannt. Versteht man unter Glück die Verwirklichung familialer Wünsche in Form eines „volonté générale" (Rousseau), so könnte man für unsere Familie weihnachtliches Glück als ein gelingendes Miteinander definieren, das sich auf den ersten Blick durch drei Aspekte auszeichnet: durch Religiosität, Körperlichkeit und Ästhetik (s. unten).

Zum Verlauf des Weihnachtsabends

Nach dem kurzen Aufenthalt im Flur werden wir von der Familie in den ersten Stock in das Besucherzimmer geführt. Warum beginnt der Weihnachtsabend hier, im Gästezimmer? Dass das Ritual im Gästezimmer im ersten Stock stattfindet, sollte nicht überinterpretiert werden, hat dieser Sachverhalt doch zunächst pragmatische Gründe. Auf Nachfrage stellt sich heraus, dass sich im Erdgeschoss kein genügend großer Raum für vier Personen befindet und im ersten Stock das Gästezimmer für diesen Teil des Abends als der geeignete Raum erscheint. Die Versammlung im Gästezimmer ist nach der Begrüßung der zweite Akt der Vergemeinschaftung, der nun unmittelbar den Weihnachtsabend einleitet.

Dieser Teil des Rituals erinnert an die in Deutschland nicht unübliche Praxis, dass die Familie solange wartet, bis ein Familienmitglied den Beginn des Heiligen Abends durch ein Glöckchen einläutet. Da in der Regel der Weihnachtsbaum im Wohnzimmer steht, muss die Familie in einem anderen Raum auf dieses Zeichen warten. In früheren Jahren wurde diese Wartezeit den Kindern durch die einschlägige Fernsehsendung „Wir warten aufs Christkind" verkürzt. Das Warten in einem anderen Raum hatte aber auch u. a. den Zweck, dass so ein Geheimnis etabliert werden konnte. Denn die Geschenke kommen nicht von den Großeltern oder den Eltern, sondern vom Christkind oder vom Weihnachtsmann – so lautet die Version, die die kleineren Kinder von ihren Angehörigen erfahren. Für die Kinder bleibt es ein Geheimnis, wer, wann, wie und wozu die Festlichkeit des Wohnzimmers mit seinem Schmuck, den Lichtern, dem Tannenbaum und der Krippe hervorgebracht hat. Natürlich lässt sich der Brauch der Familie Rausch auch in Verbindung bringen mit der zu Weihnachten gehörenden Pilgerfahrt der Weisen aus dem Morgenland. Auch

Abbildung 1 Die Familie im Gästezimmer

wenn diese offiziell erst am 6. Januar an der Krippe zu Bethlehem ankommen, so wird dieser Sachverhalt mehr oder weniger bewusst einer katholischen Familie (noch) präsent sein und im familialen Unterbewusstsein eine Rolle spielen.

In unserem Falle scheint die Familie an diesem alten Ritual festgehalten zu haben. Das heißt, es wird ein Geheimnis inszeniert, von dem alle wissen, dass es keines mehr ist. Das Ritual im Gästezimmer beginnen zu lassen, dient der Vorbereitung auf Weihnachten, der Vergemeinschaftung durch den (religiösen) Gesang und es dient auch der traditionellen Arbeitsteilung, die vorsieht, dass die Eltern für ihre Kinder Weihnachten ausrichten.

Das ca. 12 qm große Gästezimmer besteht aus Bücherregalen, einem Sideboard, einer weißen Couch mit Sesseln und einem Tisch mit einem brennenden Adventskranz. Es wirkt aufgeräumt und – unterstützt durch die dominant weiße Farbe, den Adventskranz und die Kleidung der Familie – festlich. Diese stellt sich in einem Halbkreis um den Couchtisch auf, ergreift die bereitgelegten Gesangbücher und beginnt die ersten beiden Strophen von „Macht hoch die Tür, die Tor macht weit" zu singen.

Die Aufstellung scheint sich zufällig zu ergeben, sie wird jedenfalls nicht abgesprochen. Mutter und Freund stehen näher am Tisch, Vater und Tochter näher zur Tür hin. Die Atmosphäre ist nicht im Mindesten peinlich, auch wenn das familieninterne Singen generell aus der Mode gekommen ist. Auch als die beiden Männer jeweils ihre in die Gesangbücher eingelegten Zettel verlieren, singt die Familie konsequent weiter. In der Regel gibt die Mutter die Zahl des zu singenden Liedes und gelegentlich auch den Takt an. Der Freund der Tochter, der aus einem nicht religiösen Elternhaus stammt, gibt sich sichtbar Mühe beim Singen, auch wenn er weniger text- und liedsicher erscheint als die anderen Mitglieder. Insgesamt werden drei Lieder gesungen; nach dem schon erwähnten Kirchenlied folgen noch „Der Sohn ist uns geschenkt" und „O komm, o komm Emanuel". Auf den Beobachter – im Bild oben gut zu sehen – wirkt die Deckenlampe wie ein illuminierendes Zentrum. Nach etwa fünf Minuten verlässt der Vater nach kurzer Verständigung mit der Familie den Raum, um zum Wohnzimmer zu gehen. Eine eingespielte Rollenverteilung scheint hier deutlich zu werden: Es ist der Vater, der den Raum verlässt, während die Mutter mit den „Kindern" wartet, bis das Weihnachtsglöckchen am Wohnzimmer ertönt. Während Fr. Iwai und Hr. Innoue weiterhin im Gästezimmer bleiben, folge ich dem Vater.

Von dort ist nun ein weiteres Lied zu hören, das sozusagen Weihnachten herbeisingt: „Kling Glöckchen, klingelingeling ...". Da die Vorbereitungen, d.h. das Anzünden der Lichter und Kerzen im Wohnzimmer, für den Vater etwas länger dauert, muss die Familie im Gästezimmer vier Strophen singen, bis der Vater unten an der Wohnzimmertür das Glöckchen ertönen lässt. Daraufhin stimmt die Familie ein lateinisches Lied an: „Ecce domino", in das auch der Vater einfällt, als die Familie die Wohnzimmertür erreicht. Es folgen vier weitere Lieder, die vor dem Weihnachtsbaum gesungen werden, nämlich „Zu Bethlehem geboren", „Ich steh an deiner Krippe hier", „Nun freut euch ihr Christen" und „O du fröhliche". Insgesamt wirken die Lieder kräftiger und intensiver als im oberen Stockwerk; die Familie hat sich eingesungen und die Situation vor dem Weihnachtsbaum tut ihr Übriges. Denn das etwa 40 qm große Wohnzimmer, das idealtypisch in mehrere Zonen unterteilt werden kann: in den Bereich des Weihnachtsbaumes mit der Krippe und den Geschenken, in die gegenüberliegende Sitzecke vor dem Kamin, in den mittleren Teil mit Anrichte, Tisch und Klavier und schließlich in die Essecke mit gedecktem Tisch, wirkt zwar insgesamt sehr dunkel, doch durch die vielen Kerzen und die sehr sparsam eingesetzte elektrische Beleuchtung sehr festlich.

Das gemeinsame Singen wird nur kurz unterbrochen: Einmal verweist der Vater darauf, das kommende Lied etwas höher zu singen, die Tochter möchte „Stille Nacht, heilige Nacht" nicht gesungen haben und vor dem letzten Lied liest die Tochter die Weihnachtsgeschichte vor, indem sie sich mit dem Rücken zum Weihnachtsbaum und mit Blick auf die Familie positioniert. Nach dem letzten Lied wünscht man sich unter Umarmungen „Gesegnete Weihnachten": Es heißt in der Familie: „Jetzt ist Weihnachten".

Mit der Frage der Tochter: „Kann ich anfangen?", beginnt das Ritual des wechselseitigen Sich-Beschenkens. Während der Vater die elektrische Beleuchtung einschaltet und die Stereoanlage mit Weihnachtsmusik anstellt, fängt die Tochter an, ihre Geschenke zu öffnen; es folgen die Mutter und der Vater, der das Beschenken ein wenig schmunzelnd als „Albereien" tituliert. Es entsteht ein allgemeines Durcheinander. Geschenkt werden auf die individuellen Interessen des Beschenkten abgestimmte „Kleinigkeiten" wie Bilder, Kalender, Pfeffer und Salzstreuer, ein Türschild etc. Umarmungen bilden einen festen Bestandteil des Sich-Bedankens.

Idealtypisch verläuft der Prozess des Beschenkens folgendermaßen: Das Geschenk wird geöffnet, es wird sich durch Umarmung und Kuss bedankt und dann wird gemeinsam über das Geschenk geredet. Zwar wird der Vater aufgefordert, die Musik etwas leiser zu machen, was aber der insgesamt fröhlichen Stimmung keinen Abbruch tut. Nach etwa 20 Minuten ist die erste Geschenkphase vorbei. Aus dem Interview erfahren wir, dass die Familie traditionell das Geschenkritual über den gesamten Abend hin ausdehnt, so dass immer wieder Phasen des Schenkens sich abwechseln mit Zeiten, in denen das Essen vorbereitet, geredet, gegessen oder auch über die schon geöffneten Geschenke gesprochen wird. Im Verlaufe des Abends wechseln damit die familialen Schauplätze: Es entstehen immer wieder neue „Allianzen" zwischen den Familienmitgliedern, je nachdem welche Aufgaben und Funktionen sie in der Küche, im Wohnzimmer etc. übernommen haben bzw. übernehmen sollen, je nachdem, welche Kommunikationssituationen entstehen oder je nachdem, welche Bedürfnisse erfüllt werden. So gehen zum Abschluss der ersten Geschenkphase die Männer vor die Terrassentür, um eine Zigarette zu rauchen, während die Frauen in die Küche gehen, um das Essen vorzubereiten.

Die Familie hält sich jetzt, wenn sie sich im Wohnzimmer befindet, vorwiegend im mittleren Teil des Wohnzimmers auf. Es herrscht dabei ein Rhythmus von eher geschlossenen, gemeinsamen, kommunikativen Situationen und eher offenen, geschäftigen praktischen Handlungen von Einzelnen. Diese multilokale Interaktionsstruktur setzt sich bis zum Ende der Beobachtung fort. Im Interview ergänzt dann die Familie den weiteren Ablauf des Abends. Neben dem Kochen werden weiterhin Geschenke ausgepackt und – wenn es die Zeit erlaubt – auch ausprobiert. Nach einem ausgiebigen Essen sitzt man dann auf der Couch, besieht sich die Geschenke (noch einmal) und redet miteinander bis tief in die Nacht. Wichtig ist der Familie dabei, dass das Ablaufschema des Abends gewahrt bleibt.[2]

Die Transzendenz des Singens

Diesem Weihnachtsfest kommt für die Familie eine besondere Bedeutsamkeit zu. Nicht nur, und wahrscheinlich weniger darum, weil ein Forschungsteam während ihrer Feier anwesend, sondern vor allem deshalb, weil die Großmutter sehr schwer erkrankt ist. Es ist zu vermuten, dass eine Beobachtung an diesem Abend überhaupt nicht zustande gekommen wäre, wenn ein Forscher nicht mit der Familie befreundet gewesen wäre. An diesem Aspekt lässt sich aber schon ein wesentliches Moment von Ritualen ablesen: Sie bieten Sicherheit und auch Trost in schwierigen Situationen. Das zwar nicht vollständige, aber doch immerhin etwa eine Stunde lang praktizierte Weihnachtsritual dient auch der Krisenbewältigung (Wulf/Zirfas 2004a, S. 22). Das Ritual bietet eine Form der Ablenkung, aber auch eine Form der Antwort, die durch die gemeinsame Handlung erzeugt wirkt. Denn die gemeinsamen rituellen Aktionen des Weihnachtsfestes generieren eine Kraft, die mit der rituellen Solidarisierung verbunden ist und die über die Potentiale der Einzelnen hinausgeht. Es stellt sich allerdings die Frage, ob und inwieweit diese Funktion des Rituellen, das Ritual als Krisenbewältigung, eine genuine Form des Weihnachtsfestes darstellt. Denn dieses dient doch (auch) dazu, Ungewissheiten und Unsicherheiten in einen stabilen (transzendenten) Rahmen zu überführen, in dem es zu keinen Krisenerlebnissen und Enttäuschungserfahrungen kommen sollte.

Auffallend ist an diesem Abend die große Bedeutung der religiösen Musik. Denn in deutschen Wohnzimmern wird auch an Weihnachten immer weniger gesungen (Drösser 2009). Nur etwa ein Fünftel singt an Weihnachten selbst, während sich etwa drei von fünf Bundesbürgern mit Weihnachtsliedern von einer CD beschallen lassen. Doch in der Familie Rausch sind es nicht der Weihnachtsbaum oder auch die Krippe, die im Vordergrund stehen, sondern vielmehr das gemeinsame Singen. Bedeutsam erscheint die Musik vor allem dann, wenn sie im Singen selbst erzeugt wird. Denn anthropologisch betrachtet kommen dem Singen wichtige Bedeutungen zu. Singen ist eng verbunden mit Leiblichkeit und Emotionalität, aber auch mit unbewussten Aspekten der Persönlichkeit. Das Singen kann Alltagssorgen ausblenden, Stress abbauen, Stimmungen heben und dem Leben eine Struktur geben. Es ist zugleich Ausdruck von Innerlichkeit wie kommunikative Handlung, performatives In-Szene-Setzen wie Selbst- und Transzendenzerfahrung. Das gemeinsame Singen etabliert eine besondere Situation. Denn im Singen findet eine besondere Form der Vergemeinschaftung statt, die die beteiligten Menschen leiblich in ein symbolisches Universum des jeweilig Gesungenen integriert. „Diese Vereinigung geschieht im Medium der Leiblichkeit, aber anders als in der sexuellen

Abbildung 2 Die Familie vor dem Weihnachtsbaum

Begegnung bleibt die Distanz zwischen den beteiligten Menschen erhalten. Im gemeinsamen Singen erweitern sich die Ich- und die Gruppengrenzen, ohne daß, wie in den obsessiven Erlebnissen der Ekstase, das Bewußtsein ausgelöscht wird. Singen ist ein Verhalten mit transzendenter Tendenz" (Josuttis, zit. n. Bubmann 2008, S. 62f.).

Gerade weil das Singen heute in „Grenzbereiche" des alltäglichen Lebens verbannt erscheint – im Kindergarten, im schulischen Musikunterricht oder im Pfadfinderleben, im Fußballstadion oder Popkonzerten, bei Vereinen und Verbänden und natürlich auch im kirchlichen Gesang der Gläubigen –, etabliert das gemeinsame familiale Singen eine besondere Form von Identität und Intimität. Öffentliches Singen ist angesichts der zu etablierenden zivilen Selbstdisziplinierung peinlich bzw. jugendkulturell uncool oder angesichts der ubiquitären Pop- und Rockmusik überflüssig. Unterstreicht man den performativen Charakter des Singens, so wird im Singen Innerliches nicht nur expressiv formuliert, sondern performiert, d.h. hervorgebracht. Durch das Singen erzeugt die Familie eine besonders innige, körperliche Form der Vergemeinschaftung.

Das Singen kann einerseits traditionelle und erinnernde und andererseits zukunftsweisende und utopische Dimensionen enthalten. „In der Verschmelzung von Fremden und Eigenem wächst Identität, die keiner nur aus sich selbst bezieht, sondern immer auch in Anknüpfung an seine Herkunft, und sei's in Abgrenzung. Tradition ist das Reservoir unserer Identität. Singen ist deshalb immer auch Rollenhandeln, mit dem wir etwas uns Heutigen Fremdes darstellen, etwas repräsentieren, das zurück- oder vorausliegt" (Leube 2005, S. 18). Insofern ist gerade auch das religiöse Singen ein „Medium des Überschreitens und Transzendierens" (Bubmann 2008, S. 62) zu einem anderen, nicht alltäglichen Zustand.

In der Religion und in religiösen Kontexten kommt dem Singen noch einmal eine besondere Bedeutung zu: „In den meisten Kulten und religiösen Festen der Erde wird gesungen, um den (heiligen) Ort der Zeremonie akustisch zu markieren, die Dramaturgie der Veranstaltung zu steuern, heilige Atmosphären herzustellen oder religiöse Texte zu transportieren. Juden, Christen und Moslems erheben ihre Stimme zum Gesang, um zu beten und zu verkündigen. Wer singt, hofft auf Gehör bei Gott und den Menschen" (Bubmann 2008, S. 70).

Inwiefern lässt sich in dem beobachteten Sing-Ritual vom Heiligen oder von Transzendenz sprechen? Erzeugt und bedeutet das Singen von Liedern mit religiösem Inhalt schon automatisch, dass die Familie sich mit der Transzendenz in Verbindung bringt? Was ist hier der Familie heilig? Oder ist es vielleicht weniger der Inhalt (der religiösen Lieder), sondern eher die Form, die die Familie heiligt? Das würde bedeuten, dass das Ritual, und das damit zusammenhängende *Bild*, das die Familie von sich erzeugt, wiederholt und projektiert selbst als das eigentlich Heilige zu betrachten ist. In diesem Sinne wäre die explizite Religiosität nur eine Dimension einer impliziten Familiarität, die im Mittelpunkt des Abends steht. Damit wird das Heilige in die Praktiken und Haltungen, die Szenerien und Atmosphären, in die Kleidung und die Dekoraktionen involviert.

Wenn man den oben skizzierten Schritt der Verschiebung des Heiligen vom Religiösen hin zur Selbstheiligung der Familie im und durch das Ritual mitgeht, dann rücken die familiären Praktiken, die Inszenierungen und Stilisierungen in den Fokus. Das, was der Familie heilig erscheint und was sie in ihrem Verhalten und Handeln als heilig performiert, ist ein spezifischer *modus operandi*, Weihnachten zu feiern. Dieser ist insofern tabu, als er kaum verändert werden darf. Das Singen von religiösen Liedern bildet somit einen Teil des rituellen Rahmens dieses Abends, er eröffnet den Abend und traditionell schließt er ihn auch wieder durch den Gang in die Kirche: Diese Tradition wird allerdings in der Familie nicht mehr praktiziert, sondern gleichsam auf den nächsten Tag verschoben. Die Religion bildet hier die Brücke zwischen der Alltäglichkeit und der Festlichkeit, ein *Übergangsritus* am Heiligen Abend, der die Familie von der Alltagswelt ablöst, indem er sie im Gästezimmer versammelt, dort zu einer Festgemeinschaft umwandelt, die sich dann auf den

Weg ins Wohnzimmer begibt, in dem sie als „verwandelte" festlich-religiöse Gemeinschaft erscheint.

Das religiöse Singen an Weihnachten hat darüber hinaus für die Familie noch andere Funktionen und Bedeutsamkeiten: Es stellt einen zeitlichen Zusammenhang mit der musikalischen Tradition in der Großelternfamilie mütterlicherseits her, in der an Weihnachten viel gesungen, aber auch Klavier gespielt wurde. Es stellt eine besondere inkludierende Form der leiblichen familialen Vergemeinschaftung dar, was vor allem für den nicht-religiösen Freund der Tochter von besonderem Belang ist. Und schließlich dient das gemeinsame religiöse Singen auch der – im wahrsten Sinne des Wortes – familialen Einstimmung auf den gemeinsamen Abend und auf die zu feiernde Geburt Christi. Insofern bildet das religiöse Singen eine besondere Form der performativen Herstellung der Familie als Gemeinschaft (vgl. Audehm/Zirfas 2000). Wenn auch im Sinne Adornos in der (bürgerlichen) Hausmusik immer noch „ein sanktioniertes Schutzgebiet für Irrationalität" gesehen werden kann, so ist es doch gerade die besondere individuelle Form des Irrationalen, die aus den Familienmitgliedern an Weihnachten im Singen eine besondere Form von Gemeinschaft werden lässt, realisiert und beschwört dieses doch die „heile Welt" einer harmonisch vereinten Familie.

Die Symmetrisierung des Schenkens

Das zweite bedeutsame Ritual an diesem Abend ist das Schenken. Einerseits lässt sich die Bedeutung des Schenkens schon an der Quantität der Geschenke ablesen, andererseits aber auch an der Temporalisierung des Schenkens über

Abbildung 3 und 4 Die Geschenke unter dem Weihnachtsbaum

den ganzen Abend hinweg festmachen. Das Schenken scheint für die Familie bedeutsam zu sein, denn sie schenkt nicht nur viel, sondern nimmt sich für das Schenken zudem viel Zeit.

In der Moderne wird man in der Regel dann beschenkt, wenn es bestimmte Anlässe gibt, an Geburtstagen oder eben an Weihnachten, an denen bis zu 80 % aller finanziellen Ausgaben für Geschenke gemacht werden. Der nicht nur in unserer Familie zu beobachtende Ritus des Schenkens verläuft dabei über mehrere Stadien, die von der Idee eines Geschenks über Auswahl und Kauf, Verpackung und Präsentation unter dem Weihnachtsbaum bis hin zum (eigentlichen?) Akt des Schenkens selbst reichen: Traditionell gibt es an Weihnachten ein Überraschungsmoment des Schenkens, da zunächst nicht eindeutig ist, wer eigentlich der Schenkende ist. Während für Kinder zumeist noch der Weihnachtsmann oder das Christkind als die Schenkenden fungieren, wird unter Erwachsenen die Frage des Schenkenden in der Regel nach dem Auspacken der Geschenke geklärt. So auch bei Familie Rausch; hier sind meisten Geschenke verpackt, einige allerdings nicht.

Daher zunächst ein Wort zur Verpackung von Geschenken. Mit der Verpackung kann man zumindest signalisieren, dass man sich Mühe gemacht hat, wenn diese auch „eigentlich" dem Geschenk gelten sollte. Der Warencharakter soll, so könnte man sagen, durch die Einpackung „gemildert" werden, der ökonomische Wert hinter dem kulturellen verschwinden. Hier steckt die Transzendenz im Design, denn die Verpackung veredelt den fehlenden Luxus des Geschenkgegenstandes. Man kann hier natürlich auch kulturkritisch von einer doppelten Käuflichkeit sprechen, wenn die käuflichen Artikel nun auch noch käufliche Hüllen erhalten und damit der Rest von Individualität, dem man dem Geschenk mit einer persönlichen Schleife verleihen könnte, nun in einer völligen Beziehungslosigkeit aufgeht. Auf der anderen Seite signalisiert aber die Verpackung auch und zumal dann, wenn man die Geschenke selbst verpackt hat, einen zusätzlichen Aufwand, den man im Sinne der Zubeschenkenden betrieben hat. Und schließlich ersetzen die Verpackung und ihre Ästhetik zusehends den Inhalt und den Wert der Gegenstände und der Aktion des Schenkens, doch sie verweist zugleich auf etwas, was sich primär der Wahrnehmung entzieht. So macht eine Verpackung zunächst neugierig auf das Unverpackte, dient der Überraschung, denn sie steigert die Spannung beim Auspacken. „Die Verpackung bildet etwas ab, was im Original nicht in der Packung, sondern im Kopf ist" (Hoffmann-Axthelm 1984, S. 306). Auch die Verpackung transzendiert sich selbst im Hinblick auf die Phantasie, auf das in ihr enthaltende Geschenk und auch auf den Schenkenden. In diesem Sinne ist Weihnachten das Fest, an dem – auch in einem symbolischen Sinne – die geheimnisvolle Verpackung ablöst werden muss, um das eigentliche, verborgene Innere des Geschenks an den Tag zu bringen.

Um Stil und Bedeutung des beobachteten Schenkens an Weihnachten genauer zu beleuchten, wird hier der Umweg über eine kurze Skizze einer sehr bedeutsamen Geschenktheorie genommen. So wissen wir seit Marcel Mauss' Bahn brechendem *Essai sur le don*, dass das Schenken in bestimmten Kulturen eine immense Bedeutung besaß, die sich heute nur noch schwer erahnen lässt, weil es ein allumfassendes soziales System etablierte (Mauss 1990). Schenken ist dabei in ein komplexes soziales Geflecht eingebunden: Denn nach Mauss gehen in das Schenken nicht nur soziale, sondern auch politische, rechtliche, religiöse, ökonomische und ästhetische Dimensionen mit ein. Die von ihm beschriebene besondere Gabe, der *Potlatsch*, ist nicht ein Teil des Sozialen, er *ist* das soziale Leben. Das Schenken ist *politisch*, insofern es Verbindungen und Bündnisse zwischen den Clans zustandebringt und den Status der Beteiligten im Dorf festlegt, *juristisch*, weil mit ihm die Verpflichtungen bestehen, Gaben zu erwidern, *religiös*, weil die Feierlichkeit des Schenkens von magischen Momenten durchzogen ist, *ökonomisch*, weil sich auf der Grundlage des rituellen Schenkens Handel und Wirtschaft aufbauen und *ästhetisch*, weil die Durchführung der Feste mit Musik und Tanz begleitet wurde. Vor allem aber ist der Potlatsch *moralisch*. Zuerst gilt, dass man in diesen Gesellschaften zum Schenken verpflichtet ist. Dem anderen eine Gabe zu geben, ist keine freiwillige Handlung, sondern ein soziales Muss, kommt es doch gegebenenfalls beim Nicht-Schenken zum Krieg zwischen den einzelnen Clans. Diese Handlung ist kein individueller, sondern immer ein kollektiver Akt, denn der Häuptling des Stammes schenkt stets stellvertretend für den ganzen Stamm an einen anderen Clan. Je größer die Geschenke, desto besser, denn umso größer ist die Ehre, die man genießen kann, und die Statusgewinne, die sich mit ihnen verknüpfen lassen. Das Schenken schenkt Macht über den Empfänger, da dieser nun gezwungen ist, seinerseits wiederum zu schenken, um seine Ehre nicht aufs Spiel zu setzen.

Verfolgt man diese Perspektive der Gabe als totales soziales System, so wäre zu klären, inwieweit auch an Weihnachten politische, rechtliche, religiöse, ökonomische, ästhetische und auch pädagogische Dimensionen mit dem Schenken verbunden sind. Und es wäre zu klären, wie sich die Verpflichtung, an Weihnachten zu schenken aus historisch-kulturellen Zusammenhängen heraus entwickelt hat. Diese Notwendigkeit trifft auch auf das zweite Moment des Schenkens zu.

Die zweite rituelle Verpflichtung innerhalb des von Mauss rekonstruierten Geschenksystems besteht im Annehmen der Güter. Egal, was geschenkt wird, man muss es zunächst behalten! Denn mit dem Annehmen des Geschenkes entsteht eine Form der Verbindlichkeit, die materiell und immateriell zugleich ist – materiell, da der Beschenkte verpflichtet ist, den gewonnenen überschüssigen Reichtum irgendwann zurückzuerstatten, und immateriell, da mit dem Geschenk auch eine seelisch-magische Verbindung zwischen Gebendem und Nehmendem zustande gekommen ist. Nach Mauss geht in das Schenken immer ein Moment der Reziprozität mit ein. Schenken ist ein kommunikativer Akt, der Beziehungen etabliert, die von beiden kommunikativen Partnern getragen werden müssen. Der Gebende und der Nehmende sind in ein wechselseitiges Spiel von Pflichten und Rechten eingebunden.

Schon die Grimms haben in ihrem Wörterbuch darauf hingewiesen, das Geben und Nehmen „sich ergänzende Gegenstücke darstellen, und dass sich die Begriffe „an einander entwickelt haben". Sie machen dabei auf den interessanten Sachverhalt aufmerksam, dass es ein Nehmen ohne entsprechendes Geben gibt (man könnte hier an das Wegnehmen denken), aber dass jedes Geben ein Annehmen des anderen impliziert (Grimm/Grimm 2006, Bd. 4, Sp. 1668 f.). Wer gibt, nimmt den anderen schon als anderen wahr und er kann geben, weil es den anderen gibt. Geht man mit Mauss von dem Gedanken aus, dass in jedem Schenken sich gleichzeitig der Schenkende selbst mitschenkt, d. h. von einer nicht trennbaren Einheit von Sache und Person – in der heutigen Zeit nivelliert zu der normativen Idee, dass der Schenkende gerne, mit besonderem Bezug zum Beschenkten oder aus gründlichen Überlegungen heraus schenken sollte –, so wird die besondere anthropologische und emotionale Bedeutsamkeit des Schenkens deutlich.

Nach Mauss besteht die dritte Verpflichtung dann im Erwidern der Gabe, das sich durch mehrere Überlegungen auszeichnet. Wenn davon auszugehen ist, dass in das Geschenk immer auch etwas von der Seele und dem Geist des Schenkers eingeht, bedeutet dies, dass im Geschenk der Gebende sich selbst mitschenkt. So erscheint es in diesen magischen Welten natürlich, dass man den anderen sich selbst zurückgibt, indem man dasselbe Geschenk zurückerstattet. Ansonsten liefe man Gefahr, dass die heiligen Kräfte ihre negativen Einflüsse auf den Beschenkten stark machen würden. Wenn jedes veranstaltete Fest erwidert werden muss, so erarbeitet man sich in materiell guten Zeiten, in denen man solche Feste ausrichtet, einen Kredit für die Zukunft, legt sich ein Sparkonto für schlechte Zeiten an. Irgendwann gleichen sich die sozialen Geschenkkontostände dann aus. Wenn man oft genug mit den anderen gefeiert hat, so verfestigen sich die Bündnisse und Freundschaften. Das gemeinsame Hin und Her von Gaben und Gütern sorgt für ein friedliches Miteinander trotz der latent wettkampfartigen Geschenkstruktur. Jeder vertraut dem anderen, respektiert ihn und seine Güter und schenkt bereitwillig zurück.

In der Moderne untersteht das Schenken anderen normativen Erwartungen: Schenken sollte etwa selbstlos und altruistisch sein; es sollte den Bedürfnissen des anderen gerecht werden und (finanziell) angemessen sein; es sollte dasjenige geschenkt werden, was weder total überflüssig noch total nutzlos ist. Denn wäre es total überflüssig, so wäre es eher eine Last denn eine Bereicherung; wäre es aber nur nützlich, so erscheint es nicht nur äußerst prosaisch, sondern der Beschenkte hätte es sich auch selbst kaufen können. Die fundamentalste Funktion des Schenkens scheint aber in der Etablierung und Aufrechterhaltung des Sozialen zu bestehen. Geschenke symbolisieren die sozialen Beziehungen und den Wert, den man den anderen und sich selbst beimisst. Gelegentlich funktionieren natürlich auch Beziehungen, die völlig ohne Geschenke auskommen und trotzdem nicht zusammenbrechen, doch im Allgemeinen erhalten kleinere und größere Gesten des Schenkens die wechselseitigen Beziehungen aufrecht. Mit Geschenken kann man Beziehungen festigen und anbahnen, denn wenn man Freunden und Familienmitgliedern Geschenke macht, so machen (gelegentlich) auch Geschenke Freunde und Familie.

Dem Schenken kommt in unserer Familie, so die nun leitende These, deshalb eine so große Bedeutung zu, weil es nicht nur die Reziprozität, sondern vor allem die *symmetrische Reziprozität* zwischen den Familienmitgliedern unterstreichen soll. Die bedeutsamste performative Geste der Familie besteht in diesem Sinne darin, dass das Schenken und Nehmen zwischen den Generationen die Intention einer symmetrischen Vergemeinschaftung verfolgt. Die Familienmitglieder beschenken sich wechselseitig, d. h. dass in wechselseitigen Allianzen Schenkende und Beschenkte entstehen. Das kann unter anderem bedeuten, dass auch eine Person (z. B. die Tochter) nur von einer Person (z. B. dem Freund) beschenkt wird; das kann aber auch heißen, dass eine Person (z. B. der Vater) von allen anderen beschenkt wird. Durch diese Form des Beschenkens soll ein symmetrisches Netz des Schenkens und Beschenktwerdens hergestellt werden, das die unterschiedlichen Verknüpfungen zwischen den Beteiligten möglich macht. Dass dieses Netz über den gesamten Abend hin geknüpft wird, macht zum einen deutlich, wie intensiv die Familie diese performative Praxis nutzt, um ihre symmetrischen Beziehungen zu gestalten; zum anderen verweist diese zeitextensive Nutzung darauf, dass man sich für diese soziale Form der Integration buchstäblich Zeit nimmt bzw. dieser Zeit gibt.

In diesem Sinne lässt sich an die Geschenkpraxis der Familie natürlich ein ideologischer Vorbehalt herantragen, wird doch die Ideologie der Symmetrie durch die Faktizität der Asymmetrie unterlaufen. Es sind die Eltern, die – auch

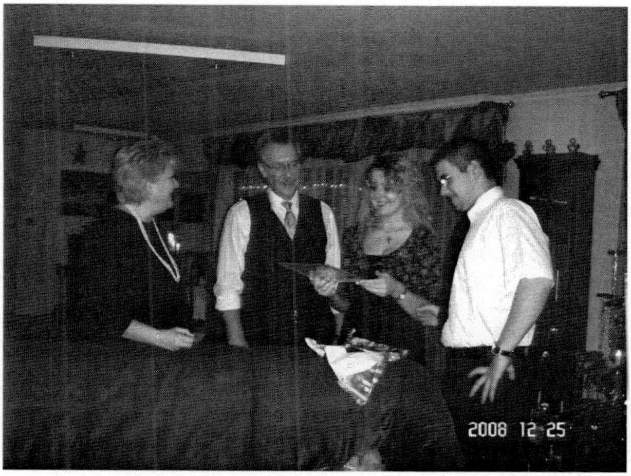

Abbildung 5 Der Vater wird beschenkt

vermittelt über das Taschengeld der Tochter – letztlich für fast alle Geschenke aufgekommen sind; die Ausnahmen bilden natürlich die Geschenke des Freundes der Tochter.

Insofern scheint auch in der beobachteten Schenkpraxis unserer Familie etwas von dem alten, magischen Schenken an Weihnachten durch, indem man die Geschenke von „Personen" bekommt, die man nur immateriell zurückbeschenken kann: Denn da traditionell die Geschenke vom Nikolaus, Weihnachtsmann und Christkind kommen, kann man sich diesen gegenüber nur durch korrektes Wohlverhalten bedanken. Die Anonymität des Schenkenden sicherte und sichert immer noch der bürgerlichen Pädagogik eine Unangreifbarkeit ihrer sittlich-normativen Forderungen. Man kann sich beim Christkind nur durch artiges Verhalten bedanken. Gilt eine gewisse Form dieser Logik ohne die religiöse Verkennung auch noch in unserer Familie? Kann man sich den Eltern nur durch ein besonderes Verhalten und eine spezifische Emotionalität dankbar erweisen? Regiert im Akt des Schenkens immer noch ein pädagogischer Gestus der normativen Familiarisierung, obwohl die mythischen Gestalten vielfach von den profanen Eltern abgelöst worden sind? Positiv lässt sich dagegen die (versuchte) Symmetrisierung an das pädagogische Paradox der Neuzeit anschließen, Kinder und Jugendliche immer schon so zu behandeln, *als ob* sie erwachsen sind, d.h. gegenwärtig als solche Subjekte zu verstehen und zu behandeln, die sie immer erst noch werden sollen (und wollen). Insofern lässt sich das Schenken auch als ein pädagogischer Akt verstehen, in dem Kinder lernen, erwachsen zu werden, indem man mit ihnen als Als-ob-Erwachsenen umgeht. Die Familie etabliert damit eher ein regulatives als ein konstitutives Modell des symmetrischen Schenkens, in dem dem Kind bzw. den Kindern ein großer Eigenbereich eingeräumt wird. Und natürlich lässt sich – generationenübergreifend – auch von einer Prozessualität der Symmetrisierung sprechen, denn jeder Schenkende war selbst als Kind einmal der Beschenkte und jeder Beschenkte soll in Zukunft einmal Schenkender werden.

Damit wird auch deutlich, dass das Verhalten der Familie durchaus typisch ist; denn nicht nur aus immer wieder erfolgten quantitativen empirischen Untersuchungen wird deutlich, dass das Schenken an Weihnachten asymmetrisch zwischen den Generationen, d.h. von der schenkenden älteren zur jüngeren beschenkten Generation verläuft; auch unsere eigenen ethnographischen Beobachtungen in Deutschland und Japan haben diese Asymmetrie wieder feststellen können. Im Schenken unserer Familie geht es dezidiert nicht um eine Machtdemonstration (im Sinne von Mauss), sondern um den Versuch, symmetrische Beziehungen zwischen den Generationen herzustellen.

Während Weber-Kellermann in ihrer Studie zum Weihnachtsfest den pädagogischen Gestus betont, der aus der Adventszeit und dem Fest selbst ein pädagogisches Programm der Artigkeit werden lässt, und damit implizit die asymmetrischen Verhältnisse in der Familie betont (Weber-Kellermann 1987, bes. S. 42ff.), so lässt sich demgegenüber im Beobachtungs- und Interviewmaterial unserer Familie eher vom Versuch einer Ent-Pädagogisierung und einer Symmetrisierung der Familienmitglieder sprechen. So verweist zwar die Praxis des Schenkens selbst am Weihnachtsabend auf symmetrische Elemente, doch in den Vorbereitungen, im Lesen der Weihnachtsgeschichte und auch noch in den Geschenken selbst lassen sich noch Restformen des pädagogischen Programms finden. Hier geht es nicht mehr um die Anpassung des kindlichen Wohlverhaltens an die bürgerlichen Normen der Gesellschaft, die das Kind in Form von Gedichten und musikalischen Vorträgen am Weihnachtsabend unter Beweis zu stellen hatte, sondern um die Etablierung eines familiären Miteinanders, das den Familiensinn hervorbringt und die familiären Traditionen aufrechterhält. So verweist die Mutter im Interview nach Weihnachten (s. ausführlich weiter unten) darauf, dass sie der Tochter neue Handtücher geschenkt haben, um ihr den „Abschied von der Kindheit zu erleichtern". Dieser Abschied falle ihr wohl deshalb schwer, weil die Kindheit selbst sehr schön gewesen sei. Allerdings habe diese pädagogische Maßnahme nicht funktioniert: Die Dino-Handtücher der Kindheit seien weiterhin im Gebrauch.

Das Erwidern der Gabe erfolgt in unserer Familie betont körperlich. Was aber heißt, sich körperlich zu bedanken? Arbeitet man hier mit gängigen Differenzierungen von phänomenologischen Körperbetrachtungen, so bekommt man mehrere Perspektiven in den Blick, nämlich den Sinnenleib, der das Organ der Wahrnehmung und des Bewusstseins umfasst, den Werkzeugleib, der die Basis und das Material des Handelns darstellt, den Erscheinungsleib, der als Medium der Selbst- und Rollendarstellung dient (Bittner 1990), den Symbolleib, der als Zeichenträger sichtbar wird, und den Sozialleib, der reale und imaginäre Beziehungen realisiert (Funke-Wieneke 1995). Diese Differenzierungen zugrunde legend, lässt sich der körperliche Stil des Bedankens in der Familie genauer bestimmen; dabei wird auf den Körper des Sich-Bedankenden fokussiert. Die hierbei zu beobachtenden, je nach Konstellation des Bedankens unterschiedlichen körperlichen Kontakte, wie sie zwischen Mutter und Tochter, Vater und Mutter etc. zum Ausdruck kommen, werden dabei zugunsten einer abstrahierenden Form des Sichbedankens, die sich *grosso modo* in allen Aktionen zeigt, vernachlässigt.

Sinnlich betrachtet spielt die körperliche *Nähe* eine Rolle, insofern im Küssen und Sichumarmen beim Bedanken die Nahsinne des Riechens, Schmeckens und Tastens eine große Rolle spielen. Der gesuchte Körperkontakt ermöglicht somit eine größere und intensivere sinnliche Nähe. Darüber hinaus dient der Körper als Werkzeug; hierbei kommen die Bewegungen und das Verhalten der Beteiligten in den Blick. In diesem Sinne ist die unmittelbare *Bewegung zum Körper* des anderen beim Danken von Belang. Das Aufeinanderzugehen, Sich-in-die-Arme-Fallen, Sich-Küssen etc. stellt ein (spontanes) Verhalten dar, das man als ein sich dem anderen (auch) körperliches – und nicht nur sprachliches – Widerschenken verstehen kann. Unter dem Aspekt des Erscheinungsleibes lassen sich vor allem Momente der *Freude* und der Anerkennung der Aufmerksamkeit ablesen. Man kann hier durchaus von einem sich ausdrückenden Glück der Aufmerksamkeit sprechen. Der Körper beweist hier nicht nur ein praktisches Wissen, ein *knowing how* für solche Situationen, das als standardisiertes Alltagswissen die reziproken Erwartungen von Schenkendem und Beschenkten „abruft". Im Zusammenhang mit der festlichen Kleidung ergibt sich eine besondere, sozusagen potenzierte festliche Freude. Im symbolischen Blickwinkel kommen die durch die körperlichen Aktionen und durch die körperlichen Haltungen repräsentierten Bedeutungsebenen in den Blick. Doch was zeigt diese (besondere) familiäre Form des Sichbedankens an?

Die beim Bedanken verwendeten körperlichen Gesten symbolisieren ein Höchstmaß an *Intimität*. In diesem ist der Kuss die vielleicht aussagekräftigste symbolische Geste, da er einerseits auf frühkindliche Erfahrungen vor allem der oralen Phase verweist, bei denen das Küssen mit einem Höchstmaß an Befriedigung und Lust verbunden war, und weil er andererseits, kulturell betrachtet, Verbundenheit und Liebe signalisiert. Und schließlich ist auch noch der soziale Aspekt der Körperlichkeit zu bedenken. Gemeinschaften bilden sich auch durch gemeinsame körperliche Vollzüge. Das – im wahrsten Sinne des Wortes – Sichanschmiegen an den anderen bekräftigt die körperliche *Zusammengehörigkeit* auf einer realen wie imaginären Ebene. Eine Familie zu bilden, bedeutet eben auch, sich an den anderen körperlich anzuschließen. Das Soziale der Familie bildet sich somit – auch oder vor allem – in (mikro-)rituellen Sequenzen der körperlichen Zusammenschlüsse. Die dabei verwendeten „kleinen" Gesten des Umarmens, Küssens, Betastens etc. evozieren eine jeweils spezifisch familiäre Körperlichkeit, die einen imaginären Familienkörper herstellt. Das Soziale der Familie ergibt sich aus einem kollektiven Familienkörper, der als Ausdruck eines körperlichen, harmonischen Glücks verstanden werden kann.

Fassen wir nun die Ergebnisse der phänomenalen Körperzugänge im Bedanken zusammen, so zeigt sich folgendes Bild: Die Familie praktiziert im Schenken eine körperliche Bewegung zum anderen (Körper) hin, die mit sinnlicher Nähe, festlicher Freude, Intimität und Zusammengehörigkeit verbunden ist. Tasten und Berühren lässt uns die Gegenstände und andere Menschen unmittelbar empfinden. Mit der Hand vergewissern wir uns der Welt, wir begreifen sie. Die Hand macht uns die Grenze von Ich und Welt, von Selbst und Anderem, aber auch deren Verbindungen erfahrbar. Im Bewusstwerden der Widerständigkeit geht das Bewusstwerden der Gegenständlichkeit mit ein; die Materialität der Menschen und Gegenstände verweist uns auf und weist uns in unsere Grenzen; sie verweist uns aber auch auf und in die Beziehungen zu anderen. Besonders die taktile Kommunikation mit anderen Menschen lässt uns nicht bloß deren Existenz gewahr werden, gehen im Berühren und Berührtwerden doch immer auch emotionale und soziale Qualitäten mit ein. Daher sind die Berührungen im Form von Umarmungen während des Dankens nach dem Erhalt von Geschenken enorm bedeutsam. Die Familie erzeugt in diesen Gesten des wechselseitigen Sich-körperlich-Beschenkens eine besondere Form des kollektiven Körpers, der auf einer symmetrischen Ebene familiäre Glücksmomente zum Ausdruck bringt. Schenken und Sich-Bedanken haben hier nicht nur etwas mit einer Grenzüberschreitung zu tun, mit der ein Verlassen der Sphären des Kosten-Nutzen-Denkens, mit Luxuriosität und (religiöser) Transzendenz einhergeht, sondern zielen auch auf eine körperliche Transzendenz hin zu einer familiären Glücksgemeinschaft.

Die ästhetische Gestaltung

Der gesamte Raum des Wohnzimmers ist weihnachtlich und festlich geschmückt. Doch im Grunde fängt der Schmuck schon im Flur an, in dem mehrere Adventskalender aufgehängt sind. Tritt man nun vom Flur ins Wohnzimmer, so fallen einem direkt der Weihnachtsbaum, der mit roten und silbernen Kugeln sowie Lametta und Lichterketten behängt ist, die darunter liegenden Geschenke sowie die Krippe ins Auge. In dieser finden wir die Heilige Familie versammelt: Maria, Josef und das Christuskind sowie Ochse und Esel, die Heiligen Drei Könige mit Kamel, ein Hirte mit Schafen und auf dem Dach der Krippe den Verkündigungsengel und den Stern von Bethlehem. Doch nicht nur der Teil des Wohnzimmers, in dem der Weihnachtsbaum und die Krippe stehen, haben einen besonderen Charakter, sondern auch die übrigen Teile. So finden sich auf der Anrichte ein weihnachtliches Dorf mit Pyramide, Pfeifenmännchen, einem Adventskranz, Kerzen und einer alten Bibel, auf dem Couchtisch ist ein Weihnachtsgesteck, ein Weihnachtsmann und Gabenteller mit Süßigkeiten platziert, am Kamin findet sich Weihnachtsschmuck aller Art, an der Decke hängen ein Weihnachtsstern und ein Mistelstrauch, den Esstisch schmücken eine weiße Tischdecke mit Stickereien, Silberbesteck, weißes KPM-Geschirr und ein Kerzenlöscher sowie Kerzen, Sterne, Tannengrün und Kandelaber; vom Deckenleuchter herab hängen über ihm Dekorsterne in verschiedenen Größen. Selbst an den Fenstern erkennt man Sterne und Lichterketten in unterschiedlichen Größen und Farben. Und auch die Krippe findet ihr Pendant in einem anderen Krippenspiel, das sich in der Mitte des Wohnzimmers auf einem höheren Tisch zusammen mit einer großen Marienstatue, Kerzen, Blumen und gebastelten Sternen befindet.

Abbildung 6 Die Krippe am Weihnachtsbaum

Abbildung 7 Die Krippe im Wohnzimmer

Schmücken kann als ein performativer Akt verstanden werden, der eine neue, andere Wirklichkeit hervorheben möchte. Insofern die Familie sich selbst durch festliche Kleidung und die Wohnung durch festliche Gegenstände schmückt, wird eine besondere Atmosphäre erzeugt, die das Besondere der Situation betont. Zudem wird eine ästhetische Korrespondenz zwischen Körper und Raum erzeugt. Die Ästhetisierung des Festes zielt dabei auf drei Aspekte: auf die sinnliche Wahrnehmung *(aisthesis)*, auf die Gestaltung und auf die Interaktionen.

Gehen wir zunächst von der *aisthesis* aus. Unter Aisthesis wird die sinnliche Wahrnehmung – in der Einheit und im Zusammenspiel aller Sinne – oder die Sinnesempfindung verstanden; sie zielt auf das, was die Sinne beschäftigt, was den Menschen mit Empfindungen und Gefühlen verknüpft und mit Bewusstsein – nicht als reflexive Durchdringung eines Sachverhaltes, sondern – als einer Form des Beteiligtseins erfüllt. Seit Aristoteles steht das Aisthetische oftmals in Spannung zum Ästhetischen, welche als seine Vollendungsform gilt, da in ihm Momente des Kosmetischen, Schönen und der Versöhnung aufgehoben sind.

Diese historisch-theoretischen Reflexionen lassen sich gut auf den erlebten Weihnachtsabend beziehen. Die von der Familie gestalteten Räumlichkeiten sprechen die Sinnlichkeiten an. Sie fordern sie geradezu heraus. Durch eine recht dunkle Raumgestaltung strahlen nicht nur die angezündeten Lichter heller, sondern auch die übrigen Sinne erscheinen in besonderer Weise tangiert. Dass Weihnachten (auch) ein Fest der Sinne ist, wird hier durch die ästhetische Stilisierung unterstrichen. Sie erhöht den Erscheinungscharakter von Menschen, Räumen und Dingen. In der Gestaltung von Selbst und Welt werden hier Indizien eines spezifischen Lebensstils deutlich, in dem die Liebe zum Detail, die Opulenz, die Gediegenheit und Prächtigkeit sowie die Großzügigkeit eine Rolle spielen.

Die festlich erzeugte Dämmerung des Wohnzimmers hat einen hohen Ingressionsgehalt, d.h. dass man sehr stark in sie hineingezogen wird (vgl. Böhme 2001, S. 47). Zunächst ist mit dem Weihnachtsbaum ein Sog an Lichtern verbunden, dem man sich schwer entziehen kann. Doch auch nach dem Anzünden der dezenten Deckenbeleuchtung bleibt durch die vielen Kerzen der Charakter des sinnlich Besonderen erhalten.

Die Festlichkeit der Kleidung mit den dominanten Farben schwarz und weiß wird lediglich durch einige Details gebrochen: etwa durch die hochgekrempelten Ärmel des Vaters und das kurze Hemd des Freundes; ebenso verhindert die etwas zu knappe Bluse der Tochter ein völliges steifes Auftreten wie auch die fehlenden Schuhe ihres Freundes, der somit in weißen Socken erscheint. Mit der Veränderung in der sinnlichen Wahrnehmung des Raumes geht auch eine Veränderung des zeitlichen Empfindens einher. Die Gegenwart bekommt eine größere, intensivere Bedeutung. Und zugleich ist mit den inszenierten Momenten der Großzügigkeit, Opulenz, Detailliertheit und Prächtigkeit etc. eine besondere Form der sinnlichen Sozialität impliziert. Man fühlt sich „gefangen" in einer besonderen Atmosphäre. Diese Verwandlung zielt auf eine körperlich-religiöse Vergemeinschaftung, in der die sinnlichen Momente im Vordergrund stehen. Angesprochen werden alle Sinne, die Fernsinne ebenso wie die Nahsinne.

Da aber oftmals nur die Fernsinne eine nähere Betrachtung finden, sollen hier die beiden Nahsinne Geruch und Geschmack dezidiert vorgestellt werden. Der Geruchssinn bringt uns nicht einfach Gegenstände zum Bewusstsein, da er weder Richtungen noch Orte eindeutig identifizieren kann; erst wenn ein Gegenstand mit den anderen Sinnen erfasst wurde, kann ihn der Geruchssinn „lokalisieren". Allerdings ist dieser Sinn wie kein anderer in der Lage, uns in der Welt „aufgehen" zu lassen. Im Riechen befinde ich mich in einer ganzheitlichen Welt, die mich von allen Seiten umgibt. Gerüche definieren in hohem Maße den Raum, in dem wir uns bewegen, ohne dass sie uns dabei eine Orientierungshilfe geben würden. Der Geruchssinn verbindet uns in einem elementaren Sinn mit der Atmosphäre einer Situation, verstärkt die emotionale Teilnahme am Raum und seinen Gegebenheiten. Die Atmosphäre – aus: *atmos* (= Dampf, Dunst, Rauch) und *sphaira* (= Ball, Kugel) –, mithin der Dunstkreis und die Ausstrahlung eines Raumes nehmen wir in hohem Maße auch durch den Geruch wahr: „Die Atmosphäre ist die spezifische Relevanz des Wahrnehmungsgegenstandes oder die erfahrene Werthaftigkeit der Welt. [...] Aura ist geruchlich erfasste Atmosphäre und zugleich das Kernstück der atmosphärischen Erfahrung überhaupt" (Hauskeller 1995, S. 101). Ob wir uns in Räumen willkommen und aufgehoben oder abgestoßen und isoliert fühlen, wird auch durch die Geruchsempfindung entscheidend mitbestimmt. Weltvertrautheit und -sicherheit, Weltangst und Ausgrenzung, das Erfahren von Heimat oder die Wahrnehmung von Fremde wird olfaktorisch vermittelt.

Die Bedeutung der Leistungen des Geruchs für die rituelle Aisthesis im Rahmen des Weihnachtsfestes besteht vor allem in drei Momenten. Zum einen in der Wahrnehmung, Interpretation und Bewertung von Gerüchen in einem engeren aisthesiologischen Sinne, der die Menschen mit dem Raum und der Atmosphäre (Weihrauch) verbindet; zum anderen erscheint er in einem sozialen Sinne von Belang, bilden doch Geruchswelten immer auch soziale und kulturelle Welten und damit die Gelegenheit gemeinschaftsbildend zu wirken. Und drittens bildet der Geruch ein eminentes Medium der Erinnerungs-

und Gedächtnisleistungen, die für jede Form von aisthetischer Ritualität von Belang ist.

Die Gerüche dieses Abends integrieren die Familie in eine besonders aromatische Welt: Weihnachten lässt sich ohne den Duft von Kerzen und Weihrauch, von Gebäck und Kuchen und den Geschmack an einem genussvollen Essen nicht vorstellen. Weihnachten, das ist nicht nur ein Fest des Sehens, Hörens und Tastens, sondern auch ein Fest des Riechens und Schmeckens. Die Küche, die Kirche, der Weihnachtsmarkt und das Wohnzimmer werden dann zu Orten, an denen besondere Geschmacks- und Geruchssensationen hergestellt und genossen werden. Natürlich haben die spezifischen Weihnachtsgeschmacks und -geruchswelten mittlerweile einen durch die Ökonomie beeinflussten Prozess der Nivellierung und Standardisierung durchlaufen. Und trotzdem signalisieren diese ritualisierten sinnlichen Welten noch ein Gefühl von Genüssen und Annehmlichkeiten, die, zumal als Nest- oder Familiengerüche, Geborgenheit signalisieren können. Gerüche und Geschmäcker vermitteln die Menschen in einzigartiger Weise mit Gegenständen, anderen Menschen, aber auch mit sich selbst und ihren eigenen Erinnerungen. Riechen und Schmecken geben nicht nur Weihnachten, sondern dem Leben insgesamt eine leibliche Struktur, weil sie die Menschen in die Welt und die Welt in die Menschen verwickeln. Sie sind verantwortlich für Identitäten, Beziehungen, Erinnerungen – und für das Religiöse (Zirfas 2008). Deshalb wird auch in unserer Familie darauf Wert gelegt, dass die Plätzchen immer noch nach einem alten Rezept selbst gebacken werden.

Mit dem Geruch ist eng verbunden der Geschmack. Das gemeinsame Essen, Trinken und Feiern im Ritual sind konstitutive Teile von Weihnachten; hier

Abbildung 8 Das Familiengebäck

lassen sich Formen des wechselseitigen Wahrnehmung und einer leiblichen Vergemeinschaftung ausmachen, die sich über kollektive Geschmackswelten erzeugen. Der Geschmack setzt die leibliche und sinnliche Teilnahme an materiellen, kulturellen oder sozialen Sachverhalten voraus: Ich habe mir Gegenstände einverleibt, zu Gemüte geführt oder ihre soziale Bedeutungs- und Verwendungsweise kennen gelernt. Im Schmecken findet eine elementare Identitäts- und Weltbildung statt. Im sich spürenden Riechen und Schmecken lässt sich der Mensch in je besonderer Weise auf sich und die Welt ein. „Der Geschmack ist ein Kuß, den der Mund sich selbst vermittels der schmackhaften Speise gibt. Mit einem Male erkennt er sich, wird sich seiner selbst bewußt, existiert für sich" (Serres 1993, S. 299). Schmecken differenziert nicht nur in einem biologischen und sozialen Sinne, sondern verwickelt den Menschen auch mit der Welt, ermöglicht ein emphatisches Erkennen von Selbst, Welt und Anderem.

So wird das gemeinsame Essen dazu genutzt, um soziale Zugehörigkeiten und Gemeinsamkeiten herzustellen, wie bei alltäglichen oder religiösen Mahlzeiten, wie bei Mahlzeiten anlässlich von Friedens- und Vertragsverhandlungen – oder eben auch und vor allem: wie beim Essen an Weihnachten. Insofern ist das Essen auf einer (religiös-)symbolischen Ebene ein Versprechen des Sozialen, ein Ort der Kommunion, in dem der Empfang des Mahls zugleich die Öffnung zur Gemeinschaft bedeutet (vgl. Barlösius 1999). Und so können wir bei Susanne Langer (1984, S. 158) lesen: „Aber die überzeugendste symbolische Geste ist die des Essens". Der Essenstisch ist ein symbolischer Ort des Übergangs, der die vereinzelten Mitglieder z. B. einer Familie zum gemeinschaftlichen Schmecken und einem gemeinsamen Geschmack versammelt.

Dass am Esstisch das Soziale über das Individuelle seinen Sieg davonträgt, hat vor allem Georg Simmel herausgearbeitet. Simmel geht dabei von einem Paradox aus: Was ich esse, schmeckt nur mir alleine, da es von keinem anderen gegessen werden kann. Doch wenn alle gemeinsam essen und das darüber hinaus häufig tun, kann die „exklusive Selbstsucht des Essens" eine Form der Vergemeinschaftung erreichen, die selbst „durch höher gelegene und geistige Veranlassungen" kaum jemals erzielt wird, so Georg Simmel (1957, S. 244). Die mit dem Essen vor allem verbundenen sinnlichen Wahrnehmungen sind, im Gegensatz zu Hören, Sehen (und Tasten), eher unsozial, weil die mit ihnen verbundenen Gefühle und Affekte im individuellen Esser selbst verhaftet verbleiben. Doch kann dieser kulinarische Egoismus durch die Kultivierungsleistungen und Sozialisierungsprozesse von gemeinsamen Mahlzeiten aufgehoben werden, die wiederum leibliche Effekte, „stoffliche Interessen" zeitigen.

Simmel versteht die Mahlzeit vor allem als soziale Ästhetisierung organischer Bedürfnisse, die das Individuum mit der Gesellschaft verbindet. Dazu rechnet er die Regelmäßigkeit einer gemeinsamen Mahlzeit, den geregelten Handlungsablauf beim Essen, die Normierung von Essgebärden, die Hierarchie bei Mahlzeiten, d.h. die Suppe wird zuerst gegessen etc., das Essen von abgeschlossenen, individuellen Tellern, das durch das Essen von gleichem Geschirr in einer höheren formalen Gemeinsamkeit aufgehoben wird, und die ästhetische Gestaltung und Präsentation von Speisen, Esstischen und Esszimmern.

Das gemeinschaftliche Essen wäre unter dem physiologischen Aspekt der Nahrungsaufnahme somit nicht als natürlicher Ausdruck der sozialen Verfasstheit des Menschen zu interpretieren, sondern als ein ritualisierter Versuch der Gemeinschaft, die unverfügbaren Grenzen der Gemeinschaft zu definieren und aufrechtzuerhalten. Das gemeinschaftliche Essen wäre so die symbolische Geste *par excellence,* weil es dem Einzelnen die Gemeinschaft dort noch deutlich macht, wo er den größten Abstand zu ihr hat. Der (Essens-) Geschmack sichert die leibliche und soziale Zugehörigkeit und Einbindung in Gemeinschaften und Kulturen (vgl. Zirfas 2011).

Das Glück der Erfahrung: Die Kleinigkeiten

Das Interview erfolgte am 26.12. 2008 um 12 Uhr und dauerte genau 69 Minuten. Anwesend waren alle oben genannten Forscher und die Familie; der Freund der Tochter fehlte. Im Folgenden wird der Chronologie des Interviews nicht streng gefolgt. Im Sinne einer *(philosophischen) Ethnographie* des familiären Stils der Beschreibung und Herstellung von Glück wird daher eher strukturell und begrifflich denn chronologisch argumentiert, geht es doch darum, die gemeinsamen familiären Perspektiven in Bezug auf das Glück herauszuarbeiten. Die Zitate in den Klammern geben das Gesagte der einzelnen Familienmitglieder wieder; oftmals aber wird auch mit Paraphrasierungen gearbeitet.

Das Interview beginnt mit der Frage, ob den Familienmitgliedern eine Situation einfällt, in denen sie besonders glücklich gewesen sind. Daraufhin werden vor allem drei Momente betont: Einerseits das Glück des *Zusammenseins,* des einfachen Daseins, dann das der gemeinsamen *Aktionen* im Alltäglichen (wie z.B. Teetrinken) und das der gemeinsamen Aktionen im Urlaub (hier vor allem bezogen auf das Ferienhaus der Familie an der Ostsee). Glück ist für die Familie nicht etwas, was mit einer besonderen Struktur, einer spezifischen Bilanz oder mit Erfüllung von bestimmten Ansprüchen in Verbindung gebracht wird: Glück scheint auf den ersten Blick etwas Bescheidenes, etwas Anspruchsloses zu sein, das mit der puren Präsenz und einfachen Alltags- bzw. Feriensituationen verbunden ist. Glück, das ist das Besondere im Alltäglichen. So äußert die Tochter einmal diesbezüglich: „Es hat alles mit Kleinigkeiten zu tun"; oder die Mutter sagt: „Glück ist nicht so, dass es ein glückliches Leben wäre", während der Vater hinzufügt: „Glück ist in diesem Sinne ein überhöhter Begriff, Glück gibt es nur in Momenten."

Auf den zweiten Blick wirkt dieses Glück aber vielleicht anspruchsvoller als es den Anschein hat. Denn die Anwesenheit aller kann als das ontologische oder existentielle Glück der Familie verstanden werden: Damit die Familie weiter existiert, müssen alle – im wahrsten Sinne des Wortes – füreinander körperlich vorhanden sein. Und dieses Füreinandervorhandensein bildet die zentrale Dimension für Glück, wie es auch etymologisch, nach der Grimm'schen Begrifflichkeit des Glückes als „gelücke", als Schließen einer Lücke, impliziert wird: Das familiäre Glück besteht darin, dass die Lücken zwischen den einzelnen Familienmitgliedern immer wieder geschlossen werden, so das ein Zusammenschluss aller mit allen möglich ist. Die körperliche Anwesenheit aller bildet das existentielle Fundament des familiären Glücks. Dieses Glück ist sehr stark gegenwartsbezogen, weil es von der körperlichen Wahrnehmung, vom leiblichen Spüren und der konkreten Erfahrung des anderen ausgeht. Damit schließt die Familie implizit an einen modernen Diskurs des Glücks an, der Glück sehr stark auf die Gegenwart und das Erleben von Freude und Lust in Augenblicken bezieht. Während für frühere Zeiten Glück oftmals mit einer bestimmten Form von religiöser, politischer, vernünftiger etc. Zukunft verbunden war, die sich in Bildern des ewigen Lebens, einer klassenlosen oder einer vollkommen humanen Gesellschaft ausdrückte, oder mit Modellen der Vergangenheit verbunden war, in denen ein Glück des Paradieses, einer ursprünglichen und einfachen Natur oder eines befriedigenden Kinderlebens imaginiert wurde, wird in der Moderne Glück zunehmend stärker mit der Erfahrung der Gegenwart und mit Perspektiven der Wahrnehmung und Körperlichkeit in Verbindung gebracht (vgl. Seel 1995). Glück, so lassen diese Überlegungen vermuten, hat vor allem mit positiven (familiären) Erfahrungen zu tun.

Auch auf die das Interview beschließende Frage nach dem Unglück in der Familie wird zunächst wieder in einer diminuierenden Form geantwortet: „Ich hatte kein Unglück" (Mutter). Zwar sei sie traurig über den Tod ihres Vaters und den jetzigen Krankenhausaufenthalt ihrer Mutter, und in jedem Abschiednehmen stecke auch ein wenig Unglück, doch Unglück habe sie „zum Glück noch nicht erlebt". Selbst die aktuelle Arbeitslosigkeit ihres Mannes mache ihr zwar Sorgen, aber sie mache sie nicht unglücklich, denn „Glück im Unglück: Wir haben jetzt mehr Zeit für Familie und Ehe". Unglück wird dagegen von ihr in einen Zusammenhang mit der Tochter gebracht: „Unglück wäre, wenn die Tochter unglücklich ist." Der Vater betont dagegen stärker die selbstbezogenen Bedingungen der Möglichkeit für Glück: „Unglück ist, wenn man sich nicht freuen kann". Unglück ist, so lässt sich resümieren, das Unglück des anderen oder die Unmöglichkeit, Glückserfahrungen zu machen. Indem der andere unglücklich ist und man selbst nicht mehr die Möglichkeit hat, glücklich zu sein, sind die eudämonistischen Beziehungen zu sich und zu anderen gestört. Auch hier verbergen sich hinter der auf den ersten Blick eher pauschal erscheinenden Antwort prinzipielle Überzeugungen, die die Unglückserfahrungen an zentrale Voraussetzungen der Fremd- und Selbstbeziehung binden.

Für das familiäre Glück gibt es zwei zentrale Voraussetzungen: Eine wird direkt vom Vater benannt, wenn er mehrmals bei diesem Interview betont, dass man Gesundheit als Voraussetzung von Glück verstehen müsse. Damit die Familienmitglieder zusammenkommen können, ist ein Minimum an Gesundheit vorauszusetzen. Hierbei mag die aktuelle Erfahrung, dass seine Schwiegermutter über Weihnachten in ein Krankenhaus verlegt werden musste, eine Rolle spielen. Wichtig ist auf jeden Fall das gemeinsame Wohlergehen, „das Glück, uns zu haben, das Glück, dass es uns gut geht" (Mutter). Krankheiten können das Zusammenkommen der Familie verhindern; und es klingt auch unausgesprochen an, dass der Tod dieses leibliche Zusammenkommen unmöglich macht. Eine Zusammenkunft ist dann nur noch über und in Traditionen möglich – auch dieser Punkt klingt im Interview immer wieder an.

Und noch ein weiterer Gesichtspunkt wird hier in die Argumentation mit eingebunden. So wird der familiäre Zusammenschluss vor allem in den Aussagen der Mutter mit einer bestimmten Qualität versehen, wenn sie sagt: „Glück kannst du nur empfinden, wenn du lieben kannst. Aus der Liebe resultiert Glück – und alles andere." Hierbei kann Liebe die emotionale Übereinstimmung, die affektive Bezogenheit zum anderen, aber auch die Aufmerksamkeit für den anderen bedeuten. An dieser Stelle wird impliziert, dass der familiäre Zusammenschluss nur gelingen kann aufgrund einer aisthetischen und emotionalen Basis von Liebe, die die einzelnen Mitglieder aufeinander bezieht. Hier wird nicht von einem erotischen, karitativen oder imaginären Bild von Liebe gesprochen; Liebe bezieht sich hier auf das Auf-die-anderen-Bezogensein, auf das Den-anderen-wahrnehmen-Wollen, auf das Für-die-anderen-Dasein, das überhaupt familiäre Beziehungen entstehen lässt. In diesen Kontext gehört auch der später im Interview erfolgte Hinweis darauf, dass die Eltern, um ihrem Kind Glück zu vermitteln, diesem eine glückliche Ehe vorgelebt haben. „Dies ist uns nicht schwer gefallen, vorzuleben, wie eine Ehe funktionieren soll – dazu gehören Disziplin und Tagesablauf“ (Mutter). Zum Glück der Liebe gehört nicht nur ein (implizites) theoretisches Modell des Für-einander-Daseins, sondern die (alltägliche) Erfahrung einer emotionalen Beziehung.

Darüber hinaus erscheint auch möglich, dass das Glück des anderen/der anderen einen wichtigen Bezugspunkt dieser Form des familiären Glücks bildet. Während Kant in seiner *Metaphysik der Sitten* anmerkt, dass das Glück des anderen (neben der Selbstvervollkommnung) einen wesentlichen Bestandteil eines Pflichtenkatalogs ausmacht (Kant 1982, S. 515, A. 13, passim), bildet hier das Glück des anderen eine zentrale Dimension eines Beziehungs- bzw. Liebeskatalogs: Ich kann zu dem familiären anderen keine (liebevolle) Beziehung eingehen, wenn ich nicht sein Glück will. Es ist das Glück des anderen, das im Mittelpunkt des Weihnachtsabends stehen sollte, die Frage: „Gefällt es den anderen?“ (Vater), sollte ausschlaggebend sein: „Gedanken machen für das Glück des anderen“ (Mutter).

Und auch die zweite Dimension des familiären Glücks hat eine durchaus komplexere zweite Seite. Zwar ist das Glück, wieder in den Worten der Mutter, „nur ein Moment – täglich, wenn ich euch sehe, wenn ich euch umarmen kann“; doch sie wird dann sehr voraussetzungsvoll, wenn sie formuliert, dass es in diesen Momenten auch darum ginge „die gleichen Gedanken zu haben“. Während hier wiederum zum einen die körperlich-präsentische Struktur des Glücks betont wird, ist hier andererseits eine bestimmte Form des Glücks impliziert, nämlich die einer geistigen bzw. seelischen Harmonie. Insofern werden hier nicht nur Körper und Geist zusammengedacht, sondern auch vorausgesetzt, dass eine „Gleichheit“ – wenn man so will: in „Gedanken, Worten und Werken“ (Schuldbekenntnis des katholischen Gottesdienstes) – sich herstellen lässt. Dass die Herstellung dieser Gleichheit im Alltag oftmals schwieriger erscheint als in der Freizeit, im Urlaub oder an Weihnachten, liegt auf der Hand. Der Alltag mit seinen zeitlichen oder arbeitsbezogenen Notwendigkeiten bietet den Familienmitgliedern oftmals nicht die Möglichkeit, sich aufeinander einzulassen. Entweder weil die „Zeit füreinander fehlt“ (Vater) oder weil man „zu müde ist“ (Mutter).

Das augenblickliche Glück stellt sich dann vor allem ein, wenn man „Abstand vom Alltag hat“ und „sich Zeit füreinander nimmt“ (Vater), denn das Glück „lässt sich nicht per Knopfdruck erzeugen“ (Vater). In einer handlungsentlastenden Situation mit einem für alle Beteiligten sehr starken Inklusionscharakter wie an Weihnachten oder im gemeinsamen Urlaub scheint eine Gleichheit der Gedanken oftmals leichter herstellbar als im Alltag. Für Familie Rausch sind in diesem Sinne zwei andere Hinweise wichtig. Zum einen wird vom Vater hervorgehoben, dass das Glück der Übereinstimmung auch in Bezug auf neue Inhalte erfolgen sollte: „Gemeinsam neue Dinge erleben, die eine neue Welt zeigen"; und daneben betont er, dass „sicherlich auch gleiche Wertmaßstäbe" zu den bedeutsamen Gemeinsamkeiten zu rechnen sind. Anders formuliert, sollten die Gemeinsamkeiten nicht nur seelisch und körperlich oder mit Bezug auf Gegenwart und Zukunft, sondern auch im ästhetischen und moralischen Geschmack eine Rolle spielen. Im augenblicklichen Glück kommt somit eine ganze eudämonistische Welt zum Ausdruck, in die vielfältige Aspekte des Erkennens, der Motivation, des Geschmacks und der Moral mit eingehen. Man könnte auch sagen, dass sich in diesem Glück des Augenblicks ein fast unheimlicher Anspruch verbirgt.

Zwar wissen wir durch Forschungen wie den symbolischen Interaktionismus oder auch die Sozioanalysen des Habitus, dass sich faktisch ein hoher Grad an Übereinstimmung im Wahrnehmen, Denken, Urteilen und Handeln einzelner Familien und Schichten feststellen lässt, und darüber hinaus werden wir auch durch philosophische Forschungen über das Glück dahingehend belehrt, dass unter Glück oftmals eine Form von Harmonie und Übereinstimmung (in personaler, sozialer, religiöser etc. Hinsicht) verstanden worden ist, doch der Hinweis darauf, dass man in glücklichen Situationen „die gleichen Gedanken hat" (Mutter), d.h. denkt, dass der andere an das Gleiche in gleicher Art und Weise denkt, kennzeichnet gleichwohl einen hohen Anspruch an Perspektivenübernahme und Sympathie. Während Alois Hahn (1983) in seinen Untersuchungen zu Ehepaaren herausgearbeitet hat, dass deren Alltag im hohen Maße von „Konsensfiktionen" getragen wird, d.h. von irrigen Vorstellungen darüber, was der jeweils andere empfindet, schätzt und bevorzugt, beschreiben Mutter und Vater in ihrer Glücksdarstellung eine präsentische Konsensrealität, die sich in bestimmten Momenten ergibt. Diese scheint intentional unverfügbar, doch nichtsdestotrotz erlebbar zu sein.

Fragt man Eltern, was sie sich für ihre Kinder wünschen, so wird oftmals geantwortet, dass diese glücklich werden sollen. Das ist auch bei unserer Frage, wie die Eltern die Kinder (Tochter und ggf. Freund) glücklich machen, nicht anders. Während der Vater zunächst von „Voraussetzungen" in der Pädagogik und der Schule spricht, die man für Kinder schaffen sollte, damit sie glücklich werden können – dazu gehört auch: „Geschenke schenken, aber Shoppen macht nicht glücklich" –, spricht die Mutter Glück als Ziel ihrer Bemühungen direkt aus: Als ihre Tochter geboren wurde, wollten sie, dass „das Kind glücklich werden sollte". Und mit zunehmender Erfahrung wurde ihr bewusst, dass ein „bestimmtes Wissen glücklich macht", denn mit diesem Wissen kann ich „mich anders über etwas freuen". Das mit dem Wissen verbundene Glück bezieht sich auf ein besseres „Verstehen“ und „Zu-Schätzen“-Wissen von Situationen, auch von „Kleinigkeiten“. In diesem Sinne ist die Tochter in einem reflektierten und argumentativen Sinne erzogen worden, so dass sie es lernt zu überlegen und „Entscheidungen zu treffen“; insofern wurde sie von ihren Eltern immer wieder in Entscheidungsprozessen mit der Frage beteiligt: „Was meinst du?“ Dass die Eltern in ihren Äußerungen der pädagogischen Praxis einer modernen Aushandlungsfamilie und ihren normativen Forderungen nach der Erziehung zum Selbstbewusstsein und zur Selbsttätigkeit das Wort reden, kommt auch darin zum Ausdruck, dass der Vater noch einmal ausdrücklich den Wert des Selbstbewusstseins und der Arbeit an sich selbst für das Glück hervorhebt.

Ein anderer Schwerpunkt der pädagogischen Vermittlung von Glück liegt auf dem Vorbildcharakter der Ehe. Wenn zum Glück eine glückliche Beziehung gehört, so erscheint es in der Intention, Kindern Bedingungen eines geglückten Lebens zu vermitteln, folgerichtig, diese auch der Tochter vorzuleben: „Dies ist uns nicht schwer gefallen, vorzuleben, wie eine Ehe funktionieren soll – dazu gehören Disziplin und Tagesablauf“ (Mutter). Die Vermittlung von Denken und das Vorleben einer glücklichen Ehe bilden die pädagogischen Rahmenbedingungen dafür, dass auch die Tochter glücklich werden kann. Abstrakter formuliert heißt das, dass Glück sich in kognitiven und sozialen Bezügen wiederfinden und ausbilden lässt, die das Verhältnis zum anderen betreffen. Allerdings gibt es einen bedeutsamen Unterschied: Ehe lässt sich vom Kind aus betrachtet nur von außen, Denken aber von innen erfahren. Ehe (lernen) ist Zukunft, Denken (lernen) ist Gegenwart; Ehe kann man in diesem Sinne nur *vor*leben, Denken kann man *be*leben.

Auf die Frage, wie die Tochter die Eltern glücklich macht, wird vor allem das Muster von Gabe und Gegengabe ins Spiel gebracht. Ob nun die Mutter auf ein Erlebnis in der Kindheit der Tochter abhebt, in dem diese auf das: „Ich habe dich lieb“ der Mutter ebenso erwidert: „Ich dich auch“, und dabei explizit auf das „Zurückbekommen von Liebe“ abhebt, oder ob der Vater äußert, dass man „über die Jahre Dinge mit auf den Weg gegeben hat, von denen man jetzt etwas zurück bekommt“ – es wird jeweils ein *Do-ut-des-Modell* des Glücks sichtbar. Glück heißt hier zurückbekommen, das Gute zurückbekommen, das man in das Kind „investiert“ hat. Implizit und unbewusst (aber konsequent) aktualisieren die Eltern in diesem Zurückbekommen diejenigen Momente, die sie selbst dem Kind vermitteln wollten: Denken und Sich-auf-den-anderen-Beziehen.

Denn einerseits macht es die Eltern glücklich, wenn die Tochter zu Sachverhalten selbstbewusst Stellung beziehen kann, auch einmal Angebote (etwa

Abbildung 9 Zweig am Weihnachtsbaum

von Einladungen) ausschlägt und Begründungen von Entscheidungen vorträgt, andererseits zeigt sich im Verhalten der Tochter zu ihrem Freund, der mit ihr 1,5 Jahre zusammen ist, ein verantwortungsbewusster Umgang, so dass sich dieser durch die Tochter selbst verändert habe. Wenn die Eltern erfahren, dass das Denken lernen mit dem „Warum als permanente Frage" (Vater) zu Differenzierungen und Hinterfragen von Sachverhalten geführt hat, und wenn sie zudem erfahren, dass das vorgelebte Vorbild der Ehe dazu führt, dass nicht nur die Tochter sich gegenüber ihrem Freund „auf natürliche Weise" (Mutter) verantwortlich fühlt, sondern zudem dieser sich durch diese Form der Verantwortung selbst verändert hat – wenn also die Eltern die Erfahrung machen, dass ihre Erziehung die Ergebnisse zeitigt, die sie selbst verfolgt haben, dann stellt sich Glück ein. So äußert die Mutter abschließend: „Dass macht mich glücklich, wenn du denkst."

Die Tochter ist in Bezug auf die Frage, wie sie ihre Eltern glücklich macht, wesentlich vorsichtiger in ihren Aussagen. Mehrmals leitet sie ihre Stellungnahmen mit „vielleicht" ein: „Wenn ich ehrlich bin, mithelfe ... vielleicht". Während die Eltern mehr oder weniger bewusst in ihrer Erziehung ein eudämonistisches Konzept verfolgen, in dem das Denken und die Beziehung die wichtigsten Bestandteile bilden, sieht die Tochter die Vermittlung von Glück eher in „Kleinigkeiten": „Es gibt viele Sachen, die ich als normal auffasse, die die Eltern aber glücklich machen." Zwar betont sie, dass ihre Ehrlichkeit und ihre Hilfsbereitschaft sowie das Erreichen der Oberschule (auch das gemeinsame Lernen mit ihrem Freund für eine Klausur), d.h. Tugenden und Status die Eltern glücklich machen, doch insgesamt insistiert sie eher verhalten auf den Kleinigkeiten des Glücks.

Die Verunsicherung der Tochter hat wohl mehrere Gründe, die zunächst damit zu tun haben, dass die Frage, wie Kinder ihre Eltern glücklich machen, eine eher ungewöhnliche ist, sind doch in der Moderne die Eltern für das Glück der Kinder, diese aber nicht unmittelbar für das Glück der Eltern verantwortlich. Die Verantwortung für das Glück verläuft generativ von der älteren zur jüngeren Generation, kaum umgekehrt. Insofern erscheint es durchaus möglich, dass sie sich diese Frage selbst noch nicht gestellt hat. Darüber hinaus signalisiert das „Vielleicht" auch die Verunsicherung in Bezug auf die erwartete Antwort: Denn wenn die Eltern ihr Glück an die Erfüllung von Erwartungen binden, so geht die Tochter mit ihren Antworten das Risiko ein, sie zu enttäuschen. Dadurch, dass sie die „Kleinigkeiten" des Alltags so sehr betont, hebt sie nicht nur die Anspruchslosigkeit des Glücks (ihrer Eltern) hervor, sondern auch, dass sie – als Kind – noch nicht in der Lage ist, das elterliche Glück so stark zu beeinflussen wie die Eltern ihr Glück.

Doch sind Kinder, aus entwicklungspsychologischer Perspektive betrachtet, schon im frühen Alter von vier Jahren durchaus in der Lage, sich aus der Sicht der Eltern wahrzunehmen und ihr eigenes Verhalten im Hinblick auf die Eltern zu perspektivieren. Insofern scheinen sie sich, wenn auch auf einer impliziten Ebene und wohl nicht immer stringent, sehr wohl darum zu bemühen und damit beschäftigt zu sein, wie sie ihre Eltern glücklich machen können. Dafür, dass das Glück der Eltern den Kindern nicht gleichgültig ist, bzw. dass sie ihren Anteil am elterlichen Glück durchaus wahrnehmen und einschätzen können, sprechen insofern keine normativen, sondern entwicklungsbedingte Sachverhalte: die Fähigkeiten der sozialen Sensibilität, der Identifizierung und der Perspektivenübernahme, der Umstand, dass Kinder ihre Eltern „nicht enttäuschen" wollen, der kindliche Allmachtsgedanke, auf Glück und Unglück der Eltern Einfluss zu haben oder auch (unbewusste) Schuldgefühle, wenn Eltern unglücklich sind.[3]

Für die Eltern ist das Glück des Kindes ein normatives Ziel von Erziehung, das – da man es in der Moderne im Grunde nicht aufgeben darf – den Eltern ein hohes Maß an Verantwortung zuschreibt, während für Kinder in der Moderne die Aufgabe darin besteht, sich für ihr eigenes Glück die notwendigen kognitiven, sozialen, moralischen etc. Voraussetzungen zu verschaffen. Das Glück der Kinder hat daher einen unmittelbaren Einfluss auf das Glück der Eltern und auf das Glück der Familie. Und die Eltern bleiben auch für die Rituale verantwortlich, die mit dem Weihnachtsfest verbunden sind, obwohl mittlerweile auch die Tochter ihren Beitrag dazu leistet: „Das können Eltern besser als Kinder, obwohl sie es auch schon alleine kann“ (Mutter). Auf der anderen Seite ist aber vielleicht gerade die Betonung des Alltäglichen ein Indiz dafür, dass die Tochter selbst in Kleinigkeiten das elterliche Glück unbewusst immer im Auge hat: „lauter Kleinigkeiten sind es“. Mit kritischen Bemerkungen oder völlig anderen Glücksvorstellungen würde die Tochter die intendierte Einheit, das normativ definierte „Familienglück“ gefährden.

So konzentrieren sich auch ihre Antworten auf die Frage, wie die Eltern sie glücklich machen, auf diese Kleinigkeiten, die sie vor allem mit bestimmten Situationen in Verbindung bringt: „Umarmen, Mitteilen der Liebe, Freude über gute Noten, kurz das Lenkrad halten – tausend Sachen vom Materiellen bis hin zu Überraschungen“. Im Bezug auf Weihnachten ist ihr wichtig, dass sie länger als andere Kinder an den Nikolaus und das Christkind geglaubt habe. Die Eltern hätten ihr damit das Glück eines Geheimnisses vermittelt.

Kinder und Jugendliche, und das wird in diesen Äußerungen ebenso deutlich wie aus der einschlägigen Forschung (Bucher 2008), sind, was das Glück betrifft, anspruchslose Wesen. Sie sind mit vielen Kleinigkeiten zu beglücken. Kinder und Jugendliche aber sehen, und auch das lässt sich an den Äußerungen der Tochter ablesen, Glück anders als Erwachsene. Während Eltern glücklich sind, wenn sie etwas von ihren Kindern zurückbekommen, sind Kinder glücklich, wenn sich etwas ereignet – vor allem, wenn es geheimnisvoll ist, denn hierbei kann die wunscherfüllende Phantasie der Kinder ins Spiel kommen. Und sie verhalten sich auch unterschiedlich, was die Vermittlung von Glück betrifft: Während die Eltern die anspruchsvollen Ziele eines durch differenzierendes Denken und gute Ehe gekennzeichneten Lebens für ihre Tochter verfolgen, ist für diese das Glück der Eltern schon dadurch zu erreichen, wenn sich im Alltag keinen größeren Krisen einstellen, d.h. wenn sie sich „normal“, mithin den Erwartungen der Eltern entsprechend, verhält.

Das Geheimnis von Weihnachten

Weihnachten ist auch – und vor allem (?) – ein Fest der Erinnerung und Tradition. Das Weihnachtsfest lässt sich dementsprechend als Versuch verstehen, positive Erfahrungen (der Familie, der Kindheit) zu wiederholen und für eine kurze zeitliche Frist auf Dauer zu stellen. Daher darf an den Weihnachtsritualen auch nichts verändert werden, und auch die Tochter möchte die familiären Traditionen an Weihnachten penibel beibehalten. Versteht man diesen Zusammenhang funktionalistisch im Rahmen einer Ritualtheorie, so dient das Erinnern und das Anknüpfen an Traditionen einer Restituierung, Bestätigung und Perspektivierung der Familie als Institution, aber auch als Gemeinschaft. Zugleich lässt sich mit der Erinnerung an Weihnachten ein strukturelles Element ausmachen, was für pädagogische wie für eudämonistische Belange wertvoll erscheint.

In diesen Kontext gehört das weihnachtliche Singen und Musizieren der Familie. Das Singen gehört zur Tradition der Familie. Vor allem vonseiten der Mutter wird betont, dass es fundamental zu Weihnachten dazu gehört; „wir können gar nicht anders". Singen erfüllt sie mit Freude; diese Freude bringt sie unmittelbar in einen Zusammenhang damit, dass sie mit Musik groß geworden ist. Einerseits erscheint somit das Singen und Musizieren an Weihnachten in einem rituellen Sinne fest in der Tradition dieses Festes verankert; andererseits wird Musik als Auslöser von Freude beschrieben und drittens wird mit dem traditionellen Singen und Musizieren auch eine Erinnerung an die Kindheit und die Entwicklung evoziert: Musik ist Tradition, ist Freude, ist Kindheit. „Es wurde extra ein Cembalo ins Haus geholt, und in der Adventszeit haben wir jeden Abend vor dem Adventskranz gesungen" (Mutter). Ein wenig klingt es nach vergangenen glücklichen Tagen, wenn sie anschließt, dass dieser Brauch leider verloren gegangen sei, „weil die Zeit nicht reicht und man müde von der Arbeit ist", doch früher hätten sie viel gesungen, auch Lieder aus Frankreich, England und Polen, Lieder, die die Einheit der Christen symbolisierten. Für dieses Weihnachtsfest hätten sie die Lieder nach dem Text, nach „aussagekräftigen Strophen" ausgesucht.

Hier ergänzt die Tochter, dass immer bestimmte Lieder gesungen würden, wie z. B. „Es kommt ein Schiff geladen", weil es auch immer bei den Großeltern gesungen wurde, oder auch „O du fröhliche", weil es so schön sei. Lieder trügen entscheidend zur weihnachtlichen Stimmung bei, so der Vater; er selbst singe in der Adventszeit zwar nicht mehr mit Frau und Kind, höre aber Weihnachtslieder von CDs, um diese Stimmung zu erzeugen. Es gehe darum, eine bestimmte Form von „Besinnlichkeit zu erlangen" (Mutter); diese Besinnlichkeit sei religiös bestimmt, da man „zur Ehre Gottes singen" sollte, und nicht, „um den Leuten eine schöne Weihnacht zu machen", sagt die Mutter – fügt aber hinzu, dass das wohl eine eher altmodische Sicht" sei. In diesem Sinne hätten sie am Weihnachtsabend auch ein lateinisches Lied gesungen, das „Ecce domino", das „drei gleiche Strophen hat, die jedes Mal auf einem halben Ton höher" (Vater) intoniert werden müssten.

Mit dem mittlerweile auch in katholischen Kirchen und Familien als Ausnahme zu betrachtenden Singen von lateinischen Liedern in Zusammenhang gebrachte „Erfüllung" (Mutter) wird durch die alte Sprache und den formalen

Aufbau der Musik unterstrichen. Latein am Weihnachtsabend im Kreis der Familie zu singen, hat eine (implizit gewusste) Exklusivität, die die Familie in einer besonderen, nämlich religiösen Art und Weise, integriert. Diese Exklusivität liegt in einer kulturhistorischen, kirchen- und familiengeschichtlichen Tradition begründet, die, wenn auch nur rudimentär an Weihnachten und gelegentlich an Sonntagen in auf Latein gehaltenen Messen, immer noch von der Familie praktiziert wird. Damit sichert sich die Familie einen über sie hinausgehenden traditionellen Bestand an Wissen und Können, die sie selbst zusammenbindet und einzigartig macht.

In den Erzählungen über Weihnachten der Familie „von früher" taucht, ganz zentral, immer der Aspekt des Geheimnisses auf. Weihnachten ist als Familienfest immer auf ein Geheimnis bezogen, dass um das Geben und Schenken zentriert ist. Dieses Geheimnis in der Kindheit erlebt zu haben, bildet nicht nur eine Erinnerung, die mit Glück assoziiert ist, sondern auch etwas, was man in der Erziehung des eigenen Kindes bewahren will. Das Geheimnis bildet eine zweite Wirklichkeit, die auf die erste Wirklichkeit einen bedeutsamen Einfluss ausübt und die enorm ästhetisch und ökonomisch, aber auch religiös aufgeladen ist. Weihnachten lebt von Zeichen: Morgens aufwachen und einen „Rauschegoldengel im Flur" finden, den „der Vater mit einem Wachskopf gemacht hatte", oder im Flur angebrachte Kränze vom Christkind, abgeschlossene Zimmer und das Warten auf Weihnachten – „an Wunder zu glauben, das ist das Schöne" (Mutter). Dementsprechend sind die mit Weihnachten verbundenen kindlichen Enttäuschungen oftmals an jene Entzauberung geknüpft, die dann eintritt, wenn Kinder erfahren, dass die Geschenke nicht vom Christkind stammen und der Weihnachtsbaum „drei Straßen weiter bei einer Kollegin von meinem Vater im Keller stand und dann geholt wurde" (Mutter).

So wird zum einen auf die Frage, an was sich die Familienmitglieder an Weihnachten erinnern, von der Mutter ein prägendes Erlebnis des Weihnachtsabends erzählt, an dem sie wohl noch sehr klein war, etwa 4 Jahre alt. Sie hatte sich auf ihrem Wunschzettel einen bunten Teller, einen Christbaum und eine Puppenwiege gewünscht. Doch in der Familie wurde, wie üblich, vor dem Schenken gesungen und gebetet. Als sie ihr Geschenk unter dem Weihnachtsbaum ausmachte, konnte sie sich nicht beherrschen und rannte direkt zu ihm, woraufhin sie von ihrem Vater eine Ohrfeige bekam, die mit der Frage versehen war: „Wer hat heute Geburtstag?" Hier habe sie eine Lektion in Sachen Egoismus erhalten. Und sie mahnt dementsprechend an, das Wesentliche trotz des Stresses und Kaufens an Weihnachten nicht zu vergessen, nämlich „jemand anderem eine Freude zu machen". Hieran schließt der Vater an: Da die Familien früher noch größer waren und teilweise zehn Kinder an den Bescherungen teilnahmen und jeder noch „ein Gedicht aufsagen musste", dauerte es manchmal 30–45 Minuten, bis die Geschenke in Empfang genommen werden konnten.

Doch wahrscheinlich gibt es noch ein wichtigeres familiäres Geheimnis an Weihnachten als das wechselseitige materielle Beschenken, wenn auch eines, das (noch) weniger offensichtlich ist. Auf die Frage, welcher Zusammenhang zwischen Religion und dem Glück an Weihnachten oder im Alltag besteht, antwortet die Mutter: „Die Dankbarkeit ist Glück." Das sei „mit das Größte" in der Religion, „das Sich-Bedanken". Diese Bedeutung des Glaubens möchte man auch an die Tochter weitergeben. Hieran direkt anschließend sagt die Tochter: „Und auch an den Freund", der nach anderthalb Jahren der Freundschaft nun auch fast täglich bete, obwohl er es vorher aufgrund seines familiären Hintergrundes nicht getan hätte. Und auch der Vater ergänzt, nach Ausführungen zur Bedeutung der Religion für den abendländischen Kulturkreis und ihrer moralischen Traditionen und Werte, dass man Dinge mit Dankbarkeit empfinden und nicht als Selbstverständlichkeit sehen sollte. Diese von der Familie hier unisono formulierte (religiöse) Dankbarkeit wird nicht in irgendeiner Form spezifiziert oder auf bestimmte Gegenstände bezogen, sondern allgemein, gleichsam universell formuliert.

So sagt die Mutter, Weihnachten sei das Fest der Ankunft Christi, „der Gott, der zu uns kommt, auf die Erde: Das ist das Größte und Schönste. Wir freuen uns". Es sei zudem „das Fest der Liebe". In diesen Passagen argumentiert die Familie dahingehend, dass sie sich für Bedingungen der Möglichkeit von Familie und Liebe dankbar erweist und sich darüber freut, dass es diese Bedingungen gibt, ohne über diese selbst verfügen zu können. Dass Gott in die Welt gekommen ist, ist ebenso ein Anlass zur Dankbarkeit wie zur Freude, wie analog dazu, das gemeinsame Zusammensein als Familie ein Anlass zur Dankbarkeit wie zur Freude darstellt; und wie Gott im Verständnis der Christen als Grund und Ziel allen Lebens verstanden wird, so erscheint auch das Zusammensein als Grund und Ziel allen familiären Lebens und familiären Glücks.

Beides, das Kommen Christi wie das familiäre Glück lässt sich nicht in einem intentionalen Sinne herstellen, sondern nur erleben. Hierin wird deutlich: Für Glück muss man dankbar sein, weil man es nicht selbst in der Hand hat, sondern weil es vom anderen abhängig ist, religiös und heilsgeschichtlich verstanden von Christus als dem Erlöser der Menschheit und familiär und augenblicksbezogen von der Gegenwart der anderen Familienmitglieder. So heißt es im Römerbrief: „Er hat seinen eigenen Sohn nicht verschont, sondern für uns alle hingegeben – wie sollte er uns mit ihm nicht alles schenken?"

Abbildung 10 Die Weihnachtsgeschichte

(Röm 8, 32). In diesem Sinne wird auch die Frage danach beantwortet, warum der Beginn des Weihnachtsabends für die Familie so wichtig ist: Dieser sei „der eigentliche Grund des Zusammenkommens. Wir kommen nicht zusammen wegen der Geschenke – das ist eine Folge –, sondern wegen der Geburt Christi und infolgedessen beschenken wir uns gegenseitig. Der eigentliche Grund ist die Feier des Geburtstages“ (Vater); „da sind auch die Lieder, die Texte, die Erwartungen wichtig, die Weihnachtsgeschichte – das ist das Wichtigste für uns“ (Mutter).

Folgt man den bisherigen Argumentationen, so lässt sich die Dankbarkeit auch auf das Glück der Familie selbst beziehen: Bringt man diese in Verbindung mit dem Gedanken des existentiellen Sich-Beschenkens der Familie als Glücksmoment, so wird deutlich, dass die Familie sich unbewusst darüber im Klaren ist, dass sie für ihre Form des Zusammenlebens dankbar zu sein hat bzw. dass sie Dankbarkeit empfinden sollte. Ganz am Ende des Interviews klingt dieses Moment an, wenn der Vater vor dem Hintergrund einer Erzählung über den krebskranken Vater einer befreundeten Familie erklärt, dass man schnell „aus der heilen Welt“ gerissen werden könnte und somit „dankbar sein sollte für den Augenblick“. In dieser Argumentationslinie liegen auch Antworten, die auf die Frage, ob und warum die Familie Weihnachten mag, gegeben werden.

Familiäres Glück ist für Familie Rausch ein existenziell-präsentisches Glück des Zusammenseins. Es ist das/ihr Glück, dass es diese Menschen für einander gibt. Vor allem Jacques Derrida hat hier einen Zusammenhang von Präsenz und Gabe herausgearbeitet; in der Gabe und im Geben ereignet sich eine Unmittelbarkeit, die über jegliche Ökonomie des Tausche(n)s und der Vergangenheit und Zukunft hinausgeht (Derrida 1993). Die Familie *ist* glücklich, in dem sie sich (in) Augenblicke(n) gemeinsam gibt, ohne (primär) darüber nachzudenken, ob sie etwas „davon hat" oder ob dies etwas mit einer gemeinsamen Vergangenheit und Gegenwart zu tun hat. In diesem Sinne lässt sich formulieren: Das Erlebnis des gemeinsamen Beisammenseins wird von der Familie als unmittelbar beglückende Gabe verstanden, von der man (implizit) weiß, dass sie nicht selbstverständlich sein muss. Die Familie beschenkt sich gewissermaßen selbst im gemeinsamen Zusammensein: Das ist ihr Glück. Oder anders: Das Glück gibt sich selbst, indem die Familie sich zusammenfügt.

Insofern gilt der Dank nicht nur dem unverfügbaren religiösen Grund der Feier, sondern auch der Familie selbst. Das einzelne Mitglied der Familie schuldet Dank für dasjenige, was es (sich) selbst nicht geben kann, nämlich Glück, das erst durch die Präsenz aller zustande kommt. Die familiäre Dankbarkeit ist das Zeichen für das Anerkennen einer Gabe, die zu groß ist, als dass sie je ausgeglichen werden könnte, da diese Kompensation bedeuten würde, *mehr* als man selbst sein zu müssen. Dass es die Familie *gibt* bzw. dass die Familie sich selbst *gibt*, sich gleichsam durch ihre Existenz selbst beschenkt, ist Glück: Und dafür muss man dankbar sein, weil es nicht (nur) jedem Einzelnen, sondern allen geschuldet ist.

Schlussgedanken

Betrachtet man vor allem im Interview stärker die performative Seite der eudämonistischen Argumentationsmuster in der Familie, so ergibt sich ein Modell der wechselseitigen sprechaktbezogenen Kompensation, in das traditionelle Geschlechter- und generationsbezogene Stellungnahmen mit eingehen: Während die Mutter vor allem auf die körperlichen und emotionalen Binnenbeziehungen in der Familie abhebt, bezieht sich der Vater stärker auf die sozio-kulturellen und historischen Rahmungen von familiärem Glück, während die Tochter immer wieder exemplarische Situationen des Glückserlebens benennt oder aber einen Zusammenhang zwischen sich selbst, ihrer Familie und ihrem Freund herstellt. Insofern ergänzt sich die Familie auf der performativen Ebene zu einem gelungenen Ensemble von Personen, die jeweils eine Seite der Familie als Institution hervorheben: die Intimität (Mutter), die Rationalität (Vater) und die Erziehung und Bildung (Tochter).

Und es scheint auch kein Zufall zu sein, dass sich in vielen Passagen des Interviews der familiäre Diskurs oftmals als Gemengelage von Deskription und Präskription zeigte. Die Äußerungen vor allem der Eltern haben vielfach einen normativen Unterton, insofern dass, was als Glück beschrieben und erlebt worden ist, stets auch seine Gültigkeit über Vergangenheit und Gegenwart hinaus haben sollte. Familiäres Glück ist immer auch ein (normatives) Projekt, das einzelne Augenblicke transzendieren und gleichzeitig als glückliche auf Dauer stellen möchte. Das familiäre Modell *vom* Glück ist stets ein familiäres Modell *für* Glück.

Mit einem Wort: Das familiäre Glück der Familie besteht in einem (impliziten) gemeinsamen Sichbeschenken und Sichbesinnen auf die gemeinsamen Grundlagen des Zusammenseins in Ästhetik, Körperlichkeit und Religiosität. Für Sinn- und Körperlichkeiten, für Innehalten und Transzendieren aber bildet Weihnachten eine ausgezeichnete rituelle Gelegenheit. Insofern ist Weihnachten *das* Fest der Familie.

Anmerkungen

1 Noriko Iwai ist Professor of Faculty of Business Administration and Director of the Research Center for Japanese General Social Surveys, Osaka University of Commerce.

2 Zum traditionellen Ablaufschema des Heiligen Abends vgl. Weber-Kellermann (1987, S. 219), die folgende Stadien auflistet: „Schmücken des Weihnachtsbaumes (Kinder meist nicht anwesend). – Verschließen des ‚Weihnachtszimmers' – Gemeinsames Kaffeetrinken der Familie – Gemeinsamer Kirchgang – Anzünden der Kerzen (meist durch den Vater) – Betreten des Weihnachtszimmers – Fröhliche Weihnachten wünschen – Hausmusik […] – Schenken […] – Anbieten von Wein und Süßigkeiten – Anhören des Radio- oder Fernsehprogramms – Anhören weihnachtlicher Schallplatten." Für die (bürgerliche) Familie unserer Tage muss wohl das gemeinsame Essen noch als zentraler Ritus mit in diesen Plan aufgenommen werden. – Vgl. dagegen die mir von Noriko Iwai zur Verfügung gestellte Beschreibung des japanischen Weihnachtsfestes: „It is true that there is a variation in how to spend the Christmas Eve among Japanese depending on their life stage. Japanese families with small children (up to elementary school children) trim a Christmas tree, have Christmas dinner (baked or fried chickens; could be Kentucky Fried Chickens) and eat Christmas cake at home on the Christmas Eve. I found a website where people rank dishes which they want to eat on the Christmas: the first is the fried chicken, the second is the roast beef, the third is a pizza, the fourth is a fried potato, the fifth is Sushi, the sixth is a tandoori chicken, the seventh is cheese fondue, and salad, sandwich and pasta followed. (In the U.S. a stuffed turkey, green beans casserole, mashed potatoes and cranberry jelly are often served). The most popular Christmas cake in Japan is a ready-made round cake covered with whipped cream and fresh strawberries on its top. However, these days, hotels, department stores, super markets, and convenience stores

provide a variety of cakes including cakes made by famous confectioners; these shops send or distribute a catalogue of cakes with pictures and take orders in advance. On the Christmas morning, children find gifts (supposed to be from the Santa Claus). Senior children at elementary school know gifts are from parents. Families with older children stop trimming the tree, but have Christmas dinner and cake. Teenagers often have a Christmas party at a Karaoke club, young working people often have a party at a friend's home and some young couples can afford to have a Christmas dinner at a restaurant and exchange gifts."

3 In diesem Gedankengang bin ich Ingrid Kellermann verpflichtet.

Silvester und Neujahr in Japan

Einleitung

Das Gefühl von Glück

Nach anthropologischem Wissen gibt es keine Menschen, die sich nicht danach sehnen, glücklich zu sein. Dennoch sind die Fragen nach der Bedeutung von Glück und nach seiner Erlangung nicht abschließend beantwortbar. Worüber reden Menschen, wenn sie von „Glück" reden? Wie können sie ihre Sehnsucht nach Glück verwirklichen? Wird, wenn sich ihr „Glück" realisiert hat, der Tag kommen, an dem sie sich nicht mehr danach sehnen, glücklich zu sein?

In Japan gibt es z. B. an *Setsubun* vor dem Beginn des Frühlings den Brauch, Sojabohnen auszustreuen; dieser Brauch symbolisiert die Maxime: „Hinaus mit dem Dämon, hinein mit dem Glück". Hieran kann man schon erahnen, dass es in Japan die Vorstellung gibt, das Glück werde vom Gott des Glücks, der die Häuser der Menschen besucht, zu diesen gebracht. Diese Idee lässt sich auch am *Shogatsu* (Neujahrstag) wieder finden. Die Menschen besuchen den nächsten Tempel oder den nächsten Schrein mit strahlenden Gesichtern, beten vor den Göttern oder Buddha für Glück und wünschen sich „ein frohes neues Jahr". Der Beginn des neuen Jahres erfüllt alle Städte mit einem Gefühl von Glück. Doch worin unterscheidet sich dieser von dem vorherigen Tag? Soweit die einzelnen Menschen betroffen sind, hat sich nichts wirklich geändert und doch finden wir am Neujahrstag die Menschen offensichtlich in einer sehr zuversichtlichen Verfassung; es macht sie glücklich, dass sie den Anfang des neuen Jahres erleben können. Das ist ein „Glück" jenseits der individuellen Betroffenheit, von dem wir sagen können, dass es durch das kulturelle Ritual *Shogatsu* herbeigeführt wird.

Im japanischen Wörterbuch wird *Kojien* (Ritual) als „eine allgemeine Höflichkeit, die von der Anordnung gewisser Formalitäten begleitet wird und als gesellschaftlicher Brauch fungiert", definiert *(Kojien* wird *Gire).* Wir können also annehmen, dass sich „Glück" an *Shogatsu* nicht nur auf den Einzelnen, sondern vor allem auch auf die Einheit der sozialen und kulturellen Gemeinschaft auswirkt bzw. auswirken soll.

Neben der Möglichkeit, das durch das Ritual vermittelte Glück passiv zu genießen, kennt man in Japan auch das Glück, das durch (individuelle oder soziale) Aktivitäten herbeigeführt wird. Das Lied „365 steps' march", das in den späten 1960ern ein beliebtes und auch heute noch bekanntes Lied ist, hat einen berühmten Vers: „Wenn das Glück nicht zu uns kommt, dann kommen wir zu ihm". Nach der Zeit des Wiederaufbaus nach dem 2. Weltkrieg, in der sich das moderne japanische Selbstverständnis entwickelte, und im Kontext der Studentenbewegung, in der gegen den Krieg und für den Frieden demonstriert wurde und in der heftige Konflikte die japanischen Universitäten erschütterten, kann diese Liedzeile als Ausdruck einer (kollektiven) Haltung verstanden werden, die das „Glück" aktiv verwirklichen möchte.

Glück passiv genießen und Glück aktiv ergreifen: So wie jeder Mensch verschieden ist, kann die Art „glücklich zu sein" je nach Mensch, Situation, Zeit oder Kultur unterschiedlich sein. Sind dies dennoch zwei sehr unterschiedliche Zustände von „Glück"? Kann man behaupten, dass das Glück etwas ist, das seine Erscheinung verändert, die Menschen jedoch immer grundlegend bewegt und leitet? Die vorliegenden Studien möchten unter anthropologischen, psychologischen und pädagogischen Perspektiven untersuchen, wie Glück heute in Japan empfunden und realisiert wird. Dazu konzentrieren wir uns auf *Shogatsu*, das Neujahrsfest, das seit langem an zwei Tagen im Jahr gefeiert wird und dessen Bedeutungswandel von einem traditionellen zu einem modernen Fest wir rekonstruieren möchten.

Undramatisches Glück

Es gibt einen in Japan sehr beliebten Film, „Otoko ha tsuraiyo", was man mit „Ein Mann zu sein, ist harte Arbeit" ins Deutsche übersetzen könnte; im Englischen trägt er den frei gewählten Titel „What a life!" Er zählt zu einer Serie von Filmen, bei denen Yoji Yamada Regie geführt hat. In diesen Filmen reist die Hauptperson Torajiro Kuruma, ein Budenbesitzer, durch das Land. Hin und wieder kehrt er in seine Heimatstadt zurück, wo seine Tante, sein Onkel und seine jüngere Schwester mit ihrem Mann leben. Jedes Mal löst seine Heimkehr Turbulenzen aus. Das ist das Handlungsschema, welches allen 48 zwischen 1946 und 1995 gedrehten Filmen zugrunde liegt, die zu der Serie „Otoko ha tsuraiyo" gehören. Diese Filme wurden immer an *Shogatsu* oder *Bon* (buddhistisches Fest vom 13.–15. August) ausgestrahlt. Die Geschichte im Film endet immer damit, dass sich Torajiro an *Shogatsu* oder *Bon* einem neuen Reiseziel zuwendet. Das Festlegen eines neuen Ziels impliziert immer das Ende der einen und den Anfang der nächsten Geschichte. Da die Entscheidung immer an *Shogatsu* oder *Bon* fällt, die beide in Japan die gleiche rituelle Bedeutung haben, führen die Filme bei den Zuschauern zu der Annahme, dass die nächste Geschichte ähnlich ablaufen wird. Diese Filme wurden mehr als 50 Jahre lang immer in einer Zeit ausgestrahlt, in der in der Regel die in ganz Japan verstreut lebende Familie zusammen kommt und die Feste *Shogatsu* oder *Bon* gemeinsam begeht. Die Beliebtheit dieser Filme zeigt, dass in der außergewöhnlichen Zeit des *Shogatsu-Festes* undramatische und vertraute Dinge Glücksgefühle hervorbringen können.

„Undramatische" Dinge müssen also nicht zu Langeweile oder alltäglicher Routine führen. Yasujiro Ozu ist ein weltweit bekannter Filmregisseur. In seinem Werk „Tokyo Monogatari" (Tokyo Story) ist der Tod des Ehepartners der Kern der Geschichte. Dieser Tod wird als ein wichtiges Ereignis beschrieben. Die Kommunikation in der Familie wird hier einfach und gefühlvoll, als ganz alltäglich dargestellt. Es geht um die tiefe Liebe der Eltern zu ihren Kindern, um die Gleichgültigkeit des bereits auf eigenen Beinen stehenden Kindes gegenüber seinen Eltern sowie um die Einsamkeit, die bei dem Verlaust eines Ehepartners droht. Alle diese Aspekte werden in Alltagsszenen dargestellt, in denen die menschliche Natur in einer sehr bewegenden Art zum Ausdruck kommt. In diesen Szenen appelliert der Film an die Herzen der Menschen; das Publikum fühlt Interesse und Rührung. Deshalb fasziniert der Film sein Publikum so nachhaltig. Er zeigt, dass auch negative Ereignisse für die Entstehung familiären Glücks von großer Bedeutung sein können.

Wenn wir uns auf „Familie" und „Glück" konzentrieren, macht uns der „Umweg" über die Filmbetrachtung darauf aufmerksam, dass wir nicht unabhängig von einer negativen oder positiven Stimmung und unter Rekurs auf eine „unveränderbare" Realität herausfinden können, was „Glück" bedeutet. Auch ein negatives Ereignis kann für das Glück von großer Wichtigkeit sein. Es verhält sich nicht so, dass sich in einer Familie ein dramatisches Ereignis vollzieht und anschließend „Glück" und Happy End herrschen. Im Gegenteil, beide sind unveränderliche Bestandteile einer Familie; das „Glücksgefühl" entsteht aus einer Verbindung zwischen Dramatisierung und Entdramatisierung und ist Teil des alltäglichen und des festlichen familiären Alltags.

Hierfür ist *Shogatsu,* der erste Tag eines neuen Jahres, ein gutes Beispiel. An diesem Tag schaffen sich die Menschen eine Ordnung, erneuern ihren Geist; sie feiern diesen Tag oder nehmen sich gute Vorsätze für das neue Jahr vor. Häufig signalisieren sie Freude und Dankbarkeit, wenn das kommende neue Jahr voraussichtlich keine großen Probleme oder Veränderungen mit sich bringt. In solchen zwanglosen Momenten gibt es ein „Gefühl von Glück". Dass die Familie wie stets am Neujahrstag einen Film aus der gleichen Serie sieht, vermittelt eine Beständigkeit, die auch für das neue Jahr erhofft wird. Dabei spielt der Blick auf den Alltag, der dem Leben des Menschen seinen Grund sichert, eine große Rolle. Glück liegt nicht allein in den festlichen Höhen des Lebens, sondern auch oder vor allem im Alltag. Die Menschen haben ein Bewusstsein für den „Topos" entwickelt, an dem sich das tägliche Leben abspielt und an dem zuweilen unerwartete Ereignisse eintreten (können). In diesem Bewusstsein existiert Glück vor allem als nicht-dramatischer Zustand und Empfindung.

Der Ausgangspunkt von Glücksgefühlen an *Shogatsu*

Der Ursprung von *Shogatsu* ist ein religiöser Glaube, der den Beginn des Reisanbaus feiert. *Shogatsu* beginnt traditionell am Silvesterabend. Die Menschen begrüßen gemeinsam mit ihren Ahnen oder Göttern, die des Nachts zu ihnen gestoßen sind, die Sonne des neuen Jahres. In Yanagitas „Aratanaru Taiyo" (*The New Sun*, 1950) wird beschrieben, dass *Shogatsu* im neuen Kalender, dem Sonnenkalender, der zu Zeiten der Meiji (1868–1912) verwendet wurde, nachdrücklich auf den 1. Januar festgelegt wurde. Daraufhin begann sich der Feiertag *Shogatsu* immer mehr von seiner ursprünglichen Bedeutung der Hoffnung auf eine gute Ernte zu lösen. Mit dem sich ausbreitenden Stil urbanen Lebens veränderte sich schrittweise die Art seiner rituellen Begehung. Halten wir z.B. heute die massenhafte Versendung von Neujahrskarten für selbstverständlich, so überrascht uns die Erkenntnis, dass diese eher eine Folge der Entwicklung der Post ist. Ein anderes Beispiel ist *Kadomatsu*, die Pinien- und Bambus-Dekoration an Neujahr, die „one of the year god's temporal tree" (ebd., S. 163) bezeichnen soll. Dafür wurde ein Baum gefällt und als *Kadomatsu* aufgestellt. Diese ursprüngliche Bedeutung ging in den vierziger Jahren des zwanzigsten Jahrhundert in den Städten verloren. Nun dienten die Bäume als riesige miteinander konkurrierende Verzierungen. Dies zeigt uns, dass wir einige Bräuche an *Shogatsu* für unveränderlich halten, die sich im Lauf der Zeit verändern oder gar erst neu erschaffen wurden.

Besonders eindrucksvoll sind die Zeilen, die Yanagita in Bezug auf das „Glücksgefühl" über den Gruß „Ein glückliches (frohes) neues Jahr" schreibt.

> Bis jetzt gab es an manchen Orten viele schlechte Jahre. Trotzdem ist der Grund, warum *Shogatsu*, als Beginn der sich wiederholenden vier Jahreszeiten, noch immer ein glücklicher Tag ist, der Glaube daran, dass an diesem Tag, unter Zurücklassung von Trauer und Ärger des vergangenen Jahres, in eine Zeit neuer Hoffnung und Pläne aufgebrochen werden kann (ebd., S. 184).

Nun können wir sagen, dass sich auf der Grundlage von Glück an *Shogatsu* die Gemüter dahin bewegen, „zu glauben". Wie erwähnt, stand *Shogatsu* im Zusammenhang mit der Landwirtschaft; daher ist hier der Hinweis auf den Glauben von großer Wichtigkeit. In der Landwirtschaft hängt eine gute oder schlechte Ernte mehr oder weniger von der Laune der Natur ab. Trotz der landwirtschaftlichen Technologieentwicklung lässt sich auch heute noch eine gute Ernte nicht durch menschliches Handeln allein herbeiführen. Deshalb sind Gebet und Glaube erforderlich (vgl. Zirfas 2004a, S. 111 ff.). Der Glaube hat eine passive und eine aktive Seite. Um uns am Jahresende für das neue Jahr vorzubereiten, putzen wir das Haus und „misten" alte Dinge aus. Wenn das neue Jahr naht, zieht man sich „schön" an und bereitet ein besonderes Essen zu. Die Erwachsenen sind zufrieden und lächeln sich an und sagen: „Es ist ein glücklicher Tag". Auch wenn die Kinder unruhig und laut sind, werden die Erwachsenen an diesem Tag wohlgefällig auf sie blicken. Das „Ritual" ist ein Zeichen dafür, dass die Menschen *Shogatsu* willkommen heißen und das schafft ein „Gefühl von Glück". Dieses „Ritual" wird von der Kraft des menschlichen Geistes „beseelt". Es ist, wenn man so will, die Energie des „Glaubens", die in allen ländlichen Gemeinden in die umgebende Natur verströmt wird und die bewirkt, dass die ganze Gemeinde am Ritual teilnehmen muss. Angesichts der Machtlosigkeit der Menschen, eine gute Ernte herbeizuführen, bleibt nur der Glaube an die Macht der Natur und die Hoffnung, sie mit der Magie des Glaubens dazu zu bewegen, den Menschen ein gutes neues Jahr zu gewähren. Das starke Gefühl des Glaubens und die Performativität des Rituals machen die Menschen für *Shogatsu* bereit und bewirken das Glücksgefühl am Neujahrstag.

Shogatsu und die Beziehung zu den Göttern

Was aber bedeutet *Shogatsu* für jene Menschen, die weit entfernt von Natur und Landwirtschaft in den Städten leben? Bevor wir untersuchen, was „Glück" in der modernen und naturfernen Variante von *Shogatsu* bedeutet, müssen wir *Shogatsu* noch einmal als Fest unter dem Gesichtspunkt der tiefen Beziehung zu den Göttern betrachten, die in einer Verbindung mit der Landwirtschaft stehen. Yanagita (1950) erklärt, dass viele Kinder sich vorstellen, dass *Shogatsu-sama*, der Gott von *Shogatsu*, wirklich existiert habe und daher singen: „Shogatsu-sama, wo kommst du an? Du kommst zum Fuß des großen Berges." Yanagita sagt, dass „es viele Kinder gab, die sich *Shogatsu-sama* als einen alten Mann mit grauem Haar und lächelndem Gesicht vorstellten" (ebd., S. 187). *Shogatsu* ist die Zeit, zu der *Shogatsu-sama* die „irdische Welt" besucht.

Die Götter, die wie *Shogatsu-sama* an einem bestimmten Tag des Jahres von der „jenseitigen Welt" in die „irdische Welt" kamen, werden auch „die besuchenden Götter" *(the visiting gods)* genannt. Nakazawa (2003) erläutert die fünf Merkmale dieser Götter. Wir wollen hier die zwei wichtigsten kurz beschreiben.

> Dieser Gott ist kein Gott, der einen Befehl erteilt, der aber den Kreislauf oder die Wiederholung der Dinge beendet und die Fruchtbarkeit stärkt, die nicht durch Befehle oder Gesetze eingeleitet werden kann (ebd., S. 133).
> Durch die Erscheinung dieses Gottes entsteht ein Pfad von der „anderen" in „die irdische Welt". Daraus resultiert, dass die „jenseitige Welt" zum einen deutlich wahrgenommen wird und zum anderen, dass beide Welten klar voneinander getrennt erscheinen. Gleichzeitig werden beide Welten durch das Auftauchen eines „visiting god" miteinander verbunden und dies bewirkt, dass das verlorene Gleichgewicht wieder zurückkehrt (ebd., S. 134).

Wie der Name „visiting god" bereits andeutet, kommt der Gott von einem Ort außerhalb „dieser Welt" und grenzt dadurch „die andere Welt" von „dieser Welt" ab. Gleichzeitig ist es paradoxerweise Bestandteil seiner Existenz, die Welten zu verknüpfen. Wenn die Menschen an *Shogatsu* den „visiting god" *Shogatsu-sama* begrüßen und die Existenz des „visiting god" damit bestätigen, werden sie sich unweigerlich über die Differenz von „dieser" und „jener" Welt bewusst. „Diese Welt" für die Ankunft des „visiting god" vorzubereiten, hat für sie eine große Bedeutung. So lässt sich sagen, dass das Alltagsleben auf den Festtag *Shogatsu* vorbereitet wird.

Betrachten wir nun das moderne urbane Leben. Es ist von der Natur abgeschnitten und es hat diese zudem kontrolliert und unterworfen. Ein kollektiver Geist, der „die jenseitige Welt" bzw. die „transzendente Welt" anerkennt, scheint nicht mehr zu existieren. Durch den historischen und gesellschaftlichen Wandel von der Landwirtschaft zur Urbanität hat *Shogatsu* seine Grundlage eingebüßt. Wir können daher den ursprünglichen Sinn von *„Shogatsu-sama"* nicht länger intensiv fühlen. *Shogatsu* hat diese Grundlage und damit auch seine die Dorfgemeinschaft erzeugende Kraft weitgehend eingebüßt, so dass die Dinge in der Schwebe bleiben. Wenn an *Shogatsu* die Wirklichkeit des „visiting god" nicht gefühlt wird, kann es auch kein Bewusstsein von der „irdischen" und von der „jenseitigen" Welt geben.

Ist also die Bedeutung von *Shogatsu* in der heutigen Zeit verschwunden? Nein. *Shogatsu* ist auch heutzutage noch etwas Besonderes. Wenn die Arbeit des einen Jahres vollendet ist, verbringen die Menschen in der Regel eine ruhige Zeit mit ihrer Familie in ihren Heimatstädten, bis die Arbeit im neuen Jahr wieder beginnt. Auch heute bleiben die meisten Läden an Silvester und am Neujahrstag geschlossen. Obwohl es Ausnahmen gibt, haben die meisten Haushalte bis zum Silvesterabend den Hausputz erledigt und alle besonderen Speisen vorbereitet. Wir können annehmen, dass *Shogatsu* als Ritual heute eher zur Zusammenführung der Familie und weniger als ein Ritual der Dorfgemeinschaft oder der Gesellschaft dient. Wenn die Gebete zu *Shogatsu* nicht mehr unmittelbar auf ein Leben bezogen sind, das eng mit der Landwirtschaft und Ernte in Verbindung steht, wofür wird dann im modernen *Shogatsu* gebetet und woran wird geglaubt?

Die folgenden Ausführungen versuchen diese Frage in ethnographischen Fallstudien über drei moderne japanische Familien zu klären. Bei der Untersuchung unseres Materials wollen wir vor allem herausarbeiten, welche Bedeutung das Neujahrsritual *Shogatsu* für die Hervorbringung familiären Glücks spielt.

Tradition und Religion

Shoko Suzuki und Christoph Wulf

Das Dorf

Das Dorf Higashimonobe liegt im Norden des Biwa-Sees, des größten Sees Japans. Es ist eine typische Gegend für den Anbau von Reis (flache Lage und hohes Wasseraufkommen). Das Dorf hat eine lange Geschichte und alte Traditionen, die eng mit dem Reisanbau verbunden sind. So spielen die Wasserkanäle eine große Rolle. Sie sind Garant für die Ordnung und die Pflege der Felder. Das Dorf orientiert sich am Wassersystem. Ursprünglich waren fast alle Familien des Dorfes mit Reisanbau beschäftigt, was sich auch in den eng zusammenhängend gebauten Häusern widerspiegelt. Heute allerdings sind nur noch wenige Familien mit dem Reisanbau beschäftigt. Alle Familien haben als besonderen Familiennamen den Namen des Familienoberhauptes, welcher sich einst mit seiner Familie hier im Dorf angesiedelt hatte.

Die Angelegenheiten des Dorfes werden von einem Rat geregelt, der aus ca. zehn Mitgliedern besteht. Dieser Rat kümmert sich z. B. um dorfpolitische Fragen, um die gemeinsame Tempel- und Schreinpflege, um administrative Informationen für die Dorfbewohner, um Wahlen und die Altenpflege; er veranstaltet auch das gemeinsame *Hanami* (Kirschblütenschauen) und kleine Reisen.

Das Dorf gliedert sich in zehn Gruppen, die untersuchte Familie gehört zur vierten Gruppe (gegründet von *Chuemon Oda*). Der Familienvater *Makato* und seine Frau *Kayoko* wohnen zu zweit im Haus, der älteste Sohn *Yasuo* arbeitet als Gymnasiallehrer in einer anderen Stadt, der jüngere Sohn *Hisao* als wissenschaftlicher Assistent in Kyoto. Die erste Tochter *Akiko* ist verheiratet und lebt in einer traditionellen Familie mit zwei Kindern in der Nordshiga-Präfektur.

Die Gestaltung des sozialen Lebens wird von den Familien des Dorfes gemeinsam unternommen. Wenn z. B. eine Hochzeit oder eine Trauerfeier organisiert wird, wenn ein Strohdach gedeckt werden muss oder das Tempelgebäude zu reinigen ist, arbeiten nahestehende Familien dafür zusammen. Genauso werden Feiern wie das Erntedankfest gemeinsam ausgerichtet.

Abbildung 1 Shinto-Schrein in Higashimonobe

Abbildung 2 Shinto-Schrein in Higashimonobe

Tempel und Schrein haben eine besondere Bedeutung im Dorf, denn das Dorf wird von *Nogami*, einem Feldgott, beschützt. Wichtige religiöse Tätigkeiten wie die Feldgottfeier oder die Pflege von Tempel und Schrein sind kalendarisch geregelt. Für die gemeinsame Feier arbeiten ca. 15 Häuser zusammen (genauso bei Hochzeiten, Trachtenzügen, Gedenktagen für die Verstorbenen, Geburtsfesten). Früher gab es noch weit mehr solcher Traditionen, doch 1946 trat die sogenannte „Rationalisierung des Lebens" in Kraft. Danach durfte die finanzielle Belastung gewisse Grenzen nicht mehr überschreiten, weshalb es mittlerweile weit weniger Feiern gibt. Zur „Rationalisierung" gehörte auch, dass Geldgeschenke vermindert werden sollten. Man verschenkt nun kleine Karten, die von der Verwaltung ausgegeben werden, „Werttickets" im Wert von 10 bis 20 Yen.

Es gibt zwei Arten von Bezeichnungen für Verwandte; die „Hauptverwandten" (*Omo-shinrui;* blutsverwandt, verheiratet; sehr enge Beziehung) machen gemeinsam Hausrenovierungen, Kindergeburtstage usw. Bei Feiern etwa empfängt der Hausvater die Gäste im Japanischen Zimmer, die Frau oder die Tochter muss die Gäste bewirten. Dann gibt es noch „normale Verwandte" *(Shinrui),* zu denen die Verwandten der Angeheirateten zählen.

Das Dorf der Familie Oda besteht aus hundert Familien, von denen zwanzig den Namen Oda tragen. Odas Vater hat zusätzlich einen anderen, traditionellen Namen: Chuemon; da es so viele Familien mit dem gleichen Namen im Dorf gibt, heißt Herr Oda auch Chuemon no Oda.

In dem Dorf haben die Häuser seit alters her keine Zäune, was mehr Platz für die Wasserfelder lässt. Früher wurde das Wasser aus der Quelle geholt. Inzwischen wurde ein Kanal gebaut, so dass man das Wasser auch zum Waschen und zur Körperpflege nutzen kann. Das gesamte Wasser fließt in den Biwa-See.

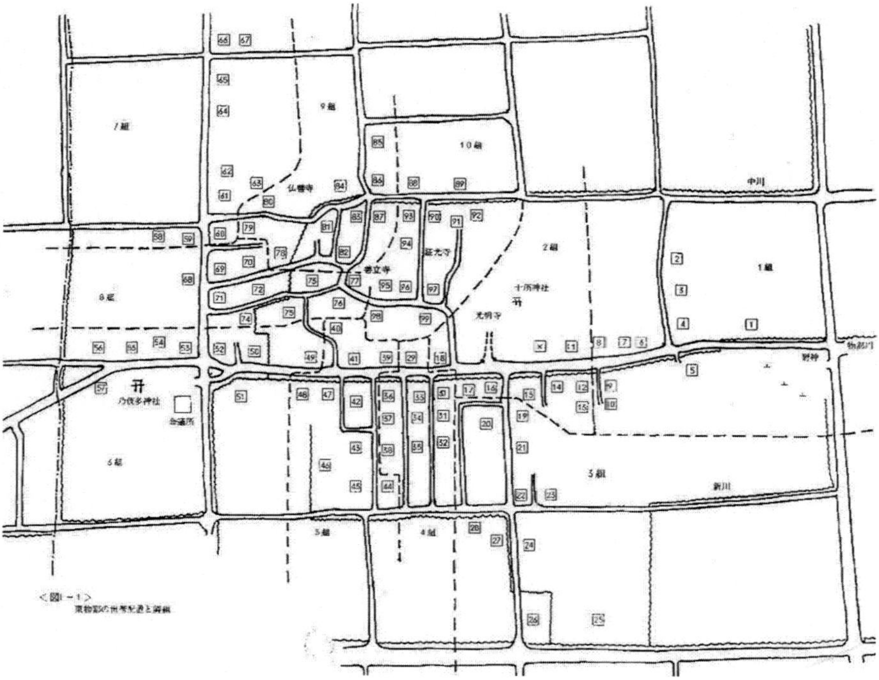

Abbildung 3 Plan des Dorfes Higashimonobe

Im Plan von Higashimonobe findet sich das Haus der Familie Oda unter Nr. 35.

Die jüngeren Generationen erfahren ihre Bildung und Ausbildung in der Stadt und bleiben dann dort, während im Dorf nur die älteren Generationen leben. Bei Familie Oda ist das nicht anders. Früher wurde das Neujahrsfest in einer Art Teamarbeit mit der Dorfgemeinschaft zusammen gefeiert. Aber mit der Zeit wurde immer weniger in der Dorfgemeinschaft, dafür mehr in den einzelnen Familien gefeiert. Dazu kommen auch die Kinder, die weit vom Dorf entfernt leben, so dass die Familie gemeinsam das Neujahrsfest begeht.

In traditionellen Dörfern wie in dem der Odas gibt es heute noch einige religiöse Rituale, die fest zum Neujahrsfest gehören. So muss der Sohn zusammen mit seinem Vater für das Haus oder die Familie verpflichtende Rituale ausführen. Die Tochter, die für das Fest ins Dorf kommt, hilft der Mutter, das spezielle Neujahrsessen vorzubereiten. Während dieser Vorbereitungen haben sie Zeit, sich miteinander auszutauschen.

Das Neujahrsfest

Am 1.1. müssen zwei Vertreter des Dorfrates vor Sonnenaufgang zum Nogita-Schrein gehen und den Empfang der anderen Dorfbewohner vorbereiten. Kurz nach Sonnenaufgang kommen dann die anderen Dorfbewohner für den Neujahrsgruß zum Schrein. Bei dieser Gelegenheit haben früher alle *Kimonos* getragen. Heute wird zwar kein Kimono mehr, dafür aber offizielle Kleidung getragen. Zum Neujahrsgruß bringt jede Person drei in weißes Papier gewickelte Reiseinheiten mit (für die zwei Schreine und den einen Tempel des Dorfes). Zuerst geht man zu den Schreinen, dann zum Tempel. Danach besucht man kurz die Verwandten (vor allem den Familienvater und den ältesten Sohn), um ihnen ein glückliches neues Jahr zu wünschen. Dann schließlich wird eine Kleinigkeit zum Frühstück gegessen. Gegen 7.00 Uhr wird dann im Tempel eine Trommel geschlagen, als Zeichen dafür, dass der Tempeldienst (eine buddhistische Messe in der Haupthalle des Tempels) beginnt, zu dem die Dorfbewohner gehen. Der Familienvater bringt dazu eine in weißes Papier gewickelte Münze mit, die Frauen bringen einen *Isho*, einen Sack mit Reis mit. Später dann werden Neujahrsglückwunschkarten an Freunde, Kollegen usw. geschrieben, meist sehr viele.

Die Vorbereitung

Die Vorbereitung auf das Neujahrsfest beginnt gegen den 20. Dezember. Zutaten und Gegenstände für das Essen und die Zeremonien (z.B. Neujahrsschmuck oder geschnittene Kiefernzweige für den Hauseingang) müssen auf dem „Jahresendemarkt" gekauft werden, der Mitte Dezember eröffnet wird. Am 27. oder 28. Dezember, je nach Schneemenge, gehen die Dorfbewohner auf den Berg *Isono*, um Blumen und kleine Kiefernzweige zu schneiden. Die Blumen werden von den Familien zum Neujahrsfest an verschiedenen Orten platziert. Die Kiefernzweige werden am 31.12. für *Kadomatsu* verwendet (*Kado*, Haustor; *Matsu*, Kiefer). Am Jahresende wird auch das Haus gesäubert (*Susuharai*, „Entfernen des Rußes"; früher gab es Ofenheizungen, deren Ruß entfernt werden musste). Im übertragenen Sinne bedeutet dies, dass die Luft des Hauses gereinigt wird.

Die Reinigung bedeutet in Japan nicht nur das Säubern der direkten Umgebung des Menschen, sondern auch eine Reinigung des menschlichen Inneren im geistigen Sinne. Wenn man die Umgebung reinigt, wird auch das Innere gereinigt. Diese Reinigungsaktion spielt im Tempel eine große Rolle, wenn der Mönch seine spirituelle Bildung erhält. Obwohl man den Ort beständig sauber zu halten sucht, wird er durch den alltäglichen Gebrauch genauso beständig wieder verschmutzt. Man würde vom eigenen Alltag her vielleicht annehmen, eine Reinigungsaktion in der Woche sei ausreichend. Das gilt aber nicht für den Tempel-Kontext. Die Reinigung ist jeden Morgen und jeden Tag über fortzusetzen. Wichtig ist primär nicht das Ergebnis, sondern der Prozess der immerwährenden aktiven Reinigung. Dadurch entwickelt sich beim Mönch die geistige und die körperliche Haltung, mit diesen Dingen umzugehen wie mit sich selbst. Das Reinigungsritual wird auch in der schulischen Erziehung gelehrt. Die Schüler säubern an jedem Tag nach dem Unterricht eigenhändig das Schulgebäude. Das ist eine Äußerung der Dankbarkeit gegenüber dem Gebäude als dem Ort, an dem die Schüler ihre Zeit mit Lernen verbringen und mit den anderen Schülern und den Lehrern zusammenarbeiten konnten. Bei der Säuberungsaktion mit ihren einfachen, sich wiederholenden Bewegungen sollen die Kinder den vergangenen Schultag in Gedanken nachvollziehen. Das ist die ursprüngliche Idee, die heutzutage allerdings nicht mehr in allen Schulen bekannt ist.

Jedenfalls ist die Reinigung zum Neujahrsfest besonders wichtig. Um mit gereinigtem Geist und Körper das neue Jahr zu empfangen, soll man sein Haus sorgfältig säubern, damit der böse Qui ausgetrieben wird und der neue Schutzgott für das neue Jahr empfangen werden kann. Auch die Tempel und die Schreine werden von den Dorfleuten gereinigt. Diese Reinigung ist das zentrale Moment des Neujahrsrituals in Japan.

Der 31.12. wird *Omisoka* genannt. Früher erhielten alle Geschäfte zu Omisoka neue Tücher für den Hauseingang. Jedes Haus hat einen kleinen Hausschrein; an Omisoka werden dort Kerzen entzündet und man bedankt sich dafür, dass die Familie das Jahr gut verbringen konnte; zudem erbittet man sich ein gutes nächstes Jahr. Am 31.12. isst man abends *Soba* (lange, spaghettiähnliche Nudeln aus Buchweizen). Soba sind ein Symbol für langes Leben.

In der Nacht vom 31.12. auf den 1.1. werden um Mitternacht *(Joya)* in allen Tempeln die Glocken 108 mal geschlagen. Durch dieses buddhistische Ritual sollen negative Begierden beseitigt werden. Normalerweise darf man in dieser Nacht nicht schlafen. Wer dennoch schläft, wird der Überlieferung gemäß mehr weiße Haare und Gesichtsfalten bekommen. Früher übernachtete man auch im Schrein (ohne zu schlafen). Deshalb wird am Schrein ein großes Feuer entzündet.

Joya ist eine sehr heilige Feier: Mit ihr wird der Jahresgott des nächsten Jahres empfangen. Alle Dorfbewohner warten auf die Ankunft des Gottes (deshalb dürfen sie auch nicht schlafen). Es gibt zwölf Jahresgötter: Maus, Kuh, Tiger, Hase, Drache, Schlange, Pferd, Schaf, Affe, Vogel (Huhn), Hund, Wildschwein. Wenn der Jahresgott kommt, werden die Menschen – oder jedenfalls die Japaner – neu geboren.

Kadomatsu, die Hauseingangskiefer, gibt es je nach Größe der Familie; sie wird selbst geschnitten oder auf dem Markt am Jahresende gekauft. Kadomatsu ist ein Zeichen für den Gott und zeigt ihm an, wohin er kommen soll. Sie bezeichnet einen heiligen Ort der Familie. Außerdem wird *Shimenawa* (Schmuck, der aus einer weißen, geflochtenen Schnur besteht) an den Hauseingang gehängt, für den Empfang des Jahresgottes, aber auch, um das Haus vor bösen Kräften zu schützen.

Ferner werden *Kagamimuchi* zubereitet: Zwei *Mochi* (Reiskuchen) unterschiedlicher Größe werden übereinandergestellt, obendrauf kommt eine Mandarine; das ist ein Sinnbild des buddhistischen Paradieses *(Horaisan)*. An den heiligen Ort des Hauses *Tokonoma* wird das Zeichen des Glücks gehängt; oft ist es ein Symbol für langes Leben wie die Schildkröte und der Kranich, die sieben Glücksgötter oder ein anderes Symbol für langes Leben und Fruchtbarkeit. Das ist ein Zeichen für den Empfang der Neujahrsgäste.

Am 1.1. wurde früher an der Wasserquelle *Wakamizu* („junges Wasser") geholt und zum Hausschrein gebracht. Zudem diente Wakamizu zum Kochen des ersten Essens am 1.1. und zum Ausspülen des Mundes. Wasser hat eine spezielle mystische Funktion, um sich vom bösen Geist *Jaki* zu reinigen. Am 1.1. ziehen sich alle Familienmitglieder festliche Kleidung an und trinken *Toso* (Sake mit verschiedenen Kräutern, die gut für die Gesundheit sind), um sich von Jaki zu reinigen und Gesundheit und langes Leben zu erhalten. Heutzutage wird meist nur Sake getrunken. Toso wird von allen Familienmitgliedern aus der gleichen Schale getrunken; der erste ist immer der Älteste der Familie (wegen des langen Lebens). *Otoshidama*, „vom Älteren zum Jüngeren", ist ein kleines Geldgeschenk, das am 1.1. gemacht wird. *Hatsuyume* ist der erste Traum des Jahres: Der Traum, mit dem man am 2.1. aufwacht, ist ein Anzeichen für das kommende Jahr. Glückbringende Träume handeln vom Fujiyama bzw. Berg Fuji, von Falken, von Auberginen (als Metapher für Fruchtbarkeit) sowie von Schatzschiffen oder den sieben Glücksgöttern. Die normalen Geschäfte öffnen am 3.1. aber die Büroangestellten fangen erst am 4.1. an, bis dahin ist oft Urlaub.

Weg und Ankunft

Wir hatten die Nacht in Nagahama verbracht, einer mittelgroßen Stadt eine gute Zugstunde von Kyoto entfernt. Am Morgen des Silvestertages fuhren

Abbildung 4 Reisfeld vor Higashimonobe

Abbildung 5 Biwa-See

wir eine halbe Stunde im Taxi am ausgedehnten Biwasee entlang in das Dorf Higashimonobe. Über dem weiten, endlos erscheinenden See hatten sich dunkle Wolken zusammengezogen, aus denen wenige Stunden später große, zunächst von Regen durchsetzte Schneeflocken herabfielen. Es windete kräftig, als wir von der Straße nach rechts abbogen und uns einem Bach folgend an Reisfeldern vorbei dem Dorf näherten. An seinem Rand lag ein modernes Fabrikgebäude.[1] Dessen große glatte Wände standen in auffälligem Gegensatz zu den mit grauen Ziegeln gedeckten Dächern der im traditionellen Stil erbauten Häuser. Vor vielen Häusern lag ein japanischer Garten mit Felsen, Wasser, Büschen, Bambussträuchern und Bäumen. An einem unmittelbar neben der Fabrik gelegenen Haus hielten die Taxen.

Kaum waren wir ausgestiegen und an dem rötlichen Busch am Eingang des Hauses vorbeigegangen, da kam uns schon die Familie Oda entgegen, bei der wir das Neujahrsfest verbringen durften. Zu ihr gehörten der zweiundsiebzigjährige Großvater Makato und die dreiundsechzigjährige Großmutter Kayoko, in deren Haus die Festlichkeiten zum Jahreswechsel begangen werden sollten, der älteste Sohn Yasuo mit seiner Frau Nanako und seinen Kindern Yumi und Kijoichi, der jüngere Sohn Hisao sowie die nun zur Familie Nakamura gehörende Tochter Akiko mit ihren drei Kindern, die wie ihr Bruder Yasuo in einem nahe gelegenen Dorf lebt. Mit zahlreichen Verbeugungen und freundlichen Worten, die wir intensiv erwiderten, wurden wir willkommen geheißen und ins Innere des Hauses gebeten. Wiederholt wurde uns versichert, wie sehr man sich über unseren Besuch freue und wie herzlich wir willkommen seien.

Eigentlich gibt es bei der Begrüßung im Rahmen des Neujahrsfestes eine Reihe ritueller Handlungen zu berücksichtigen, die alle zur Verbeugungsbegrüßung auf dem *Tatami*-Boden hinführen. Zunächst muss man die Jacke vor der Haustür ausziehen und in die Hand nehmen, bevor man die Tür öffnet

Abbildung 6 Haus Familie Oda

und den Hausflur betritt. Wenn der Gastgeber bittet, kann man die Schuhe ausziehen, aber man muss sie mit der Spitze nach außen weisend im Hausflur stehen lassen, damit man dann später beim Rausgehen gleich wieder in sie hineinschlüpfen kann. Der Gastgeber oder Hausherr bietet dem Gast die *Kamiza* an, den Platz, der sich nahe der heiligen Stelle befindet und an dem normalerweise der Hausherr selbst sitzt. Der Gast darf dieses Angebot aber nicht sofort, sondern erst nach der zweiten oder dritten Aufforderung annehmen. Auf dem *Tatami*-Boden gibt es dann ein Kissen, das man ebenfalls nicht sofort nehmen darf, wenn es einem angeboten wird. Schließlich begrüßt man sich sitzend auf dem Tatami-Boden. Der Gast packt Kleinigkeiten aus, die er mitgebracht hat, z.B. Kuchen, und gibt diese dem Hausherrn auf eine besondere Weise. Er streckt sie mit beiden Händen aus und überreicht sie mit einer Neujahrsgrußkarte dem Hausherrn. Wenn der Hausherr das Kissen dann nach der Begrüßung ein weiteres Mal anbietet, kann der Gast darauf Platz nehmen. Dabei können die Männer locker sitzen, wenn der Hausherr es anbietet; die Frauen müssen allerdings knien. Wenn man diesem Ablauf nicht folgt, wird das Ritual verletzt. Diese Begrüßung wird als Anfang und Ende bezeichnet, und sie hat die Funktion, den reibungslosen Kontakt zwischen den Menschen aufrechtzuerhalten. Sie ist zwar nur eine Wiederholung einer einfachen Handlung, aber je nach Zeit und Situation kann sie sehr verschiedene Bedeutungen haben. Sich im Tempel oder aber im Haus voreinander zu verbeugen, bedeutet

Abbildung 7 Eingang zum Haus der Familie Oda

Unterschiedliches. Von uns Deutschen wird natürlich nicht erwartet, dass wir diese Feinheiten kennen und bei der Begrüßung berücksichtigen können.

Nachdem wir unsere Schuhe ausgezogen und uns unserer Taschen entledigt haben, installieren wir unsere Video- und Audio-Aufzeichnungsgeräte und legen unsere Geschenke auf einen der beiden in dem großen Wohnraum auf dem tatamibedeckten Boden stehenden Tische. Auf seiner einen Seite, den großen Familienaltar und das *Tokonoma* im Rücken, knien wir, auf der anderen Seite des Tisches die Angehörigen der Familie Oda. Rechts neben uns haben sich unsere japanischen Kollegen niedergelassen. Nachdem uns die Familie ins Haus gebeten hatte, erfolgt nun sogleich die wechselseitige Vorstellung und die Übergabe der Gastgeschenke. Beide Großeltern waren Lehrer gewesen. Um ihre und ihres Mannes Eltern zu pflegen und mehr Zeit für die gemeinsamen Kinder zu haben, hatte die Großmutter vor vielen Jahren ihren Beruf aufgegeben. Nach seiner Pensionierung hatte der Großvater einen Verein zur Unterstützung von Behinderten gegründet, als dessen Vorsitzender er noch immer tätig ist. Auch war er amtierender Dorfvorsitzender. Der älteste Sohn Yasuo und seine Frau Nanako waren ebenfalls Lehrer. Auch in dieser Familie hatte die Frau ihren Beruf zugunsten ihrer Familienarbeit aufgegeben. Von der in einem benachbarten Dorf verheirateten Schwester des Sohnes erfuhren wir, dass sie drei Kinder habe und ihr Mann in einer Bank arbeite und daher heute wegen des Jahresabschlusses erst spät nach Hause kommen könne. Auch alle fünf Kinder bzw. Enkel der Odas wurden uns vorgestellt. Dann waren wir an der Reihe. Nur von *Shoko Suzuki* und *Christoph Wulf*, denen man den

Ehrenplatz vor dem *Tokonoma* zugewiesen hatte, wurde nicht erwartet, dass sie sich vorstellen.

Wir hatten daran gedacht, allen Anwesenden Geschenke aus Deutschland mitzubringen, auch unseren japanischen Kollegen und Kolleginnen. Zustimmend wurde dies von allen Einheimischen anerkannt. Zu unseren Geschenken gehörten Porzellanteller, mehrere Decken, Kinderspielzeug, kunstvoll verpacktes erlesenes Konfekt in einer Schachtel mit einem Bild des Brandenburger Tors. Nicht alle Geschenke wurden gleich ausgepackt; die meisten bewahrte man für den Neujahrstag auf. Die Konfekt-Schachteln wurden als ein Geschenk für die ganze Familie in den buddhistischen Ahnentempel gelegt und blieben dort während des gesamten Festes liegen. Unsere Geschenke gefielen; jeder Beschenkte zeigte uns seine Freude in unterschiedlicher Weise. Für den Großvater spielte es eine wichtige Rolle, dass die Geschenke aus Deutschland stammten, von dessen Sprache er einige Wörter und Sätze kannte. Seinen Enkeln hatte er sogar beigebracht, „Guten Tag" und „Dankeschön" zu sagen. Wenig später spielte Yumi schon mit dem Einhorn und Kijoichi mit dem Feuerwehrmann. Immer wieder ließ Kijoichi ihn „bye bye" sagen. In diesem Ausdruck verdichtete sich für den Fünfjährigen die Erfahrung des Fremden.

Das Haus der Familie

Das Haus, in dem wir den Jahreswechsel verbrachten, besteht aus zwei, einen großen Raum bildenden Räumen, neben denen sich noch einmal zwei voneinander getrennte Räume befinden. Von einem dieser Räume geht eine große Küche ab. In der ersten Etage liegen weitere sechs Räume. An der Stirnseite des großen Wohnraums gegenüber dem Eingang befindet sich rechts ein prächti-

Abbildung 8 Shinto-Schrein

Abbildung 9 Buddhistischer Familientempel

Abbildung 10 Tokonoma

ger *buddhistischer Familienaltar* und links das *Tokonoma,* ein aufgerolltes Bild mit heiligen Schriftzeichen; vor ihm steht ein im Ikebana-Stil angeordneter Blumenstrauß. Links davon hängt an der Längswand oberhalb Kopfhöhe die Vorderseite eines Shinto-Schreins. Darunter sind sakrale Gefäße angeordnet. Gegenüber dem Shinto-Schrein hängen an der anderen Längswand neben dem buddhistischen Tempel Photographien der Ur- und der Ururgroßeltern.

Der buddhistische Tempel und der Shinto-Schrein befinden sich nebeneinander und bilden in ihrer wechselseitigen Verschränktheit das sakrale Zentrum des Hauses. Hier ist die in der Meji-Zeit angestrebte Trennung zwischen buddhistischem und shintoistischem Heiligtum nicht erfolgt, oder aber sie ist wieder rückgängig gemacht worden. Für die Familie Oda ist der buddhistische

Abbildung 11 Photographien der Ur- und der Ururgroßeltern

Tempel von besonderer Bedeutung. Die Familie gehört der Jodo-Shinshu-Schule des japanischen Buddhismus[2] an, in der der Urgroßvater Laienpriester war und der sich die Familie nach wie vor eng verbunden fühlt. In diesem Tempel liegen vom Urgroßvater überlieferte heilige Schriften. Aus einer von ihnen wird im Verlauf der Neujahrszeremonie ein Text auf Altjapanisch rezitiert. Seine semantische Bedeutung erschließt sich auch den Familienmitgliedern nur bruchstückhaft; sein sakraler und enigmatischer Charakter wird jedoch von allen gespürt. Besonders ist dies der Fall bei dem während der Neujahrszeremonie aus einer Schutzhülle genommenen Text, den der Großvater den Familienmitgliedern zugewandt vorliest. Am heutigen Tag ist der Tempel geschmückt. Ein besonderes, nur für den Jahreswechsel bestimmtes dreieckiges Tuch, frische Blumen, neue Kerzen und später zwei aufeinander gelegte Reiskuchen mit einer Mandarine verweisen auf den Jahreswechsel und die mit ihm verbundenen Hoffnungen auf ein gesundes und glückliches Leben. Über dem Ausgang des großen Wohnraums in Richtung auf den Eingangsbereich des Hauses hängt ein *Ootsue*,[3] ein Teufelsbild, das im Shiga-Bezirk um den Biwa-See sehr verbreitet ist. Es zeigt einen Teufel in Wanderausrüstung mit einer zusammengerollten Schlafmatte auf dem Rücken und einer Reisschale auf dem Bauch, dessen eines Horn verstümmelt ist und der eher komisch als bedrohlich wirkt. Dieser Teufel verfügt nur eingeschränkt über die Macht des Bösen. Auch am Übergang in den daneben liegenden Raum, in dem vor allem die Kinder spielen, wird mit einem Bild des *Fuji*[4] auf einen der wichtigsten sakralen Orte Japans verwiesen, an dem sich Naturliebe, religiöses Gefühl und ästhetische Empfindung überlagern.

Die Reiskuchenherstellung

Während wir die mit ihren Geschenken spielenden Kinder beobachten, haben sich der Großvater und sein Sohn entfernt, um Reiskuchen herzustellen. Interessiert folgen wir ihnen. Einige Meter vom Wohnhaus der Familie Oda entfernt liegt ein zweites älteres Haus, in dem die Urgroßeltern gewohnt hatten und in dem sogar noch die Kinder der Großeltern Makato und Kayoko geboren worden waren. Ein leichter Schneeregen hatte begonnen. Die Wände dieses älteren Hauses sind mit Brettern verkleidet, deren Oberfläche zum Schutz gegen die Witterung mit Feuer verkohlt worden war. Im Eingangsbereich des Hauses, dessen Innenraum als Arbeitsbereich des Großvaters dient, in dem er auch heute noch mit Behinderten arbeitet, hat sich um einen mehrstöckigen, mit Gas betriebenen Reiskocher die Familie versammelt. Als der Reis gekocht

Abbildung 12 Der Großvater

Abbildung 13 Großvater mit ältestem Sohn beim Reisstampfen

Abbildung 14 Familie bei der Reiskuchenherstellung

Abbildung 15 Reiskuchen

ist, wird er in einen hölzernen Trog gekippt und mit einem Holzschlegel zu Brei geschlagen. Während die Großmutter und ihre Schwiegertochter in der Küche das Mittagessen vorbereiten, ist die Herstellung des Reiskuchens Aufgabe des Großvaters und seines Sohnes. Kräftig lässt der Großvater den Schlegel in den Trog sausen. Nach jedem Schlag wird die Reismasse von seinem Sohn gewendet und mit Wasser benetzt, damit sie beim nächsten Schlag nicht am Schlegel kleben bleibt. Weit über hundertmal wird der breiige Reis geschlagen, so dass eine sämige Masse entsteht. Aus dieser werden Kugeln geformt, die in einem süßen, braunen Pulver gedreht und nebeneinander aufgereiht werden. Einige Kugeln werden mit einer süßen braunen Sojamasse in einem Tuch zusammengedrückt, so dass eine Reiskugel mit einer Sojaumhüllung geformt wird. Während Kochen und Zerstampfen des Reises Aufgaben der Männer sind, sind an der Herstellung der Kugeln und an ihrem vorzeitigen Verzehr Frauen, Kinder und Gäste beteiligt. Diese Reiskuchen dienen als Opfergaben im Buddha- und Shinto-Schrein der Familie, als Hauptzutaten für die Reissuppe am Neujahrsmorgen und als Leckereien während des ganzen Festes. Ergänzt werden sie durch den Reiswein, der am folgenden Neujahrsmorgen den Gläubigen im Schrein gereicht wird. In diesem mehrstündigen Ritual am Morgen des letzten Tages des Jahres wird mit der Herstellung des Reiskuchens in der gemeinsamen Arbeit aller Familienmitglieder an das sich erneuernde Leben gedacht.

Das Mittagessen

Nun ist es Zeit zum Mittagessen, das die Großmutter mit ihrer Tochter und Schwiegertochter bereitet hat. Die Familie isst an dem einen, die Gäste essen an dem anderen Tisch. So ist genug Raum zur Beobachtung des Geschehens. Nachdem zunächst unser Tisch von den Frauen gedeckt worden war und wir zu essen begonnen hatten, setzt sich die Familie an ihren Tisch. Die Großmutter bringt ihrem Mann eine Suppe. Die Frauen reden miteinander; sie sprechen über die sich am Tisch drängenden Kinder; das Baby schläft. Der älteste Sohn Yasuo ist abwesend. Der Großvater Makato isst mit den drei Frauen Kayoko, Namako, Akiko und den vier Enkeln am Tisch; er isst schweigsam. Als die Kinder mit dem Essen fertig sind, verlassen sie zwanglos den Tisch und beginnen zu spielen. Dann räumen die Frauen und die Mädchen den Tisch ab. Der Großvater reinigt ihn mit einem Tuch. Im Gespräch während des Essens hatten die Frauen den Kindern die Tierkreiszeichen erklärt. Das endende Jahr stand im Zeichen des Vogels, das neue Jahr steht im Zeichen der Kuh.

Abbildung 16 Beim Mittagessen

Die zwölf Zeichen des Tierkreises stammen aus China, wo man sie als *Shigan Shi-er Zhi* bezeichnet; sie wurden im 2. Jahrhundert v. Chr. entwickelt. *Ushi* (Kuh) ist das zweite Zeichen des Tierkreises, und jedes 12. Jahr ist ein Kuh-Jahr. Ist man im Jahr der Kuh geboren, sagt man von sich, man sei unter dem Himmelszeichen der Kuh geboren. Andersgläubige verstehen das bisweilen dahingehend, dass der oder die Betroffene eher den Charakter einer Kuh hätte.

Nachdem die Männer den Platz gereinigt haben, an dem sie am Morgen den Reiskuchen zubereitet hatten, legt sich Sohn Yasuo, die Füße unter den beheizten Tisch gestreckt, zu einem Mittagsschläfchen nieder. Der Großvater Makato faltet in der Zwischenzeit mit den Kindern kleine Papierbriefe, in die Geldbeträge gesteckt werden. Einige davon erhalten die Kinder am Neujahrsmorgen. Am Nachmittag bricht die Tochter Akiko mit ihren Kindern – also die Familie Nakamura – auf und fährt in ein nahe gelegenes Dorf, um dort den Jahreswechsel mit den Eltern ihres Mannes und seiner Großmutter, also der Urgroßmutter der Kinder zu begehen. Es hat wieder zu schneien begonnen.

Spiele der Kinder

Yumi und Kijoichi haben intensiv zu spielen begonnen. Yumi spielt *Menko* und zieht dazu ihre Mutter, ihre Großmutter, Seiko und Yukiko hinzu. *Menko* ist ein Kartenspiel, bei dem man versuchen muss, dadurch möglichst viele Karten zu erhalten, dass man eine Karte so auf eine auf dem Boden liegende Karte wirft, dass diese umgedreht wird. Gelingt dies, darf man die aufgedeckte Karte behalten und so lange weiterspielen, wie einem dies gelingt. Erforderlich sind Kraft und Geschicklichkeit, über die Yumi mit acht Jahren in erstaunlicher Weise verfügt.

Abbildung 17 Die Kinder der Familie Oda

Abbildung 18 Das Menko Spiel

Abbildung 19 Das Menko-Spiel

Abbildung 20 Die Kinder beim Spiel

Nicht weniger Fertigkeit erfordert das Kreiselspiel *Koma*. Dabei wird eine Schnur schneckenförmig auf den unteren Teil des Kreisels gewickelt. Sodann wird sie mit einem schnellen Ruck heruntergezogen. Zugleich wird der Kreisel auf den Boden geworfen und beginnt sich dort zu drehen. Auch bei diesem Spiel bewundern wir wiederholt Yumis Geschicklichkeit, was sie erfreut genießt. Schließlich spielt sie auf dem im Eingangsbereich stehenden Klavier und mit dem *Kokiriko*. Das Kokiriko ist ein traditionelles Musikinstrument, das aus vielen eng aneinander gebundenen Holzteilen besteht, die rhythmisch gegeneinander gestoßen eine Melodie erzeugen. Während Yumi so musiziert, kommt ihr eine neue Idee. Sie biegt das Musikinstrument so, dass ein Halbkreis entsteht, den sie als Diadem, Krone oder Heiligenschein den darüber lachenden Frauen aufsetzt. Von dieser Idee ist Yumi fasziniert, so dass sie ihr Spiel fortwährend wiederholt. Zwischendurch spielt sie immer wieder mit dem von uns mitgebrachten Einhorn, an dessen Horn sie eine Pistole hängt. Dieser „Zusammenstoß" unvereinbarer Welten löst bei den anwesenden Frauen Gelächter aus. Von Zeit zu Zeit nähert sie sich ihrem Vater, der am Rande des Geschehens eher schweigsam dasitzt, und schmiegt sich an ihn, der ihre Zärtlichkeiten erwidert.

Während seine Schwester intensiv spielt, hat Kijoichi zu spielen aufgehört und zu weinen begonnen. Keiner beachtet den weinenden Jungen, der sich verschämt unter dem geheizten Tisch verkriecht. Nach einiger Zeit kommt er wieder hervor, wird kurz von seiner freundlich lachenden Großmutter umarmt, zieht sich wieder zurück und trauert. „Das macht er immer so, wenn Mutter einkaufen geht", erklärt uns seine ältere Schwester ein wenig altklug. Mir (CHW) ist die Situation unklar; ich wundere mich, dass keiner der Anwesenden den Jungen tröstet oder ihm versichert, dass seine Mutter gleich wiederkommen werde. Später erfahre ich, dass Kijoichi mit einem Herzfehler geboren worden war, der eine sofortige komplizierte Operation erforderlich machte. Wahrscheinlich infolge dieser Erfahrungen, so vermuten seine Eltern, bekomme er leicht Angst, vor allem wenn seine Mutter nicht bei ihm ist. Erst als nach längerer Zeit sein Vater zurückkehrt und sich ihm zuwendet, hört Kijoichi zu weinen auf.

Ein wenig später läuft der Fernseher. Kijoichi und Yumi sehen einen Zeichentrickfilm, in dem sich ein kleiner Junge durch schnelle Laufbewegungen auf einer sich rasch drehenden Teppichrolle zu halten versucht. Fasziniert macht Kijoichi die gleichen Bewegungen auf dem Teppichboden und erlebt, dass weder der Junge im Fernsehen noch er herunterfallen. Mehrere Minuten dauert diese mimetische Situation, in der Kijoichi mit höchster Intensität die ihn beeindruckende Fähigkeit des anderen Jungen erlebt und dabei eine Geschicklichkeit entwickelt, zu deren voller Performanz er im alltäglichen Leben noch lange nicht fähig ist. Kijoichi nimmt gleichsam einen „Abdruck" von der Geschicklichkeit des Jungen im Fernsehen und bemüht sich darum, die gleiche Fähigkeit zu entwickeln, wenngleich er diese zunächst auf einem sich nicht drehenden Teppich übt. In dieser Situation imaginiert er eine Kompetenz, deren Beherrschung für ihn lustvoll ist, selbst wenn er von ihrer Performanz zurzeit noch weit entfernt ist.

Die Vorbereitung des Essens

Die Zubereitung des Neujahrsessens ist Frauenarbeit. Für gewöhnlich muss die Schwiegertochter die Gewohnheiten und Sitten der Familie erlernen, in die sie hineingeheiratet hat, z. B. die Art des Gemüseschneidens, des Kochens, des Abschmeckens des Essens, der Tisch- und Tellerdekoration. Die junge Frau soll sich dabei an der Schwiegermutter orientieren. Als junge Schwiegertochter hatte Großmutter Oda dies früher genauso gelernt. Nach dem Tod ihrer Schwiegermutter hatte sie langsam begonnen, die Speisen nach ihrem eigenen Geschmack anzurichten. Im Laufe der Zeit berücksichtigte sie dabei auch die Wünsche der jüngeren Generation und der Enkelkinder sowie Elemente aus der westlichen Küche bei der Zubereitung des Neujahrsessens. Heute hilft ihr nun ihre Schwiegertochter bei der Zubereitung des Neujahrsessens. Wie früher sie selbst, so lernt dadurch heute ihre Schwiegertochter, das Familienessen nach den Traditionen und Gewohnheiten der Familie Oda für das Neujahrsfest vorzubereiten. In einem Interview erläutert Großmutter Kayoko die Bedeutung der Vorbereitung des traditionellen Familienessens.

Iw: Sie haben ja viel zum Essen vorzubereiten, nicht wahr?

Kayoko: *Nimono* (Gemüse und Fleisch mit Sojasauce, feierliches Essen zur Neujahrszeit, Geschmack ist Ausdruck der individuellen Identität der Familie: *Ofukuro no aji* – „Mutters Geschmack"). Bei der Vorbereitung auf das Neujahr mache ich immer das ganze festliche Essen und arbeite bis Mitternacht. Da ich in diesem Jahr ein Interview zu geben hatte, habe ich einen Tag eher mit den Vorbereitungen angefangen. In der Nacht muss ich auch noch ein Neujahrsblumengesteck vorbereiten. Das kann dann durchaus bis Mitternacht dauern. Am 31.12. abends kommt im nationalen Fernsehen immer ein Showprogramm, das ich gerne in Ruhe sehen würde. Aber wer weiß, ob ich das zeitlich hinbekomme. Heute hat mir meine Enkelin Emi bei der Zubereitung von *Umaki* geholfen (typisches Gericht der Gegend, in der Mitte eine Eierrolle). Im letzten Jahr habe ich auch *Kurikinton* gemacht (Maronen, süß). Und obwohl sie noch klein ist, will sie gerne mithelfen. Ich gebe ihr dafür gerne immer mehr Gelegenheiten. Dadurch lernt sie und kann es später selbst machen. Wichtig ist, dass sie zusieht, wie ich koche. Ich war als Kind auch immer dabei, wenn meine Mutter kochte. Seitdem ich als Ehefrau in dieser Familie bin, habe ich die Art des Kochens in dieser Familientradition erlernt. Meine Mutter kocht anders. Ins *Nimono* kommt viel Gemüse und Fleisch; in meiner Kinderzeit haben wir die jeweilige Zutat stets getrennt gekocht, so dass sich jeder die Zutaten nach eigenem Geschmack individuell auf seinem Teller zusammenstellen konnte. Aber die Familie hier, meine Schwiegermutter kochte alles in einem Topf, mit dem gleichen Geschmack. Gleich zum Anfang gab sie den Seetang in den Topf hinein, obwohl dadurch der Seetang zu weich wird. Naja, vielleicht ist der Geschmack ja dennoch gut. Am Jahresende kommt die Familie meines Sohns Yasuo mit meinen Enkeln. Die Kinder mögen Frikadellen nach japanischer Art. Deswegen lasse ich meine Schwiegertochter Frikadellen zubereiten. Das festliche Essen für Neujahr ist

> ja sehr traditionell. Meines Erachtens sollte der Inhalt mit der Zeit je nach dem Geschmack der Familienmitglieder verändert werden. Ich versuche immer, das Essen dem Geschmack anzupassen und mit der Zeit zu gehen.

Im Weiteren erfahren wir, dass bis 1990 alle Dorfbewohner am Neujahrsmorgen einander besuchen gingen. In jedem Haus erhielten sie etwas zu essen und zu trinken. Dafür waren die Frauen des jeweiligen Hauses verantwortlich. Durch annähernd hundert Besuche im Verlauf des Vormittags entstand ein gewaltiger Arbeitsaufwand, den die Frauen schließlich nicht mehr auf sich nehmen wollten. Auch der bis noch vor fünf Jahren an diesem Festtag getragene Kimono gehört heute der Vergangenheit an. Zurzeit besucht man noch immer alle sechs Tempel und Schreine, drei kurz vor dem Morgengrauen und drei nach dem festlichen Frühstück am Neujahrsmorgen. Am späteren Vormittag treffen sich auch immer noch die Hausvorstände der Häuser des Dorfes im Gemeindezentrum zur Begrüßung und wechselseitigen Übermittlung von Glückwünschen. Eine Tafel mit den hundert Häusern und ihren Vorständen am Shinto-Schrein gibt darüber Auskunft, wer wo im Dorf wohnt.

Lebensglück

Als Großvater Makato zu dem Interview mit seiner Frau Kayoko hinzukommt, beginnt auch mit ihm ein intensives Gespräch. Wir unterhalten uns über den Weltkrieg, an den er sich noch erinnert, und über die Notwendigkeit einer Erziehung zum Frieden. Er berichtet von Flugzeugen, die mit ihren Maschinengewehren auf Zivilisten schossen, von Bombern, die ihre todbringende Ladung auf die Städte entluden, vom Feuerschein brennender Häuser. 3,2 Millionen Tote habe es unter den Japanern, und mehr als 23 Millionen habe es im pazifischen Kriegsraum gegeben. Gegenwärtig gibt es in vielen Diskussionszentren in allen Regionen des Landes eine intensive Auseinandersetzung über die Frage, ob der § 9 der japanischen Verfassung, der es Japan verbietet aufzurüsten, geändert werden soll. Zurzeit sei mehr als die Hälfte der Bevölkerung gegen eine Verfassungsänderung. Im Bücherschrank von Großvater Makato stehen zwei deutschsprachige Bücher nebeneinander, eine Studie über die Gräueltaten von Auschwitz und ein Buch über die Bombardierung und Zerstörung Dresdens. Vor dem Hintergrund dieses vielfältigen Leids erzählt der Großvater den beiden Interviewern davon, dass er in den letzten Jahren schon mehrere Male mit der Ambulanz ins Krankenhaus gebracht worden sei und

Abbildung 21 Makato und Kayako Oda

Abbildung 22 Familie Oda

er deutlich wisse, dass sein Leben endlich sei. Angesichts dieser Situation sei er besonders glücklich darüber, dass seine Kinder ihren Lebenssinn und Lebensweg gefunden hätten und sich sein Leben in seinen fünf Enkeln fortsetze.

Interview mit Großvater Makato und zwei Interviewern (Ym und Yw)

Ym: Herr Oda, Sie sind sehr aktiv, deswegen dachte ich, Sie sind im gleichen Alter wie ich.
Makato: Nein, nein, ich bin viel älter als Sie. Ich weiß nicht, wie viele Stunden von meinem Leben noch übrig sind.
Ym: Aber Sie sagten ja, Sie wünschten sich, 105 Jahre alt zu werden. (Lachen)
Yw: Ich möchte mich gerne mit Ihnen über Glück und Glücklichsein unterhalten.
Makato: Ja, das hängt eng mit der Familie zusammen, ich habe fünf Enkelkinder. Ich fühle mich glücklich, wenn ich meine Enkelkinder sehe, vor allem Kijoichi, der von Geburt an einen Herzfehler hatte, kaum richtig atmen konnte, sich sehr schwach fühlte und in Lebensgefahr war und dessen Operation erfolgreich war. Er wurde in der Kyoto-Universitätsklinik operiert und ist jetzt gesund. Meine Tochter Akiko hat auch drei Kinder. Ihre fünfjährige Tochter hatte Schwierigkeiten mit den Ohren; in der letzten Zeit musste sie mit ihr für zwei Wochen in die Klinik gehen. In dieser Zeit konnte meine Tochter ihr elf Monate altes Kind nicht pflegen. Deswegen blieb es für zwei Wochen bei uns; wir konnten uns um sie kümmern. Innerhalb von zwei Wochen entwickelte sich das Kind ungemein schnell! Ich war erstaunt, dass ihre Entwicklung so schnell sichtbar ist. Nach zwei Wochen weinte das Mädchen, als es wieder zu Hause war und uns nicht mehr sah – so hatte sie sich an uns ge-

wöhnt. Ein Enkelkind haben und dessen Entwicklung verfolgen zu können, das ist die höchste familiäre Glückseligkeit.

Fast alle drei Kinder sind mündig geworden (*ichinimae*, finanziell unabhängig mit eigenem Familienhaushalt). Leider hat Hisao noch keine Ehefrau und keine Familie gegründet. Alle drei Kinder haben einen eigenen Beruf, meine Tochter hat einen ähnlichen Beruf wie ich, in dem sie das Leben und die Arbeit der Behinderten unterstützt. In einer nahegelegenen Stadt gibt es ein Unterstützungszentrum für Behinderte, *Leben und Arbeit*. Meine Tochter Akiko arbeitet dort, um den Behinderten zu helfen. Mein Vater, dessen Foto oben am Altar hängt, hat immer gehofft, dass sein Kind den Lehrerberuf ausüben wird. Mein Vater hatte in seiner Grund- und Sekundarschulzeit sehr gute Lehrer. Er war fest davon überzeugt, dass der Beruf des Lehrers wirklich eine wertvolle Arbeit möglich mache. Deswegen wollte mein Vater, dass sein Sohn Lehrer wird. Ich wurde Lehrer und habe die Erwartung meines Vaters erfüllt. Auch mein ältester Sohn Yasuo ist Lehrer geworden; und meine Tochter arbeitet mit Behinderten. Ich selbst bin nach drei Jahren als Lehrer an einer Sekundarschule auf eigenen Wunsch zu einer Schule für Behinderte gewechselt. Und nach der Pensionierung arbeite ich auch heute noch gemeinsam mit meiner Tochter weiter im Bereich der Behinderten. Ob meine Tochter „von meinem Rücken aus von hinten gesehen" etwas von meiner Arbeit gelernt hat, weiß ich nicht; doch sie hat den gleichen Beruf und geht den gleichen Lebensweg.

Ich habe großes Interesse an Religion und Philosophie. Mein Vater glaubte an die Lehre von *Shinran* (Gründer besagter buddhistischer Schule, *Jodo Shinshu*). Ich höre sehr oft Laienpriester, aber bis jetzt bin ich kaum guten Laienpriestern begegnet, die die Lehre von *Shinran* von Grund auf richtig verstanden haben. Ich kenne nur einen Laienpriester, der die Lehre in ganzer Tiefe versteht. Ich gehe gerne zu ihm, um ihm zuzuhören. Meines Erachtens hatte mein Vater die Lehre von *Shinran* mit seinem ganzen Körper und seiner ganzen Seele verstanden. Deswegen habe ich auch immer Interesse an Religion und Philosophie gehabt. Ich meine, dass Hisao mein Interesse übernommen hat und es weiter entwickelt. Das Niveau meiner drei Kinder ist viel besser als meines und damit bin ich sehr zufrieden. Das ist für mich Glück bzw. Glückseligkeit.

Yw: Was meinen Sie, wann sich Ihre Frau glücklich fühlt?

Makato: Ja, naja, vielleicht bei einem schönen gemeinsamen Essen. Seit einigen Jahren arbeite ich zusammen mit den Behinderten. Anfangs habe ich so hart gearbeitet, dass ich innerhalb von eineinhalb Jahren dreimal mit der Ambulanz ins Krankenhaus gebracht werden musste. Meine Frau hat viele Sorgen um mich gehabt. Jedes Mal, wenn ich mit der Ambulanz auf dem Weg ins Krankenhaus war, dachte ich mir, das ist jetzt mein Ende. Obwohl ich wieder gesund wurde, denke

> ich immer daran, was für ein Leben ich als alter Mann haben werde und wie viele Stunden zu leben mir noch bleiben. Ich wünsche, dass wir den Rest der Zeit zufrieden miteinander teilen können und beide fühlen, dass die Zeit der Gemeinsamkeit schön war. Ich habe einige Geschwister, eine Schwester hat Lungenkrebs und mein Neffe hat Krebs im Gehirn, und ein vierzigjähriger Neffe liegt die ganze Zeit schon im Bett und kann nicht mehr gut sprechen. Seine Kinder sind noch auf der Sekundarschule. In meinem Verwandtenkreis sehe ich ganz in meiner Nähe so viele, die schwer krank sind. Deshalb denke ich oft an den Tod.

In diesem Interview wird deutlich, dass aufgrund seiner körperlichen Schwächen Großvater Makato in der letzten Zeit häufig daran denkt, dass seine Lebenszeit begrenzt ist. Das lässt bei ihm die Frage entstehen, wie viel Zeit er noch zu leben hat. Glück bedeutet für ihn, mit eigenen Augen sehen zu können, wie seine Kinder mit ihrer eigenen Kraft selbständig ihr Leben genießen. *Ichinimae* ist in Japan sehr wichtig; es bedeutet, nicht nur finanziell auf eigenen Füßen zu stehen, sondern auch, mit seiner Lebenseinstellung in der Gemeinschaft den richtigen Platz zu finden. Großvater Yasuos Glück wird mit dem Wort *ikigai* bezeichnet; das bedeutet in etwa, den Wert des Lebens empfinden. Diesen Wert des eigenen Lebens erkennt man, wenn man glaubt, von anderen als für ihr Leben notwendige Mit-Wesen anerkannt und geschätzt zu werden. Dies ist eine Art des Mit-Seins. Wenn man von anderen nicht um Hilfe gebeten wird, denkt man in Japan, man sei es nicht wert, weiterzuleben. Dieser eigene Lebenswert, *ikigai,* ist für Japaner der Schlüssel zum Glücksempfinden. Man erlangt es nicht in einem Leben für sich selbst, sondern nur in einem Leben mit den Mitmenschen.

In Japan gibt es ein Sprichwort: *Kahuku ha azanaeru nawa no gotoshi,* Glück und Unglück wechseln einander ab. Man darf daher nicht nur Glück im Leben erwarten und in dieses vorbehaltlos eintauchen; man muss auch bereit sein, Unglück zu ertragen, ohne sich diesem vollständig zu überlassen. Im Fluss des Lebens wechseln Glück und Unglück einander ab. Im Glück soll man das Unglück nicht vergessen, und im Unglück soll man sich an das Glück erinnern. Dieser Ausgleich wird durch *ikigai* unterstützt; es hilft bei seiner Verwirklichung und gibt dem Leben Bedeutung. Das *ikigai* des Großvaters Makato sind seine Kinder und Enkelkinder.

Während ihr Mann das Interview gibt, spricht Großmutter Kayoko wenig. In der traditionellen japanischen Gesellschaft ist dies ein normales Verhalten. Kayokos Schweigen bedeutet nicht, dass sie keine Meinung hat oder nicht sprechen will. Mit ihrem Zuhören fördert sie die Atmosphäre und Intensität des Interviews und der Rede ihres Ehemanns. Als wir ihr einige Fragen über ihr eigenes *ikigai* stellen, erwähnt sie ebenfalls die Gesundheit und das erfüllte Leben der Kinder und Enkelkinder. Nebenbei erzählt sie nun von ihrem Leben. Bei der Eheschließung war sie Grundschullehrerin. Auch als ihre Kinder klein waren, hat sie noch als Grundschullehrerin gearbeitet. Erst als ihre beiden Schwiegereltern erkrankten, gab sie ihre Stelle in der Schule auf und widmete sich der häuslichen Pflege der beiden. Sie versicherte mir, diese Entscheidung nie bereut zu haben. Die Betreuung war hart, so dass sie manchmal sogar selbst gesundheitlich gefährdet war. Aber sie sah diese Betreuung ihrer Schwiegereltern als ihre Aufgabe an. Dadurch hat sie das Wichtigste des Lebens gelernt. Zusammenfassend sagt sie dazu: „Ich konnte dabei das Wesentliche des menschlichen Lebens erfahren – ein fruchtbares Erlebnis. Dafür bin ich dankbar. Ich musste zwar auf meine Stelle in der Schule verzichten, dafür konnte ich aber andere wesentliche Erfahrungen machen." Jetzt hat Großmutter Kayoko die soziale Betreuung alter Leute im Dorf übernommen. Sie organisiert Tanz- und Gesangsnachmittage und redet mit den alten Leuten über deren Angelegenheiten, so dass auch sie ihr *ikigai* wiederfinden können. Großmutter Kayoko ist im Dorf gefragt und geschätzt; so hat auch sie ein neues *ikigai* gefunden (vgl. allgemein Matthews 2009).

Besuch am Familiengrab

Ein fester Bestandteil des Neujahrsfestes ist der Besuch des Friedhofs, zu dem wir am späten Nachmittag aufbrechen. Die Gräber der Verstorbenen liegen am Rande des Dorfes neben einer modernen Autobahn. Für die Japaner sind sie der Eingang zur Welt der Ahnen. Alle Familien im Dorf haben hier ein steinernes Grabmal, in dem die Überreste der Verstorbenen nach der Verbrennung

Abbildung 23 Das Familiengrab

des Leichnams aufbewahrt werden. Als wir uns dem Grabmal der Familie Oda nähern, beginnt es wieder zu schneien. Großvater Makato vollzieht das Ritual. Die auf dem Grabmal stehenden Blumen werden durch neue ersetzt. Zwei Kerzen werden angezündet und in windgeschützte Behälter gestellt. Räucherstäbchen werden entzündet und in den dafür vorgesehenen Becher gestellt. Wasser wird in eine vor den Kerzen stehende Schale gegossen; der Rest des Wassers wird über die Spitze des Grabmals gegossen. Schließlich werden zwei kleine Bücher hervorgeholt, aus denen Großvater, Sohn und Enkelin Gebete sprechen. Dazu knien sie vor dem marmornen Grabmal, die Hände zwischen einer Gebetskette gefaltet. Allmählich wird es dunkel, der Schneefall wird stärker, wir fahren zum Haus zurück.

Beten ist eine Geste, mit der der Glaube ausgedrückt wird. Im Tempel kann man Japaner oft beim gemeinsamen Singen oder Beten beobachten: Manchmal liest auch jemand etwas vor, das die anderen dann nachsprechen. Diese Handlungen haben eine wichtige Bedeutung. Sie stärken die soziale Beziehung zwischen den Anwesenden und intensivieren ihr Glücksempfinden. Zum Jahreswechsel betet man für Gesundheit und Sicherheit und bittet darum, dass das Leben so bleibe und nicht schlechter werde. Dabei glaubt man, dass das, was man im Gebet spricht, tatsächlich realisiert wird. Sprechen und Tun sind im Gebet eins. Die Betenden glauben, mithilfe des Betens an der heiligen Stelle des Hauses Ordnung, Sicherheit und Glück im neuen Jahr realisieren zu können. Zu Fuß zum Tempel zu gehen, ist wichtig; es führt dazu, zur gleichen Zeit auch in sich zu gehen und den inneren Weg zu finden.

Unter Mitarbeit der Dorfbewohner wurde der Friedhof vor vier Jahren erneuert. Der Besuch des Friedhofs am Jahresende dient dazu, für den Schutz der Familie im abgelaufenen Jahr zu danken und ihren Schutz für das kommende Jahr von den Ahnen zu erbitten. Zum Besuch des Familiengrabes kam Yumi gemeinsam mit ihrem Vater Yasuo und ihrem Großvater Makato. Wegen des starken Windes gab es beim Anzünden der Kerze vor dem Grabstein einige Schwierigkeiten. Vater Yasuo versuchte mehrmals vergeblich, die Kerze anzuzünden. Durch ihre Teilnahme an diesem Ritual lernte Yumi, wie wichtig es ist, am Jahresende zum Grab der Vorfahren zu gehen. Dabei erwarb sie die richtige Haltung und das angemessene Verhalten. Yumi wird den Verlauf des Rituals ebenso wie die dabei erlebte Gemeinsamkeit der Familie in Erinnerung behalten.

Wieder im Haus angelangt, vollzieht Großvater Makato ein weiteres Ritual. Auf einem Tablett bringt er jeweils zwei der am Morgen hergestellten Reiskuchen mit einer Mandarine von dem vor dem Haus stehenden Baum zum buddhistischen Tempel, zum Shinto-Schrein, zur Wasserstelle in der Küche und zum sakralen Ort am Hauseingang. Dazu spricht er heilige Worte. Allein, fast unbemerkt vom Rest der Familie vollzieht der Großvater dieses Ritual.

Familienglück

Ein wenig später bitten wir den ältesten Sohn Yasuo und seine Frau Nanako zu einem Interview über Familienglück. Wir fragen sie nach ihren Glücksvorstellungen und Glücksempfindungen. Wie selbstverständlich beginnt Yasuo zu reden; später schaltet sich Nanako ein. Beide erzählen von ihren Glücksvorstellungen und von der Bedrohung ihres familiären Glücks durch den Herzfehler ihres Sohnes Kijoichi.

Interview mit dem ältesten Sohn (Yasuo) und seiner Frau (Nanako), Interviewer: Yw, Ym.

Yw: Wann fühlen Sie sich glücklich? Oder was meinen Sie, wann sich Ihre Frau glücklich fühlt?

Yasuo: Ach ja, ich bin auf jeden Fall glücklich, wenn alle Familienmitglieder zusammen sind. Nichts Besonderes tun, sondern einfach glücklich sein, heißt für mich, jeden Tag im Alltag zu leben. Da meine Kinder noch so klein sind, richtet sich unser Leben nach ihnen. Sie spielen die zentrale Rolle. Ich freue mich, wenn ich sehe, dass meine Kinder miteinander spielen und interessante Dinge sagen. Wenn Yumi und Kijoichi etwas neu entdecken oder schwierige Wörter aussprechen, dann freue ich mich darüber. In dem Moment selbst ist es mir oft gar nicht bewusst, dass ich mich glücklich fühle. Wenn mich aber jemand fragte, wann ich glücklich bin, dann würde ich solche Momente nennen. Ich wünsche mir, dass die Kinder so schöne Erfahrungen machen, wie ich sie in meiner Kindheit hatte, und dass sie sich gerne an diese erinnern.

Yw: Um welche guten Erinnerungen geht es?

Yasuo: Vor dem Schlafengehen der Kinder lese ich ihnen ein Buch vor oder erzähle ihnen interessante Geschichten, oft alte Geschichten oder Sagen. Ich spiele gerne mit den Kindern, bevor sie schlafen gehen. Das haben meine Eltern in meiner Kindheit auch schon so mit mir gemacht. Ich denke auch gerne an das schöne Essen, das meine Mutter und mein Vater mir gemacht haben. Solche Erinnerungen möchte ich meinen Kindern schaffen. Dazu gehören auch schöne Erinnerungen an besondere Orte in den Bergen oder am See.

Yw: Wann ist ihre Frau glücklich?

Yasuo: Mmh, wann? Ja, in letzter Zeit streiten wir oft; dann ist eine sehr ernste Stimmung in der Familie. Ich denke nicht so bewusst daran, dass und wie ich meine Frau glücklich mache. Aber vielleicht fühlt sie sich genauso glücklich wie ich, wenn sie mit den Kindern zusammen ist. Jeden Abend versuche ich, mit der ganzen Familie zusammen ins Bett zu gehen. Manchmal komme ich auch ein bisschen spät nach Hause, aber wenn ich rechtzeitig komme, gehe ich immer mit den Kindern zusammen ins Bett; dann reden wir, lesen Bücher, erzählen Geschichten. Geschichten erzähle nur ich, nicht meine Frau. Wenn die Kinder schlafen, mache ich den Rest der Vorbereitungsarbeit für die Schule etc.

Nanako: Nanu?

Yasuo: (lächelnd) Ja, wenn ich nicht rechtzeitig nach Hause komme, erzählt sie vielleicht auch Geschichten; doch sicher bin ich mir dessen nicht. Da ich jeden Abend eine Geschichte erzähle, wird es von Mal zu Mal schwieriger, eine neue Geschichte zu finden. Als die Kinder klein waren, hörten sie gerne die gleichen Geschichten. Da hat es nichts ausgemacht, immer die gleiche Geschichte zu erzählen. Aber in letzter Zeit sind die Kinder damit nicht mehr zufrieden. Deswegen fahre ich auf dem Weg nach Hause am Buchladen vorbei und schaue mir die Kinder- und Sagenbücher an. Da finde ich immer eine neue Geschichte, die ich meinen Kindern erzählen kann.

Yw: Dann ist als nächstes Ihre Frau dran.

Nanako: Wann ich mich glücklich fühle, es ist fast genauso wie mein Mann es beschrieben hat. Seit ich Kinder habe, ist mein Leben stets auf die Kinder ausgerichtet. Wenn die Kinder Freude haben, freue ich mich auch. Wenn meine Kinder nach Hause kommen und traurig sind, weil sie in der Schule etwas Unangenehmes erlebt haben, dann fühle ich mich genauso traurig wie sie. Mich überrascht es, dass meine Gefühle davon abhängig sind, wie sich die Kinder fühlen. Wenn meine Tochter aus der Schule kommt und von Schwierigkeiten erzählt, versuche ich immer, sie wieder aufzumuntern. Erziehung ist sehr schwierig; ich würde gerne mehr Freude an der Erziehung der Kinder haben und sie genießen; aber ich bin dabei oft zu ernst und angespannt. Womöglich geht dann meine Verspannung und negative Stimmung auf die Kinder über. Ich muss es an jedem Tag neu versuchen, mich munter im Leben zu fühlen, damit sich auch die Kinder glücklich fühlen.

Su: Ich habe gehört, dass Ihr zweites Kind am Herz operiert wurde.

Nanako: Ja, in der Uniklinik in Kyoto. Keiner wollte glauben, dass er ein so schweres Gesundheitsproblem hatte; heute sieht er wieder so gesund aus. Kurz nach seiner Geburt konnte er keine Milch trinken und nahm nicht zu; ich habe mir gewaltige Sorgen gemacht. Kurz vor der Operation hatte er sich dann auch noch unglücklicherweise erkältet. Deshalb dachte ich wirklich, Kijoichi könnte sterben. Ich bin sehr dankbar, dass die Operation einen solchen Erfolg hatte.

Yasuo: Einen Monat vor der Operation ist mein Sohn Kijoichi mit der Ambulanz ins Krankenhaus gebracht worden. Er konnte kaum atmen. Um eigenes Atmen anzuregen, musste er künstlich beatmet werden. Mit Hilfe von Medikamenten gelang es schließlich, einen Ausgleich zwischen eigenem und künstlichem Atem herzustellen. Der Arzt sagte, es gäbe zwei Möglichkeiten, entweder zu operieren oder die Situation zunächst so zu lassen, wie sie war. Wenn wir Kijoichi nicht hätten operieren lassen, wäre seine Situation auch nicht besser geworden.

Yw: Wie steht es heute mit der Kindererziehung in der Familie?

Yasuo: Vor der Operation haben wir beide gedacht, wenn Kijoichi wirklich gesund werden sollte, dann ist alles andere zweitrangig. Doch meine Frau macht sich so viele Sorgen und klagt viel darüber, wenn etwas nicht ganz so gut läuft. Als einmal unsere Tochter in der Schule nicht aufmerksam war und der Lehrerin nicht richtig gehorchte, wurde Nanako sehr ärgerlich. Sie bauscht Kleinigkeiten auf und gibt ihre Frustration an die Kinder weiter. Wenn ich nach Hause komme, bekomme ich auch ihren Ärger noch oft ab.

Yw: Ach ja, dann sind Sie ein wichtiger Gesprächspartner für ihre Frau.

Yasuo: Fast jeden Tag ist es so.

Nanako: Ja, ich möchte in der Betreuung meiner Kinder eigentlich lockerer sein.

Yasuo: Für mich sind das oft nebensächliche Punkte, die man nicht überbewerten sollte, sondern die man besser auf sich beruhen lässt. Nanako macht sich viel zu viele Sorgen und wird immer ärgerlich. Sie lädt dann alles bei den Kindern und bei mir ab.

Nanako: Wie kannst Du so etwas jetzt sagen?

Yw: Ja, beim Thema Kinder ist es wichtig, dass der Ehemann ein guter Gesprächspartner ist und nicht nur die Freundin oder die Eltern, nicht wahr?

Nanako: Was die Kinder betrifft, ist mein Mann mein bester Zuhörer und Gesprächspartner.

Yw: Das leuchtet mir sehr ein …

Yw: Sie sind der älteste Sohn in der Familie. In drei Jahren, so hat Ihr Vater gesagt, werden Sie der nächste Repräsentant der Familie Oda sei, der dann die traditionellen Familienpflichten übernehmen wird.

Yasuo: Ja, ich werde der Vertreter der Familie sein. Doch weiß ich noch nicht so genau, was ich dann machen soll. Dazu muss ich noch rechtzeitig Informationen von meinem Vater erhalten. Zu meinen Aufgaben gehört es dann, dass ich am Bezirksneujahrsfest *(Sonento)* zur Versammlung der ganzen Familienvertreter im Bezirk *(Monobe)* gehe. Bei religiösen Angelegenheiten gehe ich auch heute schon manchmal als Vertreter meines Vaters zu den Versammlungen. In solchen Kreisen bin ich ja ein Neuling. Deshalb gehe ich hin und verhalte ich mich wie die älteren Mitglieder oder frage auch, was ich tun soll. Bei diesen Versammlungen bemerke ich, dass viele Angehörige der jüngeren Generation außerhalb des Bezirks von Monobe wohnen, aber stets zu diesen Angelegenheiten hierher kommen.

Ym: Sie sind als ältester Sohn anders als ihre Geschwister erzogen worden?

Yasuo: Ich habe keine besondere Erziehung erhalten. Aber mit dem Erwachsenwerden ist irgendwie so ein Bewusstsein entstanden, der erste Sohn zu sein. Seit wann ich das habe, weiß ich nicht. Mein Vater hat mir nicht oft gesagt, was ich als erster Sohn zu machen habe. Auch hat er mir keine extra Aufgaben gegeben. Mein Vater hat mir nicht *expressis verbis* gesagt, du bist derjenige, der die Familie Oda repräsentieren soll. Wie dies dann geschehen soll, weiß ich nicht. Irgendwann und irgendwie ist dieses Bewusstsein entstanden, der Repräsentant der Familie zu sein.

Diese besondere Rolle als Repräsentant der Familie scheint bei Yasuo allmählich zu einer besonderen Identifikation mit der Gesamtfamilie zu führen. Uns überrascht allerdings, dass Yasuo die Situation des Interviews dazu nutzt, seine Frau Nanako im Hinblick auf ihr Verhalten gegenüber ihren Kindern zu kritisieren. Doch Nanako reflektiert ihren Umgang mit ihren Kindern und kritisiert sich selbst, weil sie sich bei jeder Kleinigkeit aufregt. Ihr ist bewusst, dass ihre Gereiztheit ihre Kinder ansteckt und negativ beeinflusst. Auch diese Sequenz macht deutlich, wie sehr Yasuos und Nanakos Wohlbefinden durch das Glück ihrer Kinder beeinflusst wird und im Grunde genommen familiäres Glück ist. Die Familienangehörigen übertragen ihr Glücksempfinden aufeinander. Sind die Kinder glücklich, fühlen sich auch die Eltern glücklich. Sind die Eltern glücklich, fühlen sich die Kinder wohl.

Für Yasuo und Nanako spielt die familiäre Gemeinschaft eine große Rolle. Yasuo versucht, mit den Kindern zusammen zu sein und so viel wie möglich mit ihnen zu spielen. Er möchte ihnen ähnlich schöne Erinnerungen ermöglichen, wie er sie an die eigene Kindheit hat. In diesen Erinnerungen spiegelt sich die Liebe seines Vaters Makato, und er versucht, seinen Kindern ähnliche Erinnerungen zu schaffen. Die Weitergabe der elterlichen Liebe an die nächste Generation erfolgt in einem mimetischen Prozess, in dem die Möglichkeiten, Glück in seinem späteren Leben zu empfinden, angelegt werden.

Einige Zeit später setzen sich Großvater Makato und sein ältester Sohn Yasuo zusammen und wickeln Münzen in weißes Papier ein. „Das ist Osaisen" („Wurfgeld"), so Yasuo; „in unserem Dorf gibt es drei Tempel und drei Schreine. Beim Besuch jedes Schreins und jedes Tempels gebe ich eine in dieses weiße Papier eingepackte Hundert Yen-Münze in den Opferstock." „Normalerweise", so Makato, „wird Osaisen nicht in Papier eingepackt, sondern in eine Osaisen-Dose beim Schrein geworfen. Bei uns ist es jetzt Sitte, dass wir Münzen in weißes Papier packen. Wir haben dafür eine ganz einfache Einwickelmethode; doch es gibt auch kompliziertere, mit denen man das Osaisen sehr schön herrichten kann." Am frühen Morgen des Neujahrstages geht die Familie im Rahmen des *Hatsumoudo*-Rituals zum Schrein und zum Tempel, um zum ersten Sonnenaufgang zu beten. Dazu legt jeder die Hände vor der Brust zusammen und spricht schweigend ein Gebet, in dem meistens Wünsche für das neue Jahr ausgedrückt werden.

Der Neujahrsmorgen

Am frühen Morgen des Neujahrstages werden wir uns wiedersehen. Als wir noch vor sechs Uhr bei der Familie Oda ankommen, sind alle bereits wach und haben sich festlich gekleidet, um den ersten Tag des neuen Jahres feierlich zu begehen. Mit dem Großvater und seinem Sohn gehen wir im Dunkel des Morgens los, um in einem Schrein und in einem Tempel das Glück für das neue Jahr zu erbitten. Es hat wieder zu schneien begonnen. Unterwegs treffen wir viele Dorfbewohner, fast ausschließlich Männer, die wie wir zu den heiligen Orten gehen, um den Segen für das neue Jahr zu erbitten. Die Frauen sind zuhause geblieben, um das erste und besonders wichtige Mahl im neuen Jahr vorzubereiten. Als wir zum Schrein gelangen, sitzen dort zwei Priester in ihren blauen Gewändern. Die gestern vorbereiteten Geldgeschenke werden übergeben; die Glocke wird geschlagen; sie tönt; zweimal wird in die Hände

Abbildung 24 Im Tempel vor dem Altar

Abbildung 25 Familie Oda im Tempel

Abbildung 26 Der Altar

Abbildung 27 Beten im Tempel

geklatscht; ein Schälchen mit Reiswein wird getrunken. Dann gehen wir zum buddhistischen Tempel. Wem wir unterwegs begegnen, dem wünschen wir und der wünscht uns ein glückliches neues Jahr: *Akemaskite omedeto gozaimasu*.

Als wir ins Haus zurückkommen, versammelt sich die festlich gekleidete Familie vor ihrem buddhistischen Hausaltar, dessen Flügeltüren geöffnet sind. In seinem Inneren brennen Kerzen. Der Großvater Makato kniet vor dem Altar, dahinter seine Schwiegertochter mit Kijoichi vor ihrem Schoß, dahinter die Großmutter Kayoko, links von ihr sitzt ihr Sohn Yasuo mit seiner Tochter Yumi. Hinter der Familie steht der Tisch; auf ihm befinden sich die übereinander gestellten festlichen Dosen mit dem ersten Essen des neuen Jahres. Der Großvater Makato bestimmt die Zeremonie. Er rezitiert die heiligen Texte, alle Familienmitglieder einschließlich des fünfjährigen Sohns Kijoichi sprechen mit. Nach einiger Zeit nimmt der Großvater ein Buch aus einer Hülle, wendet sich seiner Familie zu und liest eine Passage daraus vor. Dann folgt abermals ein gemeinsames Gebet; ein Gongschlag ertönt, die Zeremonie ist zu Ende.

Geschwind eilen die Frauen in die Küche und holen für jeden eine Schale mit *Zoni*, der Gemüsesuppe mit Reiskuchen, der im Rahmen des ersten Essens im neuen Jahr eine besondere Bedeutung zukommt. Sodann werden die Dosen mit dem Festessen geöffnet, in denen sich viele Speisen mit unterschiedlicher symbolischer Bedeutung befinden. Die Frauen der Familie, insbesondere Großmutter Kayako, haben die halbe Nacht an der Vorbereitung des Festessens gearbeitet. Zu diesem wird nun *Toso* gereicht, der erste Reiswein des neuen Jahres. *Toso* ist eigentlich eine Art Kräuterlikör. Am Anfang des neuen Jahres trinken die Japaner auf ein langes gesundes Leben. *Zoni* und *Toso* sind Teil des typischen Neujahrsessens, das zum frühmorgendlichen Essensritual gehört. Der Geschmack der Zoni-Suppe, die Form des Reiskuchens, rund oder viereckig, und die Art der Gemüsemischung unterscheiden sich je nach Gegend und Familie. Welche Zoni-Suppe gemacht wird, ist eine wichtige Frage. Die Großmutter Kayako versucht, den traditionellen Familiengeschmack zu pflegen. Ihre Schwiegertochter Namako soll dies von ihr lernen und später die Familientradition weiterführen. Das Essen macht ein wesentliches Element im Neujahrsritual in Japan aus, in dem jeder Essensbestandteil eine symbolische Bedeutung hat. Bohnen sind z. B. ein Symbol für Fleiß, Riementang für Freude, rot-weiß gefärbte Fischkuchen für Glück.

Nach dem Festessen geht die ganze Familie einschließlich der Kinder zum buddhistischen Haupttempel, in dem nun die Neujahrszeremonie stattfindet, die von einem festlich gekleideten Priester vollzogen wird. Der Weg zum Tempel ist kompliziert. Wir hören den Gong des Tempels, der den Beginn des gemeinsamen Neujahrsbetens verkündet. Aber wir können den Weg nicht finden; selbst die Schwiegertochter Namako hat Schwierigkeiten, ihn zu finden. Das Dorf ist so verwinkelt, dass nur die Einwohner den Weg kennen. Wir versuchen, den schnellen Schritten Makatos und Yasuos zu folgen, verlieren die beiden aber immer wieder aus dem Blick. In der Dunkelheit des winterlichen Morgens treten viele festlich gekleidete Damen und Herren aus den Häusern auf die schmalen Wege des Dorfes. Einige Frauen tragen einen Kimono, andere eher westliche Kleidung. Alle gehen zum Tempel. In den Städten ist der Tempelbesuch normalerweise nicht mit einem Gebetsritual im Tempelgebäude verbunden. Dort besuchen die Menschen zwar den Tempel, beten aber meistens vor und nur manchmal kurz in ihm. Im Dorf Higashimonobe ist dies noch anders; hier wird das Neujahrsbeten der Gläubigen noch genau nach den traditionellen Glaubensregeln durchgeführt. Auch darin wird deutlich, wie wichtig die religiöse Dimension und Orientierung im Dorfleben ist.

Mehr als vierzig Personen sind im Tempel anwesend; sie knien auf den Tatamis und stimmen in das rezitative Gebet des Priesters ein. Ein großer Teil dieser Gemeinde ist in dem halblaut gesungenen Gebet vereint, einschließlich der Kinder, die sich an dem Geschehen beteiligen. Auch hier holt der Priester gegen Ende der Zeremonie ein heiliges Buch aus einem Holzkasten und liest der Gemeinde zugewandt daraus vor. Am Ende der etwa fünfunddreißigminütigen Zeremonie verneigen sich alle auf dem Boden knienden Gemeindemitglieder voreinander und wünschen sich ein gutes neues Jahr und ein langes erfülltes Leben. Von diesem Tempel gehen wir zu den beiden anderen Tempeln, in denen ebenfalls Neujahrszeremonien stattfinden. Unsere Gastgeber begrüßen weitere Dorfbewohner, mit denen sie Neujahrswünsche austauschen. An schneebedeckten Hibiskus-Sträuchern vorbei gelangen wir wieder nach Hause. Es hat zu schneien aufgehört; strahlend leuchtet die Morgensonne auf das leicht verschneite Dorf.

Wieder im Wohnzimmer angekommen, widmet sich der Großvater den Neujahrsglückwünschen. Er liest annähernd hundert Karten. Darunter befinden sich zwei Einladungen, eine zu einem achtundachtzigsten, eine andere zu einem neunundneunzigsten Geburtstag. Für diese Feiern kauft jeder Eingeladene einen Gutschein für ein paar Euro, mit dem er sich an den Kosten der Feste beteiligt, zu denen aus allen Häusern des Dorfes Gäste erwartet werden. Die Dorfgemeinschaft feiert, dass zwei von ihnen wieder so alt geworden sind. Nach einiger Zeit, in der Großvater Makato seine Glückwunschkarten durchsieht, verlässt er das Haus, um in das Gemeindehaus zu gehen, in dem sich die Vorstände der hundert Häuser treffen, um einander und dem Dorf ein gutes neues Jahr zu wünschen. Als er zurückkommt, haben die Frauen ein weiteres Festessen vorbereitet. Danach wird uns ein Abschiedsgeschenk überreicht. Im Unterschied zu den japanischen Gästen, die das Geschenk ungeöffnet mit nach Hause nehmen, wird Christoph Wulf als Deutschem nahegelegt, das Geschenk zu öffnen; es besteht aus einem aus der Gegend stammenden sehr schönen Porzellanbecher. Am frühen Nachmittag verlassen wir das Haus, um nach Kyoto zurückzufahren. Zuvor knien Gastgeber und Gäste voreinander nieder; sodann verbeugen sie sich mehrmals voreinander und versichern einander, wie sehr sie sich freuen, dieses Neujahrsfest miteinander verbracht zu haben. Noch einmal werden Worte des Dankes und Glückwünsche ausgetauscht. Familie Oda begleitet uns nach draußen und verabschiedet uns mit der Beteuerung freundschaftlicher Gefühle.

Koufuku

Wie wir sehen konnten, findet in Japan am Anfang jedes neuen Jahres das wichtigste der sich zyklisch wiederholenden Jahresfeste statt. Wie bei der Familie Oda verleben die meisten Japaner die dazu gehörenden Tage in und mit ihren Familien. Viele verlassen ihre Wohnungen in den Städten und begeben sich zum Haus ihrer Eltern. Wie kein anderes Fest ist das Neujahrsfest eine Angelegenheit der Familie. Ihre Mitglieder kommen an diesen Tagen zusammen und verbringen viel Zeit miteinander. Was an diesen Tagen geschieht, bezeichnen viele Japaner als „Glück", als *shiawase* oder *koufuku*.

Das japanische Wort, das dem deutschen *Glück* entspricht, ist *koufuku*. Seine Bedeutung kann zusammengefasst werden als das Empfinden, glücklich zu sein oder sich in einem Zustand vollständiger Befriedigung oder des Wohlbehagens zu befinden. Koufuku ist eine Verbindung aus den beiden chinesischen Zeichen *kou* und *fuku*, die beide unabhängige eigene Bedeutungen aufweisen.

Das erste Element wird phonetisch als *kou* gelesen; seine japanische Lesart ist *shiawase*. Das Zeichen *kou* kommt von *sakihahi*, „Blüte(zeit)"; als Substantiv zählen zu seinen Synonymen (1) *shiawase, koufuku, kouun*, was übersetzt werden kann als Glückseligkeit, Wohlbefinden, gutes Geschick/Glück; als Adverb sind seine Synonyme (2) *shiawase ni mo, unyoku*, die „glücklicherweise", „zum Glück" bedeuten. Es gibt auch eine Verbform, *sakiwau*, was „gesegnet mit gutem Geschick" bedeutet. Zusätzlich hat die japanische Lesart *shiawase* die Bedeutungen (1) *meguriawase*, Drehen des Glücksrades; *kikai*, Chance; *tenun*, himmlischer Wille; (2) *nariyuki*, Lauf der Dinge; *shimatsu*, Stand der Dinge; (3) *koufuku*, Wohlbefinden; *kouun*, gutes Geschick/Glück; *saiwai*, (Glück-)Seligkeit; *un ga muku*, das Lächeln des Glücks. Die phonetische Lesart von *fuku* allein bedeutet (1) *saiwai*, (Glück-)Seligkeit; *shiawase*, Glückseligkeit; *kouun*, gutes Geschick/Glück; (2) ein Geschenk der Götter.

In der japanischen Vorstellung vom Glück spiegelt sich eine Haltung zur Welt und zur menschlichen Existenz wider, die einmal die Frage nahelegt, auf welche Weise ein Mensch sein Leben als sein eigenes sieht, und sodann die Frage aufwirft, was ein Mensch dann daran für die Segnungen des Himmels hält. Die japanische Vorstellung von *koufuku* hat also zwei Bedeutungsfelder, von denen das eine sich auf die Transzendenz, das andere sich auf den Kontext eines Glücksspiels bezieht.

Die Frage, worin Glück bzw. Glücksempfinden besteht, ist nicht einfach zu beantworten. Oft können Menschen kaum sagen, warum sie wann und wie glücklich sind und welchen Beitrag ihre unterschiedlichen Glücksgefühle dazu leisten, dass sie ihr Leben als mehr oder weniger glücklich einschätzen. Eingedenk dieser Schwierigkeit ist es auch für Beobachter nicht leicht, die Dimensionen zu identifizieren, die das Glück am Neujahrsfest ausmachen. Angesichts dieser Schwierigkeiten ist es aber auch erstaunlich, wie sehr sich die Dimensionen ähneln, die das Glück am Neujahrsfest in den untersuchten Familien ausmachen. Ohne abschließend angeben zu können, welches die Bedingungen familialen Glücks sind, lassen sich auf der Grundlage unseres ethnographischen Materials drei zentrale Merkmale angeben:

- Das während des Neujahrsfests erlebte Glück ist ein *gemeinschaftliches Glück*, das durch Inszenierungen und Aufführungen innerhalb der Familie erzeugt wird.
- Familiäres Glück entsteht beim Neujahrsfest in und mit Hilfe *performativer Praktiken.*

- Durch die die Intensität familialen Glücks erzeugenden Praktiken unterscheidet sich die *familiale Gemeinschaft* von anderen Gemeinschaften.

Im Rahmen unserer Untersuchung über die Inszenierung und Aufführung des Glücks in der Familie Oda am Neujahrsfest sind zwei Familienpraktiken besonders wichtig: 1) die in Shintoismus und Buddhismus wurzelnden, für das Glück der untersuchten Familie konstitutiven sakralen Praktiken; 2) die damit eng verbundenen Praktiken und symbolischen Formen des Essens und Trinkens. Die sakralen Praktiken stellen die Verbindung mit der kosmischen Ordnung und die Einordnung des individuellen Lebens in die Ahnen- und Generationenfolge her. Die Praktiken des Essens und Trinkens werden als lustvoll und Gemeinschaft stiftend erlebt. Sie tragen zur Selbstvergewisserung der Familie bei, intensivieren die Kommunikation zwischen den Generationen und Geschlechtern und sichern dadurch den Fortbestand der Familie.

Die Sakralität familiären Glücks

Bereits durch die Anlage eines kleinen japanischen Gartens mit Wasser, Stein und Pflanzen wird das Haus symbolisch in die Harmonie der Natur einbezogen. Bereits an seinem Eingang verweist ein *heiliger Ort* darauf, dass dieses Haus nicht nur aus Stein, Holz und Glas erbaut ist, sondern einen spirituellen Charakter hat, der Aufmerksamkeit und Achtung verlangt. Wie vor einem Tempel streift der Besucher die vom Schmutz der Straße verunreinigten Schuhe ab und betritt dann erst das Haus, das schon so seinen sakralen Charakter zeigt. Die Atmosphäre des Wohnraums wird durch das an der Stirnseite des Raums gelegene *Tokonoma,* die Nachbildung des Shinto-Schreins und den buddhistischen Tempel mit den Bildern der Ahnen bestimmt. Schrein und Tempel sind Ausdruck einer auf das Leben in diesen Räumen einwirkenden kosmischen Kraft, im Austausch mit der sich erst das menschliche Leben entwickelt. Im Fall des Schreins ist es die immer wieder anzustrebende Harmonie mit der Natur, an die die Bewohner des Hauses erinnert werden. Nur in Übereinstimmung mit der Natur ist menschliches Glück möglich. Sich außerhalb der Natur, sich ihr gegenüber zu stellen wird in dieser traditionellen Welt des dörflichen Hauses als ein Irrweg angesehen, der notwendigerweise zur Vereinzelung und Depression führt.

Der buddhistische Tempel hingegen mahnt den endlosen Zyklus des Lebens an, in dem alles in Bewegung ist und in dem alle Spaltungen und Differenzen Täuschungen des menschlichen Geistes sind. Dieser Geist hat zu lernen, sich an nichts anzuhängen und den achtfachen Mittelweg einzuschlagen, der besteht in: der richtigen Sicht, dem richtigen Gedanken, der richtigen Sprache, dem richtigen Verhalten, der richtigen Lebenskunst, der richtigen Anstrengung, der richtigen Besonnenheit und der richtigen Konzentration. Wenn ein Mensch diesen achtfachen Mittelweg geht, erkennt er, dass menschliches Leben Leiden ist, das es zu transzendieren gilt. Dazu bedarf es Reinheit und Ichlosigkeit, kontinuierliche Praxis und Übung sowie Mitmenschlichkeit und Brüderlichkeit.

Nicht nur das Haus der Odas, auch die Dorfgemeinschaft ist eingebettet in ein Welt- und Lebensgefühl, in dem sich Shintoismus und Buddhismus überlagern und das seit langem für Japan so charakteristisch ist. In den Riten des Neujahrsfests inszenieren viele Familien dieses Wissen. Mit ihren rituellen Aufführungen stellen sie sich in eine Tradition, die in vielen Lebensbereichen im heutigen Japan, in den Metropolen und in der jungen Generation an Bedeutung verloren hat. In den Zeremonien vor dem Hausaltar, in den Tempeln des Dorfes, vor dem Grab am Eingang zur Welt der Toten wird ein sakraler Referenzrahmen inszeniert, der den Familienangehörigen Kohärenz und Sinn vermittelt. In diesen sakralen Praktiken erfährt sich die Familie als eine Gemeinschaft. In der Performativität ihres Sakralhandelns vergewissert sie sich ihrer Zusammengehörigkeit und deren Einbettung in eine höhere, letztlich kosmische Ordnung. Im Glauben an die Wirkung ihrer rituellen Handlungen entfalten diese Praktiken einen magischen, alle Familienangehörigen einbeziehenden Fluss sozialer Energien, der ordnungsstiftend, sinnvermittelnd, gemeinschaftserzeugend und beglückend erlebt wird.

In der jährlichen Wiederholung der sakralen Riten am Neujahrstag findet eine Selbstvergewisserung der Familie statt, die von allen Angehörigen als beglückend erlebt wird. Durch die sich dabei vollziehenden mimetischen Prozesse erwerben auch die Kinder allmählich das praktische rituelle Wissen, das sie zu vollwertigen Mitgliedern der Familie macht. In diesen Prozessen entsteht eine Handlungs- und Lebensgemeinschaft, die jedem Einzelnen seinen Platz in der Familie und im Dorf zuweist. Diese Attribuierungsprozesse erzeugen Hierarchien und Machtverhältnisse, ohne dass sie immer als solche wahrgenommen werden. Insofern diese Prozesse auf einen transzendenten Referenzpunkt bezogen sind, bieten sie den Familienangehörigen Sicherheit und beheimaten sie in einer sozialen Ordnung und Weltdeutung. So entstehen Geborgenheit und Zuversicht in der Gemeinschaft, die von allen Familienmitgliedern als Glück erlebt werden.

Anmerkungen

1 Diese Fabrik leistet einen wichtigen wirtschaftlichen Beitrag zum Dorf. Viele Dorfbewohner arbeiten dort. Auch stiftet die Firma Geld zu wohltätigen Zwecken; so unterstützt sie z. B. eine Werkstatt, die Herr Oda für Behinderte organisiert und leitet.

2 Die Jodo-Shinshu-Schule wurde Ende des 13. Jahrhunderts durch den heiligen Priester Shinran gegründet. Im Umland des Biwa-Sees finden sich viele Tempel dieser Schule. In der Edo-Zeit (1603–1867) wurde sie von der Regierung stark unterstützt. Sie hat auch heute noch viele Gläubige in ganz Japan.

3 Ootsue ist ein alter Malstil, der im 17. Jahrhundert auf der südlichen Seite des Biwa-Sees vor allem in der Stadt Ootsu (heutige Hauptstadt der Shiga-Präfektur) als Volkskunst entwickelt wurde. Die Bilder richten sich oft nach der Sagenkunde oder der buddhistischen Überlieferung und haben eine komische Note.

4 Der Fujiyama oder Fuji liegt zwischen der Yamanashi- und der Shizuoka-Präfektur. Dank seiner Gestalt und Höhe (3776m) gilt er als der schönste Berg Japans und wird als heiliger Berg von vielen Japanern verehrt. Den Weg zur Bergspitze versteht man als Pilgerweg. Viele Japaner besteigen den Fuji zum Pilgern oder zur Selbst-Suche im psychologischen Sinne. Ein Bild des Fuji ist in ganz Japan ein Glückssymbol. Beim Neujahrsfest wird es oft an der Wand oder an der Tokonoma ausgestellt.

Die unscheinbare Vermittlung des Glücks

Psychologische und pädagogische Studien über *Shogatsu* in einer modernen japanischen Familie[1]

Yoshitaka Inoue, Nanae Takenaka und Jörg Zirfas[2]
unter Mitwirkung von Ulrike Zirfas

Zur Beschreibung von Silvester und Neujahr

Die Familie

Zunächst zum Ablauf des Abends: Wir kamen gegen 18 Uhr an Bahnhof von Hirakata, einem Stadtteil von Osaka, an und wurden dort von der Mutter und dem Vater unserer Familie begrüßt. Wir wussten nicht viel über die vierköpfige Familie, die wir am Silvesterabend besuchen sollten, nur die wichtigsten Sozialdaten: Der Vater ist etwa 40 Jahre alt, hat einen Universitätsabschluss und arbeitet als Büroangestellter; die Mutter ist ca. 30 Jahre alt, hat einen Junior College Abschluss und ist als Hausfrau tätig; die ältere Tochter geht in die 5. Klasse der Grundschule, die jüngere Tochter in die 1. Klasse. Die vier Familienmitglieder leben zusammen mit zwei Hunden (Chihuahuas) in einer Wohnsiedlung, die zwischen zwei großen Städten gelegen ist. Die Provinzstadt, die Verwaltung, Erziehung und Kultur organisiert, gehört mit 400 000 Einwohnern zu den größten Städten der Region von Kansai. Die Familie lebt 20 Autominuten vom Hauptbahnhof entfernt. Das Team, das diesen ethnographischen Besuch vornahm, bestand aus Frau Nanae Takenaka und Herrn Yoshitaka Inoue sowie Ulrike und Jörg Zirfas.

Wir erfahren schon am Bahnhof, dass an diesem Abend die Eltern der Mutter noch anwesend sein werden; vor allem der Großvater, so wird im Laufe des Abends deutlich, war sehr daran interessiert, deutsche Forscher kennenzulernen. Das Motiv, Menschen anderer Kulturen kennenzulernen, wenn auch nur in einem zeitlich sehr begrenzten Umfang und in einer sehr spezifischen Situation, bildet auch das Motiv für die Familie, an der Untersuchung teilzunehmen: Da ein Urlaub oder Auslandsaufenthalt in Europa für die Familie derzeit nicht möglich ist, hat sie die Gelegenheit des Forschungsprojekts ergriffen, um diesen Wunsch Realität werden zu lassen. Vor allem die Kinder sollen von dieser Begegnung lernen, so dass die deutschen Forscher auch als pädagogische Medien dienen.

Die in dieser Haltung zum Ausdruck kommende positive Art der Neugier scheint durchaus „typisch" japanisch zu sein. Diese Neugier ist wohl auch dem hohen Ideal des Lernens in Japan geschuldet, das den Kindern in der Erziehung schon sehr früh vermittelt wird. Sich etwas in mühevoller, ausdauernder und langwieriger Arbeit sehr genau und sehr detailliert anzueignen, gilt als entscheidende Lernkunst, die im Umgang mit kleinen Dingen, dem eigenen Körper, Raum- und Zeitstrukturen etc. immer wieder zeremoniell eingeübt wird. Die Neugier wird so zu einer zweiten Natur, da sie als Gewohnheit die Lust zum Lernen auf Dauer stellt. Diese Neugier und die Hochschätzung des Lernens gilt für alle Generationen, ist also keineswegs nur auf Kindheit und Jugend gegrenzt: Erziehen und Lehren bedeutet in diesem Sinne auch zur Neugier anzuleiten (vgl. Elschenbroich 1996).[3]

Die für die folgende Darstellung und Interpretation verwendeten Materialien sind:

1. Eigene Notizen, die in teilnehmender Beobachtung gewonnen wurden;
2. 37 von Ulrike und Jörg Zirfas aufgenommene Fotos;
3. Ein Videomitschnitt von Jörg Zirfas, der 20 Minuten im Wohnzimmer dokumentiert;
4. Ein Familieninterview, das am Nachmittag des 4.1.2009 von Nanae Takenaka und Yoshitaka Inoue zusammen mit der Familie durchgeführt wurde.

Wir fahren dann mit einem recht großzügigen Wagen, einer Art Kleinbus, etwa fünfzehn Minuten zur Wohnung der Familie. Wir kommen dabei zunächst durch breite Geschäftsstraßen und biegen schließlich in eine der für Japan so typischen schmalen Nebenstraßen ab, die kaum breit genug ist für zwei Fahrzeuge. Die Familie wohnt im vierten Stock einer Wohnanlage, die noch keine zehn Jahre alt zu sein scheint; in diese Anlage ist ein Parkhaus integriert, in dem in einem Doppelstocksystem zwei Wagen übereinander parken können. An der Wohnung angekommen, werden wir von den Großeltern und den Kindern begrüßt, ziehen die Schuhe aus und begeben uns direkt ins „Wohnzimmer". Die gesamte Wohnung besteht aus einem Raum, der Küche, Ess- und Wohnzimmer vereint, und einem japanischen Raum, der ohne Wände oder Abgrenzungen daran anschließt, sowie den Eltern- und Kinderschlafzimmern. Wir haben unsere Studie in der Küche, dem Ess- und Wohnbereich, in dem sich ein Fernseher und ein Tisch befinden, durchgeführt. Da wir den ganzen Abend – wir bleiben bis 21.45 Uhr – dieses Zimmer nicht verlassen haben, soll dieser Raum zunächst graphisch dargestellt werden.

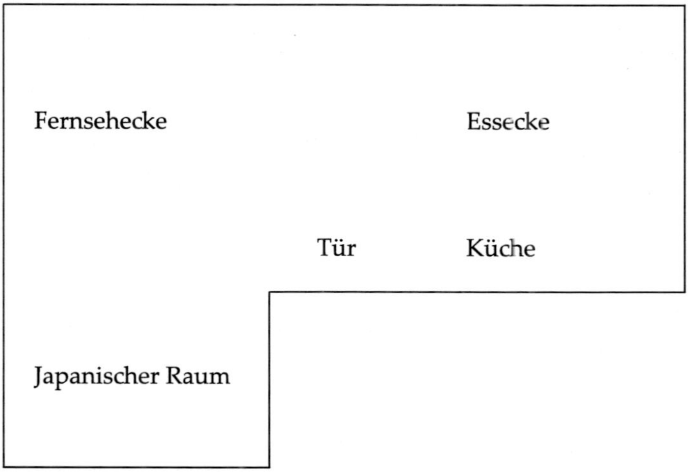

Abbildung 1 Skizze der Räumlichkeiten

Zur Eingangstür rechter Hand befindet sich die Küchenzeile, die mit einem Tresen gegenüber dem Essbereich abgetrennt ist. Dieser Teil des Raumes gehört an diesem Abend überwiegend den beiden Frauen, weder die Kinder noch die Männer sind in der Küche anwesend, bis auf eine Ausnahme: Kurz vor dem Ende der Beobachtung wird der Vater den Familienschrein, der auf dem Kühlschrank steht, säubern, ordnen und neu füllen. Auf der linken Seite findet sich, sozusagen im kleinen Balken, eine Nische, in der man mehrere Tatamimatten, einen Schubladenschrank, offene Regale, Kartons, Kleidung, Nähmaschinen, einen (deutschen!) Luftbefeuchter, ein Klavier u. v. a. m. findet. Wir erfahren im Lauf des Abends, dass dieser Teil des Zimmers zum Schlafen für die Mutter und die Kinder verwendet wird. Die Wohnung hat insgesamt fünf Zimmer: Neben dem „Wohnzimmer" gibt es noch ein Bad, ein WC, ein kleines Kinderzimmer, das neben zwei Schreibtischen vor allem Spielsachen beinhaltet, und ein Schlafzimmer für den Vater, in dem sich auch noch die Kleidung der Familie befindet. Da der Vater spät von der Arbeit nach Hause kommt, seine Ruhe braucht, aber auch die Kinder nicht stören will, hat er ein einzelnes Zimmer, während die anderen Familienmitglieder im japanischen Zimmer schlafen.

Gegenüber von der Küche befindet sich die Essecke mit einem (typisch europäischen) Holztisch mit vier Holzstühlen; gegenüber der Schlafecke und links neben der Essecke kann man das eigentliche Wohnzimmer ausmachen: Auf dem Boden gegenüber dem Fernseher liegen als Sitzgelegenheiten Teppichfliesen. Auch ist an dieser Stelle der Boden durch eine Fußbodenheizung angewärmt, ansonsten befindet sich im Wohnzimmer keine Heizung. Allerdings holt man den (europäischen) Besuchern sehr schnell noch Sitzmatratzen mit einer Rückenlehne, die gegenüber dem freien Sitzen mit untergeschlagenen Beinen eine bequemere Sitzmöglichkeit darstellen. In diesen beiden Teilen des Raumes, in der Fernsehecke und der Sitzecke, wird sich fast der gesamte Abend der Familie abspielen. Während die Küche nur zum Kochen und Abwaschen betreten wird, ist zu Beginn des Abends nur die sechsjährige Tochter kurz in der Schlafecke verschwunden, hat sie sich doch mit ihrer älteren Schwester gestritten und sich dort versteckt.

Zu erwähnen ist außerdem, dass sich in der Essecke zwei Hundekäfige für zwei Chihuahuas, ein Aquarium, ein Vogelkäfig mit einem Wellensittich, ein Altar für den toten Hund der Familie, mehrere Pflanzen, ein Keyboard, ein Laptop, mehrere Kisten, ein Weihnachtsbaum aus Holz und eine nicht benutzbare Garderobe mit Spiegel befinden. Gegenüberliegend wird der Fernseher, der auf einem flachen TV-Möbel steht, eingerahmt von einem mit Innengardinen versehenen Schrank auf der rechten Seite, an der zudem eine recht große, grüne Uhr angebracht ist, und zwei unterschiedlichen Schränken auf der linken Seite, einem kleineren Holzschrank mit ausgefrästen Herzen,

Abbildung 2 Die Großeltern, der Vater und die Kinder vor dem Fernseher (im Vordergrund Nanae Takenaka und Yoshitaka Inoue)

auf dem eine Musikanlage und ein Plüschbär stehen, und einem wiederum links daneben stehenden zweiteiligen weißen Anrichteschrank mit Schubladen und Glastüren. Der Fernseher selbst wird umrahmt von einem kleinen Regal mit weißer Gardine am oberen Rand, auf dem sich ein Korb und Neujahrsschmuck befinden. Gegenüber von der Eingangstür verläuft fast über die gesamte Länge des Raumes eine Gardine; in der Sitzecke befindet sich zudem ein Gummibaum. In der Schlaf- und der Sitzecke gib es mehrere Holzpaletten, die zur Absperrung von Raumteilen und Möbeln gegenüber den Hunden dienen (die die Wohnung wohl kaum verlassen).

Die räumliche Gestaltung

Überraschend waren für den europäischen Blick die Größe, die Ausstattung und die Aufteilung der Wohnung. Es erscheint erstaunlich, dass – rechnet man die Küche und die Schlafecke ab – sich überwiegend auf ca. 16 Quadratmetern das gesamte Familienleben mit Haustieren abspielt. Man könnte darin eine durch die Wohnsituation in Japan und speziell in Osaka bedingte „Verdichtung" sehen, die natürlich Auswirkungen auf die Lebensformen, die Werte und die Traditionen der Familie hat. Wer (zudem mit Tieren) auf diesem relativ engen Raum zusammenlebt, wird andere habituelle Prägungen entwickeln als jemand, der sich, wann immer er möchte, in sein Zimmer zurückziehen kann. Er wird mehr Wert legen müssen auf aufeinander abgestimmte Interaktionen.

Aber auch die Ausstattung erstaunte, vor allem in Hinblick auf ihre Heterogenität. Das Wohnzimmer hatte keinen durchgängigen Wohnstil, vielmehr schienen alle Einrichtungsgegenstände (Möbel, Geräte, Haushaltswaren, Devotionalien etc.) einer additiven Logik der Ansammlung zu folgen. Für den europäischen Betrachter ergab sich keine innere Struktur, wenn er die Hundekäfige in der Essecke, den religiösen Schrein auf dem Kühlschrank, den Hundealtar über dem Keyboard, den Weihnachtsbaum neben dem Aquarium usw. wahrnahm. Gerade auch der mit dieser gegenständlichen Additionslogik verbundene religiöse und profane Synkretismus erschien befremdlich. Es scheint für Japaner durchaus möglich und überhaupt nicht peinlich, stillos oder ketzerisch zu sein, Teddybären in den Schrein und diesen wiederum auf den Kühlschrank zu stellen.[4]

Dieses Nebeneinander von verschiedenen Stilrichtungen, von Alltag und Religion, von Tradition und Moderne, diese Mischung aus Kitsch, Kunst und Sakralem, fällt in Japan immer wieder ins Auge. Während Interaktionen oftmals einer fast zwanghaft ritualisierten Ästhetik und einer peinlich genau

Abbildung 3 und 4 Der Schrein auf dem Kühlschrank und der Hundealtar

eingehaltenen Choreographie folgen, signalisiert diese räumliche oder gegenstandsbezogene Ästhetik die große Unverkrampftheit des *Anything goes.*[5]

Und schließlich überraschte auch die Aufteilung der Wohnung, vor allem der Umstand, dass die Mutter zusammen mit den Kindern das Wohnzimmer als Schlafzimmer nutzt. Diese Situation scheint einerseits das in Japan seit langem diskutierte Bild der „vaterlosen Familie" widerzuspiegeln, in dem der Vater nur eine Schattenexistenz führt, und andererseits auf die Bedeutung der Mutter für die Familie sowie das *amae*-Konzept von Takeo Doi („The Anatomy of Dependence") hinzuweisen, das für die (familiären) Beziehungen eine zentrale Rolle spielt (vgl. Schubert 2007). Dieses Konzept darf man allerdings nicht überbewerten: Denn die Mutter steht im klassischen japanischen Haushalt unter der Kontrolle der Schwiegermutter, der Nachbarn und Verwandten und kann daher ihr Kind nicht permanent streng behandeln. Kinder werden zudem als Teil der Gemeinschaft verstanden, an die sie sich anpassen müssen; Regeln werden nicht anerzogen, sondern im Sozialisationsprozess *en passant* erworben. Denn das Kind ist, auch in dieser Wohnung sehr gut nachvollziehbar, räumlich kaum von der Welt der Erwachsenen getrennt, so dass sich das normgerechte Verhalten gleichsam ungeregelt vermittelt. Das amae-Konzept muss daher durch ein Konzept von Anpassungsregeln ergänzt werden, das sowohl den Kindern wie auch den Eltern Pflichten auferlegt, aber auch Rechte zuerkennt.

Zum Ablauf des 31. Dezember

Man kann die Dramaturgie des Abends in mehrere Sequenzen oder Szenen zerlegen, um sich einen Überblick über seinen Ablauf zu verschaffen. Dabei werden wir auf einige Szenen näher eingehen, da sie für die Interpretation ein größeres Gewicht haben. Im Folgenden können nicht sowohl der Silvesterabend als auch der Neujahrstag ausführlich interpretativ rekonstruiert werden. Wie beschränken uns daher auf einige Episoden und Gesichtspunkte, die wir für die Betrachtung des familiären Glücks für wesentlich halten. Wie erwähnt, besuchten nur die beiden japanischen Forscher die Familie erneut, um mit ihnen ein Interview zu machen. In den folgenden Teilen werden Inhalte der Interviews als entsprechende Einschübe mit in die Überlegungen einbezogen.

Nach der Begrüßung, die zum Teil im Flur des Hauses und zum Teil im Wohnflur erfolgt, gehen wir ins Wohnzimmer. Es findet die Geschenkübergabe statt, ohne dass die Geschenke geöffnet werden, was der japanischen Tradition entspricht. Währenddessen läuft der Fernseher (leise) und die kleine Tochter versteckt sich in der Schlafecke.

Während die Mutter in der Küche Vorbereitungen trifft, spielt der Großvater mit der jüngeren Tochter am Vorhang, die weißen „Sitzsessel" werden aufgestellt; schließlich finden sich Vater und Großvater am Esstisch wieder, um Tee zu trinken.

Nanae Takenaka und das jüngere Kind malen am Boden; das Mädchen malt gerne und beugt sich beim Malen immer wieder über das Papier, so, als

Abbildung 5 Die jüngere Tochter beim Malen (am rechten Bildrand ist die Hand von Nanae Takenaka zu sehen)

solle man nicht sehen, wie und was sie malt. Später malen beide am Esstisch weiter. Es ergibt sich ein kleiner Malwettbewerb, bei dem die Vorlagen der Forscherin von der Kleinen immer mit einem Schmunzeln kopiert werden, da ihr die Qualität ihrer Bilder nicht auszureichen scheint.

Ein flacher weißer Plastiktisch zum Kalligraphieren wird in die Fernsehecke gestellt. Es versammeln sich um den Tisch die ältere Tochter, der Vater und der Großvater, später auch die jüngere Tochter (die deutlich weniger Interesse an der Kalligraphie zeigt als die ältere); die Großmutter weist die ältere Enkeltochter in das Kalligraphieren ein. Gegen 18.30 wird der Fernseher ausgestellt. Die ältere Tochter unterbricht die Kalligraphie, um zu telefonieren; die fertigen Bilder werden zum Trocknen weggelegt.

Detaillierte Beschreibung: Kalligraphie („Kakizome") am Silvesterabend
Kakizome ist eine besondere Neujahrs-Kalligraphie, die eigentlich am 2. Januar als Beginn der Arbeit im Neuen Jahr praktiziert wird. Nichtsdestotrotz begann die ältere Schwester am Silvesterabend eine Kalligraphie als Winterhausaufgabe an einem niedrigen Tisch, der vor dem Fernseher stand. Sie begann das Schreiben zu üben, während der Vater und die Großmutter es überwachten. Sie faltete ein rechteckiges liniertes Papier der Länge nach und begann auf einem sehr engen Raum zu schreiben. Auch als der Vater dies kommentierte, ließ sie sich nicht beirren und zeichnete mehrmals den Ausdruck „lebendiges Kind" von einem Modell ab. Die jüngere Schwester kam mit einem Computerspiel zu einem der Forscher, der die ältere Schwester beim Schreiben beobachtete. Die jüngere Schwester erklärte dem Forscher, dass sie bis jetzt noch keinen Kalligraphie-Unterricht in der Schule hatte. Während die ältere Schwester ihren Kalligraphielehrer kritisierte, wurde ihr bewusst, dass etwas auf dem Papier falsch war. Sie rief einen Schulfreund an und erfuhr, dass der Lehrer die Längslinien willkürlich gezeichnet hatte. Also war sie noch verärgerter als zuvor und machte, ihren Lehrer beschimpfend, mit der Übung weiter. Nach einer Weile schlug sie den Forschern vor, auch zu schreiben. Während sie die Schriftzeichen der japanischen Forscher betrachtete, unterhielt sie sich mit ihrem Vater und scherzte darüber, diese als Hausaufgabe mit in die Schule zu bringen. Diese Idee meinte sie natürlich nicht ganz ernst.

Am Esstisch findet ein Gespräch zwischen dem Großvater, Jörg Zirfas und Yoshitaka Inoue statt, der als Dolmetscher dient. Die Gespräche betreffen Deutschland, die Geschichte, die Rede Richard von Weizsäckers von 1985, Friedenspolitik und -pädagogik. Der Großvater, der, nunmehr pensioniert, als Drucker gearbeitet hat, hat ein Buch und Hefte mitgebracht, die in poetischer Form das Anliegen einer Friedenspädagogik betreffen. Diese Materialien werden auch im Unterricht an Schulen verwendet, wie er anhand einer Fotographie, die ihn im Kreise einer Schulklasse zeigt, erläutert. Es ließ sich leider nicht klären, ob der Großvater das Buch und die Hefte selbst verfasst, wie er am Tisch behauptete, oder ob er sie nur gedruckt hat. Währenddessen bereiten die Mutter und die Großmutter das Essen in der Küche zu und es sieht danach aus, als ob sie sich über die Präsentation des Großvaters am Esstisch amüsieren.

Mittlerweile kalligraphiert das komplette Forscherteam am Couchtisch, zunächst die japanischen Kollegen und dann, unter Hilfestellungen, anerkennenden Bemerkungen und ein wenig Gelächter, auch die deutschen Forscher. Die beiden Frauen bereiten derweil in der Küche weiterhin das Abendessen vor.

Von 19.30 bis 20.00 Uhr findet das Essen der Forscher zusammen mit dem jüngeren Mädchen statt, die an der Stirnseite des Tisches auf einem Sitzmöbel aus weißem Leder Platz nimmt. Es gibt typisches japanisches Silvesteressen, wie etwa „Soba", Buchweizennudeln, die ein langes und zufriedenes Leben verheißen sollen; das Essen wurde teilweise in der Küche gekocht, teilweise von der Großmutter in einer Holzkiste mitgebracht. Da man in früheren Zeiten über Neujahr nicht einkaufen konnte, wurde das Essen für die Feiertage vorbereitet; diese traditionellen Gerichte werden in einer zweistöckigen Holzkiste aufbewahrt. Die Familie sitzt in der Sitzecke und schaut fern.

Im Anschluss an das Essen der Forscher isst die Familie (von 20.00 bis 20.20). Dabei scheint es keine festen Plätze zu geben. Der Vater sitzt dem Großvater auf der Seite des Fensters gegenüber, neben dem Großvater sitzt die Mutter, neben dem Vater die Großmutter, die älteste Tochter auf der Bank am Kopf des Tisches. Die Familie bespricht dabei den kommenden Neujahrstag; die jüngere Schwester sitzt vor dem Fernseher und schaut sich einen Zeichentrickfilm an. Sie wirkt zum ersten Mal an diesem Abend ruhig; ansonsten war sie sehr „aufgedreht". Nach dem Essen waschen die Frauen ab.

Etwas später öffnet die jüngere Tochter ihre mitgebrachten Geschenke und findet darin Pfefferminzpastillen, die sie von den deutschen Forschern geschenkt bekommen hatte.

Detaillierte Beschreibung: Die jüngere Schwester am Silvesterabend

Alle schauten der jüngeren Schwester dabei zu, wie sie eine der Pastillen probierte, denn die deutschen Forscher meinten, „sie wären zu stark für ein kleines Kind". Nachdem sie probiert hatte, sagte sie: „Oh, die sind gut", und alle lachten. Die ältere Schwester versuchte nun ihre Pastillenschachtel zu öffnen, um ebenfalls zu probieren. Während die jüngere Schwester wegsah, nahm ihr Großvater von ihren Pastillen, ohne sie um Erlaubnis zu fragen und bot auch der Großmutter davon an. Bevor ihre Großmutter etwas nehmen konnte, bemerkte die jüngere Schwester, was geschah und schrie laut auf. Obwohl sich die Großeltern entschuldigten, warf sie die Schachtel mit den Minzpastillen vor sich hin und schrie: „Ich hasse euch!" Ihre ältere Schwester und ihre Mutter sahen mit einem Ausdruck im Gesicht zu, der zu besagen schien, dass sie an ihrem Verhalten nichts ändern könnten, und auch der Vater sagte nichts, sondern sah nur zu. Die Großeltern waren peinlich berührt und versuchten zu lächeln. Kurz darauf ging die Mutter in die Küche zurück, um weiter abzuwaschen. Die gute Laune der kleinen Schwester kam allerdings nicht zurück. Sie schmollte und saß in Entfernung zu ihrer Großmutter bei den Forschern oder lief verärgert herum. Schließlich ging sie zu ihrer Mutter und sagte: „Großmutter hat meine Pastillen gegessen, ohne zu fragen." Die Mutter antwortete, während sie abwusch: „Oh, wie schmecken sie denn? Gib mir auch davon." Sie nahm ein paar Minzpastillen und gab sie ihrer Mutter. Nachdem ihre Mutter „Danke" gesagt hatte, zeigte sich ein durchaus zufriedener Blick in ihrem Gesicht.

Die Familie schaut gemeinsam Fernsehen; allerdings sitzen nicht alle Mitglieder, da die Frauen von der Küche aus zuschauen. Es handelt sich um eine Rate- und Spielshow, die mit großem Interesse und einigen Kommentaren verfolgt wird. Es entspinnt sich anschließend eine kleine interkulturelle Kommunikation um die Frage nach dem Nachnamen für Frauen nach der Hochzeit. Vor allem die älteste Tochter ist an dieser Frage interessiert und hält die deutsche Möglichkeit, sich als Frau für einen Namen entscheiden zu können, für sinnvoll.

Sowohl die Forscher als auch die Familie essen den Nachtisch (belgische Schokoladenwaffeln, die die Familie für die Forscher besorgt hatte), wobei die Familie vor dem Fernseher und die Forscher am Esstisch Platz nehmen.

Nanae Takenaka und Yoshitaka Inoue spielen mit den Kindern am Esstisch ein japanisches Fingerspiel „jan-ken" bzw. „jan-ken-pon", das dem deutschen „Brunnen, Schere, Stein, Papier" gleicht. Hierbei herrscht eine große Heiterkeit, die vor allem von der jüngeren Tochter ausgeht.

Detaillierte Beschreibung: Das Spiel mit den Schwestern am Silvesterabend
Nach dem Essen, und während des Kaffeetrinkens, saß die jüngere Schwester auf dem Schoß eines japanischen Forschers. Die ältere Schwester kam dazu und die Schwestern begannen „Thousand feet Alps" (Gesang und Fingerspiel) zu spielen. Danach begann die ältere Schwester mit dem Forscher „Daumenfangen" zu spielen, wobei man versuchen muss, bei geballten Fäusten den

Daumen des anderen mit dem eigenen Daumen zu erwischen. Die Anwesenden machten Wetten, wie viele Daumen wohl gefangen werden würden. Als nächstes spielten sie „Schere-Stein-Papier“ und der Gewinner gab dem Verlierer einen Klaps auf den Handrücken. Erst wurde bis drei gezählt und dann „Schere-Stein-Papier“ gespielt. Wenn daraus kein Gewinner hervorging, wurde weiter bis sechs gezählt und so weiter, bis es einen Gewinner gab. Der Gewinner durfte dem Verlierer dann die entsprechende Zahl Klapse auf den Handrücken geben. Während sie spielte, sagte die ältere Schwester zu der jüngeren: „Warum hast du das gemacht? Das war irgendwie komisch“ und sie brachte ihr bei, wie man es spielt. Die Kinder bezogen auch die japanischen Forscher mit ein und spielten das Spiel abwechselnd mit ihnen. Die beiden Schwestern waren während des Spiels ganz aufgeregt, lachten und machten jede Menge Lärm. Nach einer Weile wurde die Hand der jüngeren Schwester ganz rot und schwoll an und alle lachten. Auch die jüngere Schwester hatte Spaß und lachte. Dann ging sie zu ihren Eltern, die sich im Wohnzimmer ausruhten, zeigte ihnen ihre Hand und erzählte, was geschehen war und bat sie ganz lieb um Eis zum Kühlen.

Die ältere Schwester unterhielt sich mit den Forschern über tropische Fische und die jüngere Schwester sah ihnen zu. Dann ging sie zum Eisschrank, um sich Eis zum Kühlen zu holen, wickelte es in ein Taschentuch und band es sich auf den Handrücken. Beide Schwestern kamen zu den Forschern und alle zusammen beobachteten die tropischen Fische im Aquarium. Jedes Mal, wenn sie das Taschentuch mit dem Eis verlor, bat die jüngere Schwester die Forscher, ihr zu helfen, es wieder anzubinden, und jedes Mal, wenn sie es taten, wirkte sie zufrieden.

Gegen 21.45 verlassen wir die Familie. Da die jüngere Tochter immer gegen 21.00 Uhr in der Schlafecke des Wohnzimmers schlafen geht, können wir nicht länger bleiben. Vorher hat der Vater noch den Schrein über dem Kühlschrank versorgt, wobei er darauf hinweist, dass er dieser Pflicht nicht immer konsequent nachkommt.[6] Hier bekommen wir auch die Information, dass für die Familie das Kennenlernen von Europäern als wichtig erachtet wird. Wir verabschieden uns von der Familie und der Vater fährt uns wieder zum Bahnhof.

Zum Ablauf des 1. Januar

Am Neujahrstag wurde der Ort der Studie zu dem Haus der Großeltern väterlicherseits verlegt Der Großvater ist etwa 60 Jahre alt und selbständig, die Großmutter ebenfalls um die 60 Jahre alt und Hausfrau. Jedes Jahr zu Neujahr

Abbildung 6 Das Haus des Großvaters

versammeln sich die Verwandten beider Seiten dort. Neben unserer Familie waren die Großeltern beider Seiten und eine Schwester der Mutter (40 Jahre, Büroangestellte) mit ihrem Sohn (Junior Highschool Schüler) anwesend. Auch der Bruder des Vaters, der weiter entfernt lebt, plante nachzukommen. Das Haus der Großeltern väterlicherseits liegt weit von dem Haus der Familie entfernt und es dauerte etwa 40 Zugminuten, um dorthin zu gelangen. Es handelt sich um ein altes zweistöckiges Haus in einem Ort, in dem es keine hohen Gebäude gibt. Wenn man es durch die Vordertür betritt, finden sich eine Küche auf der linken Seite, ein japanischer Raum mit einem Buddha- und einem Shinto-Altar auf der rechten Seite und im hinteren Bereich dieses Raums noch ein „*12-mat tatami*"-Raum mit zwei zusammengestellten Tischen, an denen an diesem Tag das Essen stattfinden sollte.

Die Forscher kamen dort zur Mittagszeit an. Zu Beginn des Neuen Jahrs besuchten alle Anwesenden einen Schrein *(Hatsu-moude)*, bis auf die Mutter und die Großmutter väterlicherseits, die *Osechi*, ein traditionelles japanisches Neujahrsessen vorbereiteten. Es dauerte 20 Autominuten, um zum Schrein am Fuße der Berge zu gelangen.

Abbildung 7 Der Besuch am Schrein und das Ziehen der Glocke

Detaillierte Beschreibung: Der Besuch des Schreins am Neujahrstag („Hatsu-moude")

Um die Mittagszeit, als ein leichter Schneefall einsetzte, fuhren alle Mitglieder der Familie, außer der Mutter und der Großmutter, mit zwei Autos zum Schrein. Nachdem wir angekommen waren, wuschen wir unsere Hände, um sie zu reinigen und betraten den heiligen Raum, um uns in das Gästebuch einzutragen. Die ältere Schwester und der Vater gingen weiter, um eine Glocke zu läuten. Sie machte es ihrem Vater gleich, verbeugte sich zweimal, klatschte in die Hände und zeigte Verehrung. Danach ging sie die Treppe hinunter. Die jüngere Schwester versuchte die Glocke zu läuten. Der Vater ging einen Schritt zurück und sah ihr dabei zu. Obwohl sie versuchte die Glocke zu läuten, funktionierte es nicht, da sie nicht stark genug zog. Also half der Vater ihr. Nachdem sie geläutet hatte, klatschte sie zweimal in die Hände und verbeugte sich in die entgegengesetzte Richtung, in die sie sich hätte verbeugen sollen. Sie wurde von ihrem Vater und ihrer Schwester, die am Ende der Stufen stand, korrigiert. Also drehte sie sich um neunzig Grad, versuchte es noch einmal und lief die Treppe hinunter. Ihr Vater und ihre Schwester lachten.

Nachdem wir den Schrein betreten und alle Zeremonien begangen hatten, tranken wir süßen Sake, der dort über dem Feuer gewärmt und kostenlos serviert wurde und fuhren nach Hause. Während des Interviews hörten wir eine interessante Geschichte über einen Besuch des Shinto-Schreins zu Beginn des

Neuen Jahres. Neben dem Besuch am 1. Januar ging die Familie am nächsten Tag zu einem anderen Schrein; dieser Gang gehört zur alljährlichen Familientradition. Dieser Schrein war anders als jener am 1. Januar. Dort waren viele Buden und Geschäfte und auch viele Leute. Die Schwestern hatten bei diesem Schrein mehr Spaß. Die ältere Schwester erzählte uns, dass die jüngere Schwester sich wünschte, für immer mit den zwei Hunden zusammenbleiben zu können.

Als alle nach der Gottesverehrung zum Haus des Großvaters zurückkamen, war das Essen bereits angerichtet. Das Forschungsteam und die Kinder saßen an einem Tisch und der Großvater väterlicherseits, die Großeltern mütterlicherseits, die Schwester der Mutter und deren Sohn an dem anderen. Nachdem ein Toast ausgesprochen worden war, wurde gut und reichlich gegessen. Familie und Forschungsteam kamen kaum dazu, eine Essenspause einzulegen, denn die Großmutter väterlicherseits und die Mutter waren eifrig dabei, Speisen und Getränke aufzutragen. Nachdem die Familienmitglieder der Großmutter gesagt hatten, sie solle eine Pause machen, setzte sie sich und aß eine Kleinigkeit. Der Großvater väterlicherseits, der gern Alkohol trank, bot jedem Sake und Bier an. Obwohl während des Essens niemand fernsah, lief das Neujahrsprogramm ununterbrochen weiter. Die Kinder, die das Essen schnell beendet hatten, langweilten sich und spielten mit den Forschern.

Detaillierte Beschreibung: Die Großmutter am Neujahrstag

Die Schwestern hatten genug vom Essen, also fingen sie an mit den Forschern zu spielen und die Hunde bellten laut. Die ältere Schwester fragte die Großmutter mütterlicherseits, die am nächsten Tisch saß, nach einer „Spezialmassage", und die jüngere Schwester lachte sie für diese Bezeichnung aus. Die Großmutter begann den Hintergrund für die Massage zu erläutern. Es begann, als die Schwestern noch sehr klein und nicht bei guter Gesundheit waren. Ihre Großmutter benutzte diese Massage als eine Art Behandlung. Es schien so, als wäre die Erinnerung an die Massage für die Mutter, aber auch für die Großmutter sehr wichtig. Nicht nur die jüngere, sondern beide Schwestern konnten sich an diese Zeit nicht mehr recht erinnern und die Großmutter erklärte in einer lustigen Art, dass der Hals „mit Panasonic" und die Körperseite „mit Sanyo" massiert wurden und es deshalb eine „Spezialmassage" war (Panasonic und Sanyo sind sehr bekannte Elektrohersteller in Japan).[7] Auch als der Großvater einen Gehirnschlag erlitten hatte, massierte ihn die Großmutter auf diese Weise und wir konnten uns vorstellen, warum diese Massage in der Familie zu einer wichtigen Behandlungsmethode wurde.

Die Großmutter mütterlicherseits wurde vom Alkohol vergnügt und spielte auch mit den Kindern. Die Erwachsenen passten auf die Kinder auf und aßen, während sie sich unterhielten oder fernsahen. Die Forscher verließen das Haus um 3 Uhr nachmittags. Die Familie wartete unterdessen auf den jüngeren Bruder des Vaters und das Essen wurde bis spät in die Nacht fortgesetzt.

Interpretative Zugänge

Der Silvesterabend und der Neujahrstag boten für die deutschen Beobachter eine Fülle von Merkwürdigkeiten und Überraschungen, wobei die vielleicht nachhaltigste darin bestand, dass es auf den ersten Blick, den Gang zum Schrein ausgenommen, kaum Anzeichen für festliche Rituale oder einen außerordentlichen Ablauf gab. Bis auf die Tatsache, dass man am Silvesterabend und Neujahrstag bestimmte Speisen zu sich nahm, verliefen die familiären Situationen aus europäischer Sicht alltäglich. Hat diese Alltäglichkeit mit dem Fehlen von Sakralität zu tun? Im Mittelpunkt dieses Tages stehen zu erledigende Arbeiten, ein wenig Kommunikation und Interaktion, die Erneuerung sozialer Kontakte (durch Grüße aller Art) und einige Glück bringende Tätigkeiten wie Kalligraphieren, Soba-Nudeln essen und den Ortsschrein besuchen (vgl. Lokowandt 2001). Doch vielleicht liegt gerade in dieser Normalität des Abends seine Außergewöhnlichkeit, d.h. das rituell-festliche Moment ist darin zu sehen, dass die Familie diesen Abend mit allen ihren Mitgliedern gemeinsam begeht, einen Abend, bei dem sozusagen nichts passiert und auch nichts passieren darf? Das wäre eine japanische Vorstellung von familiärem Glück, *cum grano salis* eine japanische Glücksform der deutschen „stillen Nacht" – eine „stille Nacht", in der man gemeinsam mit anderen Familienmitgliedern und bestimmten Tätigkeiten verbunden ist. Gehen wir dieser Hypothese nach.

Die Interaktionen der Familienmitglieder

Hebt man zunächst auf die Interaktionen der Familienmitglieder untereinander ab, so blieben vor allem die kaum vorhandenen Körperkontakte denkwürdig. Körperlichkeit wurde an diesem Abend über die Hunde vermittelt, die immer wieder angefasst oder auch längere Zeit auf den Arm genommen wurden. Gerade der Vater zeichnete sich hierin aus, hielt er doch fast immer einen Hund in seiner Armbeuge. Dagegen fielen die zwischenmenschlichen

Körperkontakte überhaupt nicht ins Gewicht. Selbst als die kleine Tochter wegen ihrer Pfefferminzpastillen Trost suchte, gab es keine Berührungen seitens der Erwachsenen. Auch die verbale Kommunikation war, bis auf die Essenssituation, sehr zurückhaltend, es gab keine längeren Gespräche, keine Anweisungen an oder Maßregelungen der Kinder, trotzdem schien sich jedes Familienmitglied in dieser sprach- und körperlosen Kommunikationssituation wohl zu fühlen. Längere verbale und körperliche Kommunikationssituationen kamen ausschließlich durch die Forscher zustande, wie etwa beim Gespräch mit dem Großvater oder bei den Fingerspielen mit den Kindern.

Anders formuliert, scheint die familiäre Szenerie durch das weitgehende Fehlen einer körperlichen und sprachlichen Kommunikation energetisch kaum aufgeladen, was wiederum dazu beiträgt, die intendierte familiäre „Gemütlichkeit", das Dahinplätschern des Abends, das für das familiäre Glück konstitutiv zu sein scheint, nicht zu zerstören. Daher wird in der Familie an diesem Abend kaum untereinander, sondern viel über das „andere" kommuniziert, sei es über den Fernseher, die Hunde, den nächsten Tag oder über die Forscher.

Und schließlich sei noch ein Punkt genannt, der an diesem Abend Erstaunen auslöste, nämlich die Gastfreundschaft. Die deutschen Forscher hatten im Vorfeld der Untersuchung von den japanischen Kollegen die Information bekommen, dass es nicht einfach sein würde, Familien zu finden, die sich für einen ethnographischen Besuch an Silvester und Neujahr zur Verfügung stellen würden, da diese Tage für die japanischen Familien traditionelle Feste bedeuten, die auch nur innerfamiliär begangen werden. Umso positiver überrascht waren wir von der Freundlichkeit und Gelassenheit, mit der uns die Familie trotz des engen Raumes an diesem Abend aufgenommen hat. Insgesamt herrschte den ganzen Abend über eine ruhige, entspannte Atmosphäre, in die nur die jüngste Tochter ein wenig Trubel mischte. Es entstand der Eindruck einer mühelosen Integration der Forscher in das familiäre Ritual, die natürlich über die japanischen Kollegen mit angebahnt wurde. So wurde den deutschen Forschern nicht das Gefühl des Eindringens, sondern des Willkommenseins vermittelt, auch ohne dass man ein Wort (und wahrscheinlich auch keine Geste) des anderen wirklich verstanden hätte.

„Vermittlungen" und menschliche Beziehungen

Am ersten Tag der Forschung hielten wir uns mit der Familie im Wohnzimmer auf, ohne etwas Besonderes zu tun. Weil die Familie an diesem Abend, abgesehen vom Silvesterabend und den anwesenden Forschern, nichts Spezielles für sich selbst arrangiert hatte, konnten die Forscher nicht einfach auf die Rolle der „Beobachter“ festgelegt werden. Demnach können wir sagen, dass beide Seiten, die Familie und wir, sich in einer Situation der Offenheit befanden. Die Forscher waren dennoch definitiv „Outsider“. Und die Familie, die uns, die „Outsider“, einlud, sollte dadurch ihre alltäglichen Gewohnheiten durchaus verändern. Als allererstes brauchten die Familie und wir Zeit, um die Beziehung und die Distanz zwischen uns auszuloten, da die Familie und die Forscher zusammen in einem sehr engen Raum waren, ohne sich gut zu kennen. Die Familie sagte zwar immer wieder, „fühlt euch bitte frei“, aber wir konnten uns nicht frei bewegen und die erste Zeit verging nur schleppend.

Dieser Sachverhalt lässt sich an einem Beispiel demonstrieren. Die Großmutter und die Mutter kochten in der Küche und der Großvater und der Vater sahen fern. Ein Forscher saß in einiger Entfernung und beobachtete die Situation. Die Erwachsenen bewegten sich so vorsichtig, als würde man Figuren auf einem Schachbrett aufstellen. Diese Distanz zwischen den Erwachsenen entstand notwendigerweise, da es ja das erste Treffen war und die Familie und wir unterschiedliche Positionen hatten. Wir können sagen, dass diese Distanz eine Art Höflichkeit war. Aber keine „Spielfigur“ hatte eine definierte Beziehung zur anderen und so konnte keine Bewegung in die Situation kommen, die etwas Dynamisches und Neues hervorgebracht hätte.

Bewegungen wurden natürlich durch die Kinder und die Hunde in diese eher bewegungslose Situation gebracht. Die Kinder konnten nicht ruhig bleiben. Sie interessierten sich bald für die Forscher, kamen zu uns und beobachteten uns. Sie begannen außerdem, uns in den ganzen Ablauf zu involvieren, indem sie zum Beispiel über Spielzeug, Malen, Kalligraphie und ihren eigenen Körper mit uns kommunizierten; bald waren sie selbst der Mittelpunkt des Geschehens. Zusätzlich sprangen und rannten auch noch die Hunde zwischen den Menschen herum. In Anbetracht dieser Situation begann unter den Erwachsenen eine Diskussion über Hunde. Durch die Kinder, die sich den Forschern mit Interesse näherten und die Hunde, die sich frei bewegten, kam eine gewisse Dynamik in die Situation. Wir empfanden die langsam abnehmende Spannung bei allen Anwesenden im Raum. Dadurch, dass die „Outsider“ in die Familie fanden, entstand eine warme, gesellige und gewöhnliche Szenerie. Eine lebhafte Atmosphäre entstand, als ob die getrennt voneinander aufgestellten Spielfiguren nach und nach eine organische Verbindung eingegangen wären.

Die Rolle, die die Kinder und die Hunde hier spielten, kann als Vermittlung zwischen (den Gewohnheiten) der Familie und den (ungewohnten) Anwesenden, d.h. den Forschern, angesehen werden. Wie in den oben dargestellten

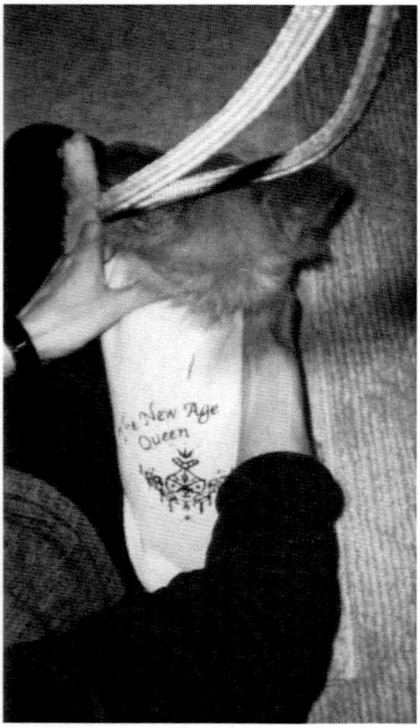

Abbildung 8 Ein Chihuahua, der einen Body mit der Aufschrift „The New Age Queen" trägt

Episoden gezeigt wurde, stand vor allem die jüngere Schwester bei der Familie und den Forschern im Mittelpunkt. Sie zog alle Anwesenden in ihren Bann, indem sie diese immer wieder durch ihre Handlungen beeindruckte. Die Anwesenden, die sich frei und uneingeschränkt bewegen, können als eine Art „Trigger" fungieren, die in einem sonst ruhigen Familienalltag verschiedene außergewöhnliche Episoden hervorrufen können. Japaner sagen: „Children are ‚Braces' ", was zu vergleichen ist mit dem englischen Sprichwort „Kinder sind eine Verbindung zwischen Ehemann und Ehefrau". Ein „Brace" ist ein großer Nagel, dessen beide Enden gebogen sind, um Nuthölzer zu verbinden und zu fixieren. Folglich steht dieses Werkzeug in Japan für etwas, das zwischen zwei Menschen existiert und sie verbindet. Im folgenden Abschnitt untersuchen wir die Bedeutung der „Vermittlung", die in der modernen Familie eine wichtige Rolle spielt, genauer.

Wir haben bereits die „*Shougatsu-sama*" (die Neujahrsgötter) und ihre Rolle als „Mediatoren" besprochen. Der Neujahrstag, an dem die Menschen die Götter begrüßen, ist eine Zeit, in der wir uns der Grenze zwischen „dieser" und der „anderen Welt" bewusst werden. Gleichzeitig ist es eine Zeit, in der beide Welten durch das Willkommenheißen der Götter aus der „anderen Welt" verbunden sind. Wir können sagen, dass die Rolle der „*Shougatsu-sama*" die eines „Mediators“ zwischen dem „Gewöhnlichen“ und dem „Außergewöhnlichen“ ist. Aus diesem Blickwinkel heraus erscheint es interessant, dass die Rolle der Kinder und Hunde, die in dieser Studie beobachtet wurden, der der „*Shougatsu-sama*“ ähnelt. Was ist dann die Funktion der kleinen „Mediatoren“, die in dieser Studie beobachtet wurden? Sie vermittelten in erster Linie zwischen „der Familie“ und „den Outsidern“, in zweiter Linie zwischen dem „Gewöhnlichen“ des Familienlebens und dem „Außergewöhnlichen“, nämlich der Tatsache, dass fremde Forscher anwesend waren, und schließlich zwischen „den Großeltern“ und „den Kindern“, wie wir in verschiedenen Episoden sehen konnten. Ihre Rolle scheint darin zu bestehen, eine organische Verbindung zwischen Menschen herzustellen. Damit ist kein „dramatisches“ Ereignis verbunden, wie es das Werk der Götter war, welche „diese“ mit der „anderen Welt“ verbunden hatten. Die warme Atmosphäre in der Familie, die sie durch ihre Handlungen veranlassten, kreierte aber doch eine Art familiäres „Glücksgefühl“. Im Interview sagte die Mutter, dass sie sich entschlossen hatte, die Studie als eine gute Erfahrung für ihre Kinder zu sehen. Obwohl wir „Outsider“ waren, lud uns diese Familie ein, weil sie Kinder hat. Das bedeutet, dass die Kinder für die Familie eine Motivation darstellen, eine neue und glückliche Erfahrung zu schaffen. Außerdem können wir sagen, dass mit den Kindern in der Familie eine Verpflichtung verbunden ist, Glück hervorzurufen.

Hat Glück wesentlich etwas mit Vermittlungsprozessen zu tun, dann lässt es sich nicht nur im Hinblick auf physische Bewegungen, sondern auch als bezogen auf Situationen wahrnehmen, wie z.B. das „Kalligraphieren“ oder das „Essen und Trinken“, in denen es zentral um Vermittlungsprozesse zwischen den Anwesenden geht. Im ersten Fall funktionierte das Kalligraphieren schon als ein Werkzeug, die Forscher und die Familie zu verbinden, da alle sich an dieser Tätigkeit beteiligten; und im zweiten Fall erlaubte das Essen – besonders am zweiten Tag – einen gemeinsamen Raum des Miteinanders herzustellen. Am zweiten Tag der Studie waren die Kinder den Forschern gegenüber „aufgetaut“ und brauchten nicht die verbindende Rolle zwischen den Forschern und ihrer Familie zu spielen. Daher verbrachten sie viel Zeit damit, mit den Forschern zu spielen. Sie gehörten also nicht zu den Erwachsenen, die noch immer ihre Distanz zueinander abwogen, wie schon am ersten Tag der Studie zu sehen war; die Erwachsenen funktionierten daher kaum als „Mediatoren“. Am zweiten Tag fand im Wesentlichen der Konsum von Alkohol, den der Großvater väterlicherseits anbot, und von Speisen, die die Großmutter väterlicherseits zubereitet hatte, statt. Durch ihre Speisen entstand zwischen den Frauen eine Unterhaltung und durch den vom Großvater angebotenen Alkohol eine Interaktion zwischen den Forschern und der Familie. Während wir gemeinsam tranken, begannen wir über die Herkunftsländer der Forscher und den Beruf des Großvaters zu sprechen; diese Themen variierten je nach Situation. Wie bereits erwähnt, hat der Neujahrstag an religiöser Substanz verloren, und das vor allem in einer Gesellschaft, in der die Menschen nicht mehr von der Landwirtschaft leben. Um sich einen Raum ohne verbindende Gedanken oder einen gemeinsamen Glauben zu teilen, brauchen die Menschen ein außergewöhnliches Ereignis, das von einer Vermittlung von außen oder durch die Einbindung aller Anwesenden erzeugt wird. Es ist in jedem Moment wichtig, eine Unterscheidung wie „Familie" und „Outsider" zu vernachlässigen und gleichzeitig in jedem Moment eine neue Abgrenzung, z.B. durch ein gemeinsames Essen und Trinken, zu definieren. Neue Erkenntnisse und Emotionalitäten werden durch eine Dynamik von gleichzeitigem Loslassen und Herstellen von Abgrenzungen erzeugt und „Glück" wird in diesem Raum entstehen.

Das Glück der Geschlechter und Generationen

Nach allem, was wir an diesem Abend wahrgenommen haben, erscheint es sinnvoll, zwischen verschiedenen Glücksformen, nämlich generativen und geschlechtlichen, zu differenzieren. Während das Glück der Großeltern darin zu bestehen scheint, dass sie das Aufwachsen der Kinder in die Welt der Erwachsenen noch erleben und sie selbst diese bei ihrem Aufwachsen gelegentlich noch – durch materielle und immaterielle – Zuwendungen unterstützen können, war das individuelle Glück des Großvaters mütterlicherseits wie das

Abbildung 9 Mutter und Tochter in der Küche

des Großvaters väterlicherseits eher in seiner Gastgeberrolle zu sehen.[8] Für die Großmütter, aber auch für die Mutter, ließ sich an diesen Tagen eine Zufriedenheit vor allem in Zusammenhang mit dem Küchenmanagement feststellen; die Vorbereitung und Durchführung der Essensrituale erscheinen als ihr Ressort, dessen gelungene Umsetzung sie glücklich macht.

Das Glück der Eltern wiederum besteht im Glück der Kinder, d.h. die Eltern sind dann glücklich, wenn die Kinder glücklich sind. In diesem Sinne lesen wir bei Schubert (2005, S. 65): „Es gibt für sie [die Mutter] nichts Wichtigeres als die Sorge für ihr Kind, aber auch nichts, was diese Verantwortung relativieren könnte. Das Glück oder Unglück des Kindes ist allein ihr Werk." Nach Informationen der japanischen Kollegen sind die Kinder für die Ehe oftmals Mittler (s. unten), so dass die Kommunikation zwischen den Eltern über die Kinder verläuft. Sollte dies zutreffen, so wäre auch das eheliche Glück von der Zufriedenheit der Kinder abhängig. Das Glück des Vaters ist aber auch hierbei anders gelagert als das Glück der Mutter. Nach unseren Beobachtungen war der Vater vor allem dann glücklich, wenn er wenig angesprochen, mit einem Hund auf dem Arm, dem Familienleben zusehen oder auch seinen Gedanken nachgehen konnte. Er schien froh darüber zu sein, nicht arbeiten zu müssen, und ein wenig Muße pflegen zu können. Die Familie bot ihm diese Rückzugsmöglichkeit, insofern er kaum in die Interaktion integriert wurde.[9]

Ein weiteres Glücksmoment ist mit seinem Blick verbunden, als er seiner älteren Tochter beim Kalligraphieren zusieht. In diesen Blick mischt sich Anerkennung, Skepsis, aber auch Freude, so als wolle er mit ihm ausdrücken, dass er die Leistung des Kindes zwar wahrnehme, aber zugleich sehe, dass es ihr schwer fällt und ihre Fertigkeiten noch steigerbar sind. Die ältere Tochter

Abbildung 10 Die ältere Tochter und der Vater – Freude beim Kalligraphieren

verband mit dem Malen sozusagen Pflicht und Neigung, denn das Anfertigen der Kalligraphie war eine schulische Aufgabe, und sie nutzt die Gelegenheit zugleich dazu, den Forschern ihr Geschick vorzuführen. Nach unseren Informationen wird eigentlich immer erst am Neujahrstag kalligraphiert; hier werden gute Wünsche festgehalten. Dagegen unterstreichen die für die Schule zu malenden Schriftzeichen die Disziplin, den Ernst und den Übungscharakter, der mit dem Kalligraphieren verbunden ist.[10]

Das Glück der Kinder ließ sich an diesem Abend vor allem dann beobachten, wenn sie sich spielerisch betätigten, etwa beim Malen und beim Fingerspiel. Während bei der älteren Tochter schon stärker das Moment der Beherrschung des Spiels und der Blick auf die Anerkennung ihrer Leistungen durch die anderen im Vordergrund stand, spielt ihre vier Jahre jüngere Schwester ausgelassener und egozentrischer. Auch sie orientiert sich im Spielen immer an einer älteren Person – an diesem Abend beim Malen an Nanae Takenaka und beim Fingerspiel an Yoshitaka Innoue –, doch sie nimmt die mimetische Bezugnahme zum Älteren selbst noch mit in das Spielen hinein, während ihre ältere Schwester eher das Spiel mit dem Gegenstand und nicht das Spiel mit dem anderen fokussiert. Folgt man Peter Ackermann, so wird im Spiel und im Spielen vor allem die sinnlich-leibliche Komponente angesprochen: „Spiel im Japanischen besitzt auch heute eine starke sinnliche Komponente und wird nach wie vor mit einem Kontext assoziiert, in dem man etwas tut, das dem sinnlichen, körperlichen Wohlbefinden dient" (Ackermann 2010, S. 72). Den Kindern räumen die Erwachsenen einen größeren Raum ein, in dem sie ihre Sinnlichkeit und ihre Leiblichkeit ausleben können, wenn sie ihnen die Gelegenheit geben, zu spielen oder aber sich ästhetischen Beschäftigungen hinzugeben.

Die zeitgenössische Bedeutung von „Shogatsu"

In den vorstehenden Abschnitten ist deutlich geworden, dass die Handlungen oder Funktionen des „Vermittelns" wichtig sind, um das Erlebnis von „*Shogatsu*" zu gewährleisten. Das „Glücksgefühl" entsteht durch das Überschreiten von Grenzen. Grenzen zwischen alltäglich und außergewöhnlich, zwischen den Familien väterlicherseits und mütterlicherseits und zwischen den Familienmitgliedern und den Fremden. Nun wollen wir die vorliegende Fallstudie im Hinblick auf die „Herstellung" und „Inszenierung" von Glück analysieren.

Im japanischen Wörterbuch bedeutet *Kojien Gishiki*, „Zeremonie": „eine Art oder ein Ereignis, die bzw. das bestimmten Regeln folgt und an Anlässen wie öffentlichen Ereignissen, buddhistischen Ritualen oder an Beglückwünschungs- und Trauerfeierlichkeiten stattfindet". Wie bereits beschrieben, wird „Ritual" als „eine allgemeine Höflichkeit, die von der Anordnung gewisser Formalitäten angeleitet wird und als gesellschaftlicher Brauch fungiert", definiert. Das heißt, dass das Durchführen von „gewissen Regeln" oder das Wahren „einer gewissen Form" wichtige Grundlagen sind, um Zeremonien oder Rituale realisieren zu können. Für Menschen, die in einer Welt von Zeremonien und Ritualen leben, verlieren diese an Bedeutung, wenn sie nicht richtig aus- und aufgeführt werden.

So ist zum Beispiel der Initiationsritus in traditionellen Gesellschaften unentbehrlich, und jeder Jugendliche muss den Weg der Buße und Initiation durchschreiten, um zu den Erwachsenen zu gehören (Eliade 1958). In nahezu allen schamanischen Initiationsriten wird das symbolträchtige Thema des Todes aufgegriffen, und dadurch ändert sich der religiöse und soziale Status von Jugendlichen grundlegend (Eliade 1968). Und C.G. Jung berichtete über die amerikanischen Ureinwohner, die er traf, dass diese davon ausgingen, dass sie durch ihre täglichen Rituale den Lauf der Sonne unterstützten (Jaffe 1961). Demnach müssen Rituale und Zeremonien sehr strikt und streng durchgeführt werden, weil davon die Existenz und Präsenz der Individuen und ihres Kosmos abhängen. Die kosmische Wirklichkeit steht mit den Menschen in einer Wechselbeziehung. Unnötig zu sagen dass, wie in den Beispielen beschrieben, im Ausführen der Zeremonien die Prämisse gilt, ein starkes Engagement zu zeigen und an das Wohlergehen im neuen Jahr „zu glauben". Weiter sagt Jung über Zeremonien in traditionellen Gesellschaften, wie die der amerikanischen Ureinwohner:

> Die rituellen Akte der Menschen sind eine Antwort und eine Reaktion auf die Herrschaft Gottes über die Menschen; und vielleicht sind sie nicht nur das, sondern sie sollen auch „aktivierend" wirken, als eine Form magischen Zwanges (Jung, zit. n. Jaffe 1961, S. 253).

Im zeitgenössischen Japan können das Jahresende und das neue Jahr im familiären Handeln kaum noch dieser zeremoniellen Strenge folgen. So ist es offenbar nicht das, wofür sich die Menschen an *Shogatsu* verpflichten, für was sie sich vorbereiten und was sie versuchen zu realisieren. Das wird in der Episode des Besuchs des Shinto-Schreins *(Hatsu-moude)* offensichtlich. In Anbetracht der Szene mit dem Vater und seinen Töchtern können wir uns ein Lächeln nicht verkneifen. Betrachten wir es aber als eine Zeremonie, weicht es von den Mustern einer Gottesverehrung wie *Hatsu-moude* ab. Der Schrein, den sie für *Hatsu-moude* besuchten, liegt am Fuße eines Berges und ist ein ehrwürdiger

Bergschrein, der bescheiden, von klarer Luft und Bäumen umgeben, daliegt. Für die Kinder entsteht durch solch eine Atmosphäre natürlich keine heilige Stimmung und sie ziehen es vor, einen von lustigen Ständen und Buden umgebenen Schrein zu besuchen, wie sie es an einem anderen Tag mit Mitgliedern ihrer Familie taten.

Zu diesem Ergebnis kann man auch kommen, wenn man sich das Kalligraphieren näher ansieht. *Kakizome* ist nicht länger eine Zeremonie der Arbeit des neuen Jahres, sondern wird bloß noch als Hausaufgabe über die Winterferien betrachtet und am Jahresende ohne eine besondere Bedeutung beendet. Die Arbeit könnte auch durch jede andere Bastelei ersetzt werden. Es besteht keine Notwendigkeit mehr, dass es Kalligraphie sein muss. Unter Benutzung des Wortes „Mediator" diskutierten wir zuvor, dass Kalligraphie als ein vermittelndes Werkzeug benutzt wurde, und zwar nicht, um unsere Aktivitäten des vergangenen Jahres mit denen des neuen Jahres zu verknüpfen, sondern als eine Vorführung für die ausländischen Forscher, die mit Kalligraphie nicht vertraut sind; es dient daher als ein „Werkzeug", um dort und in diesem Moment zwischenmenschliche Beziehungen herzustellen.

Die Mutter sagte im Interview: „Wir müssen nicht länger Vorratshaltung betreiben, weil wir, außer am 1. Januar, jederzeit in den Kaufladen gehen können." *Shogatsu* ist nicht länger eine Zeit, in der die Leute schon im Voraus reichlich spezielle Speisen vorbereiten, um an Neujahr nicht drei Tage in der Küche zu stehen. Neujahr ist ganz einfach ein Tag, an dem die Menschen nach langer Zeit der Trennung ihre Verwandten treffen und gemeinsam essend und trinkend eine angenehme Zeit verbringen. Wenn es einen ähnlichen Brauch am 5. Mai gäbe, sähen wir ähnliche Szenen am 5. Mai. Im zeitgenössischen Japan ist *Shogatsu* insofern eine besondere Zeit, weil sich alle Japaner Ferien nehmen, aber nicht länger ein besonderer Tag im ursprünglichen Sinne.

Es ist also sicher, dass *Shogatsu* an Bedeutung und seine grundlegende Außergewöhnlichkeit verloren hat. Kawai (2000, S. 15) sagt im Bezug auf die Initiationsriten:

> Durch den Akt von *Hatsu-moude* werden wir in ein neues Jahr und eine neue Welt eingeführt. Gleichzeitig erschaffen wir uns natürlich auch eine neue Welt des neuen Jahres. Wenn keiner *Hatsu-moude* begeht, wird die neue Welt des neuen Jahres in psychologischer Hinsicht nicht auftauchen.

Toshio Kawai weist hier auf die Wichtigkeit der persönlichen Rolle in der Zeremonie hin. Die Zeit, in der *Shogatsu* selbst von Bedeutung war, ist vorüber. Was bleibt, ist ein Konzept. Wenn wir heute noch versuchen, die besondere

Bedeutung von *Shogatsu* zu erfassen und eine schöne Zeit mit anderen zu verbringen, wird unser Engagement gefragt sein, an *Shogatsu* etwas Besonderes zu erschaffen (vgl. auch Coulmas 2009, S. 101). Heute ist *Shogatsu* von seiner ursprünglichen Basis getrennt und frei interpretierbar. Es ist nicht zu viel gesagt, dass *Shogatsu* im psychologischen Sinne wohl verschwinden wird, wenn nicht jeder seinen persönlichen Teil mit einbringt.[11]

Nun sollten wir uns daran erinnern, dass *Shogatsu* von Beginn an durch den Gedanken an andauernde, ernste Wünsche und den Glauben von den Mitgliedern der Gemeinschaft erschaffen wurde. Wie in der aktuellen Studie angedeutet, taucht das „Glücksgefühl" nicht als eine existierende Substanz auf, sondern als etwas, das durch unser, von verschiedenen Vermittlungsinstanzen unterstütztes, Engagement erschaffen wird. Generell betrachtet ist das Neujahrstreffen mit Verwandten für Kinder, die gezwungen sind, ihre Zeit mit Erwachsenen zu verbringen, ohne etwas Besonderes zu tun zu haben, nicht erquickend. Also fangen die Kinder an zu spielen (s. oben). Durch das Spiel erzeugen die Kinder eine neue Bewegung, in die sie auch die „Outsider", die Forscher, mit einbeziehen und die zudem von den Erwachsenen geteilt wird. Die Erwachsenen beobachten ihre vermittelnden Handlungen und realisieren wieder, was vor allem anderen geschützt werden muss. So betrachtet hat Neujahr als Zeremonie ausgedient, aber unter diesem speziellen Gesichtspunkt hat es paradoxerweise ein unendliches Potenzial, da die Menschen selbst dasjenige erschaffen können, das „Glücksgefühle" erzeugt. Obwohl wir mit dem Gedanken vertraut sind, dass es in erster Linie eine Substanz gibt und dass diese Substanz in sich Sinn und Wirkung hat, deutet diese Studie an, dass der persönliche „Akt", der uns das „Glücksgefühl" beschert, das Konzept von *Shogatsu* erneut mit psychologischer Bedeutung füllen kann. Es scheint, als müssten wir die Idee, die „Zeremonie" sei eine vorgegebene Gelegenheit, gemeinsame geteilte „Akte" der Beglückung zu erschaffen, neu überdenken. Die Essenz des modernen Jahreswechsels ist es nämlich, den Menschen einen *leeren* Raum und eine *leere* Zeit zu geben, den oder die sie gemeinsam teilen und füllen können.

Shogatsu als die Zeit, in der die Geschichte der Familie erzählt und eine „Familiengeschichte" geschaffen wird

Für Menschen, die in einer mythologischen Welt leben, sind Rituale deshalb bedeutsam, weil sie in ihnen die Erschaffung ihrer Welt wiederholen (Eliade 1949). In einer solchen Welt, in der die Zeit als Kreis verstanden wird, können die Menschen in jedem „Moment“ leben, da jedes „Jetzt“ sich in einer ewigen Wiederkehr der Zeiten bewegt. Jeder „Moment“ ist gleichsam ewig, da er unendlich oft wiederkehrt. In der heutigen Welt, in der Begriffe wie „Fortschritt“ oder „Entwicklung“ wichtig sind, ist der Kreislauf der Zeit unterbrochen und zu einer Linie oder einem Pfeil begradigt worden (Giegerich 1987). Menschen neigen dazu, sich mit den noch nicht erreichten Möglichkeiten von morgen zu beschäftigen und leben nicht sicher im Heute. Sie sehnen sich nach einem „besseren Morgen“. Nun wissen wir, dass die Sonne, die immer wieder aufgeht, heute die gleiche ist wie gestern. Wir werden uns wohl nicht vollständig in die Nacht verlieren. Und wir werden auch kaum tiefer gehende Emotionen empfinden, wenn wir jeden Morgen Zeugen der aufgehenden Sonne werden. Nun wissen wir, dass die Bewegung der Sonne ein Phänomen ist, das nicht von unserer Existenz abhängt. Die aufgehende Sonne verbinden wir mit „Morgen“, doch jeder von uns teilt seine Zeit anders ein und gibt ihr einen anderen Sinn: Menschen müssen die Zeit selbst „zeitigen“. Und so müssen wir „unsere“ Geschichte schaffen. Das folgende Zitat gibt wieder, was C. G. Jung über Mythen sagt. Er ist dabei mit sich selbst im Dialog.

> In welchen Mythen leben die Menschen heutzutage? […] Für mich ist er [der Weihnachtsmythus] nicht das, womit ich lebe. „Haben wir dann nicht länger Mythen?“ „Nein, offensichtlich haben wir nicht länger Mythen.“ „Was aber ist dann dein Mythos – der Mythos, in dem du lebst?“ (Jung, zit. n. Jaffe 1961, S. 171).

Was ist dann also unser Lebensmythos oder unsere Geschichte? Wie bereits gesagt, verliert der Neujahrsritus seinen Nährboden und wird zu einem leeren, frei interpretierbaren Konzept. Nun scheinen die Ferien, in denen jeder einmal ausruhen kann, die wichtigste Bedeutung von Neujahr zu sein. Heute ist es schwieriger für uns, in den Neujahrsritualen die Wirklichkeit der kulturellen Mythen zu erkennen.

Folgt man unseren Hypothesen, so stellt uns Neujahr einen Spielraum zur Verfügung, in dem wir uns engagieren und etwas schaffen können. Es ist unsere Aufgabe, „das neue Jahr“ herzustellen. Wie wir festgestellt haben, drücken Kinder ihre Kreativität in diesem Raum durch ihr Spiel aus. Nun wollen wir außerdem auf die „Familiengeschichte“ hinweisen, die sich, wie sich durch unsere Studie herausgestellt hat, an Neujahr entwickelt.

Wir haben in der Episode über die Massage beschrieben, dass das Gespräch über die „Spezialmassage“ der Großmutter mütterlicherseits, aufgrund ihrer lustigen Erzählweise und der komischen Namensgebung, alle zum Lachen brachte. Wir denken, dass diese Anekdote mehr bedeutet, als nur eine Geschichte zu erzählen. Sie versetzte die Erwachsenen lebhaft in jene Zeit zurück, als die Kinder noch klein waren und führte ihnen vor Augen, wie wertvoll sie ihnen nun sind. Ihre Geschichte brachte ein Stück Vergangenheit in die Gegenwart und erinnerte die Erwachsenen an einen kostbaren Moment, ein damaliges „Jetzt", aus dem alle Familiengeschichten bestehen. Und sie vermittelt den Kindern ihre Wurzeln und gibt ihnen ein Bewusstsein für ihre Zugehörigkeit zur Familie. Durch das Geschichtenerzählen versichert sich die Familie darüber, wie sie gelebt hat und warum sie nun, so wie sie ist, in der Gegenwart lebt.

Als wir die Mutter im Interview zu den „Hunden" befragten, sagte sie: „Ich war total geschockt, als der Hund, den wir zuvor hatten, plötzlich starb." Und sie erzählte uns, dass der Vater und die Kinder beschlossen hatten, die jetzigen Hunde zu kaufen, weil sie so deprimiert gewesen war. Für die Forscher, die nur zwei Tage bei der Familie waren, handelte es sich nur um Hunde, die sich drollig herumtrieben. Trotzdem haben sie für die Familiengeschichte eine wichtige Bedeutung. Das Versterben des ersten Hundes war ein plötzliches Ereignis und ein Einschnitt in das alltägliche Leben, der von allen Familienmitgliedern geteilt wurde und eine schmerzhafte Wunde hinterließ, den „Tod". Hier manifestiert sich die „andere Welt", die die Menschen oftmals vergessen. Indem sie sich neue Hunde anschafften, sehen sie die vorherigen Hunde in ihnen und werden immer und immer wieder an den „Tod" und die „andere Welt" erinnert. Wie bei den „visiting-gods" entsteht durch das Bewusstsein über den „Tod" und die „andere Welt" immer auch ein Bewusstsein über „diese Welt" und das „Jetzt". Das Neujahrsgebet der Kinder (s. oben): „Ich wünschte, ich könnte immer mit den Hunden zusammen bleiben", erscheint im Hintergrund dieser Familiengeschichte. Es kann als ein Gebet darüber gesehen werden, wie die Familie von nun an sein soll und konstituiert so ein Stück der „Familiengeschichte".

Karl Kerenyi sagt, dass der Bedeutung von Mythen die „Erklärung von Begründungen" und die „Etablierung von Begründungen" zugrunde liegen (Jung/Kerenyi 1951). Mythen existieren, um zu erklären, warum die Welt, so wie sie ist, für das Menschengeschlecht geworden ist und sein kann; und sie etablieren mit dieser Erklärung gleichzeitig ihre Daseinsberechtigung. In der modernen japanischen Familie kommen an Neujahr die Verwandten zusammen, um gemeinsam zu essen und um gemeinsam Zeit zu verbringen, ohne etwas Besonderes zu tun. Trotzdem kann dadurch eine kostbare Geschichte geschaffen werden, und jeder versichert sich und dem anderen, wie wichtig dieser Moment ist. Kein anderer Zeitraum als der um Neujahr gibt die Gelegenheit, eine solche gemeinsame Geschichte hervorzubringen. Dort wird eine

„Familiengeschichte" geschaffen, die beschreibt, wie die Familie sein sollte und wie sie sein will. Am heutigen Neujahr erschaffen die Menschen fortwährend eine Erklärung der Grundlagen der „Familie" und *nicht* des „Neuen Jahres".

Schluss – Empfangen und Herstellen von „Glück"

Über die Beschreibung der Neujahrszeremonie in Japan haben wir unsere Diskussion ausgeweitet. Nun möchten wir unter dem Gesichtspunkt des „Glücksgefühls" auf unsere Studie zurückblicken und zu einem Abschluss kommen.

Als soziale Gruppen noch fest in einer Dorfgemeinschaft verbunden waren, begingen sie den „Neujahrsmythos" als ein „Ritual", das das Leben aller Mitglieder ihrer landwirtschaftlichen Gemeinschaft beeinflussen sollte. Durch die Vorbereitungen zur Begrüßung der „Shogatsu-sama" (visiting-gods) von der „anderen" in „diese Welt" oder durch den gemeinsamen Gottesdienst bei Sonnenaufgang wurde das „Gefühl von Glück" erzeugt. Die Zeit um Neujahr war dafür gedacht, sie mit einem gemeinsamen Glück zu „füllen". Die Gemeinschaft fungierte als eine Art Behälter, in dem die Menschen diejenigen Bedeutungen teilten, die durch solche Handlungen geschaffen wurden. Gleichzeitig unterstützen diese Neujahrshandlungen die Etablierung einer Gemeinschaft, in der „Riten" geteilt wurden. So existierte zwischen dem „Ritual" und der Gemeinschaft eine Interaktion, die es schwer machte, beide voneinander zu trennen.

Unsere Untersuchung des Neujahrs in einer japanischen Familie der Gegenwart zeigt, dass die Zeremonie nicht länger diese „rituelle" Bedeutung hat und dass dieser Mangel an Grundlagen durch die Distanzierung von den Göttern entstanden ist. Das moderne Neujahrsfest räumt dagegen der Familie einen Raum ein, in dem die Bedeutung der „Familie" erschaffen wird. Wir beobachteten, dass an Neujahr noch immer ein „Gefühl von Glück" erzeugt wird, nur dass die aktuelle Gemeinschaftsform nicht die Dorfgemeinschaft, sondern die Familie ist. Da die moderne Gesellschaft ihre verbindenden Mythen eingebüßt hat, wird nun die Rolle des „Vermittlers" wichtig, um Individuen mit verschiedenen Bedürfnissen und Absichten zu verbinden. In dieser Studie gab es verschiedene Mediatoren, die als Interaktions- und Kommunikationsmittel dienten: die Kinder, die Hunde, das Essen und Trinken und die japanische Kalligraphie. Am „langweiligen" Neujahrstag, wenn eine Familie zusammen ist und nichts Bestimmtes tut, entspannen die verschiedenen Spiele der Kinder die Erwachsenen, und so wird ein „Gefühl von Glück" erzeugt. Heute haben wir die ursprüngliche rituelle und mythologische Grundlage von Neujahr verloren, und in solchen Zeiten ist es schwierig für uns, alltägliche Dinge durch eine stereotype und rituelle Vorgehensweise mit sinnstiftender Bedeutung auszustatten. Ganz im Gegensatz dazu improvisieren wir Bedeutungen für das Neue Jahr durch gewöhnliche Ereignisse, die im freien Gespräch der Familienmitglieder und im Zusammensein der Verwandtschaft auftauchen. Die Familienmitglieder schauen in die Vergangenheit zurück, bekräftigen die Gegenwart und begrüßen die Zukunft. Oder sie reden jedes Mal an Neujahr über jenen ungewöhnlichen Neujahrstag, an dem sie das Forscherteam bei sich hatten. Wir können festhalten, dass die heutigen Zeiten und Orte, an denen „Familiengeschichte" geschrieben wird, einfacher und offener als früher sind.

Betrachtet man das Glück der beobachteten Familie, so lässt sich das spezifisch familiäre Glück an Neujahr als dasjenige Glück, das die ganze Familie umfasst und integriert, als *unscheinbares Glück* beschreiben. Unscheinbar, weil es nicht ins Auge fällt, kaum wahrnehmbar, undeutlich und unauffällig ist, weil es „keinen glanz hat, nicht hervorstrahlt, nicht hervorleuchtet, sich nur matt zeigt" (Grimm/Grimm 2006, Bd. 24, Sp. 1322) – zumal für einen europäischen Beobachter. Unscheinbar auch deshalb, weil es so selten zu sein scheint, dass die Familie sich vollständig zusammenfindet und eine gemeinsame Zeit verbringt – muss doch der Vater nicht nur am Samstag, sondern oftmals auch am Sonntag arbeiten. Und schließlich unscheinbar deshalb, weil es vor allem von praktischen Vermittlungsprozessen abhängig ist, die von minimalen, ritualisierten Handlungsaktionen ausgehen. Familiäres Glück ist kein überschwängliches, ekstatisches Glück, sondern ein strukturelles, latentes, ein „kleines" Glück; das schließt nicht aus, dass sich eine expressive Form des Glücks bei bestimmten Gelegenheiten (Geburten, Hochzeiten, Statusübergänge, Glücksfällen etc.) einstellen kann. Glück erscheint als ein passives Glück der Gelegenheit, das sich gleichsam von selbst einstellt.

Wenn man familiäres Glück in diesem Sinne betrachtet, so ist es gleichsam in die familiäre Interaktion und Kommunikation latent eingelagert. Es ist die vermittelnde Ritualisierung des Handelns, die das gemeinsame Glück in der Familie gewährleistet. Die Rituale und Routinen bieten den Raum, unterschiedliche Interessen und Bedürfnisse so miteinander abzustimmen, dass man selbstvergessen in den Situationen aufgehen und sich in ihnen verlieren kann. Familiäres Glück erscheint als ein homöostatisches Gleichgewicht von Kräften, Energien, Haltungen und Handlungen. Daher muss an diesem Abend keine familiäre Postkartenidylle des Glücks in Form besonderer (schöner) Kleidung oder besonderer (aufregender) Gestaltung des Abends für alle aufwändig in Szene gesetzt werden, weil das Glück nicht augenfällig präsentiert, sondern nur unscheinbar realisiert werden kann. Glück ist in hohem Maße ästhetischer Natur, weil es in ihm „um die formale Herausstellung einer Konstellation gegensätzlicher Eigenschaften und deren Einfügung in einen dynamischen Fluss von Empfangen und Gewähren geht, was nichts weniger als die Fortsetzbarkeit von Leben garantiert" (Ackermann 2010, S. 65).

Das familiäre Glück liegt sozusagen in den Fugen des harmonischen Zusammenlebens, das ein Netz von komplementären Bezügen des Empfangens und Gewährens entwirft, welches sich wiederum zu einem vollkommen geschlossenen Kreis verdichtet. Daher sind die starken, kontrastiven Funktionen der Einzelnen letztlich dem Glück aller dienlich, denn: „Ohne die Arbeit der einen Seite ist das Spiel der anderen, ohne Verzicht auf sinnlichen Genuss auf der einen ist die Erfüllung des sinnlichen Genusses der anderen Seite nicht möglich" (ebd., S. 75). Das Glück der Familie kommt in diesem Sinne in einer vollkommenen Kreisstruktur zum Ausdruck, in der alle Einzelhandlungen mit Blick auf die jeweils komplementären Handlungen wie im Blick auf die Gesamtstruktur der Familie erfolgen, so dass die genaue und stabile Erfüllung normativer Erwartungen letztlich das familiäre Gesamtwohl hervorbringt und legitimiert.

An diesen Gesichtspunkt lassen sich noch einige allgemeine Thesen anschließen: Glück hat für verschiedene Menschen verschiedene Bedeutungen und ist daher sehr schwierig objektiv zu diskutieren und zu analysieren. Aber man kann in einer Fallstudie wie der vorliegenden auch universelle Aspekte herausarbeiten, die als wahr betrachtet werden können. Im Japanischen kann das Wort „Glück" als ein Wort übersetzt werden, das sich aus zwei chinesischen Schriftzeichen zusammensetzt, die beide die Bedeutung „ein Geschenk der Götter" haben. In der ursprünglichen japanischen Bedeutung ist Glück also etwas, das uns zugesandt wird; es kommt von weit her und von einer tiefen Region unseres Geistes, die unser Ego und unsere Subjektivität nicht kontrollieren können.

> Es ist das Leben selbst, die sich ständig erneuernde Existenz, welche als „Wunder" *(kushi)* und als „Glück" *(sachi, saki, kô)* dieser archaischen Vorstellungsweise gemäß in unsere Welt eintritt. […] [Im Glück als einer göttlichen Kraft sind] „Glück", „Heil" und „göttlicher Segen" identisch und wir dürfen diese Form des Glücks mit [dem] Begriff der „Glückseligkeit", *„felicitas"* wiedergeben (Antoni 1994, S. 257, 259).[12]

Hier wollen wir eine interessante Geschichte aus dem ältesten japanischen Geschichtsbuch „Record of Ancient Matters" anführen; und wir wollen die Geschichte in Anlehnung an Fukunaga (2003) erklären. Die Hauptfiguren in der Geschichte sind *Umi-sachi-biko* und *Yama-sachi-biko*. Um „sachi" zu schreiben, benutzen wir eins der japanischen Schriftzeichen aus denen sich im Japanischen „Glück“ zusammensetzt.

> Der ältere Bruder Umisachibiko lebte ganz und gar davon, Beute aus dem Meer zu angeln, und der jüngere Bruder Yamasachibiko lebte ganz und gar davon, in den Bergen Wild zu jagen. Eines Tages sagte Yamasachibiko zu seinem älteren Bruder: „Was hältst du davon, unsere Jagdausrüstung zu tauschen? Würdest du meinen Pfeil und Bogen statt deines Angelhakens benutzen?“ Aber er konnte aufgrund der ungewohnten Situation ganz und gar nicht angeln. Dann verlor er auch noch den Angelhaken seines Bruders. Es war völlig unmöglich für ihn, den Angelhaken in den endlosen Weiten des Meeres allein zu finden. Daher zerbrach er sein Schwert, aus dem er tausend Angelhaken machte. Aber sein älterer Bruder vergab ihm nicht. Mit Sorge erfüllt, ging er mit der Hilfe eines alten Mannes in die Welt des Meeres. Dort traf er eine Tochter des Ozeangottes und heiratete sie. Mit ihrer Hilfe schaffte er es, den Angelhaken seines Bruders zurückzubekommen, den eine Brasse verschluckt hatte und kam mit Schätzen beladen an Land zurück. Dann erlangte er eine größere Stärke als sein Bruder.

Die Geschichte erzählt davon, dass sich Yamasachbiko in eine unbekannte Welt wagen wollte, doch es misslang ihm. Dieser Misserfolg erforderte eine neue Handlung, die ihn wiederum neu motivieren konnte. In dieser Geschichte scheint sein eigenes Handeln wichtig zu sein. Verallgemeinert: Menschen können in durchaus ausweglosen Situationen, in denen sie die Erfahrungen des Scheiterns und der Verzweiflung gemacht haben, Handlungsperspektiven und Stärke entwickeln. Diese Situation lässt sich analog zu unserer Diskussion verstehen, die ebenso das Glück in der Familie von einer „passiv-aktiven“ Struktur her versteht, einer „passiven“ oder „aktiven“ Haltung der Natur gegenüber, einem Engagement das neue Jahr zu gestalten und einem Gefühl des Wohlbefindens, das daraus resultiert (Paragrana 2009).

Es ist auch interessant, dass jedes „sachi“ in der Geschichte sein eigenes Territorium hat. Wir können statt „Territorium“ auch „Region“, „Raum“ oder „Ort“ sagen, wie wir es bereits oben gemacht haben. Folglich sind wir der Meinung, dass diese Geschichte das begrenzte Gebiet von „sachi“ andeutet: Es existiert niemals jenseits seines ursprünglichen Raumes, auch wenn es geschaffen oder erworben wird. In dieser Studie haben wir uns auf den Beginn des neuen Jahres in Japan konzentriert und über das Gefühl von Glück nachgedacht, das in diesem Zeitraum auftaucht. Wir vermuten, dass die Art des erlangten „sachi“ abhängig von Zeit und Ort und der Beschaffenheit des Ortes unterschiedlich ausfällt. Mit einem abgewandelten Wort von Tanizaki Jun'ichiro (2002, S. 33) kann man sagen, dass das Glück aus der passiv-aktiven Praxis des alltäglichen Lebens entsteht. Wenn man darüber nachdenkt, dass die traditionelle Begehung von *Shogatsu* tief mit dem Kreislauf der Jahreszeiten und dem Fluss der Zeit verbunden ist und in den Bereich der Landwirtschaft gehörte, ist es interessant, dass das (moderne) „sachi" des neuen Jahres durch den Verlauf der Zeit, d.h. durch die „Familiengeschichte" geschaffen wird.

Glück existiert nirgends als etwas Greifbares. Die Menschen können es nicht nur aktiv ergreifen und niemand kann es nur passiv erlangen. Weil die Geistesregungen, der „Glaube", mit Aktivität *und* Passivität einhergehen, ist eine Offenheit der Passivität gegenüber gefordert, um etwas zu erreichen, das über die subjektiven Handlungen hinausgeht, genauso wie man aktiv sein muss, um subjektives und kollektives Glück zu erreichen. In dieser Studie haben wir versucht, das „Gefühl von Glück", das als Ergebnis eines bestimmten Ortes, einer bestimmten Zeit und einer spezifischen Kreativität der Teilnehmenden hervorgebracht wurde, darzustellen. Menschen gestalten die Zeit um Neujahr, um ein Gefühl von Glück oder Wohlbefinden zu erzeugen und wir können abschließend sagen, dass diese Aktivitäten auch in der modernen japanischen Gesellschaft, in der der Glauben an die Götter und den Gemeinschaftssinn oftmals verloren gegangen sind, noch immer ungemein bedeutsam sind.

Anmerkungen

1 Der Titel hebt darauf ab, dass in diesem Artikel die Frage nach der Hervorbringung des Glücks sowohl in historisch-transformativer als auch in aktuell-kommunikativer wie in ethnographisch-vermittelnder Perspektive aufgegriffen wird. Das bedeutet die Veränderung des Rituals zu skizzieren, seine grundlegenden gemeinschaftsbildenden Strukturen zu rekonstruieren und seine gemeinsame, japanisch-deutsche bzw. klinisch-psychologische und pädagogische „Übersetzung" vorzunehmen. – Zum Entstehungshintergrund: Dieser Text stammt ursprünglich aus zwei Teilen, einem von Yoshitaka Inoue und Nanae Takenaka geschriebenen englischen Teil, der dankenswerterweise von Lisa Engel ins Deutsche übertragen worden ist, und einem deutschen Teil von Jörg Zirfas. Die abschließende Bearbeitung der deutschen Fassungen wurde dann von Jörg Zirfas mit der Prämisse vorgenommen, den von den japanischen Kollegen vorgegebenen Sprach- und Argumentationsduktus weitgehend zu erhalten. So sollen die unterschiedlichen Auffassungen von Wissenschaft in Deutschland und Japan, aber auch die unterschiedlichen wissenschaftlichen Darstellungsformen gewahrt bleiben und dennoch so miteinander vermittelt werden, das nicht nur ein verstehendes Nachvollziehen durch den Leser möglich, sondern auch eine komplexe und in sich polylogische Struktur der Rekonstruktionen und Interpretationen deutlich werden sollte. Denn eine entscheidende Differenz

zwischen einer „deutschen" und einer „japanischen" Forschung liegt wohl in dieser Art und Weise der Forschung, in der Performativität des szientifischen Zugangs, Befragens und Verstehens von Welt. – Am Procedere der verschiedenen Übersetzungen lässt sich zudem ermessen, wie viele Vermittlungsprozesse (der Text über) das „japanische Glück" durchlaufen hat, bevor es in dieser Form erscheinen konnte: Der Text wurde von der japanischen in die englische Sprache übersetzt – wozu auch gehört, dass Yoshitaka Inoue und Nanae Takenaka die originalen japanischen Zitate ins Englische übertragen haben; der englische Text wurde dann zunächst wortgetreu in die deutsche Sprache übertragen, bevor diese Übersetzung im Hinblick auf die englische Fassung mit dem ursprünglich in deutsch geschriebenen Teil behutsam angeglichen wurde. Schließlich hat Shoko Suzuki den gesamten Text noch einmal auf Korrektheit und Stimmigkeit überprüft: Dafür sei ihr herzlich gedankt.

2 In vielen Hinweisen, Hintergrundinformationen und Erläuterungen zur japanischen Kultur bin ich meinem Kollegen und Freund Peter Ackermann, Lehrstuhlinhaber für Japanologie (Japanese Studies) an der Universität Erlangen, sehr verpflichtet. Vom ihm habe ich gelernt, was die unendliche Aufgabe des Verstehens einer fremden Kultur bedeuten kann.

3 Es erscheint durchaus plausibel, dass die japanische Neugier wesentlich buddhistische Wurzeln hat. Denn der für die Prägung Japans oftmals unterschätzte Buddhismus definiert nicht nur das Ziel des Menschseins, sondern auch diejenigen Techniken, die den Menschen auf den richtigen Weg bringen. Da im Buddhismus die Idee der göttlichen Schöpfung und ihrer Bewahrung nicht vorhanden ist, kanalisiert sich die menschliche Energie auf die langwierige und niemals zu vollendende Auseinandersetzung mit der Umwelt. Der Buddhismus fordert somit ein Modell der „unendlichen Bemühung" mit dem Ziel eines „gesunden und glücklichen Lebens", d.h. ein innerlich entkrampftes, möglichst emotionsloses Leben, das sich durch Arbeit an sich selbst annähernd erreichen lässt.

4 Die Logik der Ansammlung ist wohl dem Problem geschuldet, dass das japanische Haus bzw. die japanische Wohnung grundsätzlich von einer extremen Schlichtheit ausgeht, die die Fülle an Wohlstandsgütern kaum integrieren kann, was im Ergebnis dann zu dem beschriebenen Sammelsurium führt.

5 Vgl. zum japanischen Schönheitsverständnis von Räumen und Gegenständen Alain de Botton (2010, S. 262), der deutlich macht, dass die japanische Ästhetik, anders als die der Europäer, von der Liebe zum Unregelmäßigen, zum Vergänglichen und zum Schlichten geprägt ist. – Diese Argumentation liegt auf der Linie von Tanizaki Jun'ichiro (2002, S. 23), der für die Japaner behauptet: „Es ist unser Schicksal, dass wir nun einmal Dinge mit Spuren von Menschenhänden, Lampenruß, Wind und Regen lieben oder auch daran erinnernde Farbtönungen und Lichtwirkungen." Diese Ästhetik bringt er in einen Zusammenhang mit einer anderen Haltung der Welt gegenüber: Während die Japaner eher das Unabänderliche hinzunehmen bereit seien, seien die Europäer stetig auf der Suche nach besseren Verhältnissen (ebd., S. 55).

6 Häuser und Wohnungen beherbergen einen kleinen Schrein für einen *kami*, eine Gottheit im Sinne einer beschützenden Kraft oder auch eines konkreten Urahns. Der Familienschrein als Ort der Ahnen ist in die Familie integriert und mit den Ahnen kann und sollte man über den Verlauf der Dinge kommunizieren. Die nachfolgende Generation hat die lebenslange Aufgabe, für die sichere Weiterreise der Ahnen im Jenseits zu sorgen. Insofern stellt der Hausaltar den Anspruch auf eine unendliche, nicht zu erfüllende Aufgabe dar. Die rituelle Beschäftigung stellt diese Aufgabe sozusagen auf Dauer und ist zugleich sinnfälliger Ausdruck dieses Bemühens.

7 Shoko Suzuki geht hier davon aus, dass die Großmutter selbst ihre Kunst der Massage nach den hoch entwickelten Elektromassagegeräten *Sanyo* bzw. *Panasonic* benannt hat.

8 Leider lässt sich nicht entscheiden, ob diese Differenzierung des Glücks individuellen Ursprungs oder der Rolle geschuldet ist, die sie an den jeweiligen Tagen einnahmen.

9 Zielt der Vater mit dieser Haltung auf die (ästhetische) Richtgröße *anshin* (ruhiges Herz), auf die Freiheit von Sorgen und Ängsten, auf einen ruhigen Atem und einen ausgeglichenen Puls? Das würde die ruhige Sinnlichkeit erklären, die in seiner Gestik und Mimik zum Ausdruck kommt. – Der Vater scheint in seiner Haltung der taoistischen Philosophie des Glücks nahezukommen, die Glück vor allem mit dem Genuß des Augenblicks und der Freude an dem, was man gerade tut, in Verbindung bringt (Coulmas 2009, S. 52).

10 Zur Bedeutung der Kalligraphie in Japan vgl. Ackermann (2007, S. 272ff.). Im Kalligraphieren sind Fähigkeiten mit innerlich positiver Einstellung und hartem körperlichem Einsatz durch Übung mit einem Grundformenbestand zu erwerben. Dieser Erwerb erfolgt immer in einem komplementären Verhältnis von Geben und Nehmen, Meister und Schüler und zielt auf das angemessenste Ergebnis sowie auf die Erkenntnis, dass Ergebnis und Fähigkeiten unendlich perfektionierbar sind. Lernen wird in Japan vor allem als körperliches Lernen verstanden. – In der Erziehung kommen Grundwerte wie Berechenbarkeit, Permanenz, Ordnung, Ausgleich (von Bipolaritäten), die Orientierung an Naturprinzipien (der Energetik) und die Orientierung an der Regelhaftigkeit der Gesellschaft zum Tragen (vgl. Ackermann 2006, S. 85f.). Es geht dabei um *shitsuke*, die Gewöhnung, die durch Wiederholung und Übung zu Ordnung, Stabilität sowie zu ästhetischen Haltungen und Lebensführungen befähigt. – Vgl. zum historischen Kontext von Erziehung und Lernen auch Benedict 2006, Kap. 10–12.

11 Wenn man der Interpretation von Gen Kida (2001) folgt, so hat der für Japan in früheren Zeiten ungemein bedeutsame Konfuzianismus vor allem die soziale Harmonie betont, während der moderne Glücksdiskurs vor allem auf die individuelle Psychologie des Glücksgefühls abhebt.

12 Auch im Japanischen gibt es verschiedene Akzentuierungen des Glücksbegriffs. So bezieht sich der Begriff *kôfuku* auf eine Verbindung von materiellem Wohlstand und geistig-spirituellem Glück im Jenseits und der Begriff *fuku* auf ein direkt in Beziehung zum menschlichen Handeln gesetztes diesseitiges Lebensglück, bezogen auf Werte wie Gesundheit, langes Leben und materiellen Wohlstand (Antoni 1994, S. 226, 233ff.).

Das Glück der Generationen

Ingrid Kellermann und Fumio Ono

Die Familie Nakamura wohnt in einem kleinen Dorf namens Ibuki. Es liegt im Schatten des Ibuki-Berges, in der Präfektur Shiga, nordöstlich des Biwa-Sees. Ein alter Bergglaube besagt, dass der Gott der Natur auf dem *Ibuki*-Berg, dem „Heiligen Berg", wohnt und Dorf und Berg durch den gemeinsamen Namen eng miteinander verbunden sind. Die Bedeutung des Wortes *ibuki* (1. Inspiration, heiliger Atem, 2. neues Leben geben, lebendig machen) bezieht sich auf seinen mythischen Ursprung, demzufolge der Berg einen spirituellen Strom ausatmet, der den Bewohnern des Dorfes Lebenskraft schenkt. Hinter dem Berg geht die Sonne auf und spendet Licht, das die Präsenz und den Schutz des Gottes symbolisiert. Die regional bedeutsame Gottheit ist im Shinto-Schrein[1] des Dorfes präsent und wird besonders zum Jahreswechsel durch die Einkehr seiner Bewohner in Ehren gehalten.

Ankunft

Nach einem sehr eindrucksvollen und ereignisreichen Vormittag in der Familie Oda, der Familie der Mutter, fahren wir am Nachmittag des 31. Dezember mit einem Taxi zu dem Haus der Nakamuras. Auf den Straßen ist kaum

Abbildung 1 Das Haus der Nakamuras[2]

Abbildung 2 Eingang und Flurbereich

Verkehr. Leichter Schneeregen fällt in der Nachmittagsdämmerung herab; die neblig-weiße Landschaft und die kühle Winterluft erzeugen eine anheimelnde Atmosphäre, die auf den Jahreswechsel einstimmt. Die kleine Straße, in die wir nach einer guten halben Stunde einbiegen, bringt uns hinauf zum Dorfeingang, von dem aus man das Haus der Nakamuras sieht. Über einen schmalen Seitenweg gehen wir durch einen kleinen Garten zur Eingangstür.

Im Eingangsbereich des Hauses stellt jeder seine Straßenschuhe ordentlich nebeneinander ab, bevor er herzlich von Mutter Aiko (37) hereingebeten und den anderen Familienmitgliedern vorgestellt wird. Mit der in Japan üblichen Verbeugung begrüßen wir Urgroßmutter Kazuko (86) sowie Großmutter Yoko (64) und deren Mann, Großvater Hiroshi Nakamura (65). Die Urgroßmutter und die Großeltern leben zusammen mit Mutter Aikos Familie in einem Vier-Generationen-Haushalt. Tadashi Nakamura (38) ist der älteste Sohn der Großeltern und Aikos Ehemann. Er trifft gegen 16 Uhr kurz nach uns nach einem arbeitsreichen Tag ein, der auch am heutigen Silvesterabend zu Hause am Laptop noch weitergeführt werden muss. Die drei Kinder, Sohn Akira (8) sowie die Töchter Yuri (6) und Niina (10 Monate) sind uns bereits vom Vormittag bekannt, an dem wir an der Reiskuchenherstellung im Hause der Großeltern mütterlicherseits teilhatten.[3]

Zu Besuch ist auch der zweite Sohn der Großeltern und Tadashis jüngerer Bruder Haruto (36) mit seiner Frau Nanami (36) sowie deren beiden Töchtern Reina (7) und Misaki (5). Die Familie wohnt entfernt in der Großstadt Kawasaki und verbringt ein paar Ferientage im Hause der Großfamilie.

Das Haus hat zwei Stockwerke, die Feier findet im Erdgeschoss statt. Die Raumaufteilung lässt sich insofern als traditionell japanisch beschreiben, als dass der gesamte L-förmige Wohnbereich durch Verschließen der Schiebetüren in verschiedene Räume aufgeteilt werden kann oder, wie heute, geöffnet

Abbildung 3 Blick durch die Zimmer

Abbildung 4 Arbeitsplatz des Vaters

Abbildung 5 Shinto-Schrein

Abbildung 6 Haustempel

zur Verfügung steht. Die Seitenbegrenzungen der Zimmer bestehen ebenfalls aus Schiebetüren, die sich durch alle Zimmer ziehen. Hinter ihnen befinden sich schmale Abstellbereiche. Hier verbergen sich alltägliche Gebrauchsgegenstände wie beispielsweise zusätzliche flache Tische, mit denen der Essbereich erweitert werden kann. Ein Teil des Abstellraums lässt sich mit der Anschlussmöglichkeit des Laptops passager als Arbeitsplatz für Vater Tadashi nutzen.

An der Rückwand des hinteren Raumes strahlen zwei Haustempel, ein Shinto-Schrein und ein buddhistischer Tempel, sowie die an den Wänden hängenden Ahnenbilder eine sakrale Beständigkeit aus.

Im Shinto-Schrein, der dem Gott der Natur gewidmet ist, hängt anlässlich des Jahreswechsels das Bild eines Sonnenaufgangs, der Glück, Gesundheit und Zufriedenheit im kommenden Jahr bringen soll. Entsprechend symbolisieren auch die Opfergaben aus der Natur, die gelbe Grapefruit und die orangefarbenen Mandarinen, die Farben der Sonne. Gemäß dem Mythos wird das neue Jahr glücklich, wenn man innerhalb der ersten drei Tage einmal den Sonnenaufgang sieht. Im buddhistischen Haustempel werden der Buddha Amitabha, dessen Abbildung auf dem Gemälde zu sehen ist, und die verstorbenen Ahnen mit einem frischen Blumenstrauß und Mandarinen geehrt. Die atmosphärische Dichte wird durch Kerzenlicht intensiviert. Mutter Aiko erzählt, dass die kunstvoll bestickte Decke im Altar eine Mitgift ihrer Familie ist, die wie Großmutter Yokos in den Jahren zuvor seit der Eheschließung den Tempel ziert. Darunter liegen Gebets- und Ahnenbücher derjenigen Vorfahren, für die man beten will.

Sammlung der Familie

In informellen Gesprächen erfahren wir, dass die Familie sich seit Mitte Dezember für den Jahreswechsel bereitmacht. Die Vorbereitungen verweisen auf eine vom Alltag herausgehobene Zeit. Dazu gehört auch ein Hausputz, bei dem u. a. das Pergamentpapier der bespannten Schiebetüren erneuert wird. Die rituelle Reinigung des Lebensraums ist mit der inneren Reinigung des Geistes assoziiert. Sie begründet sich in der religiösen Alltagskultur Japans[4] und dient dazu, die Sorgen des alten Jahres hinter sich zu lassen, um dem Glück im neuen Jahr Raum zu geben. Dazu gehört die Erneuerung und Bekräftigung der familialen Bindungsverhältnisse. Die entfernt lebenden Familienmitglieder nehmen oftmals weite Reisen auf sich, um mit der Familie zusammen zu sein.

> **Großmutter Yoko:** Ja, ja, ja [lacht]. Damit wir mitbekommen, dass sie [Haruto und seine Familie, d. A.] zurückkommen. Dann fange ich ungefähr am 20. an vorzubereiten […]. (56)[5]

Wie aus Großmutter Yokos Äußerung hervorgeht, gehen die Aktivitäten mit einer besonderen Stimmung einher, die den bevorstehenden Besuch des Sohnes Haruto und seiner Familie ankündigt. Dass sein Aufenthalt im Elternhaus für sie mehr ist als ein kurzzeitiger Verwandtschaftsbesuch, drückt sich in der Wahl des Verbs „*zurück*kommen“ aus; denn es verweist auf emotional konnotierte Begriffe wie „Rückkehr“ bzw. „Heimkehr“. Die Art und Weise der Äußerung sowie ihr kontextueller Zusammenhang offenbaren zudem, dass sein Besuch zu den tradierten familienspezifischen „Selbstverständlichkeiten“ im Ritualablauf gehört. Die Relevanz, die Großmutter Yoko dem intergenerationalen Treffen beimisst, wird von den anderen Familienmitgliedern geteilt:

> **Großvater Hiroshi:** Dass man in dieser Form zusammen sitzen kann, das ist Glück für mich. (9–10)
>
> **Schwager Haruto:** Nur zweimal im Jahr können meine Kinder ihren Cousin und ihre Cousinen treffen. (19)
>
> **Schwägerin Nanami:** Das ist anders als der Alltag und das ist gut für die Kinder, um das in Erinnerung zu behalten. (36)

Reina: Ich will die ganzen Winterferien über bleiben. (81)
Urgroßmutter Kazuko: Das ist schön, dass es so lebhaft ist und es macht mir Spaß. Die Generationen ändern sich, Enkelkinder und Urenkelkinder. Es gibt für mich nichts anderes als ein dankbares Gefühl. (149–152)

Narrativ umreißen die Beteiligten den Rahmen, innerhalb dessen sich ihr Familienglück entfalten kann (Goffman 1977): im lebhaften, d.h. zahlreichen Zusammentreffen der Erwachsenen und Kinder und dem außeralltäglichen Arrangement. Andernfalls bleiben „Neujahr oder Silvester nur ein Name und geht als ein normaler Tag vorbei, nichts Besonderes. Deswegen kommen wir hierher und alle sind da" (Schwägerin Nanami, Z. 34–36). Die „Inszenierung einer schönen Erinnerung" (vgl. Hahn 2010a) dient dazu, durch gemeinsames Tun und Erleben den Familienzusammenhalt performativ zu bekräftigen und symbolisch zu erneuern. Ihr ist ein Aufforderungscharakter inhärent, der auf die affirmative Mitwirkung der Beteiligten zielt. Wie im weiteren Verlauf deutlich werden wird, leben alle Beteiligten einige Tage räumlich eng bei- und miteinander. Das Erdgeschoss des Hauses stellt das Zentrum dieses Beisammenseins dar.

Auftakt

Vom Wohnraum aus betritt man die etwas tiefer gelegene Küche. Dort herrscht rege Geschäftigkeit, fast die ganze Familie ist in die Vorbereitungen des Festessens involviert: *Temaki-Sushi,* was so viel heißt wie „Sushi mit den Händen herstellen". Großvater Hiroshi hat bereits am Vortag begonnen, unterschiedliche Fischsorten in dünne, handgerechte Stücke zu zerlegen. Jetzt werden die

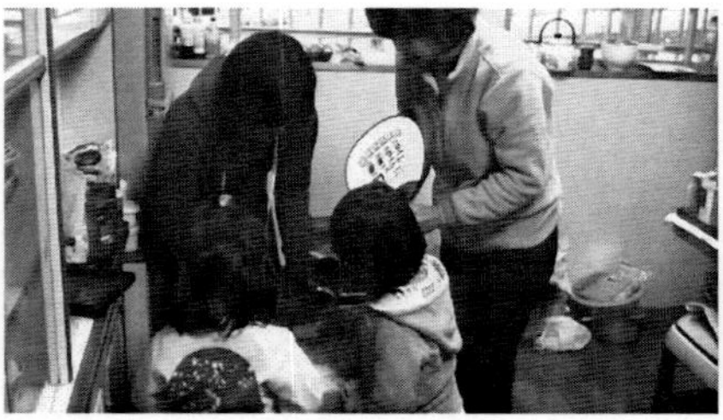

Abbildung 7 Yuri und Misaki am Reistrog

Abbildung 8 Vorbereitungen zum Festessen

verschiedenen Zutaten und Beilagen angerichtet, die später nach eigenem Geschmack in *sushis* eingerollt werden.

Jeder betätigt sich auf seine Weise. Vater Tadashi hat sich in den mittleren Raum zurückgezogen und sitzt am Laptop. Er zeigt sich durch die hinter ihm spielenden Kinder Akira und Reina nicht gestört und wendet sich ihnen zu, wenn sie ihn ansprechen. Yuri und Misaki stehen in der Küche mit einem großen Löffel in der Hand vor einem Holztrog mit gekochter Reismasse. Durch häufiges Wenden soll der Dampf abziehen, um anschließend den gewürzten Essig unter die Reismasse zu mischen, der den *sushis* ihren charakteristischen Geschmack verleiht. Die beiden Mädchen helfen eifrig Mutter Aiko und deren Schwägerin Nanami. Dabei nehmen sie immer wieder kleine Kostproben, bis Mutter Aiko zu ihrer Tochter sagt: „Probiere nicht so viel, sonst kannst du nachher nichts mehr essen." Nach einer Weile wenden sich die Mütter anderen Vorbereitungen zu, ohne die Kinder weiter anzuleiten.

Auf dem Küchentisch stehen bereits einige liebevoll arrangierte Teller mit verschiedenen Fischsorten wie Krabben, Krebsfleisch und Tintenfisch sowie flache Schüsseln mit *sushi*-Reis. Die Erwachsenen dekorieren weitere Teller mit Beilagen. Im Vorbeigehen fordert Schwager Haruto seine Nichte Yuri scherzhaft-ironisch zum Widerspruch heraus: „Du magst doch keine *sushi*, nicht?" Sogleich reagiert sie laut ausrufend: „Doch!" Mutter Aiko, das Baby Niina auf dem Arm tragend, holt verschiedene Plastikverpackungen mit *nori*, speziellen Seetangblättern für die *sushi*, vom Tisch. Großvater Hiroshi beugt sich zu dem Baby und spricht es lächelnd an: „Na, was willst du essen?", und will von Mutter Aiko wissen, ob die *nori* gewürzt sind oder nicht. Verneinend kniet sie sich zu Urgroßmutter Kazumi an den *kotatsu*,[6] den Wärme spendenden Tisch, auf dem eine dicke Decke liegt. Die beiden Frauen schneiden schweigend

Abbildung 9 Aiko und Urgroßmutter

die *nori* in die gewünschte handliche Größe, ab und zu tauschen sie sich über ihr Tun aus.

Indessen haben Misaki und Yuri den Reistrog verlassen und sitzen im Wohnraum auf dem Boden, um ein Puzzle zusammenzusetzen. Im Fernseher neben ihnen läuft ein Fußballspiel, das kaum jemand beachtet. Schwägerin Nanami sitzt bei den Mädchen, Niina krabbelt zu ihr. Ihr Mann Haruto scherzt angesichts der Gäste: „Silvester ist normalerweise nicht so, wir liegen eigentlich sonst nur rum." Das Ehepaar lacht. Aus dem „Tempel-Zimmer" werden Tische geholt und als große Tafel aneinandergestellt, um die alle Familienmitglieder Platz haben.

Glück als gemeinsames Tun

Für die Planung und Koordination des Essens erklärt sich Großmutter Yoko im Interview verantwortlich, ohne dass dies im aktuellen Handeln für Außenstehende erkennbar wäre. Die Art und Weise des Umgangs miteinander wirkt zwanglos und lässt dem Einzelnen Raum, sich unterschiedlichen Tätigkeiten zu widmen. Zwischen den Beteiligten findet eine wechselseitige, intergenerationale Verständigung weniger über wortreiche als über körperliche und gestische Kommunikationsformen statt. Die Erwachsenen in der Küche wechseln hier und da ein paar Worte; unterstützend wird auf die Kinder eingegangen. Dabei stellt beispielsweise Mutter Aikos Hinweis an Yuri, nicht so viel vom Reis zu probieren, mehr einen Ratschlag der Erfahrenen denn einen Imperativ dar, da er keinerlei Konsequenzen nach sich zieht. Mutter Aiko konkretisiert im Familieninterview ihre supportive Einstellung gegenüber den Kindern stellvertretend für die erwachsenen Familienmitglieder:

> **Mutter Aiko:** Es gibt Situationen, wo ich […] denke, […] so kann man es besser machen. Aber ich versuche, sie nicht zu zwingen, sondern dass sie selbst entscheiden. Denn es gibt vielleicht auch einen Weg, auf den ein Erwachsener nicht kommt. (208–211)

Die hier angedeutete Perspektive, selbstbestimmt und konstruktiv, mit eigenen Ideen am gemeinschaftlichen Leben teilzuhaben und mit dem Blick auf den/die Anderen zu partizipieren, ist eine selbstreflexive Lebenshaltung, die für alle gilt und im weiteren Verlauf immer wieder performativ prozessiert wird. In diesem Sinn ist die Einbindung Urgroßmutter Kazukos in die Vorbereitungen als ein integrativer Akt Mutter Aikos zu verstehen, der außerhalb hierarchischer Konventionen Verbundenheit ausdrückt. Die Familienmitglieder schenken sich gegenseitig Aufmerksamkeit bzw. lassen jeden nach seinem

Duktus gewähren und bringen auf diese Weise eine „direkte, unvermittelte Gemeinschaft mit anderen“ hervor (Turner 1995, S. 93). Der entspannte, eher beiläufige Umgang miteinander wirkt eingespielt und vertraut, fließend.[7] Dabei geht es nicht zwangsläufig um ein nach außen gerichtetes gemeinsames *Handeln*, sondern vielmehr um ein *Erleben* von Gemeinschaft (ebd., S. 94). Glück kann sich dabei sozusagen als Nebeneffekt der sozialen Praxis einstellen (Zirfas 20102). Es emergiert aus einer bestimmten Form von Sozialität, ohne dass sich daraus ein kausaler Zusammenhang ableiten ließe, Glück intentional durch eben diese Praktiken hervorrufen zu können. Vielmehr stellt diese Form des Miteinanders eine der „Bedingungen der Möglichkeit“ für Glück bereit (ebd.). Die hier zum Ausdruck gebrachte familiale Orientierung an Gleichrangigkeit und die besondere Heiterkeit und Geduld gegenüber Kindern, wie sie Großvater Hiroshi mit verbaler und körperlich-gestischer Zuwendung dem kleinsten Familienmitglied Niina entgegenbringt, sind in den sozialen Praktiken der Familie immer wieder zu beobachten (Elschenbroich 1996b, S. 7).

Darüber hinaus zeigen die Familienmitglieder Toleranz gegenüber den Bedürfnissen des Einzelnen, die u. a. im unterschiedlichen Einsatz an den Vorbereitungen für das festliche Essen zum Ausdruck kommen. Vater Tadashi äußert sich dazu im Interview:

> **Vater Tadashi:** Na, ich mache nicht viel [alle lachen], […] dass wir diese Tradition mittragen, das finde ich gut. Also, ich habe nicht so viel vorbereitet […], aber ich habe auch nicht vor, mehr zu machen [wieder lachen alle, er selbst auch]. Trotzdem macht es auch Spaß. (49–53)

Seine passive Haltung erklärt er nicht; ein Grund dafür mag in seiner beruflichen Tätigkeit liegen, die sich auch auf die Feiertage erstreckt. Er konstatiert lediglich, dass er „nicht viel macht“ und auch zukünftig nicht vorhat, sich aktiv an den Vorbereitungen zu beteiligen. Diese Bemerkung „überlachen“ die Familienmitglieder sinnbildlich. Sie bringen damit ihre stillschweigende Übereinkunft zum Ausdruck, individuelle Bedürfnisse und kollektive Interessen in Einklang zu bringen; die Freiheit von alltäglichem Stress und familiären Zwängen offenbart sich hier als familiale Gestaltungsform für Glück verheißende Begegnungen. Zudem hat das entspannte Lachen einen konjunktiven Effekt, durch den sich die Familie nach außen hin als harmonische Gemeinschaft präsentiert und Vater Tadashi als inklusives Mitglied performativ ver*ortet*. Mit habitualisierten Kommunikationsformen versichern sich die Mitglieder ihrer selbst; denn auch Vater Tadashi betont, die „Tradition mittragen“ zu wollen, d. h. den Jahresübergang in der gewohnten Weise als Familienfest zu feiern und darüber hinaus „Spaß" dabei zu haben. Sein Kompromiss, ohne „viel zu machen" ideell und emotional „dabei zu sein" und das Lachen sind als rituelle Anpassungsmechanismen aller an die Gemeinschaft zu verstehen, mit denen sie Interessenkonflikte zugunsten reibungslosen Miteinanders vermeiden.

Schwager Harutos scherzhafte Äußerung, „normalerweise" nur „rumzuliegen", verweist humorvoll darauf, dass die Beteiligten sich des Außenblicks durch Gäste bewusst sind und den Ablauf des diesjährigen Familienfestes in Hinblick darauf etwas formaler gestalten als sie es für gewöhnlich tun würden. Der in der Äußerung enthaltene performative Bedeutungsgehalt bezieht sich auf die Selbstverständlichkeit einer gastfreundlichen Haltung, die angenommen wird, um den Forschern gegenüber ein herzliches Willkommensein kundzutun. Wie im weiteren Verlauf deutlich wird, ist die humoristische Umgangsform eine von Schwager Harutos Eigenheiten.[8]

Unwiderlegbar hat die Anwesenheit der Forscher und laufender Kameras Einfluss auf die vorausgegangene Planung (Inszenierung) und den aktuellen Darstellungsmodus (Aufführung).[9] Gleichsam sind die Beteiligten durch ein eingespieltes familienspezifisches, implizites Wissen (Polanyi) und eine „fundamentale Sozialität" miteinander verbunden (Bohnsack 2007, S. 204). Diese dokumentiert sich in der *Art und Weise* der Darstellung, im *modus operandi*, und wird als Familienhabitus erkennbar.[10]

Itadakimasu – „Guten Appetit"

Binnen weniger Minuten wird mit Hilfe mehrerer aneinander gereihter Tische eine Festtafel arrangiert, die in den angrenzenden Raum hineinreicht und Platz für viele Personen bereitstellt. Urgroßmutter Kazuko sitzt am Wärmetisch, während die anderen Erwachsenen noch Sitzkissen für alle auf den Boden legen. Der Tisch ist reichlich gedeckt: Teller mit Thunfisch, Lachs, Krake sowie Schinken für die Kinder, Schälchen mit Eistich und eingelegtem Ingwer, ebenso Soja-Soße und Meerrettichpaste stehen einladend bereit. Nach und nach setzen sich die Familienmitglieder ungezwungen um die lange Tafel herum. Mutter Aiko, Schwägerin Nanami und Großmutter Yoko binden den Kindern *nejiri hachimaki*, gedrehte weiße Bänder, um die Stirn. Symbolisch werden sie damit zu kleinen „Sushi-Meistern". Niina, die am Tisch steht und an einem *nori* knabbert, beginnt zu schreien, als ihr Großmutter Yoko das Band um den Kopf knoten will. Sofort nimmt Yoko es wieder ab und kommentiert: „Sie will nicht!" und für Niina sprechend äußert sie: „Ich will essen." Vater Tadashi kommt herein und setzt sich dazu.

Abbildung 10 Itadakimasu, „Guten Appetit“

Schwager Haruto bietet den Kindern *natto-sushi,* traditionell zubereitete fermentierte Sojabohnen an. Dabei initiiert er ein Wortspiel, indem er *natto* in unvertrauter Weise intoniert und die Endsilbe mit einem „u“ besonders akzentuiert, statt nat*to* spricht er nat*tu.* Yuri imitiert seine Aussprache: „Nattu, was ist nattu?“ Haruto sagt: „*Nattu* wie tattoo,[11] das ist doch englisch.“ Mutter Aiko erklärt ihr, dass er es englisch aussprechen wollte. Yuri, nun auch Reina und Akira, wiederholen: „*Nattu, nattu.*“ Urgroßmutter Kazuko lacht hinter vorgehaltener Hand. Mit dem Wort *itadakimasu,* dessen Bedeutungsgehalt dem deutschen „Guten Appetit“ entspricht, und einem *kanpai,* Prost, an die Erwachsenen hebt Schwager Haruto seine Bierbüchse an und markiert damit den Beginn des gemeinsamen Essens. *Tai,*[12] Lachs, Krake und andere Zutaten werden hin- und hergereicht. Als das Stirnband auf Akiras Kopf verrutscht und ihm die Augen verdeckt, bittet Großmutter Yoko ihre Schwiegermutter, Urgroßmutter Kazuko: „Oma, mach Akira das *hachimaki* richtig.“ Die alte Frau steht auf und bindet es neu um seinen Kopf. Unbeeindruckt lässt Akira es geschehen, während er sein *sushi* weiter rollt. Schwägerin Nanami stellt ebenfalls ein *sushi* zusammen und fragt Akira: „Kann ich Salat mit einrollen, oder nur mit Schinken? Kann ich Rettichkresse mit einrollen?“ Akira nickt. Yuri erklärt: „Rettichkresse mag ich nicht. Was magst du am liebsten?“ Ihr Onkel Haruto antwortet: „Ich? Curry oder frittiertes Hühnerfleisch.“ Yuri sagt: „Ich mag Clementinen am liebsten.“ Vater Tadashi fragt nach: „Yuri, du magst Clementinen?“ Sie antwortet: „Und Apfel.“ Akira bemerkt: „Ich esse so viel, wie viel, weiß ich nicht mehr.“ Schwager Haruto bereitet indessen eine *sushi*-Rolle für Reina zu. Während Großmutter Yoko für ihre Schwiegermutter, Urgroßmutter Kazuko, eine *sushi*-Rolle zusammenstellt, scherzt sie mit verstellter Stimme: „Ich, der *osushiya san* (der *sushi*-Meister); bin sehr beschäftigt". Akira probiert sein *sushi* und ruft: „Ah scharf!" Er nimmt eine Handvoll Eistich vom Teller und stopft sich den Mund damit voll. Reina lacht laut: „Wieso trinkst du nicht deinen Tee? Allerdings jammerst du dann bestimmt wieder ‚ah, bitter'!" Reina lacht immer noch. Daraufhin nimmt Akira einen Schluck Tee und ruft, seine Cousine imitierend, aus: „Ah, bitter!" Alle Kinder lachen. Niina fängt an zu weinen, Opa Hiroshi will wissen: „Warum weint Niina?" Er spricht sie direkt an: „Niina?" Akira vermutet: „Sie will Seetang essen." Urgroßmutter Kazuko versteht die Äußerung auf Akira bezogen und sagt zu ihm: „Seetang? Da nimm doch." Ohne darauf einzugehen, guckt Akira an die kalligraphierten Namensschilder an der Wand, die man in Japan traditionell für jedes Familienmitglied anfertigt und sichtbar an der Wand befestigt:[13] „Da stehen doch Namen. Namen von uns. Aber einen kann ich nicht lesen. Reina ist nicht mit *kanji*[14] geschrieben." Seine Tante Nanami antwortet: „Reina ist mit *hiragana* geschrieben."

Nachdem Akira verkündet, dass er satt ist, steht er auf und geht aus dem Raum. Misaki folgt ihm. Nanami rollt gerade ein *sushi*, als ihr Mann Haruto sie auffordert: „Mach mal eines für Oma." Urgroßmutter wiederholt: „Nanamilein, oh, du machst das für mich!" Reina steht jetzt auch auf; sie beschließt das Essen mit *„gochisousama"*. Nanami antwortet: *„Hai,*[15] du hast wohl viel gegessen, nicht wahr?"

Misaki kommt mit der Grapefruit, die als Opfergabe den Shinto-Schrein schmückte, zu ihrem Großvater und erklärt: „Wir spielen damit Bowling." Großvater Hiroshi schaut sie ernst an und meint: „Ah, gefährlich, gefährlich." Großmutter Yoko erklärt ihr: „Das ist nicht gut, die haben wir geopfert." Daraufhin bringt Misaki die Frucht zurück.

Atmosphärische Dynamik – Inszenierung des Glücks

Die dargestellte Szene dokumentiert anschaulich, in welcher Weise die Rahmung der Essenssituation von den Familienmitgliedern Glück verheißend (aus)gestaltet wird. Dabei wird eine spezifische Atmosphäre erzeugt, die ihre performative Kraft in vielschichtigen Wechselwirkungsprozessen entfaltet und mittels derer sich die Familie ihrer Zusammengehörigkeit versichert. Symbolische Zeichen und mimetische Bezüge sind hierbei wesentliche Konstituenten. Sie beruhen auf innerfamiliär geteilten, kulturell geprägten, Bedeutungszuschreibungen, die ein unmittelbares Verstehen ermöglichen.

Dass sich die habituellen Selbstverständlichkeiten auch im Zusammenspiel zwischen räumlich-materieller und sozialer Ordnung manifestieren, soll ein kurzer Blick auf die traditionelle Hausgestaltung verdeutlichen (vgl. Löw 2001; S. 205 ff.).

Architektur und räumlich-materielle Gestaltung
In unserem japanischen Haus verweisen die Architektur und die Möglichkeit der gegenständlichen Veränderung der Wohnräume auf eine optionale Dynamik der atmosphärischen Ausstrahlung. Dies wird bereits beim Eintritt in den Wohnraum evident, der einen offenen Blick in nahezu alle Bereiche des Erdgeschosses ermöglicht und im „Gebetsraum" zum Stillstand zu kommen scheint. In diesem Raum verdichten sich die atmosphärischen Qualitäten durch die konstanten und mit sakraler Bedeutung aufgeladenen Elemente. Die räumlich-materiellen Arrangements bringen einen Ort der Ruhe und des Rückzugs hervor, selbst wenn die Kinder ihre spielerischen Aktivitäten bis dorthin ausdehnen. In allen Räumen ist die sparsame Einrichtung augenfällig. Sie wird erst erklärlich, wenn man um die Funktion der *oshi-ire*, der Abstellräume weiß, mit der sie beliebig erweitert werden kann. Wenn vorhanden, ist die Möblierung bodennah konzipiert, selbst Urgroßmutter Kazuko kniet am Boden. Allein die Küche und der angrenzende Vorratsraum mit der Spüle, den Schränken und Abstelltischen in „Arbeitshöhe" erinnert an eine europäische Raumgestaltung. Denn sie ist der einzige Bereich, in dem Gegenstände wie der Reistrog an die Größe der jüngeren Kinder angepasst werden müssen. Dass man nur von der Küche aus durch ein Fenster schauen kann, da das Tageslicht in den übrigen Räumen wegen der *fusuma*, der Schiebetüren, im Wohn- und Lebensbereich indirektes Licht spendet, gehört angesichts der zahlreichen neuartigen Eindrücke nicht zur vordergründigen Wahrnehmung der atmosphärischen Qualitäten.

Mit Blick auf die „Gestaltung und Hervorbringung des [...] Raums durch die Akteure" (Böhme 2009, S. 17) und die familialen Praktiken unserer Familie zeigt sich im Folgenden die performative Dynamik während des Festessens.

Intergenerationale Verständigung
Die Festtafel ist einladend arrangiert; die niedrige Höhe der Tische und die Sitzkissen auf dem Boden bieten allen Familienmitgliedern die Flexibilität, in einem relativ breiten Bewegungsradius kniend, hockend, über den Tisch greifend, sich selbst bedienen zu können. Selbst das kleinste Kind Niina kann an die Tischkante krabbeln, sich hochziehen und stehend Seetangblätter greifen, um dann selbstbestimmt wieder wegzukrabbeln. Passend zum Festessen *Temaki-sushi* binden die Frauen der Familie den Kindern die *nejiri hachimaki*, die weißen Bänder um und initiieren damit spielerisch mimetische Bezugnahmen

zu den großen Sushi-Meistern, die professionell *sushis* herstellen. Mit Hilfe dieser einfachen Requisiten wird ein atmosphärischer Akzent gesetzt, der die Kinder auf besondere Weise integriert. Das gemeinschaftliche Essen wird als soziales Erlebnis für die Kinder gestaltet, als lustvolles, fröhliches Beisammensein. Niina wird ebenso wie die größeren Kinder mit einbezogen. Ihre schreiende Abwehr gegenüber dem *nejiri hachimaki* akzeptiert die Großmutter Yoko augenblicklich. Sie „übersetzt" den emotionalen Ausdruck in Worte („sie will das nicht") und gibt mit veränderter Intonation und dem Wechsel des Personalpronomens eine Alternative für das, was das Baby wollen könnte („Ich will essen"). Die sprachlich-spielerische, kindlich intonierte Perspektivenübernahme bringt ein naheliegendes Erkennen der Bedürfnisse Niinas zum Ausdruck, das Großmutter Yoko in eine kommunizierbare Ausdrucksform bringt. Mit ihrer wertschätzenden Aufmerksamkeit integriert sie ihre Enkelin in das Geschehen.

Noch vor seiner offiziellen Markierung des Essenbeginns bietet Schwager Haruto den Kindern die traditionellen *natto-sushi* an und spielt dabei mit der Sprache, indem er einen vertrauten Ausdruck fremdartig „englisch" ausspricht. Er setzt eine auf die Kinder gerichtete Kommunikation in Gang, die diese zur Belustigung Urgroßmutter Kazukos in mimetischen Bezugnahmen aufgreifen. Auch im weiteren Verlauf des Essens stellt das Einbinden der Kinder und Urgroßmutter Kazukos den Mittelpunkt der Kommunikation dar. Neben dem Anbieten und Reichen der *sushi*-Zutaten kümmern sich die übrigen Erwachsenen in erster Linie um die Bedürfnisse der Kinder und der Urgroßmutter, d.h. sie bereiten ihnen nebenbei *sushis* zu – wenngleich dies weder logistisch noch praktisch erforderlich wäre. Kommunikativ wird in mimetisch-assoziativer Weise Bezug auf das Essen genommen, sei es durch Yuris Frage nach dem Lieblingsessen, Großmutter Yokos spielerische Rollenübernahme einer „sehr beschäftigten" *sushi*-Meisterin oder Akiras vergnügliche Anspielung auf die „scharfe" Würzung einiger Zutaten, die eine spielerische Kommunikation mit Reina nach sich zieht. Während des Essens können die Kinder zwanglos aufstehen, das Essen formell oder informell beenden und den Raum verlassen oder wiederkehren und weiteressen. Selbst das Spielen mit den Opfergaben zieht keine Sanktionen nach sich, sondern wird mittels einer mystisch anmutenden Beschwörung seitens des Großvaters bzw. einer kurzen Erklärung Großmutter Yokos erfolgreich abgebrochen.

In der familialen Dynamik spielen Urgroßmutter Kazuko und die Kinder eine besondere Rolle; die übrigen Erwachsenen bilden, zumindest während der Mahlzeit, eine Einheit im Sinne eines „Kollektivkörpers", der die Situation durch zurückhaltende atmosphärische Präsenz beeinflusst und die Aufmerksamkeit nach außen richtet. Mit dem Engagement füreinander, dem Blick auf Kinder und Urgroßmutter sowie der freudigen Teilhabe der Kinder stellen die Beteiligten einen atmosphärischen Raum her, dessen integrativer Bedeutungscharakter präreflexiv und unmittelbar wahrgenommen wird (Hauskeller 1995). Er wird zugleich als *Produkt* kultureller Prägungen und vergangener Erfahrungen der Eltern und Großeltern und als *Prozess* situativer Ausgestaltungsmöglichkeiten performativ konstituiert. Jedes Familienmitglied trägt zu seiner positiven Aufladung bei. Zum *Wie* der Erzeugung glücklicher Erfahrungen nehmen die Familienmitglieder später im Interview Stellung:

> **Großmutter Yoko:** Die Schwiegertöchter. Naja, ich habe keine Töchter, wir können gegenseitig gelassen sein. Ich passe nicht auf, wie ich mit ihnen umgehen soll, ich mache das von innen heraus. (347–349)
>
> **Vater Tadashi:** Wenn man sich gegenseitig mit Lächeln begegnet, ist das eine gute Sache. [...] Jeder hat seinen eigenen Rhythmus und man muss darauf Rücksicht nehmen. (355–357)
>
> **Urgroßmutter Kazuko:** Bei uns war die Zeit nicht so wie hier, wir hatten Krieg. Ich habe vieles erlebt. Ich musste die Arbeit auf dem Bauernhof lernen. Es gab harte Zeiten. Aber jetzt ist es so mit der Familie, dass ich nur dankbar bin. Ich bin am Verschwinden [alle lachen] und wie es mir hier ergeht, dafür bin ich nur dankbar. (161–165)

Auch wenn Großmutter Yoko organisatorisch die Führung übernimmt und sich für die Unterhaltung der Gäste verantwortlich zeigt, wie im weiteren Verlauf zu beobachten ist, tritt sie nicht mit Erwartungen an ihre Schwiegertöchter heran. Das ist auch insofern nicht erforderlich, als dass die beiden Frauen mit ihrem hilfsbereiten Einsatz und der Fürsorge für die Kinder zum Gelingen des Festes beitragen.[16] Die im Darstellungsmodus aufgeführten Rollenzuschreibungen verweisen auf inkorporierte genderspezifische Verhaltensweisen, die u. a. als Teil des kulturellen Gedächtnisses tradiert und in das Körpergedächtnis eingeschrieben werden (Bourdieu 1987, S. 191). Wie Großmutter Yokos Schilderung beschreibt, entfalten sie jenseits des Bewusstseins, „von innen heraus", ihre soziale Wirkung. In eingespielten Praktiken rekonstituieren die Familienmitglieder die intergenerationalen, genderbezogenen und personellen Rollenzuschreibungen.[17] Die Minimierung der Erwartungshaltung beruht auf der damit verbundenen familialen Grundorientierung, wie sie Vater Tadashi beschreibt. Ihr zufolge sind Freundlichkeit und rücksichtsvoller Umgang mit personellen bzw. lebensrhythmischen Unterschieden wichtige Konstituenten für Glück. Ganz im Einklang mit den kommunizierten Werten äußert sich auch Urgroßmutter Kazuko. Im narrativen Vergleich der „harten Zeiten" ihrer Jugend mit dem familialen Zusammenleben in der Gegenwart empfindet sie ein Gefühl der tiefen Dankbarkeit gegenüber der sie begleitenden Familie und der „Über-Erfüllung" ihrer Erwartungen ans Leben. Interessanterweise „überlacht" die Familie liebevoll den Hinweis auf ihr mögliches baldiges Ableben. Möglicherweise resultiert der selbstverständliche Umgang mit dem Tod aus dem religiös-kulturellen Hintergrund, dem zufolge lebenszyklische Veränderungen als gleichrangige Lebensphasen gelten, die akzeptiert und sinnvoll gestaltet werden können. Das vertikale Generationenverhältnis wird durch die Bedeutung der Ahnen für die Lebenden um eine immaterielle Dimension erweitert, deren transformatorische Kraft sich in den entsprechenden Ritualen bündelt.[18]

Interkulturelle Annäherung

Als alle Kinder fertig gegessen haben und zum Spielen aufgestanden sind, werden die Forscher zum Essen eingeladen. Großmutter Yoko, Schwägerin Nanami und Mutter Aiko bringen Teller mit *nigiri* (*sushis* ohne Seetanghülle) und Stäbchen. Großmutter Yoko erklärt: „Diese Gegend ist berühmt für *soba* [lange Buchweizennudeln]. Wir haben zum Jahresübergang auch *toshikoshisoba* „Jahresübergangsnudeln", die wir traditionell zu Mitternacht essen. Wir bereiten sie mit geriebenem Rettich zu." Großvater Hiroshi erzählt, dass der Rettich von einem Feld in der Nähe geerntet wird und schärfer als gewöhnlich ist. Er wird in den *toshikoshisoba* verwendet. Der deutschen Forscherin wird erklärt, dass die Silvesternudeln die Verbindung zwischen altem und neuem Jahr symbolisieren. Sie sollen ein glückliches Leben im neuen Jahr bringen. Mutter Aiko will wissen: „Deutsche Leute essen normalerweise keinen rohen Fisch?" Der japanische Forscher klärt sie auf: „Eigentlich gibt es *sushi* heute überall in *sushi*-Bars", und lobt sogleich das gute Essen. Schwager Haruto mischt sich humorvoll in das Gespräch: „Er *muss* doch sagen, dass es gut schmeckt." Alle lachen. Urgroßmutter Kazuko isst still vor sich hin und lächelt. Haruto schenkt ihr Bier nach. Sie bedankt sich und meint zu den Gästen: „Ein wenig Alkohol. Sie haben auch zu trinken, nicht? Ich bin trinkfest, das habe ich von meiner Familie geerbt."

Reina läuft um die Tafel herum und geht hinter der Urgroßmutter durch den schmalen Durchgang zwischen Rückwand und Tisch zur Küche. Großmutter Yoko warnt: „Lauf nicht über den Reistrog, Reina." Sie erwidert: „Wenn der Reistrog auch hierhin gestellt wird!" Ihre Großmutter meint: „Wer hat gedacht, dass jemand hier durchgeht?"

Die Erwachsenen sitzen noch eine Weile zusammen, dann werden die Reste in die Küche gebracht und die Tische bis auf den Wärmetisch zurück geräumt. Danach werden Futon-Matratzen hinter den Schiebetüren des mittleren Raums hervorgeholt, aus denen dicht an dicht ein großes Schlaflager bereitet wird. Die Kinder hüpfen fröhlich lachend und schwatzend auf den dicht beieinander liegenden Matratzen. Als wir uns zum Gehen bereit machen, erklärt uns Mutter Aiko, dass während des Besuchs die ganze Familie zusammen in diesem Raum nächtigt.

Ein-Klang und Glück zum Neuen Jahr

Die Kinder spielen, die Erwachsenen unterhalten sich mit den Gästen. Mit seiner spaßhaften Bemerkung bezüglich der Würdigung des Essens durch den Forscher („Er *muss* doch sagen, dass es gut schmeckt") konstituiert Schwager Haruto eine Grenze zwischen „Wir", der Familie, und „den Anderen", den Gästen, da sie humorvoll darauf hinweist, dass Gäste die Höflichkeitsformen in anderer Weise wahren müssen als die Familie untereinander. Entsprechend entgegenkommend wählen die Erwachsenen Themenbereiche, die die Anwesenden miteinander teilen können und Interesse für das jeweils Fremde hervorrufen.

Das kleine Intermezzo zwischen Großmutter Yoko und Reina zeigt ein weiteres Mal, wie hierarchische Beziehungen zwischen den Generationen nivelliert und durch die Wahl der Kommunikationsform Konfrontationen mit den Kindern vermieden werden. Eine liebevoll intonierte Suggestivfrage kann dazu veranlassen, die Perspektive des anderen zumindest mit zu bedenken.

Für uns Besucher überraschend und zur Freude der Kinder schlägt die Großfamilie ein „Futon-Lager" im Erdgeschoss auf. Mit der körperlichen Nähe zueinander bringen die Beteiligten einen „Familienkörper" im eigens dafür umgestalteten Schlafraum hervor, der in diesen Tagen einen weitgehenden Verzicht auf persönlichen Freiraum und Privatheit bedeutet. Dass ein mehrtägiger Aufenthalt der extern lebenden Kleinfamilie bei den Schwiegereltern angenehm verläuft und im modernen Japan längst nicht mehr selbstverständlich ist,[19] wird im Familieninterview deutlich:

Nanami: Das liegt an Yoko. Ich habe Freundinnen, die sagen, diese paar Tage [im Haus der Schwiegereltern, d. A.] zu überstehen ist hart. (339–341)

Mutter Aiko: Dort übernachten vor allem ist schwer. Viele sagen, dass sie nicht übernachten könnten. (343)
Nanami: Wenn ich sage, dass ich mehrere Tage dort bleibe, dann sind einige überrascht. (344)
Yoko: Ich mag allgemein, mit Leuten zu reden. Dieses konnte ich, seitdem ich Kind bin, gut. Ich habe auch sehr viele Freunde. (347–348)

Wie Schwägerin Nanami bemerkt und Mutter Aiko indirekt bestätigt, ist es das persönliche Verdienst Großmutter Yokos, mit offenen, unaufdringlichen Umgangsformen positiven Einfluss auf das Wohlbefinden der Schwiegertöchter auszuüben. Tatsächlich fällt es vielen jungen Frauen heute schwer, sich aus der entfernten „Nuklearfamilie" in der Großstadt in das vertikale Orientierungssystem der Mehr-Generationenfamilie ihres Mannes einzufügen und die „Gewohnheiten des Hauses" unter dem kontrollierenden Blick der Schwiegermutter zu erlernen (Coulmas 1993, S. 72ff.). Großmutter Yoko selbst führt das gute Auskommen mit den Schwiegertöchtern auf positive Grundeinstellung und ihre generelle Offenheit Menschen gegenüber zurück, die freundschaftliche Beziehungen zu vielen und eben auch zu den Frauen ihrer Söhne ermöglicht.

Im buddhistischen Tempel

Am nächsten Morgen früh um sieben brechen wir mit der Familie Nakamura in der Morgendämmerung auf und laufen zum nahe gelegenen buddhistischen Tempel; es ist kalt draußen und dichte Schneeflocken fallen herab. Vor dem Tempel ziehen alle ihre Schuhe aus, bevor sie auf Socken den Raum betreten. Ein buddhistischer Mönch und eine Nonne knien betend vor der *sutra,* dem Gebetsbuch. Auf der Fahne, die neben dem Altar von der Decke hängt, ist die Losung des Jōdo-Shinshū zu lesen, die zu einem brüderlichen Zusammenleben auffordert.

Vor dem Altar steht eine Kiste mit der Aufschrift *jo-zai,* Spende. Großmutter Yoko geht mit Yuri dorthin. Beide werfen je eine Münze ein und sprechen ein kurzes Gebet, um sich dann inmitten der Gemeinde auf eines der bereit liegenden Kissen zu knien. Die Zeremonie beginnt. Großvater Hiroshi hält sein Gebetbuch den neben ihm knienden Enkeln Akira und Reina hin. Akira singt mit seinem Großvater, während Yuri und Misaki sich ihre Gebetsketten zeigen, ohne auf das rituelle Geschehen um sie herum zu achten.

Abbildung 11 Im Tempel

Am Ende seiner Liturgie wünscht der buddhistische Mönch allen ein gutes neues Jahr und spricht ein Grußwort in dem Sinne, dass er wünscht, dass alle weiterhin harmonisch zusammen leben. Anschließend werden Becher mit Sake an die Erwachsenen verteilt, man verbeugt sich voreinander und wünscht sich ein frohes neues Jahr. Es wird kurz miteinander gesprochen und gelacht, bevor die Gemeinde sich auflöst und zum Neujahrsfrühstück nach Hause geht.

Harmonie der Dorfgemeinschaft

Der Tempel ist einer von drei Tempeln im Dorf und gehört der buddhistischen Linie des Jōdo-Shinshū an. Hier versammeln sich die Mitglieder dieser Glaubensrichtung zu einer Neujahrsandacht, um ihre „brüderliche" Gemeinschaft zu rekonfirmieren. Die atmosphärische Dichte resultiert aus der räumlich-

Abbildung 12 Gemeinsames Singen

materiellen Ordnung und bündelt sich im Altarraum. Sowohl Körperhaltung und Blickrichtung der Gläubigen als auch die Gestaltung des Altars mit bunten, glänzenden Decken und Gebetsfahnen heben das sakrale Zentrum hervor; der liturgische Gesang des Mönchs und der Nonne intensivieren die synästhetischen Eindrücke.[20] Lichteffekte der Deckenlampen und Kerzenlicht im hinteren Bereich des Altars lassen den Tempelraum „in einem besonderen Licht erstrahlen", der gemeinsame Gesang wird zum konjunktiven Erlebnis. Unsere Familie sitzt nahe beieinander. Großvater Hiroshis Geste, den Kindern sein Textbuch hinzuhalten, stellt ein Angebot an sie dar, mitzuwirken. Wie schon zu Hause können sie aber selbstbestimmte Entscheidungen treffen. So signalisiert Reina Desinteresse am Mitsingen und Yuri und Misaki beschäftigen sich mit der Gebetskette, ohne dass dies reglementiert würde. Sie *sind Teil* und *haben teil* an der Gemeinschaft und darin liegt der Wert für die Erwachsenen. *Vor-bildlich* leben sie den Kindern ihren Lebensentwurf vor. Sie vertrauen auf die Kraft der engen Familienbindung und der positiven Generationenbeziehungen, die weniger von Konkurrenz geprägt ist als durch Vertrauen und dem Wunsch, sich aneinander anzuähneln, aufeinander einzulassen und voneinander zu lernen. Im Kreise der buddhistischen Gemeinde bestärken die Erwachsenen mit Sake und kurzem informellen Verweilen ihre Glaubensgemeinschaft, bevor die Familie zum Heimweg aufbricht.

Zurück im Haus

Im Hause angekommen, knien Mutter Aiko und Großmutter Yoko nacheinander für ein kurzes Gebet vor dem Haustempel nieder. Danach rezitiert Großvater Hiroshi eine Liturgie, während die Kinder im Nebenraum umherlaufen.

Kurz darauf erzählt Großvater Hiroshi dem japanischen Forscher im informellen Gespräch:

> Immer wenn ich im Tempel bin, bete ich dort und nachdem ich zurückgekommen bin, bete ich zu diesem Buddha hier. Ja, die Kinder spielen herum. […] Ich habe von klein auf mit meinem Opa zusammen gesessen und gebetet […] Dass ich die kleinen Kinder mit zum Tempel nehme, ist auch, weil ich das mir wünsche, dass sie auf die Vorfahren Wert legen. Weiteren Sinn hat es nicht. Dass sie von klein auf daran gewöhnt werden, ist wichtig. Ich will die Kinder nicht zwingen. Religion finde ich, dass sie selber auswählen sollen. Sie sollen darüber nachdenken, wenn sie groß sind. […] Sie sehen ja; wie ich das mache, und das reicht. [Er lacht.]

Religiöse Praktiken als mimetischer Prozess

Großvater Hiroshis Einstellung ist ein wichtiger Aspekt sozialen Lernens inhärent: die Genese des Sozialen durch mimetische Bezugnahmen (Wulf 2005a). So wie Großvater Hiroshi sich mimetisch auf seinen Großvater bezogen hat, um sich ihm anzuähneln und auf diese Weise Vorstellungen, Einstellungen und Werte zu erlernen, die er seinen Enkelkindern weitergeben möchte. Durch sein *Vor-Bild* wünscht er sich, in ihnen den Wunsch zu wecken, es ihm ohne Zwang, d.h. ohne explizite Beeinflussung nachzutun. Dass mimetische Bezugnahmen eine konstitutive Rolle in der Auseinandersetzung zwischen innerer und äußerer Welt spielen, zeigen auch die Gesprächsbeiträge im Interview.

> **Schwägerin Nanami:** Mich wurde nie gelehrt, dass ich jeden Tag beten muss. Ich habe es aber Tag für Tag gesehen und das ist irgendwie in mir drin. (310–311)

In Schwägerin Nanamis Aussage zeigt sich die performative Kraft mimetischen Lernens, die in der körperlichen Reinszenierung steckt und mit jeder Aufführung Neues generiert. Mit dieser wird gleichsam ein „Abdruck" der Welt als inneres Bild verfügbar, das auf der Grundlage kultureller Manifestationen und dem kollektiven Imaginären Bedeutungen mit einem Inhalt verbindet. „Religion" wird den Aussagen zufolge als kontemplative Erfahrung vermittelt, in der vor allem die familialen Vorfahren Relevanz erlangen.

> **Großvater Hiroshi:** Japan ist ein Land mit vielen Religionen [...] Und zu den beiden [Söhnen, d. A.] habe ich nie gesagt, welche Religion sie glauben sollen. Ich hoffe aber, dass sie immer die Vorfahren als Stütze haben [...] Nur das Gefühl, dass irgendwas sie schützt, das reicht schon [lacht]. (277–280)
>
> **Vater Tadashi:** Ein starkes Gefühl an die Religion habe ich nicht. [...] Der Tempel ist genauso wie der Altar ein Teil der Alltäglichkeit. (288–289)
>
> **Schwager Haruto:** Also, ehrlich gesagt, so früh aufzustehen und zum Tempel zu gehen, war das erste Mal in 35 Jahren [alle lachen] [...] Erst seit ich Vater geworden bin, habe ich ein Dankbarkeitsgefühl entwickelt und mir angewöhnt, in den Shinto-Schrein oder zum Ahnenfriedhof zu gehen. [...] Genauso wie mein Bruder, im Gegensatz zu Großmutter und Eltern, diese Religiosität habe ich nicht. Diese wurde auch nie von mir verlangt. [...] Sie [die Vorfahren, d. A.] sind für mich mehr eine emotionale Stütze. (296–299)

Großvater Hiroshis Stellungnahme zur Glaubensrichtung seiner Söhne lässt sich vor dem Hintergrund verstehen, dass in Japan religiöse und alltägliche Elemente auf verschiedene Weise überliefert und vermischt werden und religiöse Meinungen nicht miteinander konkurrieren (Shimada 2007a, S. 132). Während Großvater Hiroshi selbst noch stark mit den traditionellen Praktiken verbunden ist, zeichnet sich in den Aussagen der Söhne ein Prozess der Veränderung ab. Diese liegt im kreativen Potential mimetischer Bezugnahmen begründet, mit Hilfe dessen individuelle Bedeutungszuschreibungen emotional aufgeladen, verarbeitet und modifiziert werden. Als praktisches Wissen stellen sie Modelle für zukünftiges Handeln bereit. So ist für die Söhne ein starkes Bedürfnis oder der rituelle Tempelgang kein Grund mehr, der sie zum Beten bewegt. Vielmehr bietet die ubiquitäre Möglichkeit, sich der sakralen Präsenz der Vorfahren versichern zu können, zumindest Haruto eine emotionale Stütze. Wie aus dem Familieninterview hervorgeht, veranlassen die Geburt der eigenen Kinder und darüber hinaus unglückliche, nicht beeinflussbare Erlebnisse die Eltern, sich rückzubesinnen auf die Kindheitserfahrungen und verstärkt religiösen Ritualen zuzuwenden. Eltern zu werden wird hier gleichgesetzt mit einer Transformation der intergenerationalen Sinnwelt, d. h. in Hinblick auf die nachfolgende Generation Verantwortung zu übernehmen für den Erhalt und die Weitergabe familialer Werte. Für alle Familienmitglieder ist das Gefühl der Verbundenheit und des Schutzes mit den und durch die Ahnen ebenso wichtig wie das optionale Angebot der religiösen Einkehr.

Das Neujahrsfrühstück

Der Wohnraum wird wie am Nachmittag zuvor auf- und umgeräumt, die Tische hervorgeholt und eine große Tafel bereitet. Einer der Forscher verbeugt sich tief vor Urgroßmutter Kazuko und wünscht ihr ein gutes neues Jahr. Zugleich entschuldigt er sich für die Mühen, die unsere Anwesenheit bereitet. Sie erwidert: „Ah, nein, nein. Es ist zu früh für mich, um zum Tempel zu gehen.

Abbildung 13 Wieder im Haus

Abbildung 14 Der Frühstückstisch

Abbildung 15 Glück bringende Speisen

Abbildung 16 Neujahrssuppe mit mochi

Das macht Mühe. Ich danke für Ihr Kommen. Sie sind jung und ich bin alt. Seit dem letzten Jahr geht es mir körperlich nicht so gut."

Der Tisch ist mit liebevoll selbst zubereiteten und künstlerisch-ästhetisch angerichteten Speisen festlich gedeckt. Die Tischdekoration und auch die Speisen symbolisieren Glücksverheißungen. Auf den Verpackungen der Stäbchen steht das japanische Zeichen für Glück, sie werden in den ersten drei Tagen des neuen Jahres verwendet. Der aus Origami gefaltete Kranich, der langes Leben bedeutet, soll Glück bringen.

Die Speisen bestehen aus Fischpastete,[21] Thunfisch, Oktopus, kleinen Sprotten, geräuchertem Fisch, Fischrogen, in Algenblätter eingewickeltem Lachs, einer gelatineartigen Masse aus Aronwurz, gestockter Eirolle mit Zucker u. a. und bringen auf verschiedene Weise Glück. In der Mitte des Tellers liegen *kuro-mame,*[22] schwarze Bohnen. Die Suppe mit *mochi* (Reiskuchen) wird serviert. Wir erfahren, dass je nach Gegend und nach familialem Brauch sehr unterschiedliche Zutaten für die *zoni* bzw. *ozoni,* die spezielle Misosuppe zum Neujahrsfest, verwendet werden. Hier im Dorf *Ibuki* in Westjapan haben die *mochi* eine runde Form, die Vollendung oder Vollkommenheit symbolisiert. Je mehr Reiskuchen man isst, desto mehr Glück kann sich im neuen Jahr entwickeln.

Die Forscher sind herzlich aufgefordert, am Neujahrsfrühstück teilzunehmen. Großmutter Yoko erklärt: „Zum Neujahr muss man dieses schon mal essen. Der Name *kuro-mame* bedeutet Gesundheit. Sinnbildlich bringt das Essen der *mame* eine blühende Gesundheit im neuen Jahr. Man muss aufmerksam sein und auf Kleinigkeiten Acht geben. Und *tako,* die Kraken, sie haben Saugnäpfe, die die Nahrung festhalten. Symbolisch sollen sie vor dem Verhungern schützen. Dieses *Kazunoko* [gepökelter Heringsrogen] besteht aus vielen Eiern, es ist wichtig für das Gedeihen der Familie. Es bedeutet auch, viele Nachkommen zu haben. In die Misosuppe geben wir *kabu* [runden Rettich]. In Ostjapan geben sie eine Art Spinat dazu, das bedeutet Ruhm. Aber in dieser Gegend haben wir das Gemüse nicht. *Kuri*, Maronen, sind früher im Krieg mit dem Wunsch zum Sieg gegessen worden. *Renkon*, die Lotoswurzel, hilft, das Leben zu durchschauen und eine neue Perspektive für die Zukunft zu entwickeln."

Glück durch gemeinsames Essen
Die Hinwendung des Forschers zu Urgroßmutter Kazuko mit der Entschuldigung, Mühe zu bereiten, stellt in Japan eine ritualisierte Form der Dankbarkeit dar, die er gegenüber dem ältesten Familienmitglied für den offenen Empfang ausdrückt. Auch Urgroßmutters Erklärung, dass unser Besuch nicht das ist, was Mühe macht, sondern eher der Tempelbesuch und der folgende Dank für unser Kommen gehören zu den kulturspezifischen Interaktionsritualen (Goffman 1982), die man austauscht, um einander Wertschätzung zu erweisen. Als wir dann an den reich gedeckten Tisch gebeten werden, zeigen sich die Familienmitglieder sichtlich glücklich, uns die aufwändig zubereiteten Speisen zu präsentieren und ihre Bedeutungen zu erklären. Fast jedes Detail hat glückverheißende Bedeutungen. Am Beispiel des Essens wird offenkundig, dass religiöse, orakelhafte Elemente keinen Widerspruch zur rationalen Weltsicht darstellen. Natürliches und Übernatürliches sind zwei Aspekte derselben. Der mystische Aspekt wird durch den Glauben an den „Sprachgeist" verkörpert, mit dessen Hilfe der Sprachgebrauch „geformt" und Glück „heraufbeschworen" bzw. einem eventuellen Unglück „ab-geschworen" werden soll. Gerne greift man auf Wortspiele zurück, die (im)materielle Dinge und ihre Bedeutungen zu sinnstiftenden Einheiten verbinden. Das Neujahrsfrühstück zeigt, wie das Imaginäre dabei transformiert wird. Eingebettet in die Zeremonie des Neujahrsfestes repräsentieren die Speisen, das Arrangement und die hervorgebrachte Stimmung die Vorstellungen vom Glück, deren Erfüllung im *modus operandi* performativ antizipiert wird. Körper und Geist spielen dabei insofern eine wichtige Rolle, als dass sie das Medium im Wechselspiel zwischen interner und externer Welt darstellen. Kraft des gemeinsamen Tuns und der daraus sich entwickelnden positiven inneren Einstellung erhofft man sich Schutz vor *Un-Glück* und Stimulans für Glück.

Großmutter Yoko ist diejenige, die das Neujahrsfrühstück geplant und zubereitet hat, wie sie im Familieninterview erzählt:

Großmutter Yoko: Am Silvester-Vormittag ist dieses *osechi*[23] schon fertig. Dabei lasse ich mir von den beiden Schwiegertöchtern helfen und dieser Ablauf macht mir Spaß. Neben den traditionellen *osechi*-Gerichten denke ich auch an die Enkel-

> kinder, was sie gerne essen würden, und dann mache ich ein bisschen für sie. Neue Sachen. [...] Das war auch so, als ich Kind war, dass die Cousins herkamen und so will ich es auch weiterhin für die Enkelkinder machen, soweit ich gesund bleibe. (Z. 58–67)

Im Darstellungsmodus Großmutter Yokos, der in den Interaktionen während des Festes genauso wie im Interview seine performative Wirkung entfaltet, wird deutlich, dass sie eine einflussreiche Position in der Familie innehat und diese aufgrund ihrer eigenen positiven Kindheitserfahrungen einfühlsam und kompromissbereit ausfüllt. Es macht ihr Spaß, Traditionelles mit Neuem zu kombinieren. Indem sie das familiale Zusammentreffen auf die Bedürfnisse der Beteiligten abstimmt, trägt sie zu glücklichen Erfahrungen im Familienverband bei.

> **Großmutter Yoko:** Ich war sehr nahe mit meiner Großmutter, [...] das stimmt schon, dass ich irgendwo drin auch noch etwas von meiner Großmutter trage und dass dieses in der jeweiligen Situation wieder bewusst wird, wie es damals gemeint war. Und darüber bin ich glücklich und will es auch der nächsten Generation weitergeben. (Z. 249–252)

Wie sie weiter berichtet, stellen die Erinnerungen an die eigene Kindheit und die positive Beziehung zu ihrer eigenen Großmutter den Generator für das heutige Selbstverständnis als Großmutter und den Umgang mit den nachfolgenden Generationen dar.

Geschenke für die Kinder

Wir trinken grünen Tee und stoßen mit Sake auf das neue Jahr an. Vor dem Gang zum Shinto-Schrein gibt es die Bescherung für die Kinder, die im mittleren Raum stattfindet.

Zu diesem Anlass möchte Yuri ihren Kimono anziehen. Mutter Aiko hilft ihr, während Vater Tadashi liebevoll zuschaut. Anschließend wird sie von den Erwachsenen lobend und lächelnd bewundert. Nun beginnt die Bescherung; zunächst verteilen Urgroßmutter Kazuko und Großvater Hiroshi die zum Jahreswechsel traditionellen Geldgeschenke an die Kinder.

Vater Tadashi gibt die hübsch eingepackten Geschenke an die Kinder weiter, die sie untereinander aufteilen und gemeinsam auspacken. Währenddessen wird im Wohnzimmer die Frühstückstafel abgeräumt. Immer mal wieder

Abbildung 17 Yuri im Kimono

Abbildung 18 Urgroßmutter verteilt Geldgeschenke

Abbildung 19 Auspacken der Geschenke

Abbildung 20 Spiel-Sushi

kommt einer der Erwachsenen zu den Kindern, unterhält sich kurz und geht dann wieder aus dem Raum.

Großvater Tadashi bleibt bei den Kindern; er spielt und schäkert mit Niina auf dem Schoß und hilft, wenn nötig, beim Öffnen der Verpackungen. Die Kinder nehmen die Spielsachen wie z. B. *sushi* aus buntem Plastik oder farbige Knete mit Förmchen sofort heraus und verteilen sie auf dem Boden. Bald darauf ist es Zeit, sich auf den Weg zum Shinto-Schrein zu machen. Urgroßmutter Kazuko räumt das Geschenkpapier zusammen, während die Kinder ihre warmen Jacken anziehen.

Geschenke – das Glück der Kinder?

Yuri ist die einzige von den Kindern, die dem festlichen Anlass entsprechend ein traditionell japanisches Kleidungsstück tragen möchte. Zu ihrer eigenen

Freude kommt Mutter Aiko dem Wunsch ihrer Tochter nach, ihr beim Anlegen des Kimonos Hilfe zu geben – die wohlwollende Anwesenheit Vater Tadashis verleiht der Situation zusätzlich eine besondere Bedeutung, da er sich sonst eher zurückhaltend verhält. Die im Raum spielenden Geschwister und Cousinen nehmen kaum Notiz von dieser aufwändigen Aktion des Ankleidens; niemand wird aufgefordert, sich Yuri anzuschließen und sich ebenfalls festlich zu kleiden. Nachdem der *obi*, der Gürtel, um den Kimono gebunden ist und ihn die Erwachsenen lobend bestaunt haben, werden den Kindern die Geschenke übergeben. Interessanterweise ist keine formale Rahmung oder strukturelle Ordnung für das Setting erkennbar. Das Schenken wird kaum spannungsvoll aufgeladen; die Geschenke werden einem Kind fast wie nebenbei ausgehändigt, das sie dann verteilt. Ob die Geldgeschenke von Urgroßmutter Kazuko sind oder nur von ihr verteilt werden, wird nicht deutlich. Ebenfalls scheint es keinerlei Bedeutung zu haben, wer der Schenkende ist oder wer das Geschenk ausgewählt hat. Aufgrund der atmosphärischen Gestaltung und der Praktiken der Beteiligten ist davon auszugehen, dass diesem Teil des Festes eine eher marginale Bedeutung zukommt. Dies zeigt sich auch darin, dass den Kindern wenig Zeit bleibt, intensiv mit den Sachen zu spielen, nachdem sie sie ausgepackt haben. Das erstaunt besonders deshalb, weil die Kinder in den anderen Situationen eine bedeutungstragende Position innehaben. Dazu Mutter Aiko im Interview:

> **Mutter Aiko:** Ich will, dass die Kinder in bestimmten Situationen so wie Neujahr […] etwas bekommen und sich auch darauf freuen. Alltäglich passe ich auf, dass ich den Kindern nicht so viele Sachen gebe.

Die materiellen Werte stehen demnach nicht im Vordergrund der Tradition, sondern sind ein angenehmer Zusatz. Das Glück der Geschenke wird zum Glück des Augenblicks, zu einer kurzfristigen Freude, dem eine eher geringfügige Bedeutung beizumessen ist, anders als dem Glück in und mit der Gemeinschaft der Familie.

Zum Shinto-Schrein

Der Schnee fällt in großen Flocken vom Himmel, als wir uns auf den Weg an das andere Ende des Dorfes machen. Durch das *torii*, das Eingangstor, betritt man die parkähnliche Anlage des Shinto-Schreins. Gleich dahinter steht das *temizu-ya*, ein überdachtes, viereckiges Steinbecken mit Wasser und Schöpfkel-

Abbildung 21 Shinto-Schrein

Abbildung 22 Traditionelle Reinigung

len, in dem wir uns die Hände im eiskalten Wasser reinigen,[24] bevor wir über den breiten Weg zur Haupthalle gehen.

Fröhlich lachend und sich unterhaltend wirft einer nach dem anderen eine Geldmünze in den auf dem Plateau stehenden *saisen-bako*, einen Opferkasten für Spenden. Nacheinander zieht jedes Familienmitglied mit kräftigen Zügen an einem herabhängenden Seil, bis die darüber angebrachte Schelle zweimal erklingt. Andächtig verbeugen sich die Erwachsenen und Kinder zweimal und klatschen wiederum zweimal in die Hände, um kurz innezuhalten und sich abschließend noch einmal zu verbeugen. Gut gelaunt zieht nun jeder ein *omikuji*,[25] ein vielversprechendes Papier-Orakel, das gleich aus dem Umschlag gezogen und vorgelesen wird. Dabei wird gescherzt und gelacht.

Über grüne baumbepflanzte Wege, die von zahlreichen Steinlaternen gesäumt sind, erreicht man zwei weitere, kleinere Nebengebäude, ebenfalls Schreine, vor denen der rituelle Ablauf wiederholt wird. Auf dem Weg trifft die Familie immer wieder Dorfbewohner und deren Familien. Man verbeugt sich, wünscht sich ein gutes neues Jahr und stellt fest, dass es sehr kalt geworden ist. Gegen Ende unseres Aufenthalts schreitet eine Gruppe shintoistischer

Abbildung 23 Rituelles Läuten der Glocke

Abbildung 24 Omikuji-Zettel mit Verheißungen

Abbildung 25 Familienfoto

Priester zum Gebäude, zieht sich die Schuhe aus und betritt über die Treppe die Gebetshalle, um Opfergaben im weit hinten liegenden Altarraum abzulegen und sich zu einem liturgischen Gesang niederzuknien. Bevor wir uns auf den Heimweg begeben, stellt sich die Familie Nakamura zum Erinnerungsfoto auf.

Auf dem Heimweg berichtet Großvater Hiroshi:

> Man sagt, dass dieser Shinto-Schrein ein sehr berühmter Ort ist. Ich weiß es nicht so genau, aber es ist jedenfalls ein historischer Ort dort. Der Mythos von Yamato-takeru,[26] der ein weißes Wildschwein besiegt hat, gehört zu diesem Schrein. Deswegen kamen im Jahr des Wildschweins eine Menge Touristen hierhin. Die Leute von diesem Dorf, die kommen alle hierhin, um zu beten. Im Dorf gibt es drei [buddhistische, d. A.] Tempel. Aber nur hier gibt es eine Schelle. [...] Das ist der Schrein des ganzen Dorfes. Bei den Tempeln gibt es doch die verschiedenen Glaubensrichtungen. Dieser Schrein aber verbindet alle.

Gemeinschaft als Schutz

Im Gegensatz zu unserem Besuch im buddhistischen Tempel gibt es im Shinto-Schrein generell weder eine gemeinsam ausgeführte Zeremonie noch einen Gebetsraum für die Gemeinde. Stattdessen steht das Schreingelände jederzeit für Besucher offen. Gleich hinter dem *torii* findet eine rituelle Reinigung des Mundes und der Hände statt, die den Besucher dem Glauben zufolge innerlich von Negativität befreit. Der rituelle Ablauf – zweimal die Schelle läuten, zwei

Verbeugungen, zweimal Klatschen, eine Verbeugung – wird mit einem mehr oder weniger kurzen Gebet vor dem geöffneten Gebetssaal durchgeführt. Der gemeinschaftsbezogene Aspekt der Shinto-Schreine liegt darin, dass Bewohner des Dorfes sich als die „Schutzbefohlenen" des Gottes des *Ibuki*-Berges fühlen, die wichtige Feste gemeinsam ausrichten, an denen die ganze Gemeinde und zuweilen auch Touristen beteiligt sind.[27] Da die Zeremonie der individuellen inneren Einkehr inmitten zwangloser informeller Gespräche stattfindet, die keineswegs flüsternd und ernst geführt werden müssen, werden nachbarschaftliche Beziehungen bekräftigt. Man tauscht Höflichkeiten und gegenseitige Wertschätzung aus, so wie Großvater Hiroshi eine Familie aus dem Dorf fotografiert, damit alle zusammen für das Foto posieren können. Körper und Geist, Innen und Außen scheinen wie Heiliges und Profanes in der Ausübung des Religiösen fließend ineinanderzugreifen. Körperlich werden kontemplative Handlungen für Götter und Ahnen ausgeführt, die innere Vorstellungsbilder der Sicherheit und des Schutzes durch die göttliche (Ahnen- und Schutz-) Gemeinschaft hervorrufen. Der Glaube daran, die Unterstützung der Ahnengemeinschaft erhalten und sie durch eigenen Einsatz zu pflegen zu können, wird transformiert in die Familie und stellt eine weltliche Repräsentation der Idee des Schutzes (der Geborgenheit) durch die Gemeinschaft dar.

Wie aus Großvater Hiroshis Äußerung hervorgeht, stehen buddhistische und shintoistische Glaubensausübungen gleichberechtigt nebeneinander. Der Shinto-Schrein bietet für dieses Dorf den Vorteil, dass seine Bewohner neben ihren unterschiedlichen buddhistischen Glaubensausrichtungen auf den Schutz des Naturgottes vertrauen und hier im Schrein einen gemeinsamen Ort der Einkehr finden. Darüber hinaus trägt seine historische Anziehungskraft dazu bei, dass die Dorfbewohner auch nach außen hin vereint stehen. Wie weiter oben beschrieben, ist der familialen Auseinandersetzung mit der Religion zu entnehmen, dass es keine Konkurrenz zwischen den unterschiedlichen Glaubensrichtungen gibt. Die Vielgestaltigkeit des Göttlichen und Religiösen wird performativ hervorgebracht, ohne dass Anspruch auf absolute Wahrheit besteht (Lokowandt 2001; Shimada 2007a).

Omikuji – Die Wahrsagezettel

Im Familieninterview kommt die Praxis des *omikuji* noch einmal zur Sprache:

Akira: Ich habe beim *omi-kuji kichi* („Glück") gezogen.

Reina: *kyo* („Unglück" oder „schlechter Stern") ist noch schlimmer.

Großmutter Yoko: *kichi* ist doch gut.

Akira: Mama hat großes Glück *dai-kichi* („großes Glück" oder „bester Stern").

Yuri: Ich habe *kyo* geholt. Mir geht es am schlechtesten.

Großvater Hiroshi: Dieser Tempel gibt zuviel *kyo* aus.

Großmutter Yoko: Ah, das gleiche wie Oma. Aber *kyo* ist doch gut. Das bedeutet nicht, dass es schlechter wird als es ist. Wenn man *kyo* gezogen hat, muss man ein bisschen aufmerksam leben und im Alltag aufpassen. So lebt man auch positiver.

Yuri: Ich gehe wieder zurück und schüttele noch einmal. Dann kommt bestimmt *dai-kichi.*

Großmutter Yoko: Ah so! Yuri und ich haben den gleichen Stern in diesem Jahr.

Großvater Hiroshi: Eure Großmutter hat auch *kyo* gezogen. (109–121)

Aus dem Gespräch geht hervor, dass die Kinder am liebsten das vielversprechendste Wahrsagelos ziehen möchten, *dai-kichi,* wie es Mutter Aiko bekommen hat. Großmutter Yoko und Großvater Hiroshi gehen auf verschiedene Weise mit den Äußerungen der Kinder um, indem sie versuchen, das Ziehen der Orakelsprüche zu relativieren. Während Großvater Hiroshi das Fehlen positiver Losungen ganz profan auf den Einfluss der Tempelsortierung zurückführt, bezieht sich Großmutter Yoko auf dem Umgang mit negativen Prophezeiungen. Für Yuri bedeutet das *omikuji* für dieses Jahr offensichtlich *Un-Glück,* die Abwesenheit von Glück, das sie meint, durch Ziehen einer weiteren Losung abwenden zu können. Ihre Großmutter ist bemüht, ihr am eigenen Beispiel ihre Lebensweisheiten zu vermitteln. Sie hat schließlich das gleiche „Los gezogen" und will ihre Enkelin nun dazu bewegen, ihr negatives in ein positives Gefühl zu transformieren, indem sie ihr die positiven Seiten des *Kyo* erklärt. Beide Großeltern vermitteln Modelle für einen konstruktiven Umgang mit Unannehmlichkeiten.

Das Familienfoto – Moment des Glücks

Fotografien fungieren als gespeicherte, emotional aufgeladene Momentaufnahmen persönlich bedeutsamer Augenblicke, mit Hilfe derer Erinnerungen immer wieder visualisiert und aktualisiert werden können. Mit dem Foto wird eine erinnerungswerte, d.h. familienrelevante Szene des Glücks festgehalten, die als Teil des kollektiven Familiengedächtnisses einen identitätsstiftenden Charakter aufweist. Das Foto stellt den Abschluss des offiziellen Teils des Jahreswechsels dar. Die ohne lange Regieanweisungen erfolgte Choreographie des „Familienkörpers" auf der Fotografie verdient aufgrund ihrer performativen Aussagekraft eine nähere Betrachtung. Auf den Stufen zum Schrein steht die Familie mit Großmutter Yoko an der Spitze, hinter ihr der geöffnete Gebetssaal, der Sitz der Ahnen und Götter. Sinnbildlich stellt Großmutter Yoko zugleich Dachspitze und Rückwand des Hauses Nakamura dar. Mit den

Ahnen im Rücken wirkt sie im Hintergrund, d.h. unmerklich, und hält auf diese Weise die Familie zusammen. Umrahmt wird sie von den erwachsenen Söhnen und Schwiegertöchtern, die Halt geben und die „Seitenwände" formieren. Die Kinder bilden das Innere und gleichsam das Zentrum der Anordnung. Großvater Hiroshi steht vor dem „Haus" und geleitet Yuri, die mit dem traditionellen Kimono nicht nur als Blickpunkt, sondern auch räumlich-körperlich hervortritt und auf eine Zukunft mit traditionellen Wurzeln verweist.

Nach unserem bisherigen Einblick in die Familie konstituieren die Mitglieder mehr unbewusst auch im Foto die Familienordnung, die sich im Umgang miteinander zeigt. Demnach stellt Großmutter Yoko diejenige Kraft dar, die organisatorisch und kommunikativ dominiert, wohlwissend um die Wichtigkeit eines konsensuellen Miteinanders der übrigen Familienmitglieder und offen für deren Wünsche und Bedürfnisse. Großvater Hiroshi lebt mit ihr zusammen unterstützend und begleitend den Erhalt der *alten* Traditionen vor. Die Söhne und ihre Frauen gehen ihren eigenen Weg, verbleiben aber innerhalb des familialen Rahmens. Sie verbinden kulturelle Traditionen mit dem Leben in einer *gegenwärtig* sich wandelnden Gesellschaft. Das Augenmerk der Familie liegt auf den Kindern. Sie tragen Vergangenheit und Gegenwart in die *Zukunft* und werden damit zum Zentrum der Inszenierung des Glücks.

Ausklang

Gut gelaunt und etwas durchgefroren kommen alle im Haus der Nakamuras an. Nach der kurzen Nacht und dem ereignisreichen Morgen wärmen wir uns an frisch gekochtem grünen Tee auf.

Großvater Hiroshi sitzt am Wärmetisch und öffnet seine umfangreiche Neujahrspost, die in Japan traditionell sowohl geschäftlich als auch privat in großen Mengen verschickt wird. Schwägerin Nanami hat sich mit ihrer Tasse zu Urgroßmutter Kazuko gesetzt, die Kinder spielen mit ihren Geschenken. Entspannt und zufrieden geht in den zur Verfügung stehenden Räumlichkeiten jeder seinem Bedürfnis nach und gönnt sich eine kurze Pause, bevor das Interview stattfindet.

Wir sitzen im *Zwischen*-Raum von Kindern und Verwandten, als Großmutter Yoko mit einem Kimono bekleidet hereinkommt. Sie erklärt uns, dass sie ihn traditionell zum neuen Jahr und im Besonderen auch anlässlich des Interviews über das Glück angezogen hat. Für dieses wichtige Gespräch werden wir in den Tempel-Raum geführt, in dem sich die ganze Familie wie bei jedem besonderen Besuch versammelt. Offen beantworten die Familienmitglieder

Abbildung 26 Familieninterview

unsere Fragen, sprechen und lachen miteinander. Die Kinder gehen nach einiger Zeit aus dem Raum und fragen kurz vor Ende, wann wir endlich fertig „mit dem Reden" sind.

Nach einer Stunde verbeugen wir uns kniend und verabschieden uns herzlich mit zahlreichen gegenseitigen Verbeugungen und Dankesbekundungen.

Glück als intergenerationale Praxis – ein Resümee

Die Familie Nakamura gibt uns mit der Feier zum Jahresübergang einen Einblick in ihre Vorstellungen vom Glück. In ihren sozialen Praktiken bringen die Familienmitglieder eine performative Dynamik hervor, die sich im Interview bestätigt findet und in der sich kulturelle, familienspezifische und individuelle Relevanzstrukturen zum Glück dokumentieren (Bohnsack 2007, S. 222). Diese betreffen das Generationenverhältnis,[28] insbesondere die Beziehung zur Urgroßmutter und den Kindern und die traditionellen Wurzeln.

Das Generationenverhältnis

Es wird deutlich, dass der Jahreswechsel als inszeniertes Familienritual Bedeutungen übermittelt, die im sozialen Handeln ihre Wirkkraft entfalten. In Erinnerung an die eigene glückliche Kindheit geht es den Erwachsenen insbesondere um die gemeinsame Hervorbringung einer glücklichen Erfahrung für die Kinder auf der Basis eines intergenerationalen „Familienbündnisses".

> **Mutter Aiko:** Als ich ein kleines Kind war, haben meine Cousins getrennt von uns gelebt. Dass man sich zu Neujahr [...] sehen kann [...] und dass ich mit den Cousins gespielt habe, habe ich in Erinnerung. Solche Erfahrung von Glück bleibt in der Erinnerung und stützt mich auch als Erwachsene. Natürlich ist das viel Arbeit, als Erwachsener eine solche Feier vorzubereiten, aber wegen meiner guten Erinnerungen will ich das auch an die Kinder weitergeben. (37–44)
> **Großvater Hiroshi:** Hier ist so viel Natur, im Sommer spielen die Kinder in den Bergen, im Fluss, im Winter schneit es. Die Unterschiede der Jahreszeiten sind sehr drastisch hier. Ich denke, dass es gut für die Kinder ist. (136–138)
> **Schwägerin Nanami:** Im Sommer denken wir, ob man schon schwimmen kann, im Winter denken wir, ob es dort schon schneit. Es ist schön [...], dass man eine solche Heimat hat, einen Ort, mit dem wir uns verbunden fühlen [...] wohin wir zurückkommen und warmherzig aufgenommen werden. Wenn die Kinder groß sind und eigene Kinder haben, sollen sie weiter den Wunsch haben, hierhin zu kommen. (241–246)

Zweimal im Jahr kommen Schwager Haruto und seine Familie zu den Eltern in die „Heimat", um Erinnerungen und Gefühle aufleben zu lassen und die familiale Bindung zu erneuern. Der Ablauf des Neujahrsrituals gibt den Rahmen vor und strukturiert die einzelnen Abschnitte. Praktisches Wissen, das aus den Erfahrungen mit der Familiengeschichte resultiert, lenkt und beeinflusst die innere Gestaltung, lässt sie „fließend" erscheinen.

> **Vater Tadashi:** Wenn alle zu sehr aufpassen und sich sagen, „ich mache dies" und „ich mache das", dann ist es schlecht [...] aber wenn man sich überhaupt keine Gedanken machen würde, dann geht es auch nicht gut. (355–357)

Der erfolgreiche Verlauf hängt von der aktiven Mitwirkung des Einzelnen ab, die, wie Vater Tadashi bemerkt, austariert werden muss zwischen künstlich zur Schau gestellter Harmonie und Gedankenlosigkeit. Im *modus operandi* bringen die Erwachsenen, ihrer *Vor-Bild*-Funktion bewusst, Vergangenheit und Gegenwart mit der Tradition in Einklang und stellen den Kindern einen *verbindenden* Lebensentwurf für die Zukunft bereit. Sie vertrauen auf den Wunsch der Kinder nach Anähnlichung, auf die Wirkkraft mimetischer Bezugnahmen, mit denen die Kinder Atmosphären und ihre Bedeutungen wahrnehmen. Die

Beziehungen zwischen den Generationen gestalten die erwachsenen Familienmitglieder in der Weise, dass die Kinder sich in der Auseinandersetzung mit der Welt den älteren Generationen annähern können, ohne ihnen gleich werden zu müssen. Das Generationenverhältnis ist von Solidarität und gegenseitigem Vertrauen geprägt (Liebau 1997), Konkurrenz und Konfrontationen werden zugunsten Kooperations- und Unterstützungsbereitschaft vermieden.

> **Mutter Aiko:** Um anderen Menschen zu vertrauen, müssen sie das Gefühl haben, dass ihnen auch vertraut worden ist. Erstmal müssen die Eltern, die in der Nähe sind, den Kindern das Gefühl geben, dass sie ihnen vertrauen. (213–215)

Mutter Aiko bringt die familiale Grundhaltung zur Sprache, die den Kindern entgegengebracht wird. Darin spiegelt sich die Überzeugung wider, dass der Mensch auf Sozialität angewiesen ist und seine Entwicklung mit guten zwischenmenschlichen Erfahrungen positiv beeinflusst werden kann. Diese Grundhaltung bringen sich die Erwachsenen auch untereinander entgegen. Die Großeltern sehen ihren Erziehungsauftrag mit dem Erwachsenwerden ihrer Söhne als erfüllt an und bemühen sich um gute Beziehungen zu den Generationen, die von den Schwiegertöchtern erwidert wird. Die Frauen in der Familie sind aktiver an der Planung und Organisation des Festes sowie der Kinderbetreuung beteiligt, die Männer zeigen sich emotional unterstützend „dabei" und sind jederzeit ansprechbar. Mit Urgroßmutter Kazuko und den Kindern wird besonders nachsichtig umgegangen. Insgesamt sind die Beziehungen untereinander durch freundliche Egalität charakterisiert. Diese Art von Umgang ermöglicht es, Spannungen zwischen Familiengenerationen zu vermeiden bzw. zu reduzieren.

In der Tradition des Jahreswechselrituals bündeln sich die religiösen und weltlichen Aspekte des Strebens nach Glück. Obgleich die religiöse Einstellung der Familienmitglieder unterschiedlich stark ausgeprägt ist, ist jeder in irgendeiner Form darin involviert. Alle sind sich über die vielfältigen Wechselwirkungsbeziehungen zwischen Göttern, Ahnen und Lebenden einig (Pye/Triplett 2007, S. 209). Die selbstverständliche Amalgamierung von Heiligem und Profanem und die ubiquitäre Präsenz des Sakralen bieten optionale Modelle zur Lebensgestaltung, die mehr darstellen als „das passive Erhoffen des göttlichen Schutzes" (ebd., S. 208). Mit ihrer Hilfe werden Lebens- und Handlungsformen gestaltet.

Glück zeigt sich in unserer Familie als „conception of well-being", das Gordon Matthews mit dem komplexen japanischen Begriff *ikigai* fasst (2009, S. 169): „It can provide a window into how well-being is culturally, socially, and institutionally shaped. […] *Ikigai* is not ,well-being' as experienced – but that element of one's social world that enables one to experience well-being."

Zusammenfassend stellt sich die Hervorbringung von „Glück" als dialektischer *Prozess* und *Ergebnis* der Auseinandersetzung mit der Welt dar, der auf der Basis intergenerationaler Integrität Möglichkeitsbedingungen für ein erfülltes Leben bereitstellt. In dieser Familie wird ein Lebensentwurf vorgelebt, der in „exemplarischer und nachhaltiger Weise" Verantwortlichkeit für die Mitmenschen im Kontext des Generationenverhältnisses erfahrbar macht und als *generative Praxis* gefasst werden kann (vgl. Liegle/Lüscher 2008, S. 152). Im Rekurs auf Erik Eriksons Idee der Generativität (1968) verstehen Liegle/Lüscher Generativität als Prozess der Generationenbildung, der die Aufgabe zur produktiven Gestaltung der Generationenfolge impliziert und einen wichtigen Beitrag zur Identitätsbildung darstellt. Im gemeinsamen Tun machen die Beteiligten Erfahrungen in Hinblick auf die wechselseitige Verantwortlichkeit der Generationen, die Gestaltung ihrer Beziehungen sowie den „Umgang mit Ungewissheit und Schicksalhaftigkeit" (ebd., S. 153), die im Laufe der Sozialisation zu einer Reflexion über den Zeithorizont des eigenen Lebens, seine Einordnung in eine Generationenfolge und das gesellschaftliche Leben führt.

Anmerkungen

1 Zur Bedeutung des Shinto-Schreins s. u.

2 Für die Aufnahmen und Bereitstellung eines Großteils der Fotos sind wir Thomas Kellermann zu besonderem Dank verplichtet.

3 Dazu ausführlich im Beitrag von Christoph Wulf und Shoko Suzuki in diesem Band.

4 Der Begriff ist einer Überschrift in Pye/Triplett 2007, S. 11 entlehnt und bezieht sich auf die Zusammenhänge zwischen Lebensgestaltung und religiöser Praxis, die in Japan in vielfältigen Formen deutlich werden. Glückbringende und sinnstiftende Orientierungen schöpfen ihre wirklichkeitskonstituierende „Kraft aus einem allgemeinen ,Reservoir' der Religiosität", die dem Einzelnen freistellt, die religiöse Orientierung entsprechend seiner Bedürfnisse zu wählen (ebd., S. 12f.).

5 Die Abschnitte, die dem Familieninterview entnommen sind, sind aus dem Japanischen übersetzt und werden im Folgenden mit der entsprechenden Zeilenangabe versehen (allgemein zu Übersetzungsleistungen siehe Dreher/Stegmaier 2007; spezifisch auf Japan bezogen siehe Shimada 2007a; Shimada 2007b). Für hilfreiche Übersetzungsarbeiten danken wir sehr herzlich Frau Rei Watanabe.

6 In den üblicherweise wenig beheizten Räumen steht in der kalten Jahreszeit im Wohnraum ein *kotatsu*, ein Tisch mit integrierter Infrarot-Heizung. Auf ihm liegt eine dicke bunte Decke, die die Wärme speichert. Die Familienmitglieder, die sich aufwärmen wollen, legen ihre Beine darunter. Oft ist dieser Ort ein beliebter Treffpunkt, der wohlige Gemütlichkeit verspricht.

7 Diese Form von Gemeinschaft, die oft im Rahmen des gestalterischen Ablaufs von Ritualen entsteht, ermöglicht nach Victor Turner „Flow"-Erfahrungen (Csikszentmihalyi), in denen gemeinschaftskonstituierende Elemente ihre transformative Wirkung entfalten (Turner 1995, S. 92–94).

8 Diese Art des Humors, den wahren Kern der Aussage in einen Scherz zu kleiden, zeigt sich in verschiedenen Regionen, insbesondere in der Westregion Japans und unterscheidet sich von der Humorkultur in Ostjapan. Sie drückt sich im Spaß am Umgang mit Sprachspielen und mehrdeutigen Aussagen aus.

9 Es wird unterschieden zwischen Inszenierung (Plan, Konzeption) und Aufführung (dem aktuellen Vollzug), der durch das Zusammenwirken der Akteure mehr oder weniger stark von der Inszenierung abweichen kann (Fischer-Lichte 2004, S. 82).

10 Im Sinne einer „dichten Beschreibung" (Geertz 1995) werden die Daten hierbei nachvollziehbar rekonstruiert und in Anlehnung an die qualitative Bild- und Videointerpretation der dokumentarischen Methode ausgewertet (Bohnsack 2009, 2007, 2003).

11 In der Originalaufnahme ist diese Äußerung auf das englische Wort „apple" bezogen, dass im Japanischen wie „appuru" klingen kann. Der Sinn dieses Wortspiels ginge in der deutschen Übersetzung verloren, deshalb wurde sie entsprechend dem deutschen Verständnis angepasst.

12 Roter Schnapper, barschartiger Fisch.

13 Für jedes Neugeborene in der Familie werden die liebevoll von Hand kalligraphierten Namensschilder auch Verwandten und Bekannten überreicht.

14 *Kanji* sind ursprünglich aus China übernommene symbolische Schriftzeichen für Sinneinheiten, während *hiragana* alphabetisch verwendet wird.

15 Dieser Ausdruck ist eine höfliche Redewendung zum Abschluss eines gemeinsamen Essens, die im Deutschen keine Entsprechung hat. Er bedeutet so viel wie „das war ein wertvolles Essen". Als Antwort hat das japanische „hai" (ja) den Sinngehalt des deutschen „nichts zu danken". Die Antwort der Mutter bestätigt, dass sie die Wertschätzung ihrer Tochter für das wohlschmeckende Essen verstanden hat.

16 Die Anregungen in diesem Abschnitt verdanken wir Jörg Zirfas.

17 Die Theatermetaphorik der Rolle wird hier nicht im Sinne eines Verstellens gebraucht, vielmehr bezieht sie sich auf die verschiedenen funktionalen Zuschreibungen an eine Person. So ist Aiko zum Beispiel eine Frau mit genderbezogenen und idiosynkratischen Charakteristika. Zugleich ist sie auch Mutter, der „mütterliche" Konnotationen zugeschrieben werden, Ehefrau, Tochter, Schwester, Schwiegertochter usw. Mit diesen Rollen gehen unterschiedliche Zuschreibungen, Erwartungen und Verhaltensweisen einher.

18 Ausführlicher dazu weiter unten.

19 Zum Jahreswechsel in einer modernen Großstadtfamilie siehe auch den Beitrag von Yoshitaka Inoue, Nanae Takenaka und Jörg Zirfas in diesem Band.

20 Die atmosphärische Dichte entsteht durch (relative) Homogenität, die transmodale Einheit der Erscheinungscharaktere. Diese drücken sich in visuellen, akustischen, olfaktorischen oder haptischen Sinnesempfindungen aus und lassen den Wahrnehmungsraum als atmosphärisch homogen erscheinen (Hauskeller 1995, S. 53). Am Beispiel unseres Falles kann gezeigt werden, dass die Situation nur durch die Personen eine sakrale Bedeutungszuschreibung erhält, die im Wechselspiel zwischen ästhetischer Raumgestaltung und Personenanordnung stattfindet. Die auf diese Weise gestaltete und wahrgenommene Welt ist immer schon eine durch einen bestimmten Erfahrungshorizont interpretierte Welt (ebd., S. 43).

21 Ihre runde Form und ihr rosafarbener Rand sollen an eine aufgehende Sonne erinnern und haben eine feierliche Bedeutung.
22 Für den Begriff *mame* gibt es zwei Bedeutungen: (1) Bohnen und (2) sich einer blühenden Gesundheit erfreuen.
23 *Osechi* ist ein allgemeiner Ausdruck für „festliches Neujahrsgericht", bei dem alle Speisen auf eine besondere Weise glücksverheißend sind. Üblicherweise bereitet man sie bereits am Vortag zu, damit die Hausfrau nicht so viel Arbeit hat, um sie am nächsten Morgen rechtzeitig servieren zu können.
24 Man reinigt sich kultisch, bevor man mit der Gottheit in Kontakt tritt (Lokowandt 2001, S. 19).
25 „*Omikuji* spiegelt die Vorstellung, von Gottheiten eine individuelle Einschätzung der gegenwärtigen Situation zu erhalten [...]. Die Umsetzung dieser Ratschläge im persönlichen Denken und Handeln hingegen liegt ganz in der *eigenen* Hand" (Pye/Triplett 2007, S. 20; kursiv im Original).
26 Yamato-Takeru soll als Prinz der Yamato-Dynastie im 2. Jh. n. Chr. gelebt und durch seinen Einfallsreichtum das Herrscherreich expandiert haben.
27 Die Gemeinschaftsbezogenheit des Shinto äußert sich in einer Vielzahl von Aspekten. So gibt es wie hier Lokalschreine, in denen Übergangsrituale für Neugeborene oder für Kinder eines bestimmten Alters mit der Gemeinschaft des Dorfes zelebriert werden und bei denen um fortwährenden Schutz gebeten wird. Es gibt aber auch Funktionalschreine, deren Götter für spezifische Belange (Fruchtbarkeit, glückliche Ehe u. a.) zuständig sind. Da es keine „Eifersucht" zwischen den Göttern gibt, steht es jedem frei, in mehreren Schreinen für unterschiedliche Unterstützung zu beten (Lokowandt 2001, S. 13ff.).
28 Zum Generationenverhältnis vgl. Ecarius 2008; Krappmann/Lepenies 1997; Liebau 1997.

Transkulturelle Elemente des Familienglücks

In den in Deutschland und Japan untersuchten Familienritualen sind es die fünf Elemente *Essen, Beten, Schenken, Erinnern* und *Zusammensein,* denen für die Erzeugung familiären Glücks besondere Bedeutung zukommt. Je nach Fokus der Beschreibung und Interpretation lassen sich bei jedem dieser Elemente gemeinsame und differente Aspekte unterscheiden. Jedes Element lässt sich als eine *unitas multiplex* begreifen, bei deren Beschreibung und Interpretation es darum geht, das Gemeinsame und das Differente aufeinander zu beziehen. Dabei gilt es zu vermeiden, lediglich eine der beiden Perspektiven ohne die andere zu untersuchen. Nur in einer Betrachtungsweise, die zwischen beiden Perspektiven oszilliert, können unzulässige konzeptuelle und methodische Verkürzungen vermieden werden. Wittgenstein hat das Problem, die *unitas multiplex* dieser Elemente in den Familienritualen herauszuarbeiten, in seinen Überlegungen zur „Familienähnlichkeit" von Spielen grundsätzlich beschrieben:

> Betrachte […] Brettspiele, Kartenspiele, Ballspiele, Kampfspiel, usw. Was ist allen diesen gemeinsam? – Sag nicht: „Es muss ihnen etwas gemeinsam sein, sonst hießen sie nicht ‚Spiele' " – sondern *schau,* ob ihnen allen etwas gemeinsam ist. – Denn wenn du sie anschaust, wirst du zwar nicht etwas sehen, was *allen* gemeinsam wäre, aber du wirst Ähnlichkeiten, Verwandtschaften sehen, und zwar eine ganze Reihe. Wie gesagt denk nicht, sondern *schau*! […] Sind nicht alle „unterhaltend"? Vergleiche Schach mit dem Mühlfahren. Oder gibt es überall ein Gewinnen und Verlieren, oder eine Konkurrenz der Spielenden? Denk an die Patiencen. In den Ballspielen gibt es Gewinnen und Verlieren; aber wenn ein Kind den Ball an die Wand wirft und wieder auffängt, so ist dieser Zug verschwunden. […] Und das Ergebnis dieser Betrachtung lautet nun: Wir sehen ein kompliziertes Netz von Ähnlichkeiten, die einander übergreifen und kreuzen. […] Ich kann diese Ähnlichkeiten nicht besser charakterisieren als durch das Wort „Familienähnlichkeit"; denn so übergreifen und kreuzen sich verschiedene Ähnlichkeiten, die zwischen den Gliedern einer Familie bestehen: Wuchs, Gesichtszüge, Augenfarbe, Gang, Temperament, etc. Und ich werde sagen: die „Spiele" bilden eine Familie (Wittgenstein 1989, S. 277f.).

In dem untersuchten Spektrum familiären Glücks gibt es viele unterschiedliche Ausprägungen, Ähnlichkeiten und Differenzen, so dass eine prinzipiell unüberblickbare Vielfalt entsteht, innerhalb derer sich jedoch Ähnlichkeiten ergeben, die es möglich machen, diese Vielfalt wahrzunehmen und zu strukturieren. Dabei ergibt sich die grundsätzliche Frage nach der Vergleichbarkeit kultureller Phänomene und den Möglichkeiten und Grenzen des Vergleichs und daran anschließend die Frage danach, was den Menschen im Hinblick auf familiäres Glück gemeinsam ist (Antweiler 2011).

Diese Fragen zu beantworten, führt zu einer Auseinandersetzung mit der Rolle des Vergleichs in der Kulturforschung, in deren Rahmen sich z. B. folgende Dimensionen für die Strukturierung eines Vergleichs anbieten: *„(a) horizontal – vertikal, (b) analogisch – kontrastiv, (c) typologisch – genetisch“* (Zima 2004/2005, S. 51). Doch auch diese Überlegungen werfen eine Reihe neuer Probleme auf, wie etwa die Frage nach dem Umgang mit der Macht. „Wer vergleicht, besitzt die Definitionshoheit, auch hinsichtlich aller dem Vergleichen vorangehenden Operationen wie Selektion, Klassifizierung und Kanonisierung“ (Haupt 2011, S. 15). Marcel Detienne geht sogar noch weiter und betont, dass der Vergleich häufig erst dazu diene, den Gegenstand zu konstruieren (Detienne 2000). Angesichts der Komplexität kulturwissenschaftlicher Vergleiche (Casasus/Haupt 2011) erheben wir in der Behandlung der folgenden Strukturelemente nicht den Anspruch eines interkulturellen Vergleichs. Wir beschränken uns darauf, unter Berücksichtigung einiger „Familienähnlichkeiten“ zentrale (transkulturelle) Elemente des familiären Glücks zu beschreiben und zur Diskussion zu stellen.

Essen

Wenn es eine augenfällige Gemeinsamkeit zwischen deutschen und japanischen Familienritualen an Weihnachten und Neujahr gibt, so besteht diese im Essen. Dass dem Einkaufen, der Vorbereitung und Zubereitung der Mahlzeit sowie dem gemeinsamen Essen selbst viel Zeit und Energie gewidmet wird, ist kein Zufall. Wenn es eine bedeutsame rituelle Form der Vergemeinschaftung gibt, dann ist es das gemeinsame Mahl. Insofern erscheint sowohl in Deutschland als auch in Japan ein derart wichtiges Familienfest ohne Essen undenkbar. Drei Momente erscheinen für eine Herstellung familiären Glücks beim Essen vor allem von Bedeutung zu sein: 1. die *symbolische* Ebene des gemeinsamen Essens und der Speisen, 2. die *leibliche* Ebene der Etablierung eines gemeinsamen Geschmacks und 3. die *performative* Ebene der Gestaltung und Inszenierung des Essens. Die Tischgemeinschaft ist in den Festritualen der Familie, wie oftmals in soziologischen und pädagogischen Abhandlungen beschrieben, weniger ein Ort der sozialen und pädagogischen Ordnung und Kontrolle als vielmehr ein Ort der mimetisch leiblichen Kommunität, der einen gemeinsamen Habitus voraussetzt und gleichzeitig entwickelt. Wer sich gemeinsam mit anderen an einen Tisch begibt, erlebt das gemeinsame Glück des Teilens; insofern gilt gegen Bertolt Brecht: Bei Tisch kommt erst die Moral – und dann das (Fr)Essen.

Zunächst lässt sich das gemeinsame Essen als Akt der symbolischen Vergemeinschaftung verstehen. Wie das griechische *symbolon*, das die auseinander gebrochene Tonscherbe bezeichnet und seit ehedem als Zeichen für das Zusammenbringen der getrennten Teile gilt, ist das gemeinsame Familienessen eine Zusammenkunft der getrennten Familienmitglieder. Dies betrifft insbesondere die Familien, deren Mitglieder nicht in einem gemeinsamen Haushalt leben, aber auch, und im besonderen Maße, die deutsche Patchwork-Familie, die zum ersten Mal Weihnachten feiert. Der Essenstisch ist ein symbolischer Ort des Übergangs, der die vereinzelten Mitglieder der Familie zum gemeinschaftlichen Handeln und Genießen versammelt. Das Essen ist das Symbolische schlechthin, insofern die Realisierung des Symbolischen daran gebunden ist, dass etwas an einem anderen wieder entdeckt wird – seine Zugehörigkeit zur Gemeinschaft, die sich im gemeinsam geteilten Essen ausdrückt. Die einzelnen Familienmitglieder signalisieren sich durch ihr Zusammenkommen am Tisch wechselseitig, wie bedeutsam ihnen die familiäre Gemeinschaft ist. Damit stellen sie sich zugleich in eine Tradition des Festessens, die in unterschiedlichen Formen in den einzelnen Herkunftsfamilien praktiziert worden ist und nun eine gemeinsame Form findet. Man könnte diese Dimension auch eine *implizite* symbolische Dimension des Essensrituals nennen und sie von einer *expliziten* symbolischen Dimension unterscheiden, die sich auf einzelne Speisen bezieht; denn während die erstere den meisten Beteiligten kaum bewusst sein wird, lässt sich die zweite durch die mehr oder weniger bewusste Auswahl der Speisen und auch durch Kenntnisse in Bezug auf die symbolische Bedeutung der Speisen fassen. So wissen alle japanischen Familienmitglieder, dass das Essen der Soba-Nudeln und das Trinken von *Toso* (Sake mit verschiedenen Kräutern) ein langes Leben und somit Glück signalisieren, oder auch, dass das Essen von Reiskuchen *(mochi)* das Glück im neuen Jahr hervorbringen soll. So macht das Essen ein wesentliches Element der Neujahrsrituale in Japan aus, und jeder Essensbestandteil hat eine mehr oder weniger bekannte symbolische Bedeutung, wie z. B. Bohnen als Symbol für Fleiß, Riementang für die Freude, rot-weiß gefärbte Fischkuchen für das Glück usw. Und auch den deutschen Familien ist bewusst, dass Ente oder Gans für ein „fettes" und „gutes" Essen stehen oder dass die gebackenen Plätzchen „Tradition" in der Familie sind. An Weihnachten stehen in unseren Familien *besondere* Speisen und Getränke auf dem Tisch, die gelegentlich ganz einfach sein können – wie etwa das Berliner Weihnachtsessen mit Würstchen, Bouletten und Kartoffelsalat –, die allerdings für die jeweilige Familie eine traditionelle und eine gemeinschaftliche Bedeutung haben.

Eine zweite bedeutsame Dimension des gemeinschaftlichen Essens besteht in der Etablierung eines gemeinschaftlichen *Geschmacks*. Dieser wird besonders den Forschern deutlich, die nicht der untersuchten Kultur der Familien angehören – den japanischen Kollegen in Deutschland und den deutschen Kollegen in Japan. Das gemeinsame Essen, Trinken und Feiern im Ritual sind konstitutive Teile von Weihnachten und Neujahr, weil sich hier besondere Formen kollektiver Sinnlichkeit und leiblicher Vergemeinschaftung ausmachen lassen, die eine gemeinsame Geschmackswelt hervorbringen. Etabliert wird somit ein feierlicher familiärer Geschmackshabitus – der gerade für fremde Besucher nur bedingt anschlussfähig ist. Der familiäre Geschmack ist ein ästhetischer und kultureller Generator von Gemeinschaft, weil er als *der* Schnittpunkt von individueller Leiblichkeit und sozialer bzw. familiärer Allgemeingültigkeit gelten kann. Die familiären Geschmackspräferenzen schreiben sich gleichsam in die Intimität des Körpers ein, und umgekehrt finden die individuellen körperlichen Präferenzen in den kulturellen Symboliken und Praktiken der Familie sowie in familiären Geschmackswelten ihren Ausdruck. So vermitteln diese ritualisierten sinnlichen Welten eine Fülle von Genüssen und Annehmlichkeiten, die, zumal als Familiengerüche, Geborgenheit und Schutz signalisieren können. Gerüche und Geschmäcker vermitteln die Menschen in leiblicher Weise mit Speisen und Gegenständen, anderen Familienmitgliedern, aber auch mit sich selbst und ihren eigenen Empfindungen und Erinnerungen. Dass in unseren Familien das Essen, auch bei den kürzeren Mahlzeiten, mit Lust und Genuss erlebt wurde, hängt natürlich mit der Befriedigung elementarer Bedürfnisse und mit der besonderen Qualität der sinnlichen Empfindung der Speisen zusammen; das familiäre festliche Essen macht aber auch den starken Bezug zur Körperlichkeit und Subjektivität oder auch zu sozialen Assimilations- und Verschmelzungswünschen deutlich. Im Geschmack verständigt man sich zugleich über soziale und individuelle Werte und Bedeutungen, über Sinnlichkeit und Ästhetik, über Natürliches und Kulturelles. Geschmack ist *die* leiblich-kulturelle Schlüsselstelle für Differenz und Identität, in der eine elementare Identitäts- und Weltbildung stattfindet. Das familiäre Glück lässt sich hier als Hervorbringung einer gemeinsamen Geschmackswelt verstehen, in der sich alle Beteiligten zwar nicht umfassend, aber in wesentlichen Belangen wiederfinden können; nicht umsonst wurde gerade in Japan als Aufgabe angegeben, eine Verbindung zwischen traditionellem und modernem Geschmack im Familienessen herstellen zu wollen. Das familiäre Geschmacksglück realisiert sich dann, wenn die individuellen organischen Bedürfnisse weitgehend familiär kultiviert und ästhetisiert und somit etwas Gemeinschaftliches geworden sind.

Die dritte bedeutsame Ebene ist die *performative*. Essen ist hierbei nicht zu reduzieren auf die eigentliche Mahlzeit, sondern ist wesentlich auch eine soziale Situation, was ebenso für die Vorbereitung des Essens gilt. Zur Gestaltung der Performativität des Festessens gehören im Grunde Einkauf, Vorbereitung und Gestaltung der Essenssituation, an denen oftmals fast die ganze Familie beteiligt ist; allerdings zeigen unsere Beobachtungen auch, dass sowohl in Deutschland als auch in Japan immer noch eine geschlechtsspezifische Rollenteilung zu beobachten ist, die den Frauen einen höheren Arbeitsaufwand auferlegt. Das Ziel der Vorbereitungen und der Gestaltung besteht in einem als schön empfundenen Essen. Dazu gehören die Speisen, die Tischarrangements, aber auch die Dekorierung des Raumes, die zeitliche Rhythmisierung, die Art und Weise des Miteinanderumgehens bei Tisch, kurz: die Hervorbringung einer festlichen Atmosphäre. So werden etwa beim japanischen Neujahrsfrühstück kleine ästhetische Kunstwerke geschaffen, die das Streben nach Glück symbolisieren, wie z. B. die oben genannten Speisen, aber auch die Tischdekorationen oder der gefaltete Kranich. In Deutschland wird ein gutes Geschirr benutzt, es finden sich weihnachtliche Dekorationen auf dem Tisch wie Kerzen, Adventskranz, Weihnachtsschmuck, es ertönt Weihnachtsmusik und man nimmt sich sehr viel Zeit für das Essen. Die mit diesen Gestaltungen verbundenen atmosphärischen Qualitäten werden mit emotional aufgeladenen Bedeutungen verknüpft und im gemeinsamen Handeln verinnerlicht und tradiert. Man erzeugt eine ästhetische Korrespondenz zwischen Speisen und Speiseort, Essenspraktiken und Essenszeit, die aufgrund ihrer sinnlichen Wirksamkeit familiäre Überzeugungen und Einstellungen kreiert.

Die als schön empfundene Mahlzeit kann im doppelten Sinne als eine glückliche gelten: Zum einen, weil eine schöne Situation als eine bejahenswerte und damit *auch* als eine glückliche gelten kann; d. h. wenn es Familien gelingt, eine (latente) Zustimmung aller Beteiligten für das Essen zu erzeugen, so können sich alle Familienmitglieder mehr oder weniger glücklich fühlen. Darüber hinaus wird, gerade in Japan beim Neujahrsfest, das Glück aller und der Einzelnen auch explizit durch Speisen und Praktiken und durch die Aufforderung erzeugt, sich diesen Speisen ausgiebig zu widmen. Doch während in Deutschland die Essgemeinschaft vor allem auch eine Sprach- und Geschenkgemeinschaft ist, wird doch das Essen selbst immer wieder durch Kommunikation oder auch durch das weitere Auspacken der Geschenke unterbrochen, ist sie in Japan eher eine Gemeinschaft des Beieinanderseins – in der auch das Sich-Berauschen durch Bier und Sake eine gewisse Rolle spielt. Nicht zu vergessen ist schließlich, dass das gemeinsame Sich-Zeit-Nehmen für das Essen und füreinander auch als eine wichtige performative Leistung gesehen werden kann. Das gemeinsame Mahl hat schon dadurch enorme symbolische, rituelle und performative Bedeutung, dass es nicht nur den Zeitpunkt der Mahlzeit innerhalb des Tagesablaufes festlegt, sondern auch die Dauer der Mahlzeiten bestimmt sowie den Rhythmus des Tages vorgibt. Das Festessen verweist explizit darauf, dass man als Gemeinschaft nur dann existieren kann, wenn man sich zeitliche und räumliche Grenzen setzt, die für alle Familienmitglieder Gültigkeit besitzen.

Das Glück des gemeinsamen Essens an Weihnachten und am Jahreswechsel erscheint somit als Befriedigung in mehrfacher Hinsicht: als leibliche Befriedigung der körperlichen Bedürfnisse und der Entwicklung eines gemeinsamen Geschmacks, als soziale Befriedigung eines gemeinsamen Beisammenseins (am Essenstisch), als symbolische Befriedigung der wechselseitigen Versicherung von Geborgenheit und Glück, als zeitliche Befriedigung einer gemeinsam verbrachten Zeit und schließlich auch als performative Befriedigung der gemeinsamen Gestaltung der Mahlzeit. Es ist wohl richtig zu sagen, dass die körperliche Einverleibung des Essens für das individuelle und allgemeine Glück ein sehr bedeutsamer Faktor ist; doch nicht zu unterschätzen sind hier auch die, in der ethnographischen Forschung sehr schwer fassbaren, Momente einer festlichen Atmosphäre, einer kommunikativen Dichte oder einer intensiven familiären Präsenz beim Essensritual. Das familiäre Glück lässt sich somit nicht auf die geschmacklich-subjektive Einverleibung – die, wenn man so will, von außen nach innen verläuft – reduzieren, sondern man muss ihr eine gestalterisch-performative Entäußerung entgegenstellen, die von innen nach außen in die Familie zielt, wenn etwa das Essen gemeinsam vorbereitet, der Tisch gemeinsam geschmückt und beim Essen miteinander verbal und nonverbal kommuniziert wird. Einverleibung und Entäußerung ergeben zusammen eine gemeinsame Inkorporierung familiären Glücks am Essenstisch (vgl. Seichter 2011).

Schenken

Bei beiden Familienfesten in Deutschland und in Japan spielt das Schenken eine wichtige Rolle. In seinem Rahmen lassen sich mehrere Dimensionen unterscheiden. Die *religiöse Dimension:* Im Christentum begehen die Menschen das Weihnachtsfest in der Freude darüber, dass Gott den Menschen seinen Sohn und damit die Möglichkeit zur Erlösung geschenkt hat. Die Menschwerdung Gottes ist Gottes unüberbietbares Geschenk an die Menschen. Zugleich ist die Geburt eines Kindes das Geschenk eines neuen Lebens, das eine Familie schafft und ihre Zukunft ermöglicht. Für alle Familienmitglieder ist die Geburt eines Kindes Anlass zur Freude (Wulf u.a. 2008; Wulf/Hänsch/Brumlik 2008). Der Austausch von Geschenken und die Freude über sie soll es den Menschen ermöglichen, sich über Gottes Geschenk und über das Geschenk des Lebens durch die Geburt eines Kindes zu freuen. Auch beim japanischen Neujahrsfest gibt es diese Dimension: Die Familienmitglieder gehen zum Grab ihrer Vorfahren und danken diesen für das ihnen geschenkte Leben. Sie geben den Kindern Geldgeschenke, damit diese sich am *Shogatsu*, dem ersten Tag des neuen Jahres, über das letzte gut verbrachte und das neue sich hoffnungsvoll ankündigende Jahr freuen. Wie in Deutschland das Weihnachtsfest, so hat auch *Shogatsu* in Japan einen religiösen, mit dem Reisanbau und dem Werden der Natur zusammenhängenden Ursprung, in dessen Zentrum die Hoffnung und die Vorfreude auf ein fruchtbares neues Jahr stehen. Es gibt einen Gott *Shogatsu-sama*, auf den man sich an diesem Tag freut und von dem man das Geschenk eines glücklichen neuen Jahres erhofft. Trotz aller Unterschiedlichkeit haben beide Familienfeste eine religiöse bzw. kosmische Dimension, die im Schenken symbolisch und performativ inszeniert und aufgeführt wird.

Schenken ist eine die Familie schaffende und erhaltende, mimetische, auf Wechselseitigkeit angelegte Form des Tauschs (Gebauer/Wulf 1998). Dies gilt für das Geschenk des Lebens eines Kindes wie für den Austausch von Geschenken an familiären Festtagen. Beim Schenken sind drei Elemente wichtig. Ein Geschenk wird gegeben; es wird angenommen; und es wird erwidert. Dadurch entsteht ein Interaktions- und Kommunikationszirkel, dessen Dynamik die Beziehungen zwischen den Familienmitgliedern intensiviert. Beim Weihnachtsfest spielen die Geschenke eine besonders wichtige Rolle, die dazu führen kann, die religiöse Dimension zu vergessen. Beim Ritual der „Bescherung“ findet der Austausch der Geschenke statt. Dem ist oft ein längerer Prozess vorausgegangen: Die Kinder haben einen Wunschzettel geschrieben, die Eltern sind Einkaufen gefahren; durch eine entsprechende Verpackung sind aus Waren Weihnachtsgeschenke gemacht worden; diese werden unter den

Weihnachtsbaum gelegt und dann bei der Bescherung überreicht; in manchen Familien werden die Geschenke den Kindern auch durch den Weihnachtsmann übergeben. Mit Hilfe von Geschenken sollen die Kinder überrascht werden und sich freuen. Dass sich die Kinder über die Geschenke freuen und sie annehmen, ist nahezu selbstverständlich. Außerdem wird von den Kindern von frühem Alter an erwartet, dass sie die Geschenke ihrer Eltern erwidern. Besonders schätzen Eltern, wenn ihre Kinder die Geschenke selbst anfertigen. Hier ist die Bescherung auf den wechselseitigen Austausch und die gemeinsame Freude am Schenken und Beschenkt-Werden angelegt. Wie empirische Studien zum Schenkverhalten zeigen, erhalten Kinder von ihren Eltern größere Geschenke als die Eltern von ihren Kindern. Auch schenken Männer Frauen in materieller Hinsicht wertvollere Geschenke als sie von diesen erhalten. Wenn der Weihnachtsmann kleinen Kindern Geschenke überreicht, entfällt die Erwiderung der Geschenke durch die Kinder häufig. Stattdessen wird vom Kind ein Gegengeschenk in Form der Fortführung eines guten Verhaltens oder in Form der Veränderung eines unzureichenden Verhaltens erwartet. Das Geschenk wird hier zu einem Mittel der Erziehung und gerät in Gefahr, funktionalisiert zu werden. Beim Neujahrsfest in Japan erhalten – sieht man von den Geldgeschenken im Tempel ab – in erster Linie die Kinder kleinere Geschenke. Wie in Deutschland, so ist die Freude der Kinder über die Geschenke eine Form der „Erwiderung"; die Eltern erleben sich als Schenkende, deren „Lohn" die Freude der Kinder ist.

Die Freude über das Geschenk entsteht durch die den Akt des Schenkens begleitenden „kleinen" Handlungen, in denen und mit denen emotionale Nähe zwischen den Familienmitgliedern erzeugt wird. Dazu gehören in Deutschland z.B. Danksagungen, Umarmungen und Berührungen, Kommentare, mimische und gestische Ausdrucksformen der Freude zwischen den Schenkenden und den Beschenkten. Sie bewirken, dass sich die Bescherung in manchen Familien über mehrere Stunden hinzieht, in denen die Geschenke dazu dienen, einander Zuneigung, Anerkennung und Zugehörigkeit auszudrücken. Schenken zu Weihnachten spielt in Deutschland eine wichtigere Rolle als beim Neujahrsfest in Japan. In Deutschland hat der Austausch von Geschenken zwischen den Familienmitgliedern daher auch eine größere Bedeutung für die Herstellung der familiären Gemeinsamkeit. In beiden Ländern sind die rituellen Akte des Schenkens *performativ*, d.h. sie sind körperliche Inszenierungen und Aufführungen, die erst die familiäre Bedeutung des Schenkens erzeugen. Die Performativität des Schenkens und Beschenkt-Werdens setzt Emotionen frei, die zwischen den Mitgliedern der Familie hin und her fließen. Dieser Fluss ähnlicher Emotionen schafft Gemeinsamkeit und Verbundenheit und wird als wohltuend und beglückend erlebt. Diese Emotionen vermitteln Sinn und Sicherheit. Natürlich gelingt die familiäre Inszenierung des Schenkens aus unterschiedlichen Gründen nicht immer, so dass sich auch die erwünschte Gemeinsamkeit und Harmonie nicht in der gewünschten Weise einstellen.

Nicht nur das Schenken, auch das Geschenk selbst ist performativ. Im Schenken fallen Geschenk und Akt des Schenkens zusammen. Dadurch entsteht eine Unmittelbarkeit des Schenkens, die seinen performativen Charakter ausmacht und die beim Schenken entstehenden Emotionen bestimmt. Diese Unmittelbarkeit artikuliert sich in der Performativität des Körpers. Sie vollzieht sich auf einer in Deutschland und Japan kulturell unterschiedlichen Matrix. So initiiert ein Geschenk an Weihnachten oder am Neujahrstag kulturell vorgeprägte Reaktionen und Handlungen, unter denen z.B. das Zeigen von Dankbarkeit als Antwort auf Geschenke eine wichtige Rolle spielt. Das Schenken als eine Handlung, die emotionale Nähe herstellt und bekräftigt, gelingt, weil es auf kulturellen und sozialen Traditionen basiert, die die Familienmitglieder in mimetischen Prozessen erworben haben bzw. erwerben. Vor diesem familiären Hintergrund artikulieren sich die individuellen Unterschiede in den Emotionen und Reaktionen der Familienmitglieder. Im Schenken überlagern sich soziale Praktiken wie „Geben", „Annehmen" und „Erwidern": Für den Gabentausch im Sinne eines „fait social total" (Mauss 1990) sind sie trotz kulturspezifischer und individueller Unterschiede für alle menschlichen Gemeinschaften charakteristisch.

Geschenke haben oft etwas Überflüssiges und haben gerade darin ihren Wert. Sie sind selbstlos auf den anderen und seine Wünsche bezogen. Häufig haben sie einen symbolischen und einen sozialen Wert. Geschenke haben eine nicht nur in ihrem materiellen Wert liegende realitätsstiftende Kraft. Sie tragen wesentlich dazu bei, eine Atmosphäre familiären Glücks zu schaffen. Diese Atmosphäre lässt sich nicht direkt erzeugen; doch der Austausch von Geschenken kann dazu beitragen. Schenken und Beschenkt-Werden sind in einem Handlungsspiel aufeinander bezogen; für seine Entfaltung bedarf es eines jeweils neu zu gestaltenden Freiraums. Mit jedem Geschenk gibt der Schenkende dem Beschenkten etwas von sich. Durch seine Suche nach dem „richtigen" Geschenk und seine Mühe, es zu finden und zu besorgen, wird das Geschenk zum „Träger" bzw. Medium von Zuneigung und Fürsorge für den Beschenkten. Die Münzen, die in weißes Papier eingewickelt sind, werden den Kindern am Neujahrstag in Japan überreicht. Sie erhalten ihren Wert dadurch, dass sie Gaben ihrer Eltern sind, in denen sich deren Wunsch ausdrückt, den Kindern Freude zu machen. Am Weihnachts- und Neujahrsfest werden nicht nur Geschenke miteinander getauscht. Die Familienmitglieder schenken einander Zeit, die sie gemeinsam verbringen. Sie essen, sprechen, spielen, singen miteinander. *Sie schenken sich einander* und schaffen dadurch ihre familiäre Gemeinschaft.

Mit der performativen Seite des Schenkens ist eine *ästhetische Seite* verbunden, die für die Kultur des Schenkens von zentraler Bedeutung ist. Schenken ist eine Geste, die körperlich inszeniert und aufgeführt wird und bei deren Aufführung und Rezeption alle Sinne beteiligt sind und die ihre soziale Bedeutung in der Familie über ihre Sinnlichkeit entfaltet. Daher ist Schenken nicht nur eine funktionale Handlung, sondern eine Kunst (Wulf/Fischer-Lichte 2010).

Glauben

Unter dem Titel „Glauben" sollen im Folgenden rituelle Situationen und Praktiken zusammengefasst und dargestellt werden, die explizit wie implizit auf Aspekte und Dimensionen des Heiligen bzw. heiliger Handlungen hinweisen. Wir können dabei, *cum grano salis*, von vier Dimensionen des Glaubens sprechen: von 1. einer *expliziten religiösen* Gläubigkeit, wie sie im Gang zum Schrein oder zur Kirche, im Singen heiliger Lieder und Beten heiliger Texte, aber auch im Umgang mit dem Hausaltar und der Weihnachtskrippe zum Ausdruck kommt; von 2. einer *expliziten säkularisierten* oder *säkularen* Form des Glaubens, bei der es um den „Glauben" an den Adventskalender, den Weihnachtsmann, die mit dem Essen verbundenen Glückssymbole oder auch die mit dem neuen Jahr verbundenen Glückwünsche geht; von 3. einer mehr oder weniger *impliziten rituellen* Gläubigkeit, die an die Macht des Familienrituals selbst adressiert ist und unterstellt, dass das gemeinsame Feiern eines Familienrituals für das Glück der Gemeinschaft und des Einzelnen unabdingbar ist. Schließlich lässt sich noch eine 4. Dimension benennen, die auf einen *implizit religiösen* Glauben verweist, der die religiösen Einstellungen und Bräuche der Beteiligten und der Gemeinschaft weniger als selbstverständlich und gegeben voraussetzt, als vielmehr als gemeinsame Aufgabe der kontingenten Herstellung von religiösen Dispositionen versteht. Dass Menschen in Deutschland und Japan Weihnachten und Neujahr auf diesen Ebenen heilig sind, verweist darauf, dass sie in diesen Zeiten und in den mit ihnen verbundenen Ritualen Glück, Zufriedenheit und Sorglosigkeit erwarten; doch weil es diese emotional hoch aufgeladenen eudämonistischen Erwartungen an diese Familienfeste gibt, kann es auch zu Enttäuschungen und Unglücksfällen kommen.

Eine *explizit religiöse* Gläubigkeit kann man in vielen Situationen während unserer Forschung festhalten: Dabei geht es um heilige Orte, heilige Zeiten, heilige Schriften und Lieder, aber auch um heilige Praktiken: So hat z.B. das Gebet zur Gesundheit und Sicherheit im neuen Jahr insofern eine religiöse Dimension, als man dadurch die gegebene Ordnung bestätigt und sich an sie zurückbindet (religio = Rückbindung). Dieser religiöse Glaube ist pragmatisch und performativ, da er unterstellt, dass die ausgesprochenen Wünsche des Gebets sich tatsächlich realisieren werden. Sprechen und Tun gehen in den Gebeten einen Zusammenhang ein. Die Betenden glauben, durch das Beten an den heiligen Orten Ordnung, Sicherheit und Glück im neuen Jahr zu verwirklichen. Zu diesen heiligen Orten gehört meist auch eine sehr spezifische räumliche Atmosphäre. An Orten des gemeinsamen Betens entsteht eine sakrale Dichte, die durch spezifische Gegenstände (Schrein, Krippe, Hausaltaltar etc.), durch eine bestimmte rhythmisch gegliederte Zeitstruktur von Präsenzen und Absenzen des Heiligen (Vorlesen der Weihnachtsgeschichte, Schenken etc.), vor allem aber durch eine gemeinsame rituelle Praxis entsteht, die zum einen oft weit in die Tradition zurückreicht und die zum anderen den Menschen in der Gegenwart eine wechselseitige Bestätigung ihres Glaubens gewährleistet: Heilige Handlungen wie der Gang zur Kirche oder zum Schrein, Gebets- und Sangesrituale vergemeinschaften die Menschen auf einem als transzendent geltenden Grund, der eine absolute Legitimität genießt, da er als transzendenter jeglicher kritischen Betrachtung enthoben ist. Wer in diesem Sinne (gemeinsam mit anderen) glaubt, sieht die Welt mit anderen Augen, kann ihrer Veränderlichkeit, ihrer Kontingenz und ihrem Unglück Stabilität, Beherrschbarkeit und Glück abgewinnen.

Einige unserer Familien lassen sich in einem religionssoziologischen Sinne als *säkularisierte bzw. säkulare* Familien bezeichnen, in denen die traditionell christliche, buddhistische oder shintoistische Religion als Grundlage des Familienrituals keine große bzw. eine kaum erkennbare Rolle spielt. Dass in den Feiern der Familien sich dennoch religiöse „Versatzstücke" finden lassen, die teilweise neu mediatisiert, trivialisiert und kommerzialisiert sind, lässt sich im Einzelnen nachweisen; auch mag das religiöse Bewusstsein und das religiöse Wissen in Einzelfällen immer noch vorhanden und immer noch wirksam sein. Aus einem ethnographischen Blickwinkel ist aber der Umstand entscheidend, dass einigen Gegenständen, Orten, Handlungen etc. ein quasi religiöser Sinnzusammenhang zugeschrieben wird. So hat zwar, wie erwähnt, der Neujahrstag in Japan wohl deshalb an religiöser Substanz verloren, weil die japanische Gesellschaft keine landwirtschaftliche Bevölkerung mehr ist, in der es eine enge Verbindung von Religion und Leben gab. Nach dem Zerbrechen dieses vorgegebenen rituellen religiösen Rahmens werden durch familiäre Rahmungen, wie etwa durch gemeinsames Essen und Trinken, gemeinsam verbrachte Zeit und gegenseitige Glückwünsche, säkularisierte Rahmungen erzeugt, in denen Glücklichsein möglich werden kann. Glück wird nicht mehr (nur) durch religiöse Praktiken vermittelt, und „Glücksgefühle" sind nicht vorab als religiös existierende Vorgegebenheiten präsent, sondern müssen durch ein, durch vielfältige familiäre Vermittlungsinstanzen hervorgebrachtes, Engagement erst erschaffen werden. In diesem Sinne werden in Deutschland schon zu Beginn des Advents Adventskalender aufgehängt und gefüllt, werden Geschichten rund um das Christkind und den Weihnachtsmann erzählt. Um diesen Glauben an den Weihnachtsmann so lange wie möglich aufrecht zu erhalten, tritt dann der Weihnachtsmann am Heiligen Abend selbst in Erscheinung, um lediglich atmosphärische, kommunikative oder pädagogische, jedoch keine religiösen Funktionen zu erfüllen. Auch der japanische Glaube daran, dass man die Unterstützung der Familie durch die Ahnengemeinschaft mittels eigenem Einsatz erzeugen und erhalten kann, stellt eine weltliche Repräsentation der Idee des göttlichen Schutzes der bzw. durch die Gemeinschaft dar. Lässt sich hier von einem modernen Aberglauben sprechen, von modernen Verzauberungen des Alltäglichen, die notwendigerweise zu Enttäuschungen führen müssen? Im zeitgenössischen Japan und im modernen Deutschland folgen die Rituale von Weihnachten und Neujahr kaum mehr einer sozial-religiösen zeremoniellen Strenge, sondern eher einer informellen gemeinschaftlichen Ordnung, die neue, individualisierte rituelle Muster schafft. Familien, so legen unsere Forschungen nahe, „verwenden" religiöse Symboliken und Versatzstücke immer dann, wenn es um einen (reflexiven) Gemeinschaftsprozess geht, der sie selbst als Familie betrifft. Säkularisierte religiöse und säkulare Motive werden so zu einem Arsenal von teilweise ritualisierten, teilweise auch inkonsistenten und diffusen Handlungspraktiken und Einstellungen, mittels derer sich die Familie ihrer glücklichen Gemeinschaft versichert.

Rituale funktionieren nur dann, wenn man an sie glaubt. Dabei meint Glauben nicht nur, wie oftmals definiert, ein bloßes Fürwahrhalten. Denn der rituelle familiäre Glaube ist ein emotionaler und körperlicher Glaube, ein Glaube, der in das (familiäre) „Fleisch und Blut" übergegangen und zu einem familiären Habitus geworden ist und der als *implizit ritueller* Glaube auch nicht bewusst zugänglich sein muss – ja, wahrscheinlich als unbewusster Glaube eine größere Wirkmächtigkeit hat. Im Glauben an die Wirkung ihrer rituellen Handlungen entfalten die rituellen Praktiken eine magische, alle Familienangehörigen einbeziehende Atmosphäre kommunitärer Energien, die (generative, pädagogische, emotionale, gemeinschaftliche etc.) Ordnungen stiftet und diesen Ordnungen Bedeutungen und Sinn verleiht. Darüber hinaus erzeugt sie Erwartungen und Handlungsanforderungen und wird schließlich als allgemein beglückend erlebt. Menschen brauchen vielleicht keine Religion im Sinne eines institutionalisierten Systems der Gesellschaft, doch sie brauchen den Glauben an das Heilige – etwa in Form der Idee von einer geglückten Familie, die durch ein heiliges Ritual, eine heilige Szenerie, die symbolisch ihre glückliche oder geglückte Einheit darstellt, immer wieder Bestätigung finden muss. Der Glaube an das Heilige *der* Familie als Glaube an die wenig flexibilisierten Rituale an Weihnachten und Neujahr ist somit ein Glaube an *die* Heilige Familie. Dieser Glaube lässt sich kaum an spezifischen Ritualisierungen wahrnehmbar machen, sondern durchdringt die Praktiken und die Interviews mit den Familien an vielen Stellen (Zirfas 2004b).

Vor allem in den Interviews mit der älteren Generation kommt schließlich eine weitere Form des Glaubens zum Ausdruck, die für die Familienrituale von Belang ist. Da der Glaube an das religiöse Heilige in modernen Familien (vielfach) einer Sakralisierung bzw. einer Sakralität gewichen ist, kommt gelegentlich ein *implizit religiöser* Glaube zum Ausdruck, der die religiösen Einstellungen und Haltungen der Beteiligten und der Gemeinschaft als ein pädagogisches Anliegen versteht: Man möchte gerne der jungen Generation nicht nur die religiös-rituellen Praktiken, sondern vor allem das Gefühl von Religiosität vermitteln. Die Bedeutung des religiösen Glaubens gewinnt dabei einen über das Familienritual hinausgehenden, lebensbegleitenden Sinn, der mit Schutz, Sicherheit und Dankbarkeit verbunden ist. Hierbei kommen Lebenserfahrungen der älteren Generation ins Spiel, die das erfahrene Glück und den Umgang mit dem Unglück noch betont in religiösen Kategorien denken und verstehen. Doch während in früheren Zeiten ein kollektives Umfeld existierte, das einen solchen religiösen Rahmen normativ vorgab und rituell praktisch umsetzte, sind die modernen Familien, die nicht mehr unter dem hohen sozialen Druck einer kollektiven Religiosität stehen, für den durch Religion vermittelten Sinn im hohen Maße selbst verantwortlich. Denn warum besteht die ältere Generation auf den Besuchen der shintoistischen Schreine, warum vollzieht sie dort mit ihren Kindern die notwendigen rituellen Schritte der Waschungen, des Gebets, des Opferns usw.? Warum gehen in Deutschland Eltern mit ihren Kindern in die Kirche und singen sogar zu Hause christliche Weihnachtslieder? Sind diese Praktiken nicht auch als Pädagogisierung von Religiosität zu verstehen? Kommt in ihnen nicht auch der Glaube darin zum Ausdruck, dass Religion dem Leben eine (sozio-moralische) Struktur gibt, ihm Handlungsoptionen eröffnet und Sinn verleiht? Die Kraft und das Glück des

Zusammenseins als Familie wird von der älteren Generation zum Anlass genommen, die jüngere Generation auf die Religion als *eine* bedeutsame Dimension menschlichen Lebens aufmerksam zu machen und sie in ihre Praktiken und Symbole einzuführen.

Mit den verschiedenen Formen des „Glaubens" geht eine Dialektik von Aktivität *und* Passivität einher. Ihm ist nicht nur die Forderung inhärent, sein Glück gemeinsam aktiv herzustellen, sondern auch, sich einander zu öffnen und sich passiv zu verhalten, um dasjenige zu erreichen, das über die subjektiven Intentionen und Handlungsmöglichkeiten hinausgeht. Menschen gestalten die Zeit um Weihnachten und Neujahr, um ein Gefühl von Glück oder Wohlbefinden zu erzeugen, und sie wissen dabei, dass das/ihr Glück in einem hohen Ausmaß nicht von ihnen selbst gewährleistet werden kann. Was für das Kommen Christi oder auch für das von den japanischen Göttern gesandte Glück gilt, gilt auch für das familiäre Glück: Es lässt sich in einem intentionalen Sinne nicht herstellen, sondern nur gemeinsam erleben. Für dieses Glück muss man dankbar sein, weil man es nicht selbst in der Hand hat, sondern es vom anderen abhängig ist. Doch wenn man trotzdem handeln will, obwohl das Ziel des Handelns unverfügbar ist, bleibt der rituelle Glaube.

Erinnern

Familienfeste wie Weihnachten in Deutschland und der Jahreswechsel in Japan werden als Gefühlserlebnisse inszeniert, die dauerhafte Erinnerungen konstituieren, reaktivieren und perpetuieren (sollen). Ihr Sinn- und Bedeutungszusammenhang hat eine kulturelle Prägung, die innerfamiliär ausgestaltet und durch jährliche *Wieder-Holung* des Erinnerungswürdigen performativ bekräftigt wird. Die bewusst inszenierten Feste werden als synästhetische Erlebnisse im (Körper-)Gedächtnis gespeichert; ihre stetige Aktualisierung trägt zur sozialen und kulturellen Identität bei (Wulf 1998; Assmann 2006). Erinnerungen sind Teil der Implikationen eines Rituals und stellen demzufolge eine spezifische Form des Erinnerns dar. In Erinnerungsprozessen amalgamieren Erfahrungen, Erinnerungen und Emotionen zu einem lebensgeschichtlich kohärenten Sinnzusammenhang (Schacter 2001). Aus kulturanthropologischer Perspektive erhalten sie dabei ihre sozio-kulturelle Ausprägungsform.

Familienfeste zeichnen sich durch ihre *synchrone und diachrone Mehrdimensionalität* aus. Sie verbinden Vergangenheit, Gegenwart und Zukunft zu einem konsistenten Bild, insofern sie Kontinuität vermitteln und gesellschaftliche Repräsentationen von Weltentwürfen darstellen (Wulf 2011). Weihnachten in Deutschland und der Jahreswechsel in Japan verweisen auf Konzepte des Glücks und der Religiosität, denn sie werden im Rahmen der Familie gefeiert und stellen implizite wie explizite Bezüge zur Transzendenz her. Sie tragen zur Weitergabe und Weiterentwicklung kulturellen und familialen Wissens bei, indem spezifische Erinnerungen wachgehalten und immer wieder aktualisiert werden. Erinnertes gibt Vertrauen in Beständigkeit und wird im Wandel der Zeit immer wieder mit Neuem vermischt, verändert oder ersetzt. Das Neujahrsfest in Japan macht deutlich, wie Traditionen auf verschiedene Weise gepflegt und modifiziert werden. Die in der Stadt lebende japanische Kleinfamilie passt das Neujahrsfest zwar dem Großstadtleben an, behält aber traditionelle Elemente wie die Teilhabe der Großeltern oder den Besuch des Tempels bei. Auch auf dem Lande wandeln sich Traditionen. Die Frauen im Dorf der Odas fügen dem traditionellen Ablauf neue Elemente hinzu, indem sie nicht mehr wie früher am Neujahrsmorgen wechselseitig das ganze Dorf in ihrem Haus bewirten und stattdessen mehr Zeit mit ihren Familien verbringen wollen. Und in der Vier-Generationen-Familie im Dorf Ibuki werden traditionelle Elemente mit neuen vermischt. Die Erfahrungen der Familie des Schwagers und besonders die der Cousinen aus der fernen Großstadt werden mit Erlebnissen auf dem Lande verbunden und als Erinnerungen an die Heimat kommuniziert. Das Weihnachtsfest in Deutschland hat ebenfalls familiale Ausprägungen, die sich zum Teil erheblich voneinander unterscheiden. Während eine Familie die Weihnachtsgeschichte in drei Varianten verliest und damit inhaltlich-formal unterschiedliche Rahmungen setzt, eröffnet die andere Familie dem nicht religiösen Freund der Tochter mit der Art des Feierns eine christlich-traditionelle Perspektive, die in ihm positive Erinnerungen weckt und die er nun zum zweiten Mal mitträgt. Auch die nicht-religiöse Gemeinschaft der Patchwork-Familie greift bei der Durchführung des Festes auf Traditionen der christlich-abendländischen Kultur zurück.

Familienfeiern fördern in besonderer Weise den familialen Zusammenhalt, indem sie performativ auf geteilte Werte und das persönliche Glück verweisen. Gemäß der Funktion von Ritualen dienen sie der Erneuerung, Bekräftigung und Differenzbearbeitung der Gemeinschaft. Auf der Basis gemeinsamer Erlebnisse und Erfahrungen wird die Familie zu einer generationsübergreifenden *Erinnerungsgemeinschaft* (Lottes 2005, S. 177). Durch eine gemeinsame Erinnerungspraxis wird ihre spezifische Familienidentität etabliert, insofern die individuellen Erinnerungen der Familienmitglieder ähnliche Formen und Inhalte aufweisen. In der gemeinsamen Erinnerungspraxis werden Inhalte vermittelt, die in bestimmten Praktiken ihre performative Bedeutung erhalten. Beim Weihnachtsfest in Deutschland verknüpft eine Familie das extensive gemeinsame Liedersingen mit glücklichen Erinnerungen; eine andere Familie schafft sie sich durch intensives Beisammensein während des Geschenkeaustauschs. Die Patchwork-Familie hat noch keine Erfahrungen mit gemeinsamen Familienfesten wie Weihnachten; infolgedessen kann sie nicht auf eine gemeinsame Erinnerungspraxis rekurrieren. Aus Rücksichtnahme auf die neuen Partner werden Erinnerungen an glückliche Momente in ihren „früheren“ Familien ausgespart. Deshalb bedienen sich die Familienmitglieder kulturell geformter, konsensfähiger Erinnerungsmuster und Erfahrungen, die sie auf die neue Situation transferieren, um aus den einzelnen Elementen Neues zu schaffen. Über einen standardisierten Ablauf, die Raumgestaltung und die Figur des Weihnachtsmannes gewinnt die Familie Sicherheit im Umgang miteinander. Auch in Japan hat jede Familie ihre eigene Erinnerungspraxis, mit der sie sich von den anderen Familien unterscheidet. Diese dokumentiert sich unter anderem in der Zusammensetzung und Zubereitung der Speisen; jede Familie hat ihre charakteristische Würzung. Für die Großeltern Oda stellt die gemeinsame Vorbereitung und Herstellung der *mochi* mit den Enkelkindern eine glückliche Erinnerungspraxis dar, die sie jedes Jahr durchführt. Mit den positiven Erfahrungen bildet sich im Laufe der Zeit eine Erwartungshaltung heraus, mit der Erinnerungen bestätigt, modifiziert oder enttäuscht werden können. Die Erwartungshaltung evoziert nicht nur glückliche Erinnerungen an die Vergangenheit, sondern erzeugt Vorfreude auf das Fest und die damit verbundenen familialen Praktiken. Dies wird in der Familie Nakamura deutlich, die nur zweimal im Jahr mit der weit entfernt lebenden Familie des zweiten Sohnes zusammentreffen kann. Die japanische Kleinfamilie in der Großstadt fügt ihren Erinnerungen an einen geruhsamen Jahreswechsel in diesem Jahr eine Erfahrung hinzu, indem sie die fremden Forscher teilhaben lässt. Angesichts eines Mangels an Reisemöglichkeiten können sie ihren Kindern auf diese Weise ein außergewöhnliches Erlebnis und glückliche Erinnerungen verschaffen.

Familien „erzählen“ ihre Geschichte(n); sie tradieren über symbolische, sprachliche oder körperlich-sinnliche Kommunikationsformen eine familienspezifische Erinnerungspraxis. Diese ist in eine *narrative Struktur* eingebettet (Hahn 2010a, 2010b). Nur im Rahmen sprachlicher Möglichkeiten und kulturell geprägter Ausdrucks- und Erzählformen sind Erinnerungen begrifflich fassbar und konsensfähig. „Familienwissen“ wird in deutenden, erzählenden Erinnerungen über die Generationenfolgen hinweg tradiert. Im Sinne einer generativen Verständigung beinhaltet die Erinnerungspraxis eine Zukunftsperspektive, mit der die Familienidentität immer wieder bestätigt wird und die nachfolgende Generation Vorstellungen über die eigene zukünftige

Lebensgestaltung herausbildet (Welzer 2002). Dies wird insbesondere in den Familieninterviews deutlich, in denen alle Erwachsenen auf ihre eigenen positiven Kindheitserinnerungen rekurrieren. In mimetischen Bezugnahmen versuchen sie, emotionale Erinnerungen und Lebenserfahrungen zumindest teilweise in die aktuelle Lebensgestaltung zu integrieren. Darüber hinaus wünschen sie sich eine glückliche Zukunft für ihre Kinder, deren Grundlagen sie im Glück der Gegenwart schaffen wollen. Im gemeinsamen Vollzug des Festrituals werden die jeweiligen Familienentwürfe performativ in Szene gesetzt und sinnlich erfahrbar gemacht. In diesem Sinne verweisen Fotos als Teil der Erinnerungspraxis auf glückliche Momente mit und in der Familie. Ihr ikonischer, bildhafter Charakter dient dazu, glückliche Erinnerungen jederzeit bewusst abrufbar zu machen und sie emotional in den Familienzusammenhang zu stellen (Spektrum der Wissenschaft 2011).

Erinnerungen an Weihnachten und das Neujahrsfest heben sich aus dem Fluss des Alltags heraus. Sie konkretisieren Konzepte wie Familie und Transzendenz als erfahrbare Realitäten, deren kulturelle Formung und familiale Prägung im *modus operandi* sichtbar wird. Sie sind kulturell geformt und familienspezifisch geprägt. In Familienfesten verdichten sich emotionale Erfahrungen der Zugehörigkeit, Verlässlichkeit und des Vertrauens, die sich als Erinnerungen im Körpergedächtnis einschreiben. Sie umfassen in besonderer Weise die Dimensionen *Körper-Zeit-Raum*. Die *körperliche Präsenz* der Beteiligten ist ein wichtiger Aspekt der Wirklichkeitserzeugung. Um mit der Familie zusammen zu sein, nehmen die nicht in der Nähe wohnenden Familienmitglieder auch lange Reisewege auf sich. Körperliche Nähe wird durch die gemeinsamen Aktivitäten hergestellt, die in der japanischen Familie auf dem Lande sogar mit dem Aufschlagen eines gemeinsamen Futon-Lagers intensiviert wird. Oftmals wird der Körper mit besonderer Kleidung geschmückt. Darüber hinaus registriert das Gedächtnis familienspezifisch erzeugte Stimmungen sowie Wahrnehmungen optischer, akustischer, geschmacklicher und olfaktorischer Art. Über die Körpersinne prägen sie sich als emotional gefärbte Erinnerungen und Imaginationen ein. Auch *Zeit* und *Raum* werden konkretisiert. Als herausgehobene *Zeit* werden Erinnerungen an Weihnachten und den Jahreswechsel mit einer Reihe von Konnotationen in Verbindung gebracht, die *Natur* und *Kultur* miteinander vereinen. Jahreszeit und das Klima spielen dabei ebenso eine Rolle wie religiöse sowie diachrone, synchrone und zukunftweisende Bezüge. Diese konkretisieren sich in einer Reihe von Praktiken, die zeitlich gerahmt sind und als konsistente Ereignisse memoriert werden können. Dazu gehören das familiale Zusammensein, das gemeinsame Essen, der Tempel-, Schrein- oder Kirchbesuch oder die Geschenkzeremonie.

Eng damit verbunden ist die Konkretisierung und Überhöhung des *Raums*. Er wird mit Hilfe von außeralltäglichen Symbolen feierlich gestaltet, deren Bedeutungen als emotionale Eindrücke im Gedächtnis gespeichert werden. Der Wechsel der Räume vom Heim zum Tempel, Schrein, Friedhof oder zur Kirche verweist auf die Mehrdimensionalität von Raumerfahrungen, die Heiliges und Profanes mit einbeziehen. Familie wird als engste soziale Einheit räumlich inszeniert und in einen höheren Zusammenhang gestellt, aus dem heraus Glück entstehen kann.

Die „Inszenierung des Glücks" und die damit verbundene Erinnerungspraxis machen Repräsentationen familienspezifischer Lebensentwürfe sinnlich-körperlich erfahrbar. Erinnern als ein aktiver Prozess impliziert Selektion, Modifikation und (Re-)Konstruktion von Erinnerungen. Sie sind sozio-kulturell geformt, ihr Sinn- und Bedeutungszusammenhang wird in mimetischen Bezugnahmen übermittelt. Als Erinnerungen, Imaginationen und Fiktionen werden sie im (Körper-)Gedächtnis gespeichert und bilden Erwartungen und Vorstellungen an die Zukunft heraus.

Zusammensein

Das Glück der Familie besteht vor allem darin, dass alle Familienmitglieder in wechselseitiger Offenheit füreinander beisammen sind. Das rituelle Arrangement von Familienfesten soll dazu führen, dass sich Kinder und Erwachsene wohlfühlen. Eltern und Großeltern erleben das Familienglück dadurch, dass ihre Kinder und Enkel bei ihnen sind. Wenn die Kinder glücklich sind, erfreuen sich die Angehörigen der älteren Generationen an ihnen und fühlen sich wohl. Zum Glück der Kinder gehört es, dass sich ihre Eltern und Großeltern an ihnen erfreuen und sie so auch zum familiären Glück beitragen. Die Ritualisierung der Familienfeste zielt darauf, Situationen zu schaffen, in denen die Emotionen zwischen allen Anwesenden fließen und eine familiale Gemeinsamkeit entsteht, die alle als beglückend erleben. Diesem Fluss der Emotionen liegt ein mimetischer Prozess zugrunde, in dem sich die Emotionen der einzelnen Familienmitglieder auf die Emotionen der anderen beziehen. Im Verlauf dieses Prozesses können die Emotionen einander ähnlich werden, sich intensivieren und in der Folge Gemeinsamkeit herstellen (Wulf 2005a). So unterschiedlich die Angehörigen einer Familie an den jeweiligen Festritualen beteiligt sind, allen rituellen Sequenzen und Elementen ist gemeinsam, dass sie dazu beitragen sollen, Emotionen des Wohlbefindens und Glücks zu erzeugen. Trotz der Unterschiede zwischen den Familien in Deutschland und

Japan und innerhalb jedes Landes zielen alle familiären Festrituale darauf, die Gemeinsamkeit der Familie so zu gestalten, dass sie von allen als wohltuend und beglückend erlebt wird.

Wenn es den Familienangehörigen gelingt, sich aufeinander einzuspielen, so ist dies auch eine Folge der aufeinander gerichteten körperlichen Bewegungen, durch die sie einander affizieren, so dass eine „Zwischenkörperlichkeit" entsteht, an der alle beteiligt sind. Rituelle Handlungen und Gesten ordnen die wechselseitigen mimetischen Bezugnahmen, erzeugen Nähe und Resonanz zwischen den Familienangehörigen. Es entstehen Wir-Gefühle und Empathie. Wegen ihrer Körperlichkeit und Sinnlichkeit wirken sich diese Gefühle in den deutschen wie in den japanischen Familien auf die Gemeinschaft und ihr Wohlbefinden aus.

Emotionen des Wohlbefindens und Glücks werden in familiären Gemeinschaften durch eine Reihe von Elementen geschaffen, die einen über einzelne Kulturen hinausreichenden transkulturellen Charakter haben. Diese Elemente erzeugen eine als wohltuend oder sogar als beglückend erlebte körperliche und psychische Nähe zwischen den Familienangehörigen. Bei der Familie Oda werden diese Gefühle vor allem durch das gemeinsame Essen erzeugt. Bei der Familie Schultz entsteht familiäre Nähe beim Austausch von Geschenken. Alle Familienmitglieder drängen sich in der Sitzecke des Wohnzimmers vor dem Weihnachtsbaum aneinander, so dass ein „kollektiver" Familienkörper entsteht. In vielen Familien sind es ausgeprägte religiöse Praktiken, die die Familienmitglieder in eine Tradition stellen und verbinden. In Deutschland und Japan geschieht dies in ähnlicher Form. Beim Weihnachtsfest ist es der gemeinsame Besuch einer Kirche, beim Neujahrsfest der gemeinsame Besuch eines Shinto-Schreins und/oder eines buddhistischen Tempels, der die Familie in eine Beziehung zur Transzendenz bringt. Für das Sich-miteinander-Wohlfühlen spielen gemeinsame Erinnerungen eine wichtige Rolle. Erzählungen von vergangenen Familienfesten und Vorstellungen von zukünftigen tragen dazu bei, die Kontinuität der Familie in Vergangenheit, Gegenwart und Zukunft zu bestätigen.

Im Zentrum familiären Glücks stehen das körperliche und psychische Zusammensein der Familienmitglieder, der gemeinsame Ort des Festes und die an ihm miteinander verbrachte Zeit. Bei Festen haben die Familienangehörigen mehr Zeit füreinander; auch verbringen sie ihre Zeit anders miteinander als an gewöhnlichen Tagen. Ihr Zusammensein wird weniger durch chronokratische Zeitarrangements bestimmt; stattdessen wird die gemeinsam verbrachte Zeit stärker rhythmisiert. Eine Dynamik familiären Zusammenseins entsteht, für deren Genuss der harmonische Wechsel zwischen unterschiedlichen

Handlungen wichtig ist. Sequenzen gemeinsamen Essens folgen religiösen Praktiken; familiäre Gespräche schließen an Situationen gemeinsamen Spielens mit den Kindern an; Momente stillen Beieinanderseins folgen Phasen intensiver Kommunikation. Mit der Ritualisierung der Zeit und der familiären Praktiken entstehen bei den Familienangehörigen ähnliche Emotionen, die an Festtagen gemeinhin durch Zuneigung, Zuwendung und Vertrauen bestimmt sind. Wenn alle Familienangehörigen füreinander offen sind, dann berühren sie sich körperlich und seelisch. Dann schaffen ihre Handlungen einen familiären Raum, in dem jeder die Möglichkeit hat, seine Emotionen auszudrücken und darzustellen und in dem die Emotionen der anderen Familienmitglieder aufgenommen, gespiegelt und modelliert werden.

Die Emotionen der Gemeinsamkeit und des Zueinander-Gehörens werden mit den Sinnen erzeugt und kommuniziert. Familien sind Geschmacks-, Geruchs-, Berührungs-, akustische und visuelle Gemeinschaften. Beim gemeinsamen Essen sitzen die Familienangehörigen beieinander, in Deutschland an einem hohen Esstisch auf Stühlen, in Japan an einem niedrigen Esstisch am Boden. Im ersten Fall weisen Stühle den Familienmitgliedern individuelle Sitze zu; im zweiten Fall sitzen die Familienangehörigen an einem niedrigen Tisch gemeinsam auf dem Boden. Mit dem Stuhl wird ein individueller Platz markiert, auf dem Boden ein kollektiver Raum besetzt (Eickhoff 1993). Diese Unterschiede haben Einfluss auf das *Wie* der gemeinsamen Mahlzeit. Wenn alle Familienangehörigen gemeinsam eine Mahlzeit zu sich nehmen, essen sie die gleichen Speisen und haben ähnliche einander verbindende *Geschmackserlebnisse*. In traditionellen japanischen Familien bemühen sich die Schwiegertöchter nicht nur darum, die für den Neujahrstag erforderlichen besonderen Speisen zuzubereiten, sondern sogar darum, deren Geschmack so zu arrangieren, wie es in der Familie Tradition ist, in die sie eingeheiratet haben. Die Sorge darum, den „Familiengeschmack" zu treffen, ihn in den Kindern zu inkorporieren und ihn als Merkmal der Familie zu bewahren, ist Ausdruck eines impliziten Wissens davon, wie wichtig der Geschmack des Essens für die Herausbildung familiärer Identität ist. Beim Weihnachtsfest gibt es ähnliche traditionelle Gerichte wie Karpfen, Enten oder Gänse, die jahrzehntelang in Familien kultiviert werden. Auch hier gibt es ein implizites Wissen darüber, wie wichtig die Erhaltung und Bestätigung eines gemeinsamen Geschmacks für die Erzeugung von Emotionen familiärer Zugehörigkeit sind.

Auch der *Geruch* ist ein wichtiger Nahsinn für die Erzeugung der familiären Emotionen des Zueinander-Gehörens (Diaconu 2005). In enger Verbindung mit dem Geschmack spielt er bei der Zubereitung und Einnahme des Essens eine wichtige Rolle. Für das Weihnachtsfest ist der Geruch des Gebäcks, des

Festessens und der Kerzen charakteristisch. Infolge der besonderen Speisen und Gerüche haben Wohnungen und Häuser in diesen Festtagen einen besonderen Duft, der den alltäglichen Geruch überlagert, der in enger Verbindung mit den dort lebenden Menschen steht und der sich von Familie zu Familie unterscheidet. Wie sehr der Geruch mit Emotionen verbunden ist, zeigt z. B. der Hinweis darauf, dass man jemanden nicht riechen könne. Zu Familienfesten werden daher nach Möglichkeit auch nur die Menschen eingeladen, die einander riechen können. Anderenfalls ist es schwierig, eine familiäre Gemeinschaft zu schaffen, in der alle sich wohlfühlen.

Familiäre Gemeinschaften entstehen auch dadurch, dass sich die Familienangehörigen *berühren*. Berührungen sind die Folge körperlicher Bewegungen, in denen es zu einer Überlagerung von Berühren und Berührtwerden kommt. Wer ein anderes Familienmitglied berührt, wird bei der gleichen Handlung durch den Anderen berührt. Daher bietet die Berührung eine besondere Möglichkeit, Zuneigung, Nähe und Gemeinsamkeit auszudrücken und zu erfahren. Bei Familienfesten spielt das Berühren der Kinder und das von ihnen Berührt-Werden für das Wohlbefinden eine wichtige Rolle. Je kleiner die Kinder sind, desto ausgeprägter ist der Wunsch nach Berührung. Beim Essen, Spielen und Schenken dienen Berührungen dazu, eine körperbasierte emotionale Nähe herzustellen. Durch Berührungen machen sich kleine Kinder nicht nur mit anderen Menschen vertraut; sie betasten auch Gegenstände wie die Geschenke und fordern die Erwachsenen auf, in gemeinsamem Spiel dies ebenfalls zu tun. So bietet der Austausch der Geschenke in einer der deutschen Familien die Gelegenheit, dass sich Eltern und Kinder berühren, um einander Freude, Nähe, Dankbarkeit und Verbundenheit auszudrücken.

Auch das *Hören* spielt für die Erzeugung gemeinsamer familiärer Emotionen eine wichtige Rolle. Im Vernehmen der Weihnachtsgeschichte und im Singen und Hören der Weihnachtslieder entsteht in vielen Familien ein allen vertrauter Hör-, Gefühls- und Erlebnisraum. Alle Familienangehörigen werden auf eine seit Generationen erzählte Geschichte und auf die mit ihr verbundenen Lieder eingestimmt, die mit der Vertrautheit und dem Glück der frühen Kindheit verbunden sind. Singen, Hören und Lesen aktivieren die mit der Kindheit verbundenen Dispositionen, solche Situationen als familiäres Glück zu erleben. Beim gemeinsamen Beten in den Shinto-Schreinen und den buddhistischen Tempeln des Dorfes, vor dem buddhistischen Familienaltar im Wohnzimmer und beim Besuch des Familiengrabes wird dies deutlich. Bei diesen Anlässen lauschen die Familienangehörigen den heiligen Texten und lassen sich von ihrem sakralen Charakter erfassen. In ihren Gesprächen entsteht ein familiärer *Hörraum*, in dem sich Sprecher und Zuhörer geborgen fühlen. Aufgrund vieler pädagogischer und therapeutischer Erfahrungen ist bekannt, wie wichtig das Zuhören für die Entfaltung des Sprechens ist. Kinder entwickeln ihre Fähigkeit zu sprechen, wenn sie Gehör finden. Emotionale Zugehörigkeit entsteht, wenn es einen familiären *Resonanzraum gibt*. Über den Gehörsinn erfahren wir den Raum der uns umgebenden Welt, spüren wir in den Stimmen die Alterität anderer Menschen und empfinden wir die Resonanz unseres Körpers. Mit seiner Hilfe gelangt der Andere in unser „Inneres" und ermöglicht es uns, ihn mit seiner Stimme zu erfahren. Die Ohren lassen sich nicht schließen; sie sind offen und verbinden uns mit der Umwelt und anderen Menschen; das Hören ist der soziale Sinn.

Dem in beiden Kulturen dominanten *Sehsinn* kommt für die Entwicklung der familiären Gemeinschaft ebenfalls zentrale Bedeutung zu. Mit Hilfe des Sehens wird der Unterschied zwischen dem familiären Alltag und der Inszenierung des familiären Festtages wahrgenommen. Das weihnachtliche bzw. neujährliche Arrangement des Wohnzimmers wird gesehen. Mehr als an anderen Tagen besteht an Festtagen auch die Möglichkeit, die anderen Familienmitglieder in Muße wahrzunehmen. Visuelle Bewegungen der Zuwendung und Fokussierung entstehen, an die Emotionen gebunden sind. Im Einander-Sehen spürt jeder den anderen. Wenn sich Familienangehörige anschauen, drücken sich dabei Emotionen aus, an Festtagen meistens Emotionen der Zuneigung und Wertschätzung. Häufig übernimmt der Gesichtssinn Kontroll- und Korrekturfunktionen. Das Spektrum der Blicke, die Unterschiedliches ausdrücken, suchen und erfahren ist groß; ihr chiastischer Charakter verhindert häufig ihre Eindeutigkeit.

Jeder einzelne Sinn vermittelt genuine Erlebnisse und führt dazu, dem Einzelnen eine sinnliche Gewissheit seiner Familie und seiner selbst zu geben. Mit Hilfe der Verschränkung unterschiedlicher sinnlicher Erfahrungen entstehen Sinn und Bedeutung familiärer Identität. Erwin Straus fasst diesen für die familiäre Erfahrung konstitutiven Sachverhalt so: „Das Gegenwärtig-Sein des sinnlichen Empfindens – und damit das sinnliche Empfinden überhaupt – ist das Erleben des Mit-seins, das sich zum Subjekt und zum Gegenstand hin entfaltet. Der Empfindende hat nicht Empfindungen, sondern indem er empfindet, hat er sich selbst" (Straus 1956, S. 272). Sich sinnlich in der familiären Gemeinschaft zu erfahren, schafft das Wohlbefinden des Einzelnen und zugleich das Glück der Familie.

Glossar

Religion

Buddhismus

Der Buddhismus ist eine Lehrtradition und Religion, die ihren Ursprung in Indien hat, seit langem aber auch in Japan weit verbreitet ist. Nach der buddhistischen Lehre ist jedes Lebewesen einem endlosen Kreislauf von Geburt und Wiedergeburt unterworfen. Ziel von Buddhisten ist es, durch ethisches Verhalten, die Kultivierung der Tugenden, die Praxis der Meditation und die Entwicklung von Mitgefühl und Weisheit aus diesem Kreislauf herauszutreten. Auf diesem Weg sollen Leid und Unvollkommenheit überwunden und der Zustand des Nirwana realisiert werden.

Jodo-Shinshu-Buddhismus („Buddhismus der wahren Schule des reinen Landes")

Gegründet 1224 als eine der vier Schulen des Buddhismus. Übersetzt heißt der Name so viel wie „Wahre Schule des Reinen Landes". Diese Schule stellt neben dem Zen- und dem Nichiren-Buddhismus die größte Strömung innerhalb des japanischen Buddhismus dar. Im Zentrum dieser Lehre steht das Vertrauen in den transzendenten Buddha Amitabha und die Hoffnung auf eine Wiedergeburt in seinem „Reinen Land". Die Lehren des Jodo-Buddhismus finden wegen ihrer großen Einfachheit Anhänger in allen japanischen Gesellschaftsschichten.

Shintoismus (Shinto)

Japanischer Naturglaube. Shintoismus ist eine fast ausschließlich in Japan praktizierte Religion, die neben dem Buddhismus eine der beiden Hauptreligionen des Landes ist. Der Shintoismus geht von einer Vielzahl Gottheiten oder *kami* aus, die mannigfaltige Gestalt annehmen können, wie etwa die von Menschen, Tieren, Gegenständen oder auch abstrakten Wesen. Im Ritus des Shintoismus findet die Verehrung der Götter in einem Schrein statt. Es gibt jedoch keinen heiligen Text und auch keine Glaubensvorschriften. Für Japaner bedeutet es daher auch keinen Widerspruch, sowohl buddhistischen wie shintoistischen Ritualen zu folgen. In den vielen shintoistischen Ritualen, die den japanischen Alltag durchziehen, werden Reinheit, Ehrfurcht und Verbundenheit mit der Natur und den Vorfahren praktiziert. Eines der wichtigsten shintoistischen Rituale ist der Schreinbesuch zu Neujahr.

saisenbako
Eine Art Kasten für die Spendenkollekte in einem Shinto-Schrein. Der Deckel dieser Spendenvorrichtung besteht aus einem Gitter, welches einerseits erlaubt, Geld leicht einzuwerfen, gleichzeitig aber einen Diebstahl der Spendengaben verhindert.

temizu-ya (chōzuya)
Eine Wasserstelle aus Stein am Eingang des Shinto-Schreins, an der die Besucher sich vor dem Beten säubern können. Das ständig laufende Wasser fließt normalerweise durch das Steinbecken, und ein Schöpflöffel aus Bambus oder Holz wird zur Verfügung gestellt. Man reinigt sich beide Hände und den Mund, bevor man schließlich in den Hauptschrein zur Gottesverehrung geht.

Zum traditionellen japanischen Haus

tatami
Aus Reisstroh gefertigte Matten, die meist eine Einheitsgröße haben. Die Größe einer Wohnung wird oft in *tatami* angegeben.

futon
Bewegliche Matratzen, die tagsüber meist zusammengerollt im Schrank aufbewahrt und zur Nacht auf dem *tatami*-Boden ausgelegt werden.

kotatsu
Ein beheizter, niedriger Tisch in japanischen Häusern, der bis heute eine der wichtigsten Wärmequellen im Winter und gleichzeitig einen Ort der familiären Gemeinsamkeit darstellt. An der Unterseite der Tischplatte befindet sich ein mit einem Drahtgitter geschützter kleiner Radiator, der den Bereich unter dem Tisch heizt. Auf dem niedrigen Tisch liegt eine große, dicke Decke, die bis auf den Boden reicht und unter die man seine Beine stecken kann. Oft liegt auf der Decke eine zweite Tischplatte. Da japanische Häuser wenig beheizt sind, sitzt die Familie an den Neujahrstagen gern am *kotatsu* zusammen.

tokonoma
Eine Nische, die etwa 50 cm tief und 1–2 m breit ist. *Tokonoma* sind meist mit Gegenständen wie einer hängenden Schriftrolle *(kakemono)* oder einem aus Papier kunstvoll gefalteten Blumenschmuck *(ikebana)* ausgestattet. Sie entstanden während der Muromachi-Zeit (14. bis 16. Jahrhundert) und gehen auf den Buddhismus zurück.

Vorbereitungen zum Neujahrsfest
Vor den Neujahrstagen liegt in der Regel eine extrem geschäftige Jahresendzeit, in denen Karten geschrieben, Großputz gemacht, Unerledigtes erledigt und die Speisen für die Neujahrstage vorbereitet werden, da es nicht gut für die *kami* der Küche ist, wenn in den ersten drei Neujahrstagen dort gekocht wird.

joya
Dies ist die letzte Nacht des ausgehenden Jahres.

kami
Im Zentrum des Shintoismus steht die Verehrung geistiger Kräfte, der *kami*. Als *kami* werden nicht nur mythisch-göttliche Figuren gesehen, sondern auch eindrucksvolle Berge, Tiere oder große historische Persönlichkeiten.

kagamimochi
Eine Art Reiskuchen, der als Dekoration dient. Er besteht aus einem breiteren runden Reiskuchen *(mochi)* als Basis, auf dem ein etwas kleinerer, ebenfalls runder Reiskuchen aufliegt. Ganz oben findet sich oft noch eine japanische Bitterorange *(daidai)*. *Kagamimochi* ist nach einem Spiegel benannt, der im shintoistischen Ritus verwendet wird, denn dieser Spiegel ist ebenfalls rund.

kadomatsu
Kunstvolle Gestecke aus Kiefernzweigen und Bambus, am Hauseingang aufgestellt oder aufgehängt, um dort die Götter und die Seelen der Ahnen willkommen zu heißen, die auf den Zweigen einkehren. Der Brauch in seinem ursprünglichen Sinn hat mit der Zeit seine Form verändert. *Kadomatsu* werden auf beiden Seiten des Eingangs aufgestellt und repräsentieren das Weibliche und das Männliche. Eine wichtige Rolle spielt dabei der Gott *nogami* (ein Gott, der die Orte beschützt), der auch durch die *kadomatsu* empfangen wird. Zudem symbolisieren Kiefernzweige ein langes Leben. Nach dem 15. Januar wird

diese Dekoration im Schrein verbrannt, um die angesprochenen *kami*, Neujahrsgottheiten und Ahnen zu befreien und friedlich zu stimmen.

omisoka
Silvester, letzter Tag des Jahres. Anders als in Europa ist Silvester in Japan eher ein familiärer Feiertag. Traditionell bleibt man in der Silvesternacht wach, in weniger traditionellen Familien in der Großstadt oder mit kleineren Kindern schläft man einige Stunden. Das Neujahrsfest wird in vielen Regionen und von zahlreichen religiösen Institutionen gefeiert. Der letzte Tag im japanischen Jahr wird oft mit Vorbereitungen für die Neujahrstage verbracht. Kurz vor Mitternacht wird eine besondere Nudelsuppe serviert. Viele Japaner beten an Tempeln oder Schreinen und wärmen sich mit grobem süßen *amazake*, oder sie verfolgen im Fernsehen einen mehrstündigen Gesangswettstreit. Im Anschluss daran werden meist Szenen aus den berühmten Tempeln des Landes übertragen.

susuharai
Rituelle Reinigung der Tempel und Häuser. Traditionell werden dabei am 13. Dezember, als Vorbereitung auf den Empfang des Gottes des neuen Jahres, zunächst der buddhistische und der shintoistische Altar gesäubert. In den Tempelhallen schlagen die Mönche dabei mit Schlägeln den Staub aus den *tatami*-Matten. Die Idee von *susuharai* ist, dass die Menschen körperlich und psychisch gereinigt werden.

shimenawa
Bänder, mit denen das Haus dekoriert wird, um unheilbringende Kräfte von ihm fernzuhalten. Sie sind aus Reisstroh und weißem, in Zick-Zack-Muster gefaltetem Papier geflochten. In ihrer Größe können sie stark variieren. Oft sind *shimenawa* auch an Schreinen zu finden.

toshikoshi
Das Hinübergehen vom alten ins neue Jahr.

Neujahr

akemahite omedeto gosaimasu
„Glückliches neues Jahr!"

shogatsu
Das Wort heißt ursprünglich „der erste Monat des Jahres" und steht in diesem Zusammenhang auch für die damit verbundenen Feierlichkeiten. Umgangssprachlich wird der Begriff verwendet, um den Neujahrstag oder den 1. bis 3. Januar zu bezeichnen. Das japanische Neujahrsfest findet seit 1875 am ersten Januar statt und stellt eines der wichtigsten japanischen Feste dar. Es wird traditionell mit dem Läuten der Glocken buddhistischer Tempel eingeläutet. Sie läuten 108mal und sollen die Menschen von den 108 im Buddhismus unterschiedenen Sünden befreien, mit denen sie sich im vergangenen Jahr belastet hatten. An den folgenden Neujahrstagen werden Besuche abgestattet, Neujahrskarten gelesen, Neujahrsessen gegessen und traditionelle Neujahrsspiele wie Drachensteigen, Kreiseldrehen *(koma)* und ein Kartenspiel *(karuta)* gespielt. In diesen Tagen werden die Beziehungen zur Familie gepflegt. Die meisten Geschäfte sind in Japan an den Neujahrstagen geschlossen.

hatsuhinode
Der erste Sonnenaufgang im neuen Jahr.

hatsu-moude
Das „erste Gebet" im neuen Jahr in einem shintoistischen Schrein oder buddhistischen Tempel. Am ersten Tag des neuen Jahres geht man meist zusammen mit der Familie oder Freunden zum buddhistischen Tempel und/oder Shinto-Schrein. Bei dieser Gelegenheit wird für gewöhnlich um göttlichen Schutz und persönliches Glück für das neue Jahr gebetet, dem jeweiligen Heiligtum ein wenig Geld gespendet und oft erwirbt man auch neue Talismane oder Glückszettel.

hatsuyume
Der erste Traum, den man im neuen Jahr träumt, hat eine Bedeutung für das kommende Jahr. Dabei gibt es traditionell drei Traumsymbole, die Glück für das neue Jahr verheißen: der Berg Fuji, der Adler und die Aubergine.

kakizome
Neujahrs-Kalligrahieren. Am zweiten oder dritten Tag des neuen Jahres wird in Japan traditionell kalligraphiert, wobei die Zeichen, die dabei gezeichnet werden, ähnlich einem Wunsch oder guten Vorsatz zu Silvester in Deutschland, einen Bezug zum neuen Jahr herstellen.

omikuji
Zettel mit Orakelsprüchen, die an Shinto-Schreinen erworben werden können. Sie fallen in eine von zwölf Glückskategorien von *kyo* (Unglück), *shokichi* (kleines Glück), *chukichi* (mittleres Glück) bis hin zu *daikichi* (großes Glück). Zettel, die Unglück voraussagen, können bei einer Kiefer auf dem Schreingelände befestigt werden, dass es noch warte. Die Worte für Kiefer und für Warten klingen im Japanischen gleich. Kiefernzweige stellen eine Verbindung zu den Göttern dar.

o-saisen
Geldspende, die man im Schrein oder Tempel abgibt.

o-toshidama
Ein Geldgeschenk, das Kinder von ihren Verwandten zum neuen Jahr erhalten. Es wird in kleinen verzierten Umschlägen überreicht.

sonento
Die erste Hauptversammlung der Familienoberhäupter im neuen Jahr.

wakamizu
So wird das Wasser genannt, das der Hausvater im neuen Jahr traditionell von einer Wasserquelle holt und welches am Hausaltar zum Beten verwendet wird.

Essen zum Jahreswechsel

Osechi-ryōri, kurz *Osechi*

Traditionelle japanische Neujahrsgerichte werden in kleinen Holzschachteln aufbewahrt und nach Neujahr über drei Tage verteilt gegessen. Mit den Speisen wird auch das Glück, welches sie symbolisieren und verheißen, einverleibt. Wird bei dieser Mahlzeit etwas übrig gelassen, gilt dies als ungünstiges Zeichen. Dabei entsprechen die Gerichte verschiedenen symbolisierten Wünschen. *Osechi* werden traditionell selbst zubereitet, allerdings gibt es sie heutzutage auch in Spezialitätengeschäften und Lebensmittelläden zu kaufen.

daidai

Japanische Bitterorange (in einer Lesart „von Generation zu Generation“), symbolisiert den Wunsch nach Kindern.

kazunoko

Die Eier des Heringsrogen kleben in einem etwa zwei mal zehn Zentimeter langen goldgelben Streifen zusammen. Der Ausdruck „Kazu no ko“ setzt sich aus den Zeichen für „Zahl“ und „Kinder“ zusammen und soll im Neujahrsessen Kindersegen symbolisieren.

konbu

Eine Art Seetang, steht für Freude.

kurikinton

Maronenpaste

kuro-mame

Das Wort für Bohne, „mame“, bedeutet auch Gesundheit.

mochi

Reiskuchen, symbolisiert Glück.

nimono

Ursprünglich bestand das Neujahrsessen schlicht aus mit Zucker, süßem Reiswein und Sojasauce gekochtem Gemüse. Es hält sich über mehrere Tage. Auch beim sehr variationsreichen heutigen Neujahrsessen gehört gekochtes Gemüse dazu. Es werden besonders Shiitake-Pilze, Schwarzwurzel, Mohrrüben, die Kartoffelart Satoimo, Lotoswurzel und Bambusschösslinge gegessen.

soba/toshikoshisoba

Dünne, lange Buchweizennudeln, deren Verzehr zum Jahreswechsel symbolisch für ein langes Leben steht.

renkon

Lotoswurzel, in Scheiben geschnitten und mit Essig und anderen Gewürzen zubereitet, ist ebenfalls Teil des Neujahrsessens. Die Lotoswurzel hat mehrere lange Löcher, die den klaren und hellen Ausblick in die Zukunft symbolisieren sollen.

umaki

Gebratener Aal, der in Omelett eingewickelt ist.

toso
Ein mit medizinischen Kräutern hergestellter Reiswein, der die Gesundheit stärken soll. *Toso* wird getrunken, wenn man nach dem Beten vor dem Hausschrein in der Familie zusammensitzt. Den ersten Schluck erhält der Vater des Hauses oder das älteste Familienmitglied. Die zwei Schriftzeichen, mit denen *toso* geschrieben wird, bedeuten den Sieg über das Böse.

zoni

Am ersten Januar wird *zoni* gegessen, ein Eintopf, der Reiskuchen enthält. Das Gericht wird je nach Region unterschiedlich zubereitet. Bei der jeweiligen Zubereitung werden die ortsüblichen Erzeugnisse verwendet, wobei außerdem ortstypische Zubereitungsarten Einfluss haben. Zudem hat jede Familie ihren eigenen Stil, *zoni* herzustellen.

Glückswörter

ikigai
Bezeichnet den Lebenssinn, den Wert des Lebens. Wörtlich übersetzt heißt es, „etwas, wofür zu leben sich lohnt". Der Begriff geht davon aus, dass jeder Mensch seinen individuellen immanenten Lebenssinn hat, den er erkennen und verfolgen sollte. Es wird dabei aber kritisch gesehen, wenn Menschen Dingen, die sie als ihren Lebenssinn betrachten, übermäßig viel Zeit und Energie widmen und darüber ihre sozialen Beziehungen vernachlässigen.

shiawase (Glück, Glücklichsein, Wohlergehen)

koufuku (Glück, Glücklichkeit, Wohlergehen)

Mit dem Ausdruck *shiawase* wird eher ein Gefühl bezeichnet, mit *koufouku* eher eine Schicksalsbegünstigung. *Shiawase* wird eher mündlich, *koufuku* eher schriftlich verwendet. Beide Begriffe bedeuten „Glück".

Quellennachweise der Abbildungen

1. http://www.markus-grasmueck.de/projekte/gaigoprojekt/osechi.jpg
2. http://farm4.static.flickr.com/3483/3178291397_95c144086a.jpg
3. http://www.tastyislandhawaii.com/images/goteborg_konbu_musubi.jpg
4. http://tastefood.info/wp-content/uploads/2010/05/kurikintonmed.jpg
5. http://www.spice-world.de/wp-content/gallery/spice-world/douchi-chinesische-fermentierte-schwarzebohnen.jpg
6. http://blog.wagashi-net.de/wp-content/uploads/2010/05/daifuku-mochi-1.jpg
7. http://www.killerrobot.com/wes/images/osechi/osechi_nimono.jpg
8. http://importfood.com/media/soba.jpg
9. http://www.bob-an.com/recipe/dailyjc/dic/pict/renkon.jpeg
10. http://farm4.static.flickr.com/3484/3984879582_af2e442c93_o.jpg
11. http://upload.wikimedia.org/wikipedia/commons/7/7e/Hakata_zoni.jpeg

Literatur

Ackermann, Peter (2006): Transkulturalität und Pädagogik: Grundsatzüberlegungen zur Entwicklung eines kommunikativen deutsch-japanischen Austauschs. In: Göhlich, Michael/Leonhard, Hans-Walter/Liebau, Eckart/Zirfas, Jörg (Hrsg.): Transkulturalität und Pädagogik. Weinheim und München: Juventa, S. 83–93.

Ackermann, Peter (2007): Bildung und Schönheit in Japan. In: Liebau, Eckart/Zirfas, Jörg (Hrsg.): Schönheit. Traum – Kunst – Bildung. Bielefeld: transcript, S. 269–286.

Ackermann, Peter (2010): Spiel, Arbeit und Kontingenz in japanischer Perspektive. In: Liebau, Eckart/Zirfas, Jörg (Hrsg.): Dramen der Moderne. Kontingenz und Tragik im Zeitalter der Freiheit. Bielefeld: transcript, S. 63–81.

Antoni, Klaus (1994): Fuku und sachi – die religiöse Konzeption des Glücks in der japanischen Kultur. In: Bellebaum, Alfred (Hrsg.): Vom guten Leben. Glücksvorstellungen in Hochkulturen. Berlin: Akademie Verlag, S. 223–268.

Antweiler, Christoph (2011): Mensch und Weltkultur. Für einen realistischen Kosmopolitismus im Zeitalter der Globalisierung: Bielefeld: transcript.

Argyle, Michael (2001): The Psychology of Happiness. London: Routledge.

Aristoteles (1984): Nikomachische Ethik. 5. Aufl. München: dtv.

Assmann, Aleida (2006): Der lange Schatten der Vergangenheit. Erinnerungskultur und Geschichtspolitik. München: Beck.

Audehm, Kathrin/Wulf, Christoph/Zirfas, Jörg (2007): Familienrituale. In: Ecarius, Jutta (Hrsg.): Handbuch Familie. Wiesbaden: VS, S. 424–440.

Audehm, Kathrin/Zirfas, Jörg (2000): Performative Gemeinschaften. Zur Bildung der Familie durch Rituale. In: Sozialer Sinn 1. Opladen: Leske & Budrich, S. 29–50.

Audehm, Kathrin/Zirfas, Jörg (2001): Die Familie als performative Gemeinschaft. In: Schuhmacher-Chilla, Doris/Liebau, Eckart/Wulf, Christoph (Hrsg.): Anthropologie pädagogischer Institutionen. Weinheim: Deutscher Studien Verlag, S. 107–125.

Barlösius, Eva (1999): Soziologie des Essens. Eine sozial- und kulturwissenschaftliche Einführung in die Ernährungsforschung. Weinheim und München: Juventa.

Bateson, Gregory (1985): Ökologie des Geistes. Anthropologische, psychologische, biologische und epistemologische Perspektiven. Frankfurt/M.: Suhrkamp.

Baumann, Maurice/Hauri, Roland (Hrsg.) (2008): Weihnachten – Familienritual zwischen Tradition und Kreativität. Stuttgart: Kohlhammer.

Bellebaum, Alfred (Hrsg.) (1994): Vom guten Leben. Glücksvorstellungen in Hochkulturen. Berlin: Berlin Verlag.

Bellebaum, Alfred/Barheier, Klaus (Hrsg.) (1997): Glücksvorstellungen. Ein Rückgriff in die Geschichte der Soziologie. Opladen: Westdeutscher Verlag.

Bellebaum, Alfred/Braun, Hans/Groß, Elke (Hrsg.) (1998): Staat und Glück. Politische Dimensionen der Wohlfahrt. Opladen und Wiesbaden: VS.

Bellebaum, Alfred/Schaaff, Herbert/Zinn, Karl Georg (Hrsg.) (1999): Ökonomie und Glück. Beiträge zu einer Wirtschaftslehre des guten Lebens. Opladen: VS.

Benedict, Ruth (2006): Chrysantheme und Schwert. 2. Aufl. Frankfurt/M.: Suhrkamp.

Berg, Eberhard/Fuchs, Martin (Hrsg.) (1993): Kultur, soziale Praxis, Text. Die Krise der ethnographischen Repräsentation. Frankfurt/M.: Suhrkamp.

Bignell, Jonathan (2000): Postmodern Media Culture. Edinburgh: Edinburgh University Press.

Bilstein, Johannes/Winzen, Matthias/Wulf, Christoph (Hrsg.) (2005): Anthropologie und Pädagogik des Spiels. Weinheim und Basel: Beltz.

Bittner, Günther (1990): Erscheinungsleib – Werkzeugleib – Sinnenleib. In: Duncker, Ludwig et al. (Hrsg.): Kindliche Phantasie und ästhetische Erfahrung. Langenau-Ulm: Vaas, S. 63–78.

Böhme, Gernot (2001): Aisthetik. Vorlesungen über Ästhetik als allgemeine Wahrnehmungslehre. München: Fink.

Böhme, Hartmut (2010): Gefühl. In Wulf, Christoph (Hrsg.): Der Mensch und seine Kultur. Köln: Anaconda, S. 525–548.

Böhme, Jeanette (Hrsg.) (2009): Schularchitektur im interdisziplinären Diskurs. Territorialisierungskrise und Gestaltungsperspektiven des schulischen Bildungsraums. Wiesbaden: VS.

Bohnsack, Ralf (2003): Rekonstruktive Sozialforschung. Eine Einführung in Methodologie und Praxis qualitativer Forschung. 5. Aufl. Opladen: Barbara Budrich.

Bohnsack, Ralf (2007): Performativität, Performanz und dokumentarische Methode. In: Wulf, Christoph/Zirfas, Jörg (Hrsg.): Pädagogik des Performativen. Theorien, Methoden, Perspektiven. Weinheim und Basel: Beltz, S. 200–212.

Bohnsack, Ralf (2009): Qualitative Bild- und Videointerpretation: die dokumentarische Methode. Opladen und Farmington Hills: Barbara Budrich.

Botton, Alain de (2010): Glück und Architektur. Von der Kunst, daheim zu Hause zu sein. Frankfurt/M.: Fischer.

Bourdieu, Pierre (1987): Sozialer Sinn. Kritik der theoretischen Vernunft. Frankfurt/M.: Suhrkamp.

Bourdieu, Pierre (2006): Was heißt sprechen? Zur Ökonomie des sprachlichen Tauschs. Wien: Braumüller.

Braun, Hans (2002): Empirische Glücksforschung. Ein schwieriges Unterfangen. In: Bellebaum, Alfred (Hrsg.): Glücksforschung. Eine Bestandsaufnahme. Konstanz: UVK, S. 43–57.

Bubmann, Peter (2008): Die Klänge des Himmels. Über das Singen. In: Liebau, Eckart/Zirfas, Jörg (Hrsg.): Die Sinne und die Künste. Perspektiven ästhetischer Bildung. Bielefeld: transcript, S. 59–72.

Bucher, Anton (2008): Was Kinder glücklich macht. Ein Ratgeber für Eltern. München: Hugendubel.

Bucher, Anton (2009): Psychologie des Glücks. Ein Handbuch. Weinheim und Basel: Beltz.

Casasus, Gilbert/Haupt, Sabine (Hrsg.) (2011): Vergleichen? Komparative Wissenschaften im Vergleich. Münster: LIT.

Coulmas, Florian (1993): Das Land der rituellen Harmonie. Japan: Gesellschaft mit beschränkter Haftung. Frankfurt/M.: Campus.
Coulmas, Florian (2009): Die Illusion vom Glück. Japan und der Westen. Darmstadt: Primus.
Csikszentmihalyi, Mihaly (1992): Flow. Das Geheimnis des Glücks. Stuttgart: Klett Cotta.
Csikszentmihalyi, Mihaly (2000): Dem Sinn des Lebens eine Zukunft geben. Eine Psychologie für das 3. Jahrtausend (The Evolving Self, übers. v. Maren Klostermann). Stuttgart: Klett-Cotta.
Derrida, Jacques (1993): Falschgeld. Zeit geben I. München: Fink.
Detienne, Marcel (2000): Comparer l'incomparable. Paris: Seuil (Neuauflage 2009).
Diaconu, Madalina (2005): Tasten, Riechen, Schmecken. Eine Ästhetik der anästhesierten Sinne. Würzburg: Königshausen & Neumann.
Drösser, Christoph (2009): Froher Schall. In: DIE ZEIT Nr. 53, 22.12.2009, S. 35–36.
Dreher, Jochen/Stegmaier, Peter (Hrsg.) (2007): Zur Unüberwindbarkeit kultureller Differenz. Grundlagentheoretische Reflexionen. Bielefeld: transcript.
Eberspächer, Martina (2002): Der Weihnachtsmann. Zur Entstehung einer Bildtradition in Aufklärung und Romantik. Stuttgart: Die Deutsche Bibliothek.
Ecarius, Jutta (2008): Generation, Erziehung und Bildung. Stuttgart: Kohlhammer.
Eickhoff, Hajo (1993): Himmelsthron und Schaukelstuhl. Die Geschichte des Sitzens. München: Hanser.
Ekman, Paul E./Sorenson, Richard/Ellsworth, Paul (1982): Emotions in the Human Face. New York: Pergamon.
Eliade, Mircea (1949): Myth of the Eternal Return. Paris: Gallimard.
Eliade, Mircea (1958): Birth and Rebirth. New York: Harper & Brothers Publishers.
Eliade, Mircea (1968): Le Chamanisme. Paris: Editions Payot & Rivages (jap. Übersetzung von Hori, I. (2004): Shamanism. Chikuma-syobo).
Elschenbroich, Donata (Hrsg.) (1996): Anleitung zur Neugier. Grundlagen japanischer Erziehung. Frankfurt/M.: Suhrkamp.
Elschenbroisch, Donata (1996a): Das Glück des Anfangs. In: Dies. (Hrsg.): Anleitung zur Neugier. Grundlagen japanischer Erziehung. Frankfurt/M.: Suhrkamp, S. 7–50.
Erikson, Erik H. (1968): Identity: Youth and Crisis. New York: Norton.
Fischer-Lichte, Erika (2004): Ästhetik des Performativen. Frankfurt/M.: Suhrkamp.
Funke-Wieneke, Jürgen (1995): Sportpädagogik heute: Ansatz, Lehre, Forschung. In: Dietrich, Knut (Hrsg.): Bewegungskultur als Gegenstand der Sportwissenschaft. Hamburg, S. 89–98.
Fukunaga, Takehiko (2003): Kojiki (Records of Acient Matters), übers. von Takehiko Fukunaga. Tokyo: Kawadeshobo.
Furedi, Frank (2005): Politics of Fear. Beyond Left and Right. London und New York: Continuum Press.
Gadamer, Hans-Georg (1995): Die Aktualität des Schönen. Kunst als Spiel, Symbol und Fest. Stuttgart: Reclam.
Gebauer, Gunter/Wulf, Christoph (1992): Mimesis: Kultur – Kunst – Gesellschaft. Reinbek: Rowohlt (2. Aufl. 1998).
Gebauer, Gunter/Wulf, Christoph (1998). Spiel, Ritual, Geste. Mimetisches Handeln in der sozialen Welt. Reinbek: Rowohlt.

Gebauer, Gunter/Wulf, Christoph (2003): Mimetische Weltzugänge. Stuttgart: Kohlhammer.
Geertz, Clifford (1995): Dichte Beschreibung. Beiträge zum Verstehen kultureller Systeme. Frankfurt/M.: Suhrkamp.
Gennep, Arnold van (1999): Übergangsriten. Frankfurt/M. und New York: Campus.
Giegerich, Wolfgang (1987): Deliverance from the Stream of Events: Okeanos and the Circulation of the Blood. The Neurosis of Psychology. Collected English Papers Vol. 1. New Orleans/Louisiana: Spring Journal, S. 233–255.
Glaser, Barney G./Strauss, Anselm (1998): Grounded Theory. Strategien qualitativer Forschung. Bern: Huber.
Gobé, Marc (2001): Emotional Branding. The New Paradigm of Connecting Brands to People. New York: Allworth.
Gödtel, Reiner (2002): Wege zum Glück. Lebenskunst in einer veränderten Welt. München: Universitas.
Goffman, Erving (1977/1982): Rahmenanalyse. Ein Versuch über die Organisation von Alltagserfahrungen. Frankfurt/M.: Suhrkamp.
Greco, Monica/Stenner, Paul (Hrsg.) (2008): Emotions. A Social Science Reader. London und New York: Routledge.
Greenberg, Leslie (1997): Working with Emotions in Psychotherapy. New York: Guilford.
Grimm, Jacob/Grimm, Wilhelm (2006): Das Deutsche Wörterbuch. Digitale Version. 5. Aufl. Frankfurt/M.: Zweitausendeins.
Hahn, Alois (1983): Konsensfiktionen in Kleingruppen. Dargestellt am Beispiel von jungen Ehen. In: Neidhardt, Friedhelm (Hrsg.): Gruppensoziologie. Perspektiven und Materialien. Sonderheft der Kölner Zeitschrift für Soziologie und Sozialpsychologie. Köln, S. 210–232.
Hahn, Alois (2010a): Körper und Gedächtnis. Wiesbaden: VS.
Hahn, Alois (2010b): Emotion und Gedächtnis. In: Paragrana, 19. Jg., Heft 1. Berlin: Akademie Verlag, S. 15–31.
Harding, Jennifer/Pribram, E. Deirdre (Hrsg.) (2009): Emotions: A Cultural Studies Reader. London und New York: Routledge.
Haupt, Sabine (2011): Einleitung: Komparatistische Literatur- und Kulturwissenschaften im Vergleich. In: Casasus, Gilbert/Haupt, Sabine (Hrsg.): Vergleichen? Komparatistische Wissenschaften im Vergleich: Münster: LIT, S. 7–17.
Hauskeller, Michael (1995): Atmosphären erleben. Philosophische Untersuchungen zur Sinneswahrnehmung. Berlin: Akademie.
Hettlage, Robert (2002): Generative Glückserfahrungen: Biographien, Kohorten und Mentalitäten. In: Bellebaum, Alfred (Hrsg.): Glücksforschung. Eine Bestandsaufnahme. Konstanz: UVK, S. 129–156.
Hill, Annette (2005): Reality TV: Audiences and Popular Factual Entertainment. London: Routledge.
Hillmann, Karl-Heinz (2007): Wörterbuch der Soziologie. Stuttgart: Kröner.
Hirschauer, Stefan/Amman, Klaus (Hrsg.) (1997): Die Befremdung der eigenen Kultur. Zur ethnographischen Herausforderung soziologischer Empirie. Frankfurt/M.: Suhrkamp.

Hofmann-Axthelm, Dieter (1984): Wahrnehmung. Nachdenken über Sinnlichkeit. Frankfurt/M.: Campus.

Horn, Christoph (1998): Antike Lebenskunst. Glück und Moral von Sokrates bis zu den Neuplatonikern. München: Beck.

Hoyer, Timo (Hrsg.) (2007): Vom Glück und glücklichen Leben. Sozial- und geisteswissenschaftliche Zugänge. Göttingen: Vandenhoeck & Ruprecht.

Hüppauf, Bernd/Wulf, Christoph (Hrsg.) (2006): Bild und Einbildungskraft. München: Fink (amerikanische Ausgabe: Dynamics and Performativity of Imagination: The Image between the Visible and the Invisible. New York und London 2009: Routledge).

Illouz, Eva (2006): Gefühle in Zeiten des Kapitalismus. Frankfurt/M.: Suhrkamp.

Jaffe, Aniela (Ed.) (1961): Memories, Dreams, Reflections by C. G. Jung. New York: Vintage Books.

Jung, Carl G./Kerenyi, Karl (1951): Einführung in das Wesen der Mythologie. Zürich: Rhein-Verlag (jap. Übersetzung von Sugiura, T. (1975): Shinwagaku Nyumon Syobunsya).

Jun'ichiro, Tanizaki (2002): Lob des Schattens. Entwurf einer japanischen Ästhetik. Zürich: Manesse.

Kamper, Dietmar/Wulf, Christoph (Hrsg.) (1987): Das Heilige. Seine Spur in der Moderne. Frankfurt/M.: Athenäum.

Kant, Immanuel (1982): Die Metaphysik der Sitten. Werkausgabe Bd. VIII. Hrsg. v. Wilhelm Weischedel. 5. Aufl. Frankfurt/M.: Suhrkamp.

Kawai, T. (2000): Shinri-rinsyo no Riron (Theorien der Psychotherapie). Iwanami Syoten.

Kida, Gen (2001): Nihonjin no „Kofukuron" (Der „Glücksdiskurs" der Japaner). In: Bungeishunju. Vol. 79, 10, S. 28–31.

Kitayama, Shinobu/Cohen, Dov (Hrsg.) (2007): Handbook of Cultural Psychology. New York und London: The Guilford Press.

Klika, Dorle/Schubert, Volker (Hrsg.) (2003): Bildung und Gefühl. Hohengehren: Schneider.

Krappmann, Lothar/Lepenies, Annette (Hrsg.) (1997): Alt und Jung. Spannung und Solidarität zwischen den Generationen. Frankfurt/M.: Campus.

Langer, Susanne K. (1984): Philosophie auf neuem Wege. Das Symbol im Denken, im Ritus und in der Kunst. Frankfurt/M.: Fischer.

Lauster, Jörg (2004): Gott und das Glück. Das Schicksal des guten Lebens im Christentum. Darmstadt: Wissenschaftliche Buchgesellschaft.

Le Breton, David (1998): Les passions ordinaires. Anthropologie des émotions. Paris: Armand Colin.

Leube, Bernhard (2005): Singen. In: Fermor, Gotthard/Schroeter-Wittke, Harald (Hrsg.): Kirchenmusik als religiöse Praxis. Praktisch-theologisches Handbuch zur Kirchenmusik. Leipzig: Evangelische Verlagsanstalt, S. 14–19.

Liebau, Eckart (Hrsg.) (1997): Das Generationenverhältnis. Über das Zusammenleben in Familie und Gesellschaft. Weinheim: Juventa.

Liebau, Eckart/Zirfas, Jörg (2004): Kulturpädagogik, Pädagogische Ethnographie und kulturelle Stile. In: Pädagogische Rundschau 58. Heft 5. Bern u. a.: Peter Lang 2004, S. 579–592.

Liegle, Ludwig/Lüscher, Kurt (2008): Generative Sozialisation. In: Hurrelmann, Klaus/ Grundmann, Matthias/Walper, Sabine (Hrsg.): Handbuch Sozialisationsforschung. Weinheim und Basel: Beltz, S. 141–156.

Löw, Martina (2001): Raumsoziologie. Frankfurt/M.: Suhrkamp.

Lokowandt, Ernst (2001): Shinto: Eine Einführung. München: Iudicium.

Lottes, Günther (2005): Erinnerungskulturen zwischen Psychologie und Kulturwissenschaft. In: Oesterle, Günter (Hrsg.): Erinnerung, Gedächtnis, Wissen: Studien zur kulturwissenschaftlichen Gedächtnisforschung. Göttingen: Vandenhoeck und Ruprecht, S. 164–184.

Martin, Bill/Roachanleu, Sharyn/Zadoroznyj, Maria (2003): Editor's Introduction to the Special Issue „Commercializing Emotions". In: Journal of Sociology, 39. Jg., S. 331.

Matthews, Gordon (2009): Finding and Keeping a Purpose in Life: Well-Being and *Ikigai* in Japan and Elsewhere. In: Matthews, Gordon/Izquierdo, Carolina (Hrsg.): Pursuits of Happiness. Well-Being in Anthropological Perspective. New York und Oxford: Berghahn Books, S. 167–188.

Matthews, Gordon/Izquierdo, Carolina (Hrsg.) (2009): Pursuits of Happiness. Well-Being in Anthropological Perspective. New York und Oxford: Berghahn Books.

Mauss, Marcel (1990): Die Gabe. Form und Funktion des Austauschs in archaischen Gesellschaften. Frankfurt/M.: Suhrkamp.

Michaels, Axel (1999): Le „rituel pour le rituel?" oder wie sinnlos sind Rituale? In Caduff, Corinna/Pfaff-Czarnecka, Joanna (Hrsg.): Rituale heute. Berlin: Reimer, S. 23–48.

Michaels, Axel (Hrsg.) (2007): Die neue Kraft der Rituale. Heidelberg: Winter.

Michaels, Axel/Wulf, Christoph (Hrsg.) (2011): Emotions in Rituals. London, New York und New Delhi: Routledge.

Morgenthaler, Christoph/Hauri, Roland (Hrsg.) (2010): Rituale im Familienleben. Inhalte, Formen und Funktionen im Verhältnis der Generationen. Weinheim und München: Juventa.

Nakazawa, Shin-ichi (2003): Kami no Hatumei (Die Erfindung der Götter). Tokyo: Kodansya.

Naumann, Michael (2001): Der Gott, der uns fehlt. In: DIE ZEIT Nr. 52, 19.12.2001, S. 1.

Nave-Herz, Rosemarie (2009): Familie heute. Wandel der Familienstrukturen und Folgen für die Erziehung. 4., überarbeitete Auflage. Darmstadt: Primus.

Oelkers, Jürgen (2001): Kindheit – Glück – Kommerz. In: Zeitschrift für Pädagogik, 47. Jg., Heft 4, S. 553–570.

Paragrana (2009): Handlung und Leidenschaft. 18. Jg., Heft 2, hrsg. v. Köpping, Peter/ Schnepel, Burkhard/Wulf, Christoph. Berlin: Akademie-Verlag.

Paragrana (2010a): Emotion, Bewegung, Körper. 19. Jg., Heft 1., hrsg. v. Gebauer, Gunter/ Wulf, Christoph.

Paragrana (2010b): Kontaktzonen. 19. Jg., Heft 2, hrsg. von Wulf, Christoph.

Pye, Michael/Triplett, Katja (2007): Streben nach Glück. Schicksalsdeutung und Lebensgestaltung in japanischen Religionen. Berlin und Münster: LIT.

Riemen, Jochen (1991): Die Suche nach dem Glück als Bildungsaufgabe. Zur Rehabilitierung einer verschwundenen pädagogischen Kategorie. Essen: Blaue Eule.

Schacter, Daniel (2001): The Seven Sins of Memory. How the Mind Forgets and Remembers. New York: Houghton Miffling.

Scheve, Christian von (2009): Emotionen und soziale Strukturen. Die affektiven Grundlagen sozialer Ordnung. Frankfurt/M.: Campus.
Schmid, Wilhelm (2004): Mit sich selbst befreundet sein. Frankfurt/M.: Suhrkamp.
Schubert, Volker (1992): Die Inszenierung der Harmonie: Erziehung und Gesellschaft in Japan. Darmstadt: Wissenschaftliche Buchgesellschaft.
Schubert, Volker (2005): Pädagogik als vergleichende Kulturwissenschaft. Erziehung und Bildung in Japan. Wiesbaden: VS.
Schubert, Volker (2007): Liebe und das Recht auf Abhängigkeit – Über das *amae*-Konzept und seine Bedeutung für die pädagogische Anthropologie. In: Bilstein, Johannes/Uhle, Reinhard (Hrsg.): Liebe. Zur Anthropologie einer Grundbedingung pädagogischen Handelns. Oberhausen: Athena, S. 263–275.
Schulze, Gerhard (1999): Kulissen des Glücks. Streifzüge durch die Eventkultur. Frankfurt/M. und New York: Campus.
Seel, Martin (1995): Versuch über die Form des Glücks. Frankfurt/M.: Suhrkamp.
Seichter, Sabine (2011): Erziehung und Ernährung. Ein anderer Blick auf Kindheit. Habilitationsschrift, Goethe Universität Frankfurt/M.: Fachbereich Erziehungswissenschaft (SS 2011).
Seneca (2007/2009): Epistulae morales ad Lucilium. Düsseldorf: Artemis und Winkler.
Serres, Michel (1993): Die fünf Sinne. Frankfurt/M.: Suhrkamp.
Shimada, Shingo (2007a): Die Erfindung Japans. Kulturelle Wechselwirkung und nationale Identitätskonstruktion. Frankfurt/M. und New York: Campus.
Shimada, Shingo (2007b): Kulturelle Differenz und Probleme der Übersetzung. In: Dreher, Jochen/Stegmaier, Peter (Hrsg.): Zur Unüberwindbarkeit kultureller Differenz. Grundlagentheoretische Reflexionen. Bielefeld: transcript, S. 113–128.
Simmel, Georg (1957): Soziologie der Mahlzeit. In: Ders.: Brücke und Tür. Hrsg. von Landmann, Michael/Susmann, Margarete. Stuttgart: Köhler, S. 243–250.
Soeffner, Hans-Georg (1992): Die Ordnung der Rituale. Die Auslegung des Alltags. Frankfurt/M.: Suhrkamp.
Spektrum Wissenschaft Spezial (2011) 1, Rituale.
Straus, Erwin (1956): Vom Sinn der Sinne. Ein Beitrag zur Grundlegung der Psychologie. 2., verm. Aufl. Berlin: Springer.
Suzuki, Shoko (2010): Takt in Modern Education. Münster und New York: Waxmann.
Suzuki, Shoko/Wulf, Christoph (Hrsg.) (2007): Mimesis, Poiesis and Performativity in Education. Münster und New York: Waxmann.
Suzuki, Shoko/Christoph Wulf (2012): Auf dem Wege des Lebens (im Druck).
Thielen, Verena/Thiel, Katharina (Hrsg.) (2007): Klassische Texte zum Glück. Berlin: Parodos.
Thomä, Dieter (2003): Vom Glück in der Moderne. Frankfurt/M.: Suhrkamp.
Tomasello, Michael (2009): Die Ursprünge der menschlichen Kommunikation. Frankfurt/M.: Suhrkamp.
Tov, William/Diener, Ed (2007): Culture and Subjective Well-Being. In: Kitayama, Shinobu/Cohen, Dov (Hrsg.): Handbook of Cultural Psychology. New York und London: The Guilford Press, S. 691–713.
Turner, Victor (1995): Vom Ritual zum Theater. Der Ernst des menschlichen Spiels. Frankfurt/M.: Fischer.

UNESCO (2003): Convention for the Safeguarding of the Intangible Cultural Heritage. Paris: UNESCO.

UNESCO (2005): Convention on the Protection and Promotion of the Diversity of Cultural Expression. Paris: UNESCO.

Weber-Kellermann, Ingeborg (1987): Das Weihnachtsfest. Eine Kultur- und Sozialgeschichte der Weihnachtszeit. Frankfurt/M.: Bucher.

Welzer, Harald (2002): Das kommunikative Gedächtnis. Eine Theorie der Erinnerung. München: Beck.

Wittgenstein, Ludwig (1989): Tractatus logico-philosophicus. Werkausgabe, Bd. I. Frankfurt/M.: Suhrkamp.

Wulf, Christoph (1998): Mimesis in Gesten und Ritualen. In: Paragrana. Internationale Zeitschrift für historische Anthropologie. 7. Jg., Heft 1, S. 241–263.

Wulf, Christoph (2005a): Zur Genese des Sozialen: Mimesis, Performativität, Ritual. Bielefeld: transcript.

Wulf, Christoph (2005b): Crucial Points in the Transmission and Learning of Intangible Heritage. In: Globalization and Intangible Cultural Heritage. Paris: UNESCO, S. 84–95.

Wulf, Christoph (2006): Anthropologie kultureller Vielfalt. Bielefeld: transcript.

Wulf, Christoph (2007): Ästhetische Erziehung. Aisthesis – Mimesis – Performativität. Eine Fallstudie. In: Wulf, Christoph/Zirfas, Jörg (Hrsg.): Pädagogik des Performativen. Weinheim und Basel: Beltz, S. 42–48.

Wulf, Christoph (2009): Anthropologie. Geschichte, Kultur, Philosophie. Köln: Anaconda (Erstauflage Reinbek 2004: Rowohlt).

Wulf, Christoph (Hrsg.) (2010): Der Mensch und seine Kultur. Hundert Beiträge zu Problemen des menschlichen Lebens in Vergangenheit, Gegenwart und Zukunft. Köln: Anaconda.

Wulf, Christoph (2011): Familienrituale: Ein Gerüst für das Leben. In: Spektrum der Wissenschaft, Heft 1, S. 20–27.

Wulf, Christoph/Althans, Birgit/Audehm, Kathrin/Bausch, Constanze/Göhlich, Michael/Sting, Stephan/Tervooren, Anja/Wagner-Willi, Monika/Zirfas, Jörg (2001): Das Soziale als Ritual. Zur performativen Bildung von Gemeinschaften. Opladen: Leske & Budrich.

Wulf, Christoph/Althans, Birgit/Audehm, Kathrin/Bausch, Constanze/Jörissen, Benjamin/Göhlich, Michael/Mattig, Ruprecht/Tervooren, Anja/Wagner-Willi, Monika/Zirfas, Jörg (2004): Bildung im Ritual. Schule, Familie, Jugend, Medien. Wiesbaden: VS.

Wulf, Christoph/Althans, Birgit/Blaschke, Gerald/Ferrin, Nino/Göhlich, Michael/Jörissen, Benjamin/Mattig, Ruprecht/Nentwig-Gesemann, Iris/Schinkel, Sebastian/Tervooren, Anja/Wagner-Willi, Monika/Zirfas, Jörg (2007): Lernkulturen im Umbruch. Rituelle Praktiken in Schule, Medien, Familie und Jugend, Wiesbaden: VS.

Wulf, Christoph/Althans, Birgit/Foltys, Julia/Fuchs, Martina/Klasen, Siegrid/Lamprecht, Juliane/Tegethoff, Dorothea (2008): Geburt in Familie, Klinik und Medien. Opladen und Farmington Hills: Barbara Budrich.

Wulf, Christoph/Althans, Birgit/Audehm, Kathrin/Bausch, Constanze/Göhlich, Michael/Sting, Stephan/Tervooren, Anja/Wagner-Willi, Monika/Zirfas, Jörg (2010): Ritual

and Identity. The staging and performing of rituals in the lives of young people. London: The Tufnell Press.
Wulf, Christoph/Althans, Birgit/Audehm, Kathrin/Blaschke, Gerald/Ferrin, Nino/Kellermann, Ingrid/Mattig, Ruprecht/Schinkel, Sebastian (2011): Die Geste in Erziehung, Bildung und Sozialisation. Ethnografische Fallstudien. Wiesbaden: VS.
Wulf, Christoph/Fischer-Lichte, Erika (Hrsg.) (2010): Gesten. Inszenierung, Aufführung, Praxis. München: Fink.
Wulf, Christoph/Göhlich, Michael/Zirfas, Jörg (Hrsg.) (2001): Grundlagen des Performativen. Eine Einführung in die Zusammenhänge von Sprache, Macht und Handeln. Weinheim und München: Juventa.
Wulf, Christoph/Hänsch, Anja/Brumlik, Micha (Hrsg.) (2008): Das Imaginäre der Geburt. München.
Wulf, Christoph/Kamper, Dietmar (Hrsg.) (2002): Logik und Leidenschaft. Berlin: Reimer.
Wulf, Christoph/Macha, Hildegard/Liebau, Eckart (Hrsg.) (2004): Formen des Religiösen. Pädagogisch-anthropologische Annäherungen. Weinheim: Beltz.
Wulf, Christoph/Zirfas, Jörg (Hrsg.) (2004a): Die Kultur des Rituals. München: Fink.
Wulf, Christoph/Zirfas, Jörg (2004b): Performative Welten. Eine Einführung in die systematischen, historischen und methodischen Dimensionen des Rituals. In: Dies. (Hrsg.): Die Kultur des Rituals. Inszenierungen. Praktiken. Symbole. München: Fink, S. 7–46.
Wulf, Christoph/Zirfas, Jörg (Hrsg.) (2007): Pädagogik des Performativen. Theorien, Methoden, Perspektiven. Weinheim und Basel: Beltz.
Wulff, Helena (Hrsg.) (2007): The Emotions. A Cultural Reader. New York und Oxford: Berg.
Yanagita, Kunio (1950): Aratanaru Taiyo (Die neue Sonne). Tokyo: Syudosya.
Zeitschrift für Erziehungswissenschaft. 14. Jg. (2011) 2: Themenschwerpunkt: Emotionsforschung, zusammengestellt von Christoph Wulf und Manfred Prenzel.
Zeitschrift für Erziehungswissenschaft. Sonderheft 16, (2012): Die Bildung der Gefühle (in Vorbereitung), hrsg. v. Frevert, Ute/Wulf, Christoph.
Zima, Peter (2004/2005): Komparatistik und Sozialwissenschaften. In: Komparatistik. Jahrbuch der Deutschen Gesellschaft für Allgemeine und Vergleichende Literaturwissenschaft, S. 47–61.
Zirfas, Jörg (1993): Präsenz und Ewigkeit. Eine Anthropologie des Glücks. Berlin: Reimer.
Zirfas, Jörg (Hrsg.) (2003): Zum Glück. Wege und Umwege. Leipzig: Reclam.
Zirfas, Jörg (2004a): Vom Zauber der Rituale. Der Alltag und seine Regeln. Leipzig: Reclam.
Zirfas, Jörg (2004b): Die Heilige Familie und ihre pädagogischen Konsequenzen. In: Wulf, Christoph/Macha, Hildegard/Liebau, Eckart (Hrsg.): Formen des Religiösen. Weinheim: Deutscher Studien Verlag, S. 175–190.
Zirfas, Jörg (2004c): Pädagogik und Anthropologie. Eine Einführung. Stuttgart, Berlin und Köln: Kohlhammer.
Zirfas, Jörg (2008): Schmecken & riechen. In: Bubmann, Peter/Sill, Bernhard (Hrsg.): Christliche Lebenskunst. Regensburg: Pustet, S. 48–55.
Zirfas, Jörg (2011): Die Tischgemeinschaft als ästhetisch-moralische Anstalt. Über Bildung, Geschmack und Essthetik. In: Liebau, Eckart/Zirfas, Jörg (Hrsg.): Die Bil-

dung des Geschmacks. Über die Kunst der sinnlichen Unterscheidung. Bielefeld: transcript, S. 17–44.
Zirfas, Jörg (2012): Warum Glück nicht glücklich macht. Thesen zu einer Anthropologie des Glücks. In: Psychologie und Gesellschaftskritik (in Vorbereitung).
Zweites Deutsches Fernsehen (ZDF) (2008): www.glueck.zdf.de. November.

Autorinnen und Autoren

Yoshitaka Inoue ist Assistant Professor in Division of Clinical Studies of Psychology, Graduate School of Education, Kyoto University.

Ingrid Kellermann, Dr. phil., ist Wissenschaftliche Mitarbeiterin im Arbeitsbereich Erziehung und Anthropologie, FB Erziehungswissenschaft und Psychologie, Freie Universität Berlin.

Fumio Ono ist Assistent Professor für Global COE Programm *Revitalizing Education for Dynamic Hearts and Minds* an der Universität Kyoto.

Shoko Suzuki, Dr. phil., ist Professorin für Allgemeine Pädagogik der Universität Kyoto und Unit-Leader für Global COE Programm *Revitalizing Education for Dynamic Hearts and Minds* an der Universität Kyoto.

Nanae Takenaka ist Ph. D. Training Candidate of the C. G. Jung Institute Zürich.

Christoph Wulf, Dr. phil., ist Professor für Anthropologie und Erziehung, Mitglied des Interdisziplinären Zentrums für Historische Anthropologie, des Clusters „Languages of Emotion" und des Graduiertenkollegs „InterArts Studies" an der Freien Universität Berlin.

Jörg Zirfas, Dr. phil., ist Professor am Institut für Pädagogik, Mitglied des Interdisziplinären Zentrums Ästhetische Bildung an der Friedrich-Alexander-Universität Erlangen-Nürnberg und Vorsitzender der Gesellschaft für Historische Anthropologie an der Freien Universität Berlin.

Danksagung

Die Autorengruppe dankt herzlich dem Cluster „Languages of Emotion“ der Freien Universität Berlin und dem Global COE Program „Revitalizing Education for Dynamic Health and Minds“ der Universität Kyoto für die finanzielle Unterstützung unserer Forschungen. Besonders herzlich möchten wir uns bei den sechs Familien bedanken, die bereit waren, uns an ihrer Weihnachts- bzw. Neujahrsfeier teilnehmen zu lassen und ohne deren freundliche Zustimmung diese Studie nicht hätte realisiert werden können. Schließlich danken wir auch Frau Laux, Cheflektorin, Verlag Sozialwissenschaften/Springer für ihre engagierte Hilfe.

Berlin/Kyoto im Mai 2011

Soziale Passagen –
Journal für Empirie und Theorie Sozialer Arbeit

Soziale Passagen

- sind ein interaktives Projekt, das sich den durch gesellschaftliche Veränderungen provozierten Herausforderungen stellt und sich dezidiert als wissenschaftliche Publikationsplattform zu Fragen der Sozialen Arbeit versteht.
- stehen für eine deutlich konturierte empirische Fundierung und die ‚Entdeckung' der Hochschulen, Forschungsprojekte und Forschungsinstitute als Praxisorte. Sie bieten einen diskursiven Raum für interdisziplinäre Debatten und sind ein Forum für empirisch fundierte und theoretisch elaborierte Reflexionen.
- enthalten in jeder Ausgabe einen Thementeil und ein Forum für einzelne Beiträge. Einen weiteren Schwerpunkt bilden Kurzberichte aus laufenden Forschungsprojekten. Die inhaltliche Qualität ist über ein peer-review-Verfahren gesichert.
- richten sich an Mitarbeiterinnen, Mitarbeiter und Studierende an Universitäten, Fachhochschulen und Instituten sowie an wissenschaftlich orientierte Leitungs- und Fachkräfte in der sozialpädagogischen Praxis.

2. Jahrgang 2010 – 2 Hefte jährlich

www.sozialepassagen.de

Abonnieren Sie gleich!
vs@abo-service.info
Tel: 0611. 7878151 · Fax: 0611. 7878423

Erhältlich im Buchhandel oder beim Verlag.
Änderungen vorbehalten. Stand: Juli 2010.

VS-JOURNALS.DE

Abraham-Lincoln-Straße 46
65189 Wiesbaden
Tel. 0611.7878-722
Fax 0611.7878-400